Die Innenhaftung des Verwaltungsrats einer monistisch verfassten SE mit Sitz in Deutschland

Europäische Hochschulschriften

European University Studies

Publications Universitaires Européennes

Reihe II **Rechtswissenschaft**

Series II Law

Série II Droit

Band/Volume **5948**

Moritz Müller-Leibenger

Die Innenhaftung des Verwaltungsrats einer monistisch verfassten SE mit Sitz in Deutschland

Ein Rechtsvergleich mit dem amerikanischen Board-System

PL ACADEMIC RESEARCH

Bibliografische Information der Deutschen Nationalbibliothek
Die Deutsche Nationalbibliothek verzeichnet diese Publikation in der Deutschen Nationalbibliografie; detaillierte bibliografische Daten sind im Internet über http://dnb.d-nb.de abrufbar.

Zugl.: Köln, Univ., Diss., 2017

D 38
ISSN 0531-7312
ISBN 978-3-631-72815-4 (Print)
E-ISBN 978-3-631-72812-3 (E-PDF)
E-ISBN 978-3-631-72813-0 (EPUB)
E-ISBN 978-3-631-72814-7 (MOBI)
DOI 10.3726/b11593

PL Academic Research ist ein Imprint der Peter Lang GmbH.
Peter Lang – Frankfurt am Main · Bern · Bruxelles · New York · Oxford · Warszawa · Wien

Diese Publikation wurde begutachtet.

www.peterlang.com

Meinen Eltern

Vorwort

Die vorliegende Arbeit wurde im Wintersemester 2016/2017 von der Rechtswissenschaftlichen Fakultät der Universität zu Köln als Dissertation angenommen. Rechtsprechung und Literatur sind auf diesem Stand.

Mein herzlicher Dank gilt meinem Doktorvater, Herrn Professor Dr. Klaus Peter Berger, LL.M., der die Entstehung meiner Arbeit wohlwollend begleitete und mir wissenschaftliche Freiheit gewährte. Danken möchte ich auch Frau Professor Dr. Barbara Grunewald für die zeitnahe Ausfertigung des Zweitgutachtens und ihre konstruktiven Anregungen.

Sehr herzlich danke ich Herrn Professor Dr. h.c. mult. Richard Buxbaum, LL.M. für die freundschaftliche Aufnahme an der University of California, Berkeley im Rahmen meines Forschungsaufenthaltes. Es war eine wunderbare Zeit.

Ein Dank der ganz besonderen Art gebührt meinen Eltern, Eva Müller-Leibenger und Jürgen Müller, die mich stets unterstützt haben und ohne die die vorliegende Dissertation sowie das ihr vorangegangene Studium und meine Ausbildung nicht möglich gewesen wären. Ihnen ist die Arbeit gewidmet.

Berlin, Mai 2017 Moritz Müller-Leibenger

Inhalt

3. Teil Verhaltenspflichten der Organmitglieder 83

Einführung

§ 1 Gegenstand der Arbeit

Die Beliebtheit der Societas Europaea (SE) als gesellschaftsrechtliche Organisationsform hat in Deutschland stark zugenommen. Prominente Beispiele wie die Allianz SE oder die BASF SE zeichnen ein eindeutiges Bild: Die SE ist in der Praxis angekommen.[1] Vielfach wird dabei ein dualistisches Strukturmodell mit Vorstand und Aufsichtsrat gewählt. Dies entspricht weitestgehend dem Leitungs- und Aufsichtssystem einer deutschen Aktiengesellschaft. Daneben besteht die Möglichkeit zur Wahl eines monistischen Systems, bei welchem Leitungs- und Kontrollaufgaben von einem einheitlichen Verwaltungsrat wahrgenommen werden.[2] Dieses System ist aufgrund der Möglichkeit zur Zentralisierung der Aufgaben in einem Organ insbesondere für kleine und mittlere Unternehmen interessant.[3] Dementsprechend macht knapp ein Drittel der operativen deutschen SEs von einer monistischen Struktur Gebrauch.[4] Die Arbeit soll daher der weiteren Erforschung des monistischen Systems in Deutschland dienen.

---

1 Weitere Beispiele bilden: MAN SE, SAP SE, Remondis SE & Co. KG, PUMA SE, Stroer SE & Co. KGaA, E.ON SE, Tesa SE, KTS Agrar SE, Zalando SE, Axel Springer SE, Deichmann SE, Conrad Electronics SE und Rocket Internet SE.

2 Es besteht eine anhaltende Diskussion über die Vor- und Nachteile von Monismus und Dualismus. Letztlich hat sich aber wohl die Erkenntnis durchgesetzt, dass keine Struktur vorzugswürdiger ist und sich beide Systeme annähern. Dazu: *Böckli,* in: Hommelhoff/Hopt/v. Werder, HB Corporate Governance, S. 255 ff.; *Cromme,* in: FS Hoffmann-Becking, 2013, S. 283 ff.; vgl. i. Ü. zum Diskussionsstand *Kort,* in: GroßKommAktG, Vor § 76 Rdnr. 2; *Siems,* in: KölnKommAktG, Vorb. Art. 43 SE-VO Rdnr. 24; *Hüffer,* in: Bayer/Habersack, Aktienrecht im Wandel, S. 342 f.; *Baums,* in: Florstedt/Redenius-Hövermann/Segna u.a., Corporate Governance und Anlegerschutz, S. 199 f.; *Buxbaum,* in: Feddersen/Hommelhoff/Schneider, Corporate Governance, S. 65 ff.; *Davies,* ZGR 2001, 268, 268 ff.; *Hopt,* ZGR 2000, 779, 779 ff.; *Fleischer,* AcP 204 (2004), 502, 525 ff.; *Röller,* AG 1994, 333, 334; *Leyens,* RabelsZ 2003, 57, 88 ff.; *Escher-Weingart,* ZVglRWiss 2000, 387, 387 ff.; aus der englischsprachigen Literatur etwa *Roe,* Some Differences in in Corporate Structure in Germany, Japan and the United States, Yale L.J. 102, 1927 (1993); *Hopt/Leyens,* ECFR 2004, 135, 139 ff.; *Hopt,* Comparative Corporate Governance: The State of the Art and International Regulation, 59 Am. J. Comp. L. 1, 1 (2011).

3 *Teichmann,* in: Lutter/Hommelhoff, Europäische Gesellschaft, S. 209; *Heckschen,* in: FS Westermann, 2008, S. 1001 ff.; *Lutter/Kollmorgen/Feldhaus,* BB 2005, 2473, 2473 ff.; *Rockstroh,* BB 2012, 1620, 1620 f.; *Wicke,* DNotZ 2013, 812, 828; *Reichert,* ZIP 2014, 1957, 1959; *Haider-Giangreco/Polte,* BB 2014, 2947, 2947 ff.; *Wiedemann/Wanzl,* FuS 2011, 51, 51 ff.

4 Mit Stand vom 31.12.2016 haben 230 registrierte SEs in Deutschland ein operatives Geschäft mit mindestens fünf Arbeitnehmern. Von diesen 230 besitzen

Der Fokus der Untersuchung liegt auf der Innenhaftung, d. h. der Haftung des Leitungsorgans gegenüber der Gesellschaft. Denn einerseits nahm gerade in den letzten Jahren diese Art der Anspruchsverfolgung gegen die Mitglieder der Führungsorgane von Aktiengesellschaften zu.[5] Andererseits besteht Ungewissheit, wie das System der deutschen, dualistisch geprägten Organhaftung auf die monistisch verfasste Gesellschaft übertragen werden kann. Hinzu treten die bestehenden Schwächen des dualistischen Haftungsmodells, welches spätestens seit dem Deutschen Juristentag 2014 in seiner Gesamtheit auf dem Prüfstand steht.[6]

Vor dem Hintergrund der bestehenden Unsicherheiten erscheint es sinnvoll, das amerikanische Aktienrecht um mögliche Lösungsansätze zu bemühen. Seit jeher kennt das U.S.-amerikanische Unternehmensrecht die monistische Unternehmensverfassung.[7] Insoweit kann auf eine umfangreiche Rechtsprechung, jahrzehntelange Praxiserfahrungen und zahlreiche Forschungserkenntnisse zurückgegriffen werden. Die gewonnenen Einblicke sollen fruchtbar gemacht werden, um den bestehenden Unklarheiten des deutschen Rechts zu begegnen. Dabei stellt sich die zentrale Frage, welchen Ausgleich die USA und Deutschland in einem System, in welchem die Leitungsaufgabe nicht institutionell von der Überwachungsaufgabe getrennt ist, jeweils für aus einer Pflichtverletzung des Leitungsorgans gegenüber der Gesellschaft entstehende Schäden vorsehen. Anschließend wird eine Rezeption des U.S.-amerikanischen Rechts für das deutsche System erörtert.

Eine solche Rezeption kann jedoch nur gelingen und zielführend sein, wenn die Leitgedanken der jeweiligen Mechanismen übereinstimmen. So wird erörtert werden, welchem Zwecke die Innenhaftung von Leitungsorganen überhaupt dient. Geht es hierbei primär um die Frage des Ausgleichs eines entstandenen Schadens

---

150 eine dualistische und 80 eine monistische Struktur, vgl. die Erhebung der *Hans-Böckler-Stiftung* abrufbar unter http://www.boeckler.de/pdf/pb_mitbestimmung_se_2016_12.pdf (zuletzt abgerufen am 17.02.2017). Zu ähnlichen Ergebissen kommen die Untersuchungen von *Schuberth/von der Höh,* AG 2014, 439, 442 und *Bücker,* in: Bergmann/Kiem/Mülbert u.a., 10 Jahre SE, S. 206. Letzterer geht allerdings von einer untergeordneten Rolle der monistischen SE aus.

5 Vgl. aus der Presse etwa „Höllenjob Vorstand“, abrufbar unter http://www.wiwo.de/erfolg/management/einsame-spitze-hoellenjob-vorstand/11336286.html (zuletzt abgerufen am 17.02.2017); „Steiler Aufstieg – tiefer Fall“, abrufbar unter http://www.faz.net/aktuell/beruf-chance/recht-und-gehalt/managerhaftung-steiler-aufstieg-tiefer-fall-13846693.html (zuletzt abgerufen am 17.02.2017); „Thyssen-Krupp scheitert mit Millionen-Forderung an Manager“; abrufbar unter http://www.faz.net/aktuell/wirtscha/unternehmen/schienenkartell-thyssen-krupp-scheitert-mit-millionen-forderung-an-manager-13381349.html (zuletzt abgerufen am 17.02.2017).

6 Dazu nur *Bachmann,* Reform der Organhaftung? – Gutachten E zum 70. Deutschen Juristentag, passim.

7 *Gevurtz,* The Historical and Political Origins of the Corporate Board of Directors, 33 Hofstra L. Rev. 89, 108 (2004): "*The norm that the ultimate power over corporate management resides in an elected board has always existed in American corporation statutes.*"

zugunsten der Gesellschaft oder um einen Steuerungsmechanismus für das Verhalten der Entscheidungspersonen? Die bestehenden Instrumente sollen im Lichte der Antworten auf diese Fragen untersucht werden.

§ 2 Eingrenzung der Thematik

Die Untersuchung umfasst allein die Verantwortung der Letztentscheidungsträger, also des Verwaltungsrats und des *board.* Beide Organe nehmen zugleich Leitungs- und Aufsichtsfunktionen wahr. Nicht Bestandteil der Untersuchung ist die Verantwortung der zwar häufig im Fokus stehenden, aber letztlich nicht final verantwortlichen Personen in den Reihen der geschäftsführenden Direktoren und der *officer.*[8] Ausgeschlossen wird ebenfalls eine Betrachtung der Außenhaftung der Organmitglieder. Dabei handelt es sich um Probleme der Ausgestaltung des Gläubigerschutzes, die den Rahmen der Arbeit sprengen würden. Im Zentrum der Betrachtung in den Vereinigten Staaten stehen die Bundesstaaten Delaware, Kalifornien, New York sowie das allgemeine Bundesrecht. Die genannten Staaten bündeln einen Großteil der gesellschaftsrechtlichen Diskussion und haben erheblichen Einfluss auf die Rechtsetzung in den anderen Bundesstaaten.[9]

§ 3 Gang der Untersuchung

Im 1. Teil der Arbeit wird, beginnend mit dem Grundmodell einer monistischen SE mit Sitz in Deutschland, die gesellschaftsrechtliche Organisationsverfassung dargestellt. Anschließend wird die typische Form einer U.S.-amerikanischen *corporation* beschrieben. Beide Systeme werden anschließend verglichen. Mit diesem Vorgehen wird bezweckt, identische aber auch divergierende gesellschaftsrechtliche Strukturen beider Gesellschaftsformen herauszufiltern, ohne die ein Vergleich und eine Bewertung der Haftungsregime nicht stattfinden können. Denn die bloße Verpflanzung eines Rechtsinstitutes von einer Rechtsordnung in eine andere führt nicht zwangsläufig dazu, dass dieses dort eine entsprechende Wirkung entfaltet, wie in der ursprünglichen Rechtsordnung. Dies hängt vielmehr im Wesentlichen davon ab,

---

8 Eingehend zu den geschäftsführenden Direkoren etwa *Ihrig,* ZGR 2008, 809, 813 ff. und *Reichert/Brandes,* in: MünchKommAktG, Art. 43 SE-VO Rdnr. 166 ff.; zu den *officers Aviram,* Officers' Fiduciary Duties and the Nature of Corporate Organs, 2013 U. Ill. L. Rev. 763, 777 ff. (2013) und *Shaner,* The (Un)enforcement of Corporate Officers' Duties, 48 U.C. Davis L. Rev. 271, 285 ff. (2014).

9 Vgl. Zur Dominanz des Staates Delaware nur *Romano,* Competition for Corporate Charters and the Lesson of Takeover Statutes, 61 Fordham L. Rev. 843, 845 (1993); *Broughman/Ibrahim,* Delaware's Familiarity, 1790 Wm. & Mary Fac. Publi. 274, 275 (2015); *Greenwood,* Democracy and Delaware: The Mysterious Race to the Bottom/Top, 23 Yale L. & Pol'y Rev. 381, passim (2005); *Crean,* Has New York Effectively Challenged Delaware's Market Dominance With Recent Amendments to the New York Business Corporation Law?, 72 St. John's L. Rev. 695, 695 f. (2012).

ob das rechtliche Umfeld, mit dem das Rechtsinstitut verbunden wird, funktionelle Gemeinsamkeiten mit derjenigen Rechtsordnung aufweist, aus der es stammt.[10]

Der 2. Teil der Arbeit untersucht die Funktionen der persönlichen Haftung von Organmitgliedern in beiden Rechtsordnungen. Diese Betrachtung wird vorangestellt, um eine Bewertung der jeweiligen Haftungsmechanismen zu ermöglichen. So können Institute nur dann erfolgreich rezipiert werden, wenn eine vergleichbare Endwirkung gewünscht ist. Begonnen wird abermals mit einer Darstellung des deutschen Rechts, danach erfolgt eine Beleuchtung des Rechts der Vereinigten Staaten. Es schließt sich ein Vergleich an.

Im 3. Teil der Arbeit werden die jeweiligen Verhaltenspflichten der Organmitglieder dargelegt. Diese Darstellung wird der Betrachtung des eigentlichen Haftungsregimes vorausgeschickt, um die Übersichtlichkeit der Arbeit sicherzustellen. Abweichend vom Vorgehen in den vorherigen Teilen werden die einzelnen Pflichten gesondert nach ihrem länderspezifischen Gehalt untersucht und verglichen. Der 3. Teil schließt mit der Betrachtung einzelner Sonderpflichten.

Der 4. Teil betrachtet die materielle Ausgestaltung, d. h. insbesondere die Voraussetzungen der Innenhaftung. Es wird mit der rechtlichen Situation in Deutschland begonnen. Daran schließen sich die Situation in den USA sowie ein Vergleich beider Systeme an.

Der 5. Teil untersucht besondere Beschränkungen, die Organmitgliedern zur Verfügung stehen, um einer Haftung entgegenzutreten. In diesem Teil der Arbeit werden insbesondere aktuelle Problempunkte der Organhaftung in den Bereichen *business judgment rule*, Haftungsausschlüsse und *D&O*-Versicherungen aufgegriffen. Abermals werden die Themengebiete einzeln länderspezifisch untersucht, bewertet und sodann verglichen.

Der 6. Teil der Arbeit analysiert die prozessuale Geltendmachung der materiellrechtlichen Ansprüche. Die Betrachtung der deutschen Situation ist dabei vorangestellt. Danach erfolgt eine Erläuterung des U.S.-amerikanischen Systems. Nach bewährter Methode schließt sich ein Vergleich der beiden Rechtsordnungen an. Dieser Teil schließt mit Reformüberlegungen bzgl. der deutschen Regelungen.

---

10 *Abeltshauser*, Leitungshaftung im Kapitalgesellschaftsrecht, S. 139.

1. Teil Die gesellschaftsrechtlichen Organisationsverfassungen

Um eine vergleichende Betrachtung der persönlichen Inanspruchnahme eines Organmitglieds zu ermöglichen, werden zunächst die zugrundeliegenden Strukturen der Gesellschaften dargelegt. Für den Gesetzgeber stellt sich hierbei insbesondere die Frage, wie ein leitendes Organ aufgebaut und in die Struktur der Gesellschaft eingebettet wird, welches im Namen des Unternehmens und letztlich für die Aktionäre agiert, wobei die Organmitglieder Dritten gegenüber nicht unmittelbar persönlich haften. Um nicht vollends einer Verantwortung zu entgehen, muss sich das Organ jedoch zumindest einer Restkontrolle unterziehen. Andernfalls würde die entstehende Informationsasymmetrie den Boden für Missmanagement bereiten (sog. *principal-agent*-Problem).[11] In dieser Gesamtkonzeption ist die Einbindung anderer Organe und Akteure in das Gesellschaftsgefüge ebenfalls von Relevanz und soll daher näher betrachtet werden.

§ 4 Die Organisationsverfassung der monistischen SE

Eine der Neuerungen der SE gegenüber der traditionellen deutschen Aktiengesellschaft besteht in der Wahlmöglichkeit zwischen verschiedenen Organisationsverfassungen. Hierbei sind zwei Wege gangbar: Das dualistische System entspricht der bekannten Trennung zwischen den Aufgaben von Vorstand und Aufsichtsrat, das monistische Modell ist überwiegend dem anglo-amerikanischen Rechtskreis entnommen[12] und verbindet Leitungs- und Kontrollaufgaben in einem Unternehmensorgan; dem Verwaltungsrat. Das monistische System soll sich gerade durch seine Strukturoffenheit auszeichnen.[13]

---

11 Grundlegend zu diesem Problem *Berle/Means,* The Modern Corporation and Private Property (1932) passim; treffend bereits *Smith,* An Inquiry into the Nature and Causes of the Wealth of Nations (1776 (based on Edwin Cannan's 1904 compilation (Methuen and Co., Ltd) of Smith's fifth edition of the book (1789))) Book 5, Ch. 1.3.1.2: "*The directors of such companies, however, being the managers rather of other people's money than of their own, it cannot well be expected, that they should watch over it with the same anxious vigilance with which the partners in a private copartnery frequently watch over their own [...]. Negligence and profusion, therefore, must always prevail, more or less, in the management of the affairs of such a company.*"

12 So *Teichmann,* in: Lutter/Hommelhoff/Teichmann, Art. 38 SE-VO Rdnr. 15; *Teichmann,* in: HB Managerhaftung, § 5 Rdnr. 5; *Eberspächer,* in: Spindler/Stilz AktG, Art. 38 SE-VO Rdnr. 4; *Reichert/Brandes,* in: MünchKommAktG, Art. 38 SE-VO Rdnr. 4; wohl richtig aber auch *Siems,* in: KölnKommAktG, Vorb. Art. 43 SE-VO Rdnr. 23 („monistische System [darf] nicht auf das anglo-amerikanische Modell verengt werden").

13 *Manz,* in: Manz/Mayer/Schröder, Art. 43 SE-VO Rdnr. 52; *Merkt,* ZGR 2003, 650, 653 f.

I. Die Entwicklung des monistischen Modells in Deutschland

Vorbild der monistisch verfasste SE ist – ungeachtet der durchaus bestehenden kontinentaleuropäischen Verbreitung[14] – die anglo-amerikanische *board*-Struktur. Weder das britische noch das U.S.-amerikanische Recht kennen die strikte Trennung zwischen den Überwachungsaufgaben des Aufsichtsrats und den Leitungsaufgaben des Vorstands. Vielmehr werden beide Aufgabengebiete in einem Organ – dem sog. *board* – vereint. Allerdings sind Tendenzen zu beobachten, die auch im monistischen System auf eine interne Teilung des Organs und somit auf eine zunehmende Konvergenz beider Organisationsmodelle schließen lassen.[15] Die Konstruktion einer monistischen Verwaltung ist dem deutschen Recht dabei nicht fremd.[16] Im Zuge der Aktienrechtsreform von 1965 wurde in Erwägung gezogen, ein monistisches Modell einzuführen. Insbesondere aus Gründen der Unvereinbarkeit mit der Mitbestimmung wurde dies abgelehnt.[17] In Deutschland sah das preußische Aktienrecht von 1843 das monistische System vor, obgleich schon damals in der Praxis ein zusätzliches Kontrollorgan eingerichtet wurde.[18] Das dualistische Modell setzte sich in Deutschland durch. Es wird aber erwogen, ob nicht auch für die reguläre deutsche Aktiengesellschaft die Wahlmöglichkeit zwischen beiden Systemen eröffnet werden sollte.[19]

Ein einheitliches europäisches Aktienrecht im Sinne eines abschließenden Vollstatuts, welches für sämtliche Aktiengesellschaften unabhängig von deren Sitz zur Anwendung kommen könnte, existiert nicht. Für eine SE mit Sitz in Deutschland sind die SE-VO[20], die SE-RL[21], das SEAG[22] und das SEBG[23] von Relevanz. Ergänzend kommen die Vorschriften der nationalen Aktiengesellschaft zur Anwendung.[24]

---

14 So kennen etwa auch Frankreich, Italien und die Schweiz das monistische System.

15 Siehe bereits die Nachweise unter Fn. 2.

16 Zur Entwicklung der Führungsstruktur in Deutschland *Fleischer,* AcP 204 (2004), 502, 523 ff.

17 Dazu etwa: *Bahrenfuss,* Die Entstehung des Aktiengesetzes von 1965 unter besonderer Berücksichtigung der Bestimmungen über die Kapitalgrundlagen und die Unternehmensverfassung, S. 663, 670, 682.

18 Umfassend hierzu *Kießling,* in: Bayer/Habersack, Aktienrecht im Wandel, S. 218 ff.

19 So *Hopt/Leyens,* ECFR 2004, 135, 163 ff.; *Fischer,* Monistische Unternehmensverfassung – Ökonomische Analyse und Plädoyer für ein Wahlrecht im deutschen Aktienrecht, passim.

20 Verordnung (EG) Nr. 2157/2001 des Rates vom 8. Oktober 2001 über das Statut der Europäischen Gesellschaft (SE).

21 Richtlinie Nr. 2001/86/EG des Rates vom 8. Oktober 2001 zur Ergänzung des Statuts der Europäischen Gesellschaft hinsichtlich der Beteiligung der Arbeitnehmer.

22 Gesetz zur Ausführung der Verordnung (EG) Nr. 2157/2001 des Rates vom 8. Oktober 2001 über das Statut der Europäischen Gesellschaft (SE) (SE-Ausführungsgesetz – SEAG) v. 22.12.2004 (BGBl. I S. 3675).

23 Gesetz über die Beteiligung der Arbeitnehmer in einer Europäischen Gesellschaft (SE-Beteiligungsgesetz – SEBG) v. 22.12.2004 (BGBl. I S. 3675).

24 Art. 9 SE-VO.

II. Der Verwaltungsrat

Der Verwaltungsrat ist das zentrale Organ einer monistisch verfassten SE. Zusätzlich zum Verwaltungsrat sind zwingend geschäftsführende Direktoren zu berufen. Entsprechend der nationalen Aktiengesellschaft besitzt auch die monistisch verfasste SE eine Hauptversammlung.

a) Die Stellung des Verwaltungsrats im Gesellschaftsgefüge

In der monistischen SE ist der Verwaltungsrat mit seiner umfassenden Letztverantwortung das oberste Leitungsorgan der Gesellschaft.[25] Hierbei entfällt die Überwachung durch eine institutionelle gesellschaftsverfassungsrechtliche Instanz, die im dualistischen System durch den Aufsichtsrat erfolgt.

aa) Kompetenzen

Der Verwaltungsrat führt die Geschäfte der SE (Art. 43 Abs. 1 S. 1 SE-VO). Er ist oberstes Organ der monistisch verfassten SE, indem er die Gesellschaft leitet[26], die Grundlinien ihrer Tätigkeit bestimmt und deren Umsetzung überwacht (§ 22 Abs. 1 SEAG). Neben der allgemeinen Unternehmensoberleitung bestehen speziell dem Verwaltungsrat zugewiesene Aufgaben. Dazu gehören z. B. die Einberufung der Hauptversammlung, wenn das Wohl der Gesellschaft es erfordert (§ 22 Abs. 2 S. 1 SEAG), die Verantwortung für die Führung der Handelsbücher (§ 22 Abs. 3 S. 1 SEAG), die Einrichtung eines Überwachungssystems (§ 22 Abs. 3 S. 2 SEAG), die Insolvenzantragspflicht (§ 22 Abs. 5 S. 2 SEAG) und die Einberufung der Hauptversammlung bei einem Verlust der Hälfte des Grundkapitals (§ 22 Abs. 5 S. 1 SEAG). Schließlich schreibt die Auffangregelung des § 22 Abs. 6 SEAG vor, dass grundsätzlich alle Rechtsvorschriften, die im dualistischen Modell dem Vorstand oder dem Aufsichtsrat Rechte oder Pflichten zuteilen, sinngemäß für den Verwaltungsrat gelten, soweit sie nicht im SEAG explizit den geschäftsführenden Direktoren zugewiesen sind.

Im monistischen System besteht die Besonderheit, dass dem Verwaltungsrat neben der Leitungsaufgabe zusätzlich eine Überwachungsfunktion zukommt. Die Führung des Tagesgeschäfts[27] ist Aufgabe der geschäftsführenden Direktoren (§ 40 Abs. 2 S. 1 SEAG), die hierbei aber wiederum vom Verwaltungsrat überwacht werden (§ 22 Abs. 1 SEAG). Zur Wahrnehmung dieser Aufgabe stehen dem Verwaltungsrat die Überwachungsinstrumente des Aufsichtsrats zur Verfügung, also insbesondere die Personalkompetenz (§ 40 Abs. 1 S. 1 und Abs. 5 SEAG), die

---

25 *Teichmann,* in: Lutter/Hommelhoff/Teichmann, Art. 43 SE-VO Rdnr. 63; *Eberspächer,* in: Spindler/Stilz AktG, Art. 43 SE-VO Rdnr. 5; *Verse,* in: SE-Recht, Vor § 20 SEAG Rdnr. 5.

26 Der Begriff Leitung ist am traditionellen aktienrechtlichen Verständnis zu messen, also insbesondere an § 76 Abs. 1 AktG, vgl. *Verse,* in: SE-Recht, § 22 SEAG Rdnr. 5; ausführlich noch 3. Teil § 13 I. d) aa).

27 Dazu noch 1. Teil § 4 III. a).

Geschäftsordnungskompetenz (§ 40 Abs. 4 S. 1 SEAG) sowie Informationsrechte (§§ 22 Abs. 4, 40 Abs. 3 und 6 SEAG) und die Zustimmungsvorbehalte nach Art. 48 SE-VO. Gerade das Weisungsrecht des § 44 Abs. 2 SEAG stellt dem Verwaltungsrat gegenüber den geschäftsführenden Direktoren ein effektives Kontrollmittel zur Seite. Dies korreliert mit der umfassenden Letztverantwortung des Verwaltungsrats für die Geschäftsführung der Gesellschaft. Folglich lässt sich die für den Aufsichtsrat vertretene Beschränkung der Überwachungsintensität[28] aufgrund der exklusiven Zuteilung der Geschäftsführung an den Vorstand, nicht auf das monistische System abbilden.[29] Schon die Überwachung der geschäftsführenden Direktoren, die gegenüber dem Verwaltungsrat weisungsgebunden sind und deren Handlungsspielraum durch diesen vorgegeben wurde, erscheint zirkulär. Dieses Defizit wird durch die zusätzliche Überwachungstätigkeit des Verwaltungsrats gegenüber dem eigenen Organ auf die Spitze getrieben. Die Doppelfunktion von Leitungspflicht und Überwachungspflicht ist aus dem Gesichtspunkt einer ordnungsgemäßen *corporate governance*[30] kritisch zu betrachten, da sich das Verwaltungsorgan selbst überwachen muss.[31]

Es deutet viel darauf hin, dass das Verwaltungsratsmandat als Nebenamt ausgestaltet ist.[32] So muss der Verwaltungsrat gemäß Art. 44 Abs. 1 SE-VO nur mindestens alle drei Monate zusammentreffen. Im Übrigen wird anhand von § 27 SEAG ersichtlich, dass ein Verwaltungsratsmitglied mehrere Mandate gleichzeitig wahrnehmen kann. Auch die §§ 34 ff SEAG, die Regelungen bzgl. der inneren Ordnung und der Beschlussfassung zum Inhalt haben, orientieren sich erkennbar an den Bestimmungen zum Aufsichtsrat.

bb) Weisungsrechte

(1) Weisungsrecht der Hauptversammlung?

Die für den Verwaltungsrat und die Hauptversammlungen einschlägigen Art. 43, 52 SE-VO enthalten keine Hinweise auf ein Recht der Hauptversammlung, dem Verwaltungsrat Weisungen zu erteilen. Denkbar wäre eine solche Pflicht nach den

---

28 Die Überwachungstätigkeit des Aufsichtsrats findet ihre Grenzen darin, nicht in die Führungsaufgabe des Vorstands einzugreifen, vgl. nur *Habersack*, in: MünchKomm-AktG, § 111 Rdnr. 20.

29 *Eberspächer*, in: Spindler/Stilz AktG, Art. 43 SE-VO Rdnr. 22.

30 Der Begriff *corporate governance* umfasst nach hiesigem Verständnis den Bereich der „Unternehmensführung". Man versteht hierunter den rechtlichen und faktischen Ordnungsrahmen für die Leitung und Überwachung eines Unternehmens, vgl. dazu *Werder*, in: Hommelhoff/Hopt/v. Werder, HB Corporate Governance, S. 3 f.

31 Zu diesen und den weiteren Mängeln des monistischen Systems etwa: *Schiessl*, ZHR 167 (2003), 235, 243 ff.; *Böckli*, in: FS Reist, 1992, S. 339 ff.; *Fischer*, Monistische Unternehmensverfassung – Ökonomische Analyse und Plädoyer für ein Wahlrecht im deutschen Aktienrecht, S. 46 ff.

32 *Verse*, in: SE-Recht, § 22 SEAG Rdnr. 3; *Bücker*, in: Bergmann/Kiem/Mülbert u.a., 10 Jahre SE, S. 2180; *Bachmann*, ZGR 2008, 779, 790.

Vorgaben des SEAG in Zusammenspiel mit dem Aktiengesetz. § 22 Abs. 1 SEAG enthält im Gegensatz zu seinem aktienrechtlichen Pendant des § 76 Abs. 1 AktG[33] nicht die Formulierung „in eigener Verantwortung". Die Passage unterstreicht die Unabhängigkeit des Vorstands unter Ausschluss einer Weisungsabhängigkeit.[34] Das Ausbleiben dieses Einsatzes könnte nun darauf hindeuten, dass ein Weisungsrecht der Hauptversammlung gegenüber dem Verwaltungsrat gewollt ist. Hierfür spricht auch die erhebliche Konzentration von Kompetenzen beim Verwaltungsrat, welche durch das Weisungsrecht zumindest effektiver kontrolliert werden könnten.[35] Allerdings ist festzustellen, dass das deutsche Aktienrecht kein Weisungsrecht der Hauptversammlung in Fragen der Geschäftsführung kennt und auch die Verordnung selbst hierzu schweigt. Vielmehr werden die Kompetenzen der Hauptversammlung im Aktiengesetz ausdrücklich benannt. Auch das SEAG folgt dieser Struktur, indem es beispielsweise in den §§ 47 f SEAG die Kompetenz für den Jahresabschluss der Hauptversammlung zuweist. Ebenso erscheint eine derart weitreichende, ungeschriebene Zuständigkeit der Hauptversammlung dem Grunde nach bereits fernliegend. Ein Weisungsrecht der Hauptversammlung gegenüber dem Verwaltungsrat kann demnach nicht konstruiert werden.[36]

(2) Weisungsrecht gegenüber den geschäftsführenden Direktoren

Unbestritten ist das Weisungsrecht des Verwaltungsrats gegenüber den geschäftsführenden Direktoren, das sich aus § 44 Abs. 2 SEAG ergibt. Die Vorschrift hat zwingenden Charakter[37] und statuiert ein umfassendes Weisungsrecht. Die geschäftsführenden Direktoren sind ausführendes Organ der Entscheidungen des Verwaltungsrats und diesem untergeordnet.[38] Insbesondere im Weisungsrecht manifestiert sich die Oberleitung der SE durch den Verwaltungsrat.[39]

Problematisch ist jedoch der Umfang des Weisungsrechtes. § 22 SEAG sieht für die Leitung der Gesellschaft eine Kompetenzzuweisung an den Verwaltungsrat vor. § 44 Abs. 2 SEAG hingegen beinhaltet keine Beschränkung des Weisungsrechts. Aus einer Zusammenschau könnte man schließen, dass sich das Weisungsrecht nur auf die Umsetzung der in § 22 SEAG beschriebenen Zuständigkeiten

33 § 76 Abs. 1 AktG: „Der Vorstand hat unter eigener Verantwortung die Gesellschaft zu leiten."

34 Vgl. nur *Seibt,* in: K. Schmidt/Lutter, AktG, § 76 Rdnr. 21.

35 So zum österreichischen Recht etwa: *Kalss/Greda,* GesRZ 2004, 91, 106.

36 *Verse,* in: SE-Recht, § 22 SEAG Rdnr. 11; *Siems,* in: KölnKommAktG, Anh. Art. 51 SE-VO § 22 SEAG Rdnr. 17; *Verse,* in: FS Hoffmann-Becking, 2013, S. 1279; i.E. *Hommelhoff,* AG 2003, 179, 182.

37 Vgl. nur *Verse,* in: FS Hoffmann-Becking, 2013, S. 1279.

38 *Reichert/Brandes,* in: MünchKommAktG, Art. 43 SE-VO Rdnr. 14; *Teichmann,* in: Lutter/Hommelhoff/Teichmann, Anh. Art. 43 SE-VO § 22 SEAG Rdnr. 12; *Verse,* in: SE-Recht, Vor § 20 SEAG Rdnr. 5; *Bachmann,* ZGR 2008, 779, 780; *Velte,* WM 2010, 1635, 1637.

39 *Teichmann,* in: Münchener HB GesR, 3. Kapitel § 49 Rdnr. 89.

des Verwaltungsrats beschränken soll.[40] Eine solche Begrenzung ist jedoch nicht anzunehmen. Schon aus unionsrechtlicher Sicht würde eine Beschränkung der Weisungsfreiheit, etwa für laufende Geschäfte, zu einer Aushöhlung des Wahlrechts zwischen monistischem und dualistischem System führen. Durch diesen weisungsfreien Raum käme es zu einer Annäherung der Organisationsverfassungen.[41] Im Übrigen betont der deutsche Gesetzgeber die Nähe des Weisungsrechts zum Weisungsrecht gegenüber dem GmbH-Geschäftsführer.[42] Auch der GmbH-Geschäftsführer ist in der Geschäftsführung an Weisungen gebunden, es existiert dort kein „Spielraum zu eigenen Geschäftsführungsentscheidungen"[43]. Entsprechendes ist auch in der monistischen SE anzunehmen.[44]

Es ist allerdings fraglich, ob einzelne Bereiche existieren, in denen das Weisungsrecht nicht greift. Dies soll etwa bei der Geltendmachung von Ersatzansprüchen der Gesellschaft gegen die Verwaltungsratsmitglieder[45] oder im Falle der Rechnungslegung und des Abhängigkeitsberichtes[46], teilweise sogar bei Handelsregisteranmeldungen[47] der Fall sein. Solche Beschränkungen sind ebenfalls abzulehnen. Dem Verwaltungsrat obliegt die umfassende unternehmerische Oberleitung.[48] Den geschäftsführenden Direktoren stehen keine unentziehbaren Kernkompetenzen zu, auf die der Verwaltungsrat nicht zugreifen könnte.[49] Das monistische System sieht keine institutionelle Kompetenzabgrenzung vor, vielmehr stellt sich dies als eine Eigenart des dualistischen Modells dar.[50] Der Verwaltungsrat darf jedoch nicht sämtliche Geschäftsführungsangelegenheiten an sich ziehen, sodass die Geschäftsführung den geschäftsführenden Direktoren gänzlich aus der Hand genommen würde.[51] Für die Verfolgung von Ersatzansprüchen gilt, dass die betroffenen Verwaltungsratsmitglieder analog § 34 BGB von der Beschlussfassung im Verwaltungsrat

40 So *Schönborn,* Die monistische Societas Europaea in Deutschland im Vergleich zum englischen Recht, S. 95 f.

41 *Verse,* in: FS Hoffmann-Becking, 2013, S. 1281.

42 Vgl. Begr. RegE SEEG, BT-Drucks. 15/3405, S. 39.

43 Vgl. nur *Altmeppen,* in: Roth/Altmeppen, GmbHG, § 37 Rdnr. 4.

44 I.E. auch *Eberspächer,* in: Spindler/Stilz AktG, Art. 43 SE-VO Rdnr. 16; *Verse,* in: FS Hoffmann-Becking, 2013, S. 1282; *Marsch-Barner,* in: GS Bosch, 2006, S. 99 ff.; *Ihrig,* ZGR 2008, 809, 819 f.

45 *Ihrig,* ZGR 2008, 809, 821 f.

46 *Boettcher,* Die Kompetenzen von Verwaltungsrat und geschäftsführenden Direktoren in der monistischen SE in Deutschland, S. 180 ff.

47 *Eberspächer,* in: Spindler/Stilz AktG, Art. 43 SE-VO Rdnr. 16.

48 *Teichmann,* in: Lutter/Hommelhoff/Teichmann, Anh. Art. 43 SE-VO § 44 SEAG Rdnr. 10.

49 *Eberspächer,* in: Spindler/Stilz AktG, Art. 43 SE-VO Rdnr. 15.

50 Für die Kompetenzen der Hauptversammlung gilt dies freilich schon.

51 *Siems,* in: KölnKommAktG, Anh. Art. 51 SE-VO § 44 SEAG Rdnr. 12; *Eberspächer,* in: Spindler/Stilz AktG, Art. 43 SE-VO Rdnr. 16; *Boettcher,* Die Kompetenzen von Verwaltungsrat und geschäftsführenden Direktoren in der monistischen SE in Deutschland, S. 185 ff.; *Velte,* WM 2010, 1635, 1638.

ausgeschlossen sind, im Übrigen dieser aber über die Ansprüche entscheidet.[52] Bezüglich Rechnungslegung, Abhängigkeitsbericht und Handelsregisteranmeldung wird überwiegend auf die notwendige Einhaltung des Vier-Augen-Prinzips verwiesen, um den Ausschluss des Weisungsrechtes zu begründen.[53] Dies überzeugt jedoch nicht, da ohnehin nur rechtmäßige und auch sonst der Sorgfaltspflicht genügende Weisungen als verbindlich gelten.[54] Die Anmeldepflichten zum Handelsregister unterfallen dieser Argumentation nicht, da hier nicht das Vier-Augen-Prinzip maßgeblich ist, sondern Praktikabilitätserwägungen.[55] Der Verwaltungsrat hat demnach den Aktionsradius der geschäftsführenden Direktoren sowie zusätzliche Kompetenzen, die darüber hinausreichen.

b) Bestellung, Abberufung und Organverhältnis

Die Bestellung der Mitglieder des Verwaltungsrats erfolgt gemäß Art. 43 Abs. 3 S. 1 SE-VO durch die Hauptversammlung. Die Amtszeit der Verwaltungsratsmitglieder beträgt nach Art. 46 Abs. 1 SE-VO maximal sechs Jahre. Eine mögliche Abberufung der Verwaltungsratsmitglieder ergeht durch eine Dreiviertelmehrheitsentscheidung der abgegebenen Stimmen der Hauptversammlung, vgl. § 29 Abs. 1 SEAG. Für entsandte Mitglieder gilt §§ 28 Abs. 2 SEAG, 103 Abs. 2 AktG. Demnach kann ein Verwaltungsratsmitglied, das in den Verwaltungsrat entsandt ist, jederzeit von dem Entsendungsberechtigten abberufen und durch eine andere Person ersetzt werden. Eine gerichtliche Abberufung ist ebenso möglich. Für die sonstigen Beendigungsgründe des Amtes gelten mangels unionsrechtlicher Bestimmungen die nationalen Vorschriften für Niederlegung, Tod und Wegfall der persönlichen Voraussetzungen.[56]

Im dualistischen System besteht für den Vorstand eine Trennung zwischen dem korporationsrechtlichen Organverhältnis und dem schuldrechtlichen Anstellungsvertrag.[57] Beim Aufsichtsrat besteht nach h. M. keine Trennung der aufgezeigten Art, sondern vielmehr ein einheitliches Rechtsverhältnis mit korporations- und schuldrechtlichem Inhalt.[58] Diese Prinzipien können auf den Verwaltungsrat entsprechend übertragen werden. In § 38 SEAG ordnet der deutsche Gesetzgeber die Anwendung der §§ 113–114 AktG an. Gemäß § 40 Abs. 5 S. 2 SEAG wird für die geschäftsführenden Direktoren klargestellt, dass die Ansprüche aus dem Anstellungsvertrag bei einer Abberufung erhalten bleiben. Hieraus kann man ableiten, dass nur die geschäftsführenden Direktoren einen Anstellungsvertrag mit der SE haben. Die

---

52 Siehe dazu noch 3. Teil § 15 I. a) bb).

53 *Eberspächer*, in: Spindler/Stilz AktG, Art. 43 SE-VO Rdnr. 16.

54 Vgl. *Verse*, in: FS Hoffmann-Becking, 2013, S. 1285.

55 Vgl. *Boettcher*, Die Kompetenzen von Verwaltungsrat und geschäftsführenden Direktoren in der monistischen SE in Deutschland, S. 179.

56 *Frodermann*, in: Jannott/Frodermann, HB der Europäischen Aktiengesellschaft, 5. Kapitel Rdnr. 151.

57 Vgl. nur Hüffer/Koch, AktG, § 84 Rdnr. 2.

58 Vgl. nur Hüffer/Koch, AktG, § 101 Rdnr. 2.

Verwaltungsratsmitglieder stehen, wie der Aufsichtsrat im dualistischen System, nur in einem Organverhältnis zur Gesellschaft.[59]

c) *Zusammensetzung*

Der Zusammensetzung des Verwaltungsrats kommt im monistischen System erhebliche Bedeutung zu. Eine organinterne Aufteilung dient dabei dem Zweck, Interessenkonflikten innerhalb des Organs entgegenwirken.

aa) Mitgliederanzahl und persönliche Voraussetzungen

Sofern die SE nicht der Mitbestimmung unterliegt, besteht Satzungsautonomie hinsichtlich der Mitgliederzahl des Verwaltungsrats, vgl. Art. 43 Abs. 2 Unterabs. 1 S. 1 SE-VO. Es wäre grundsätzlich möglich, festzulegen, dass das Organ nur aus einem Mitglied besteht.[60] Allerdings ermächtigt Art. 43 Abs. 2 Unterabs. 1 S. 2 die Mitgliedsstaaten, die Satzungsautonomie einzuschränken und eine Mindest- und Höchstzahl von Mitgliedern festzusetzen. Hiervon hat der deutsche Gesetzgeber Gebrauch gemacht. In § 23 Abs. 1 SEAG ist bestimmt, dass der Verwaltungsrat aus drei Mitgliedern zu bestehen hat. Die Satzung kann davon wiederum abweichen. Bei einer SE, die ein Grundkapital von mehr als EUR 3 Mio. hat, muss der Verwaltungsrat aber aus drei Personen bestehen. Die Höchstzahl der Mitglieder ist entsprechend den Höchstzahlen beim Aufsichtsorgan im dualistischen System nach § 95 AktG, unter Abhängigkeit vom Grundkapital, auf maximal einundzwanzig Personen festgesetzt.

Die persönlichen Voraussetzungen des § 27 Abs. 1 SEAG für Verwaltungsratsmitglieder entsprechen den Voraussetzungen, die an die Aufsichtsratsmitglieder eine nationalen Aktiengesellschaft gestellt werden.[61] Mitglied des Verwaltungsrats kann demnach nicht sein, wer bereits in zehn Handelsgesellschaften, die gesetzlich einen Aufsichtsrat oder einen Verwaltungsrat zu bilden haben, Mitglied des Aufsichtsrats oder des Verwaltungsrats, gesetzlicher Vertreter eines von der Gesellschaft abhängigen Unternehmens, oder gesetzlicher Vertreter einer anderen Kapitalgesellschaft ist, deren Aufsichtsrat oder Verwaltungsrat ein Vorstandsmitglied oder ein geschäftsführender Direktor der Gesellschaft angehört. Der Gleichklang mit den Bestimmungen bzgl. des Aufsichtsrats wird damit begründet, dass die Verwaltungsratsmitglieder gegenüber den geschäftsführenden Direktoren eine ähnliche Aufsichtsfunktion hätten, wie im dualistischen System der Aufsichtsrat gegenüber dem

59 *Siems,* in: KölnKommAktG, Anh. Art. 51 SE-VO § 38 SEAG Rdnr. 5; *Teichmann,* in: Lutter/Hommelhoff/Teichmann, Anh. Art. 43 SE-VO § 28 SEAG Rdnr. 5; *Verse,* in: SE-Recht, § 28 SEAG Rdnr. 3; *Lutter/Kollmorgen/Feldhaus,* BB 2005, 2473, 2477; a.A. Schwarz, SE-VO, Art. 43 Rdnr. 117.

60 *Siems,* in: KölnKommAktG, Art. 43 SE-VO Rdnr. 44; *Horn,* DB 2005, 147, 151.

61 § 27 Abs. 1 SEAG entspricht der Regelung des § 100 Abs. 2 AktG.

Vorstand.[62] Eine juristische Person kann nicht Mitglied des Verwaltungsrats sein (§ 27 Abs. 3 SEAG). Zumindest analog sind im Übrigen die Voraussetzungen des § 76 Abs. 3 AktG anzuwenden.[63]

bb) Trennung von geschäftsführenden und nicht-geschäftsführenden Direktoren

§ 40 Abs. 1 S. 2 SEAG ermöglicht, dass einzelne oder alle geschäftsführenden Direktoren zugleich Mitglieder des Verwaltungsrats sind. Allerdings muss die Mehrheit des Verwaltungsrats aus nicht-geschäftsführenden Mitgliedern bestehen.

Ein aus der Doppelfunktion von geschäftsführendem Direktor und Verwaltungsratsmitglied resultierender Interessenskonflikt, insbesondere in Form eines Kontrolldefizites, ist evident: Der Verwaltungsrat muss neben der Festlegung der Leitlinien der Unternehmenspolitik die geschäftsführenden Direktoren in der Ausübung der Geschäftsführungsaufgaben überwachen. Fällt die Position des geschäftsführenden Direktors mit der eines Verwaltungsratsmitgliedes zusammen, so muss sich die betroffene Person faktisch selbst überwachen. Hierneben tritt die Überwachungsverpflichtung gegenüber den anderen Verwaltungsratsmitgliedern und gegenüber den anderen geschäftsführenden Direktoren. Diesem Konflikt wird begegnet, indem die Mehrheit des Verwaltungsrats aus nicht-geschäftsführenden Direktoren zu bestehen hat. Trotz evidenter Unzulänglichkeiten hat diese Konstruktion bestimmte Vorteile. So besteht ein Informationsvorsprung des Verwaltungsratsmitglieds, das zugleich geschäftsführender Direktor ist. Die Person ist näher in die tägliche Geschäftsführung involviert. Somit wird eine effektive Kontrolle ermöglicht.[64] Da grundsätzlich allein die geschäftsführenden Direktoren mit dem Tagesgeschäft betraut sind, ist eine Informationsverschaffung durch den Verwaltungsrat schwieriger, wäre dieser nicht unmittelbar in der Reihe der geschäftsführenden Direktoren vertreten. Die nicht-geschäftsführenden Direktoren dienen folglich als interne Überwachungsinstanz. Sie sollen objektiv die Tätigkeit der Führung überwachen ohne zugleich unmittelbar im Tagesgeschäft involviert zu sein. Zusätzlich gewährleisten sie, dass eine neutrale Urteilsbildung für die strategische Ausrichtung möglich ist.[65]

cc) Unabhängigkeit der nicht-geschäftsführenden Direktoren

Diese neutrale Urteilsbildung ist nur möglich, wenn die nicht-geschäftsführenden Direktoren keinen Interessenkonflikten ausgesetzt, d. h. unabhängig sind. Der SE-VO und dem SEAG sind keine weiteren Anforderungen an die nicht-geschäftsführenden Direktoren zu entnehmen. Die Unabhängigkeit der überwachenden Instanz stellt allerdings einen essentiellen Eckpfeiler für eine effektive Kontrolle

62 RegE SEEG, BT-Drucks. 15/3405, S. 37 f.

63 Im Ergebnis besteht Einigkeit, dass § 76 Abs. 3 AktG entweder über Art. 46 Abs. 2 SE-VO oder zumindest analog anwendbar ist, vgl. nur *Verse*, in: SE-Recht, § 27 SEAG Rdnr. 3.

64 *Bachmann*, ZGR 2008, 779, 788.

65 *Merkt*, ZGR 2003, 650, 666.

von Leitungsorgane dar.[66] Entsprechend der Situation bei Aufsichtsratsmitgliedern wurden pauschale Verweise oder explizite Anforderungen an die Unabhängigkeit der nicht-geschäftsführenden Direktoren jedoch nicht gesetzlich verankert.[67]

Die unter *corporate governance* Gesichtspunkten begrüßenswerte Unabhängigkeit wird vielmehr anhand einer Empfehlung der Europäischen Kommission vom 15.2.2005[68] näher konkretisiert. Unter Nr. 7 heißt es dort: „Unabhängigkeit sollte verstanden werden als die Abwesenheit jeglicher signifikanter Interessenkonflikte; in diesem Zusammenhang sollte entsprechende Aufmerksamkeit namentlich jenen Gefahren gewidmet werden, die aus der Tatsache herrühren, dass ein Vertreter im Verwaltungs-/Aufsichtsrat enge Verbindungen mit einem Konkurrenten des Unternehmens hat." Daneben kommt eine Heranziehung der Definition in Ziff. 5.4.2 S. 2 DCGK in Betracht, wonach ein Mitglied „dann nicht als unabhängig anzusehen [ist], wenn es in einer persönlichen oder einer geschäftlichen Beziehung zu der Gesellschaft, deren Organen, einem kontrollierenden Aktionär oder einem mit diesem verbundenen Unternehmen steht, die einen wesentlichen und nicht nur vorübergehenden Interessenkonflikt begründen kann." Der Kodex verweist zwar dem Wortlaut nach nur auf Mitglieder des Aufsichtsrats, eine entsprechende Anwendung dieser Vorschrift auf die Situation im monistischen System ist jedoch möglich.[69] Problematisch erscheinen vor diesem Hintergrund die allenfalls wagen Umschreibungen von Unabhängigkeit, die jedoch auch notwendig erscheinen, um eine ausreichende Flexibilität für die individuelle Situation zu gewähren.[70]

dd) Personalunion von geschäftsführendem Direktor und Verwaltungsratsvorsitz

Der Verwaltungsrat wählt aus seiner Mitte einen Vorsitzenden, der bei paritätischer Besetzung ein von der Hauptversammlung bestelltes Mitglied sein muss (Art. 45 SE-VO). Der Vorsitzende hat eine hervorgehobene Stellung im Verwaltungsrat, da seine Stimme bei einer Beschlussfassung im Falle einer Stimmengleichheit nach Art. 50 Abs. 2 SE-VO den Ausschlag gibt. Die besonderen Pflichten des Vorsitzenden ergeben sich mangels unionsrechtlicher Regelungen aus dem SEAG (beispielweise

---

66 Etwa *Hopt/Leyens,* ECFR 2004, 135, 164; *Hoffmann-Becking,* NZG 2014, 801, 802.

67 *Eberspächer,* in: Spindler/Stilz AktG, Art. 38 SE-VO Rdnr. 19; *Bachmann,* ZGR 2008, 779, 790 f. Für den Aufsichtsrat vgl. nur *Habersack,* in: MünchKommAktG, § 100 AktG Rdnr. 6.

68 Empfehlung der Kommission vom 15. Februar 2005 zu den Aufgaben von nicht geschäftsführenden Direktoren/Aufsichtsratsmitgliedern/börsennotierter Gesellschaften sowie zu den Ausschüssen des Verwaltungs-/Aufsichtsrats (2005/162/EG).

69 Vgl. *Verse,* in: SE-Recht, § 23 SEAG Rdnr. 58; *Messow,* Die Anwendbarkeit des Deutschen Corporate Governance Kodex auf die Societas Europaea (SE), S. 273 f.

70 Zu den wesentlichen Elementen der Unabhängigkeit i. Ü. *Hoffmann-Becking,* NZG 2014, 801, 802 ff.; *Kremer/Werder,* AG 2013, 340, 341; *Werder/Wieczorek,* DB 2007, 297, 299 ff.

§§ 25 Abs. 1, 26 Abs. 4, 34 Abs. 3 S. 1 SEAG), den nationalen Vorschriften des Aktiengesetzes oder aus der Satzung bzw. der Geschäftsordnung. Die Ernennung eines Vorsitzenden der geschäftsführenden Direktoren kann in der Satzung geregelt werden; sie kann aber auch Gegenstand einer Regelung in der Geschäftsordnung sein.[71] Eine besondere Stellung des Vorsitzenden der geschäftsführenden Direktoren ist dem Gesetz – anders als beim Verwaltungsratsvorsitz – nicht zu entnehmen.[72]

Problematisch ist allerdings, ob der Verwaltungsratsvorsitzende zugleich geschäftsführender Direktor sein kann oder sein sollte. Eine gesetzliche Bestimmung, die ein Verbot enthalten könnte, existiert nicht. Auch die Regierungsbegründung liest sich zwar kritisch, geht aber wohl davon aus, dass eine solche Personalunion zulässig ist: „Eine gesetzliche Zuweisung der Geschäftsführung an den Vorsitzenden des Verwaltungsrats (wie der P.D.G. in Frankreich) erscheint nicht sinnvoll, da hiermit eine besondere Machtfülle entsteht."[73] Aus Gesichtspunkten nachhaltiger *corporate governance* wird eine solche Personalunion kritisch betrachtet. Demnach solle der Verwaltungsratsvorsitzende nicht zugleich Vorsitzender bzw. Sprecher der geschäftsführenden Direktoren sein.[74] Teilweise wird argumentiert, es wäre nicht angemessen, wenn der Verwaltungsratsvorsitzende zugleich das Amt eines normalen Mitglieds der geschäftsführenden Direktoren bekleide.[75] Demnach können die Bestimmung der Tagesordnung im Verwaltungsrat, die Einladungen zu außerordentlichen Sitzungen und die Vereinigung von Sitzungsleitung und Berichtssystem dem Verwaltungsratsvorsitzenden zu erheblichen Einfluss verhelfen, der die Überwachungsfunktion des Verwaltungsrats merkbar vermindere.[76] Andererseits ist zu bedenken, dass die Personalunion den Informationsfluss und die Umsetzung der Leitungsentscheidungen verbessert.

Eine pauschale Beantwortung der abstrakten Frage einer Personalunion ist nicht zielführend. Vielmehr ist auf die individuelle Gestaltung der Position im Einzelfall abzustellen, da hierfür eine Vielzahl von Optionen zur Verfügung stehen.[77] Beispielsweise sollte dem Vorsitzenden in seiner Doppelfunktion nicht die Leitung der Hauptversammlung anvertraut werden. Zur Vermeidung von Anfechtungsrisiken ist vielmehr eine freiwillige Aufgabenteilung anzuraten.[78] Vielfach ist die

---

71 Vgl. nur *Reichert/Brandes,* in: MünchKommAktG, Art. 43 SE-VO Rdnr. 124.

72 Vgl. nur *Verse,* in: SE-Recht, § 40 SEAG Rdnr. 21.

73 RegE SEEG, BT-Drucks. 15/3405, S. 39.

74 Vgl. *Frodermann,* in: Jannott/Frodermann, HB der Europäischen Aktiengesellschaft, 5. Kapitel Rdnr. 159; *Bachmann,* ZGR 2008, 779, 789; *Casper,* ZHR 173 (2009), 181, 215; *Gruber/Weller,* NZG 2003, 297, 300.

75 Vgl. *Teichmann,* in: Lutter/Hommelhoff/Teichmann, Anh. Art. 43 SE-VO §§ 34, 54 SEAG Rdnr. 8; *Eberspächer,* in: Spindler/Stilz AktG, Art. 45 SE-VO Rdnr. 6.

76 *Casper,* ZHR 173 (2009), 181, 215.

77 Zu den konkreten Ausgestaltungsmöglichkeiten etwa *Reichert/Brandes,* in: MünchKommAktG, Art. 45 SE-VO Rdnr. 20; *Eder,* NZG 2004, 544, 545 ff.; *Kallmeyer,* ZIP 2003, 1531, 1534; *Merkt,* ZGR 2003, 650, 664 f.

78 So auch: *Bachmann,* ZGR 2008, 779, 790.

monistische SE gerade für den Mittelstand attraktiv.[79] Die Anteilseigner in derartigen Gesellschaften – welche häufig die Geschäfte nicht selbst führen – haben ggf. mangels ausreichender Kontrolle kein Interesse an einem Doppelvorsitzenden mit umfangreichsten Befugnissen. Eine Personalunion wäre nicht sinnvoll. Etwas anderes ergibt sich aber dann, wenn eine einzelne Person gerade beide Positionen ausüben soll, um möglichst frei handeln zu können.[80] Zu denken wäre etwa an ein Familienunternehmen, auf welches der ehemalige Gründer oder seine Nachfolger weiterhin umfassend Einfluss nehmen wollen. Das Spannungsverhältnis der Personenidentität ist dem monistischen System immanent. Der Verwaltungsrat hat dies im Rahmen seines Ermessens bei der Bestellung der geschäftsführenden Direktoren zu berücksichtigen.[81]

d) Verwaltungsratsausschüsse und entsprechende Zuständigkeiten

Gemäß § 34 Abs. 4 S. 2 SEAG kann eine SE mit Sitz in Deutschland beratende, vorbereitende und beschlussausführende Ausschüsse bilden. Diese Gremien sollen die Arbeit des Verwaltungsrats erleichtern. § 34 Abs. 4 S. 2 SEAG regelt, welche Aufgaben einem beschließenden Ausschuss nicht übertragen werden dürfen. Darunter fallen z. B.: Die Wahl des stellvertretenden Vorsitzenden, die Prüfung des Jahresabschlusses oder die Zustimmung zur Übertragung vinkulierter Namensaktien. Im Umkehrschluss zu § 34 Abs. 4 S. 2 SEAG ergibt sich jedoch, dass eine Übertragung von Aufgaben auf beschließende Ausschüsse generell möglich ist.[82] Rein beratende Ausschüsse können in allen Aufgabenfeldern eingerichtet werden, somit also auch zur Vorbereitung von grundlegenden Entscheidungen.[83] Denn § 34 Abs. 4 S. 1 SEAG limitiert insofern nicht die Ausschussbildung, sondern enthält den Grundsatz der Möglichkeit einer Ausschussbildung für sämtliche Kompetenzen und erwähnt allein beispielhaft („namentlich") einige denkbare Ausgestaltungen. Die Grenze zeigt § 34 Abs. 4 S. 2 SEAG auf, der jedoch allein auf beschließende Ausschüsse Bezug nimmt. Die Vorschrift enthält keine Hinweise darauf, dass eine Ausschussbildung

---

79 Siehe dazu bereits die Nachweise unter Fn. 3.

80 Sog. *CEO*-Modell, dazu insbesondere *Bücker,* in: Bergmann/Kiem/Mülbert u.a., 10 Jahre SE, S. 208 f.; *Merkt,* ZGR 2003, 650, 664 ff.; *Eder,* NZG 2004, 544, 544 ff.; *Wiedemann/Wanzl,* FuS 2011, 51, 56.

81 *Teichmann,* in: Münchener HB GesR, 3. Kapitel § 49 Rdnr. 81.

82 Teilweise wird eine explizite Satzungsbestimmung zur Einrichtung eines beschließenden Ausschusses verlangt, vgl. etwa *Teichmann,* in: Lutter/Hommelhoff/Teichmann, Anh. Art. 43 SE-VO §§ 34, 54 SEAG Rdnr. 20; nach zutreffender Ansicht ist dies jedoch nicht notwendig, um einen Verstoß gegen Art. 50 SE-VO zu vermeiden, vgl. *Verse,* in: SE-Recht, § 34 SEAG Rdnr. 22; *Eberspächer,* in: Spindler/Stilz AktG, Art. 44 SE-VO Rdnr. 5.

83 *Siems,* in: KölnKommAktG, Anh. Art. 51 SE-VO § 34 SEAG Rdnr. 31; *Frodermann,* in: Jannott/Frodermann, HB der Europäischen Aktiengesellschaft, 5. Kapitel 221 f.

für andere Fälle als die genannten untersagt ist. Die vorbereitete Entscheidung kann nur nicht unmittelbar durch den Ausschuss selbst getroffen werden.[84]

Damit die Kontrollfunktion nicht untergraben wird, können beschließende Ausschüsse zwar auch mit geschäftsführenden Direktoren besetzt werden, allerdings ist es erforderlich, dass die nicht-geschäftsführenden Mitglieder entsprechend den Regelungen für den gesamten Verwaltungsrat (§ 40 Abs. 1 S. 1 SEAG) weiterhin die Mehrheit bilden. Bei allen anderen Ausschüssen kann jedoch eine Mehrheit von geschäftsführenden Direktoren bestehen. Hier ist jederzeit die Bindung an den gesamten Verwaltungsrat gesichert, da die Entscheidungen nur vorbereitet werden.[85]

Insbesondere bei einer hohen Anzahl von Verwaltungsratsmitgliedern erscheint eine Ausschussbildung aus Effizienz- und Praktikabilitätsgründen sinnvoll und gehört zum pflichtgemäßen Ermessen des Verwaltungsrats.[86] Die Gründe für die Einrichtung von Ausschüssen sind vielfältig. Eine größere Anzahl von Verwaltungsratsmitgliedern führt zu längeren Abläufen bzgl. einer Entscheidungsfindung. Das Organ agiert schwerfälliger als ein Organ mit einer geringeren Anzahl von Mitgliedern. Ausschüsse können hier Vorarbeit in der Hinsicht leisten, dass Beschlüsse vorbereitet werden und bereits eine Vorentscheidung bzw. Diskussion in diesem Gremium erfolgt. Weiterhin werden die Mitglieder der Ausschüsse i. d. R. besonderes Fachwissen in den entsprechenden Teilbereichen besitzen, was eine effiziente Entscheidungsfindung unterstützt.[87] Im Vergleich zum Aufsichtsrat kommt den Ausschüssen im Verwaltungsgrat aufgrund der gesteigerten Verantwortung, nämlich ggf. der Ausübung unmittelbarer Leitungsaufgaben, eine höhere Bedeutung zu.[88] Nach den Vorschlägen der Kommission sollten namentlich ein Nominierungsausschuss, ein Vergütungsausschuss und ein Prüfungsausschuss eingerichtet werden.[89] 5.3.3 DCGK, der entsprechend auf die monistische SE anwendbar ist,[90] erwähnt ebenso Nominierungsausschuss. Ferner wird vorgeschlagen, einen Exekutivausschuss einzurichten.[91] Dieser soll den Besonderheiten des monistischen

---

84 *Frodermann,* in: Jannott/Frodermann, HB der Europäischen Aktiengesellschaft, 5. Kapitel Rdnr. 222.

85 *Teichmann,* in: Lutter/Hommelhoff/Teichmann, Anh. Art. 43 SE-VO §§ 34, 54 SEAG Rdnr. 19; Schwarz, SE-VO, Anh Art. 43 Rdnr. 204.

86 *Teichmann,* in: Lutter/Hommelhoff/Teichmann, Anh. Art. 43 SE-VO §§ 34, 54 SEAG Rdnr. 18; *Siems,* in: KölnKommAktG, Anh. Art. 51 SE-VO § 34 SEAG Rdnr. 24; *Verse,* in: SE-Recht, § 34 SEAG Rdnr. 23.

87 *Siems,* in: KölnKommAktG, Vorb. Art. 43 SE-VO Rdnr. 39.

88 *Merkt,* ZGR 2003, 650, 667.

89 Empfehlung der Kommission vom 15. Februar 2005 zu den Aufgaben von nicht geschäftsführenden Direktoren/Aufsichtsratsmitgliedern/börsennotierter Gesellschaften sowie zu den Ausschüssen des Verwaltungs-/Aufsichtsrats (2005/162/EG), Anhang.

90 Vgl. *Verse,* in: SE-Recht, § 34 SEAG Rdnr. 37.

91 *Reichert/Brandes,* in: MünchKommAktG, Art. 44 SE-VO Rdnr. 52; *Teichmann,* in: Lutter/Hommelhoff/Teichmann, Anh. Art. 43 SE-VO §§ 34, 54 SEAG Rdnr. 28; *Verse,* in: SE-Recht, § 34 SEAG Rdnr. 43.

Systems dienen und allgemeine Aufgaben des Verwaltungsrats, insbesondere in strategischer, organisatorischer und finanzieller Sicht, vorbereiten. Hierzu muss der Ausschuss häufiger als der gesamte Verwaltungsrat zusammentreten und einen intensiven Kontakt zur laufenden Geschäftsführung pflegen.

e) *Mitbestimmung*

Die Mitbestimmungsordnung der SE ist dem geltenden deutschen Mitbestimmungsrecht fremd. Das neue System fußt auf einem gesteigerten Maß an Flexibilität, die insbesondere anhand der sog. Verhandlungslösung zur erkennen ist (Art. 3 ff SE-RL; §§ 4 ff, 11 ff, 21 SEBG). Hierbei wird ein durch Anteilseigner und Vertreter der Arbeitnehmer bestehendes besonderes Verhandlungsgremium gebildet, welches nach einem festgelegten Verfahren eine Vereinbarung[92] mit der Leitung ersucht.[93] Wird kein gemeinsamer Konsens innerhalb der Frist des § 20 SEBG gefunden, so kommt es zur Mitbestimmung kraft Gesetzes, vgl. §§ 22 Abs. 1 Nr. 2, 34 Abs. 1, 35 ff SEBG.[94] Gleiches gilt, wenn die Leitung und das Verhandlungsgremium die Mitbestimmung kraft Gesetzes vereinbaren, vgl. § 25 Abs. 5 SEBG. Praxisrelevant ist die gesetzliche Auffangregelung insoweit, als dass sich die Arbeitnehmervertreter nur zurückhaltend auf eine Vereinbarung einlassen werden, die zu einer geringeren Beteiligung führen würde, als gesetzlich veranschlagt.[95] Gemäß § 35 Abs. 1, 2 SEBG bleiben grundsätzlich die Mitbestimmungsregelungen erhalten, die vor Gründung in den ursprünglichen Gesellschaften bestanden haben (sog. Vorher-Nachher-Prinzip). Das höchste Mitbestimmungsniveau der Gründungsgesellschaften soll auch in der zukünftigen SE gelten.

Die Implementierung der gesetzlichen Mitbestimmung in das monistische System gestaltet sich schwierig. Wenn Leitungs- und Überwachungsaufgaben in einem Organ verbunden werden, offenbart sich die Problematik, inwieweit eine Arbeitnehmerbeteiligung nach deutschem Vorbild in diesem Leitungsorgan erfolgen sollte und überhaupt möglich ist. Bei einer unveränderten Anwendung der deutschen Mitbestimmungsvorschriften kann es unter den Voraussetzungen der §§ 7 MitbestG, 4 MontanMitbestG, 5 MitbestErgG zur paritätischen Besetzung

---

92 Zu dessen Gestaltungsmöglichkeiten: *Jacobs,* in: FS K. Schmidt, 2009, S. 795 ff.

93 Zum Verfahren etwa: *Oetker,* in: Lutter/Hommelhoff/Teichmann, § 11 SEBG Rdnr. 1; *Oetker,* ZIP 2006, 1113, 1113 ff.; *Funke,* NZA 2009, 412, 412 ff.; *Habersack,* AG 2006, 345, 345 ff.

94 § 34 SEBG unterscheidet im Einzelnen zusätzlich zwischen den Arten der Gründung: Umwandlung, Verschmelzung und Gründung einer Holding.

95 *Habersack,* AG 2006, 345, 345. Bedenklich ist hierbei insbesondere, dass die *Davignon-Kommission,* die eine Kompromisslösung für die Mitbestimmung in der SE finden sollte, ausdrücklich forderte, eine Auffangregelung solle nicht dazu führen, dass das Interesse an Verhandlungen schwindet, vgl. Abschlussbericht der Sachverständigengruppe European Systems of Worker Involvement, S. 17, abgedruckt in BT-Drucks. 527/97.

mit Anteilseignern und Arbeitnehmervertretern kommen. Dabei sind zahlreiche Probleme zu erkennen. Teilweise wird die Rechtmäßigkeit der Auffangregelung angezweifelt.[96] Weiterhin werden Lösungsvorschläge für eine ordnungsgemäße Implementierung des deutschen Mitbestimmungssystems in das monistische System vorgeschlagen.[97] Alle Vorschläge können jedoch das grundlegende Defizit nicht zufriedenstellend lösen: Die Partizipation der Arbeitnehmer findet unmittelbar in einem Leitungsorgan statt. Diese Lösung ist aus mitbestimmungsrechtlicher Sicht so nicht gewollt. Vielmehr ist der Grundgedanke der, dass die Arbeitnehmer nur in einem Überwachungsorgan vertreten sein sollen. Aus diesem Grund sollte, ähnlich der Etablierung eines Exekutiv- bzw. Planungsausschusses, ein Arbeitnehmerausschuss im Sinne eines festen Ansprechpartners für Arbeitnehmer geschaffen werden. Eine solche Lösung könnte *de lege ferenda* das Konfliktpotenzial ausräumen.[98]

III. Die geschäftsführenden Direktoren

Während der Verwaltungsrat die Grundlinien der Geschäftstätigkeit vorgibt und deren Umsetzung überwacht, führen die geschäftsführenden Direktoren das Tagesgeschäft der Gesellschaft. Der Begriff des geschäftsführenden Direktors ist jedoch irreführend. Im anglo-amerikanischen Rechtsraum besteht ein *board of directors*, welches mit dem Verwaltungsrat vergleichbar ist. Geschäftsführende Direktoren müssen nach deutschem Verständnis aber gerade nicht Verwaltungsratsmitglieder sein. Die geschäftsführenden Direktoren sind gemäß deutscher Dogmatik als Organ anzusehen.[99]

---

96 Siehe *Kämmerer/Veil*, ZIP 2005, 369, 370; *Teichmann*, BB 2004, 53, 56.

97 Etwa: *Kienast*, in: Jannott/Frodermann, HB der Europäischen Aktiengesellschaft, 13. Kapitel Rdnr. 341 („Bestellung externer geschäftsführender Direktoren"); *Kallmeyer*, ZIP 2003, 1531, 1535 („partielles Stimmrechtsverbot"); *Marsch-Barner*, in: GS Bosch, 2006, S. 113 („ungerade Gesamtzahl von Verwaltungsratsmitglieder durch Satzungsbestimmung); *Henssler*, ZHR 173 (2009), 222, 247 („Mitbestimmung nur im Rahmen der nicht-geschäftsführenden Direktoren); *Gruber/Weller*, NZG 2003, 297, 299 („Einrichtung eines Exekutiv- und Planungsausschusses").

98 Vgl. ausführlich *Schönborn*, Die monistische Societas Europaea in Deutschland im Vergleich zum englischen Recht, S. 151 ff.

99 *Reichert/Brandes*, in: MünchKommAktG, Art. 43 SE-VO Rdnr. 8; *Verse*, in: SE-Recht, § 40 SEAG Rdnr. 4, *Frodermann*, in: Jannott/Frodermann, HB der Europäischen Aktiengesellschaft, 5. Kapitel Rdnr. 240; *Schürnbrand*, Organschaft im Recht der privaten Verbände, S. 62; *Verse*, in: FS Hoffmann-Becking, 2013, S. 1278; *Ihrig*, ZGR 2008, 809, 810; a.A. *DAV-Handelsrechtsausschuss*, NZG 2004, 957, 84 („Teilorgan"); ähnlich *Mauch*, Das monistische Leitungssystem in der Europäischen Aktiengesellschaft, S. 61; ablehnend *Siems*, in: KölnKommAktG, Anh. Art. 51 SE-VO § 40 SEAG Rdnr. 7 und *Kallmeyer*, ZIP 2003, 1531, 1532. Eine andere Frage ist, ob die geschäftsführenden Direkoten auch Organe bzw. Organmitglieder i. S. v. Art. 46 bis 51 SE-VO sind, dazu *Verse*, in: SE-Recht, § 40 SEAG Rdnr. 6; *Teichmann*, in: Lutter/Hommelhoff/Teichmann, Anh. Art. 43 SE-VO § 40 SEAG Rdnr. 10.

a) *Die Stellung der geschäftsführenden Direktoren im Gesellschaftsgefüge*

Der deutsche Gesetzgeber musste für die monistisch verfasste SE ein System entwickeln, das sich ohne Widersprüche in das geltende Aktienrecht einfügt. Ebendieses wird von der Vorstellung geprägt, dass Überwachungsaufgaben nicht von den Personen ausgeübt werden sollten, die unmittelbar für die Geschäftsführung verantwortlich sind. Vielmehr findet eine Aufgabenverteilung zwischen Vorstand und Aufsichtsrat statt. Dem folgend wird auch in der monistischen SE das Vier-Augen-Prinzip gewahrt, wonach das Zusammenwirken zweier verantwortlicher Instanzen zu einem hinreichenden Kontrollniveau führen soll. Der Gesetzgeber behalf sich vorwiegend mit zwei Maßnahmen: Der notwendigen Bestellung von mindestens einem geschäftsführenden Direktor und der zwingenden Mehrheit von nicht-geschäftsführenden Direktoren im Verwaltungsrat.[100] Außerhalb des Bereichs der Leitungsaufgabe – die beim Verwaltungsrat belegen ist – steht die Führung der Geschäfte primär den geschäftsführenden Direktoren zu. Diese Führung ist dabei nicht auf das laufende Geschäft beschränkt.[101] Die geschäftsführenden Direktoren können dem Grunde nach jede Geschäftsführungsmaßnahme selbständig ergreifen, ohne zuvor eine Zustimmung des Verwaltungsrats einholen zu müssen. Dies bedeutet jedoch nicht, dass der Verwaltungsrat von der Geschäftsführung ausgeschlossen wäre. Aus Art. 43 Abs. 1 SE-VO und seiner umfassenden Letztverantwortung für die Unternehmensführung ergibt sich unmittelbar eine Allzuständigkeit, aufgrund derer er Geschäftsführungsentscheidungen an sich ziehen kann.[102]

aa) Kompetenzen

Der deutsche Gesetzgeber hat die Autonomie im Vergleich zur SE-VO eingeschränkt, indem er den Verwaltungsrat verpflichtet, geschäftsführende Direktoren einzusetzen, vgl. § 40 Abs. 1 S. 1 SEAG. Die geschäftsführenden Direktoren führen die Geschäfte der Gesellschaft (§ 40 Abs. 2 S. 1 SEAG) und vertreten die Gesellschaft gerichtlich und außergerichtlich gegenüber Dritten (§ 41 Abs. 1 SEAG). Sie sind für die Aufgaben zuständig, die ihnen das Gesetz ausdrücklich zuweist (§ 22 Abs. 6 SEAG). Beispielsweise zählen hierzu die Aufstellung des Jahresabschlusses (§ 47 Abs. 1 S. 1 SEAG) und die Erstellung des Abhängigkeitsberichtes im Konzern (§ 49 Abs. 1 SEAG).

---

100 *Teichmann,* BB 2004, 53, 57.

101 *Eberspächer,* in: Spindler/Stilz AktG, Art. 43 SE-VO Rdnr. 15; *Teichmann,* in: Lutter/Hommelhoff/Teichmann, Anh. Art. 43 SE-VO § 22 SEAG Rdnr. 13; *Teichmann,* BB 2004, 53, 54; a.A. *Ihrig,* ZGR 2008, 809, 828.

102 *Eberspächer,* in: Spindler/Stilz AktG, Art. 43 SE-VO Rdnr. 15.

bb) Weisungsabhängigkeit gegenüber dem Verwaltungsrat

Funktional betrachtet sind die geschäftsführenden Direktoren der verlängerte Arm des Verwaltungsrats, der jegliche Anweisungen mittels seines Weisungsrechts aus § 44 Abs. 2 SEAG und der jederzeitigen Abrufbarkeit der geschäftsführenden Direktoren durchsetzen kann.[103] Trotz der Funktion als Vertreter der Gesellschaft sind die geschäftsführenden Direktoren somit dem Verwaltungsrat untergeordnet. Problematisch erscheint dabei die Differenzierung der Kompetenzebenen. Im alltäglichen Geschäft wird häufig nicht eindeutig hervorgehen, welche Tätigkeiten noch unter die tägliche Geschäftsführung der geschäftsführenden Direktoren fällt und welche Aufgaben durch den Verwaltungsrat wahrgenommen werden. Vor diesem Hintergrund ist eine präzise gesellschaftsinterne Regelung, etwa in Form einer Geschäftsordnung, anzuraten.

b) Bestellung und Abberufung

Gemäß Art. 50 SE-VO erfolgt die Bestellung der geschäftsführenden Direktoren durch Beschluss des Verwaltungsrats und setzt die Kundgabe an das zu bestellende Mitglied, dessen Annahmeerklärung sowie eine Eintragung in das Handelsregister voraus.[104] Nach § 40 Abs. 1 S. 2 SEAG können auch Mitglieder des Verwaltungsrats zu geschäftsführenden Direktoren bestellt werden. Allerdings muss hierbei sichergestellt sein, dass die Mehrheit der Mitglieder weiterhin aus nicht-geschäftsführenden Mitgliedern besteht. Die geschäftsführenden Direktoren können jederzeit durch Beschluss des Verwaltungsrats abberufen werden, vgl. § 40 Abs. 5 S. 1 SEAG.

c) Zusammensetzung

Gemäß § 40 Abs. 1 S. 1 SEAG ist mindestens ein geschäftsführender Direktor zu bestimmen, wobei abweichende Satzungsbestimmungen möglich sind, die eine Mindest- und/oder Höchstzahl festlegen können.[105] Im Falle eines Eingreifens der Auffangregelung nach § 38 Abs. 2 SEBG bei einer mitbestimmten Gesellschaft, sind nach § 40 Abs. 1 S. 6 SEAG mindestens zwei geschäftsführende Direktoren zu bestellen. Es ist nicht zwingend, einen Vorsitzenden zu bestimmen. Dies kann jedoch nach § 40 Abs. 1 S. 5 SEAG in der Satzung umgesetzt werden.[106] Mangels Satzungsbestimmung können die geschäftsführenden Direktoren auch selbst einen Vorsitzenden einsetzen.[107] Ziff. 4.2.1 S. 1 DCGK empfiehlt die Einrichtung eines

---

103 Siehe dazu schon 1. Teil § 4 II. a) bb) (2).

104 Der Verwaltungsrat ist auch zum Abschluss des Anstellungsvertrages berechtigt. Dies ergeht aus einer Annexkompetenz zur Berufung vgl. *Reichert/Brandes,* in: MünchKommAktG, Art. 43 SE-VO Rdnr. 105.

105 *Reichert/Brandes,* in: MünchKommAktG, Art. 43 SE-VO Rdnr. 118.

106 So schon RegE SEEG, BT-Drucks. 15/3405, S. 39.

107 *Verse,* in: SE-Recht, § 40 SEAG Rdnr. 20.

Vorstandsvorsitzenden, wobei die Bestimmung entsprechend auf die geschäftsführenden Direktoren einer monistischen SE angewandt werden kann.[108]

Die gesetzlichen Bestellungsvoraussetzungen und Ausschlussgründe für geschäftsführende Direktoren entsprechen den Maßgaben des Vorstands von Aktiengesellschaften. Für Dritte, die geschäftsführenden Direktoren sind, ergibt sich dies aus § 40 Abs. 1 S. 4 SEAG i. V. m. § 76 Abs. 3 AktG. Werden Mitglieder des Verwaltungsrats zu geschäftsführenden Direktoren bestellt so gilt über Art. 47 Abs. 2 lit. a SE-VO ebenso § 76 Abs. 3 AktG, wobei dessen Anforderungen neben die Voraussetzungen aus § 27 SEAG treten. Danach kommen nur unbeschränkt geschäftsfähige und nicht unter Einwilligungsvorbehalt stehende natürliche Personen in Betracht, die keinem Verbot für ihren Beruf oder ihr Gewerbe i. S. d. § 76 Abs. 3 S. 2 Nr. 2 AktG unterworfen und weiterhin nicht wegen einer Straftat nach § 76 Abs. 3 S. 2 Nr. 3 AktG verurteilt sind.

IV. Aktionäre

a) Die Stellung der Aktionäre im Gesellschaftsgefüge

Die Rechte der Aktionäre werden überwiegend in der Hauptversammlung verwirklicht. Die Hauptversammlung ist neben dem Verwaltungsrat gleichrangiges Organ der Gesellschaft,[109] sie ist kein oberstes Gesellschaftsorgan.[110]

aa) Allgemeine Zuständigkeiten

Wie auch die Zuständigkeiten der anderen Organe, ergeben sich die hauptversammlungsspezifischen Kompetenzen aus Unionsrecht, dem nationalen Recht des Sitzes und ggf. der Satzung. Durch die SE-VO selbst werden etwa die Verlegung des Sitzes der SE (Art. 8 Abs. 4 SE-VO), die Bestellung der Mitglieder des Aufsichtsorgans im dualistischen System (Art. 40 Abs. 2 SE-VO) oder Beschlüsse über Satzungsänderungen (Art. 59 Abs. 1 SE-VO) dem Kompetenzbereich der Hauptversammlung zugeschrieben.[111] Das SEAG enthält Regelungen, die sich auf die Zuständigkeit der Hauptversammlung, insbesondere für das monistische System, beziehen, wie z. B. die Entgegennahme des festgestellten Jahresabschlusses oder die Abberufung der Verwaltungsratsmitglieder. Weitere Zuständigkeiten erwachsen aus den Verweisungen des Art. 9 Abs. 1c ii SE-VO sowie des Art. 52 Abs. 2 S. 2 Alt. 1 SE-VO. Somit ergeben sich besonders wichtige Kompetenzen aus § 119 Abs. 1 AktG, wobei

---

108 *Verse,* in: SE-Recht, § 40 SEAG Rdnr. 22.

109 *Kubis,* in: MünchKommAktG, Art. 52 SE-VO Rdnr. 7; *Reichert/Brandes,* in: MünchKommAktG, Art. 38 SE-VO Rdnr. 15; *Kiem,* in: KölnKommAktG, Art. 52 SE-VO Rdnr. 6; *Eberspächer,* in: Spindler/Stilz AktG, Art. 43 SE-VO Rdnr. 1; *Brandt,* Die Hauptversammlung der Europäischen Aktiengesellschaft (SE), S. 115 f.

110 *Scholz,* in: SE-Recht, Art. 38 SE-VO Rdnr. 8.

111 Eine detaillierte Aufzählung aller Hauptversammlungszuständigkeiten etwa bei *Spindler,* in: Lutter/Hommelhoff/Teichmann, Art. 52 SE-VO Rdnr. 11.

die Details wiederum in verschiedenen gesetzlichen Bestimmung geregelt werden. Darunter fallen z. B.: Die Verwendung des Bilanzgewinns (§ 174 AktG), die Entlastung der Mitglieder des Vorstands und des Aufsichtsrats (§ 120 AktG), Maßnahmen der Kapitalbeschaffung und Kapitalherabsetzung (§§ 182, 222 AktG) oder die Auflösung der Gesellschaft (§ 262 AktG). Weitere Zuständigkeiten sind beispielsweise dem Umwandlungsgesetz zu entnehmen. Die Satzung kann der Hauptversammlung bestimmte Zuständigkeiten zuweisen. Allerdings besteht auch für die SE die Einschränkung des Grundsatzes der Satzungsstrenge aus § 23 Abs. 5 AktG.[112]

bb) Ungeschriebene Hauptversammlungszuständigkeiten

Umstritten ist, ob die ungeschriebenen Hauptversammlungskompetenzen im Sinne der „Holzmüller"-Rechtsprechung[113] auf die SE Anwendung finden. Die Generalverweisung des Art. 9 SE-VO umfasst grundsätzlich auch ungeschriebenes nationales Recht und Richterrecht.[114] Nichts anderes gilt für die Verweisung des Art. 52 S. 2 SE-VO, wo es heißt: „Außerdem beschließt die Hauptversammlung in Angelegenheiten, für die der Hauptversammlung einer dem Recht des Sitzstaats der SE unterliegenden Aktiengesellschaft die Zuständigkeit entweder aufgrund der Rechtsvorschriften dieses Mitgliedstaats oder aufgrund der mit diesen Rechtsvorschriften in Einklang stehenden Satzung übertragen worden ist." Der Begriff „Rechtsvorschriften" beschränkt die Anwendung – wie bei Art. 9 SE-VO – nicht auf gesetzliche Vorschriften, da die Verweisung, um erhebliche Lücken zu vermeiden und die einheitliche Rechtsanwendung zu gewährleisten, auch das Richterrecht der *common-law* Staaten umfassen muss.[115] Das Ziel der Rechtsvereinheitlichung tritt dahinter zurück.[116] Es wäre ohnehin nicht möglich, Rechtsvereinheitlichung zu schaffen, wenn ein Mitgliedsstaat sein hergebrachtes (Richter-)Recht nicht anwenden könnte. Demnach gilt auch in der monistischen SE, dass bzgl. Entscheidungen, die das Gesetz eigentlich dem Leitungsorgan als Leitungsaufgabe zuweist, eine ungeschriebene Zuständigkeit der Hauptversammlung für Maßnahmen besteht, die tief in die Mitgliedschaftsrechte der Aktionäre und deren Vermögensinteressen eingreifen.

Im Verhältnis zum Verwaltungsrat ist die Gleichrangigkeit der Hauptversammlung gegenüber diesem Organ zu betonen. Es besteht insofern kein Unter-Überordnungsverhältnis. Aufgewertet wird die Hauptversammlung in der monistischen SE allerdings durch ihre Zuständigkeit zur Bestellung des Verwaltungsrats, also eines

---

112 *Bücker,* in: SE-Recht, Art. 52 SE-VO Rdnr. 43.

113 Insbesondere: BGH, NJW 1982, 1703 – *Holzmüller*; BGH, ZIP 2004, 993 – *Gelatine I*; BGH, ZIP 2004, 1001 – *Gelatine II.*

114 *Schmidt,* "Deutsche" vs. "britische" Societas Europaea (SE), S. 72; *Casper,* in: FS Ulmer, 2003, S. 68; *Teichmann,* ZGR 2002, 383, 397; *Hirte,* NZG 2002, 1, 2; *Brandt,* NZG 2002, 991, 547.

115 Schwarz, SE-VO, Art. 52 Rdnr. 35; *Bücker,* in: SE-Recht, Art. 52 SE-VO Rdnr. 42.

116 Nach *Kubis,* in: MünchKommAktG, Art. 52 SE-VO Rdnr. 22 steht dies der Anwendung der „Holzmüller"-Grundsätze im Wege.

Leitungsorgans.[117] Eine Bestimmung, die der Hauptversammlung eine Finalkompetenz in Geschäftsführungsangelegenheiten oder ein Weisungsrecht für solche Fragen verleiht, dürfte wegen des insoweit abgeschlossenen Regelungsbereichs i. S. d. Art. 9 Abs. 1 lit. c SE-VO auf die SE unanwendbar sein.[118] Als Grundsatz ist davon auszugehen, dass Leitung und Überwachung von Geschäftsentscheidungen durch den Verwaltungsrat erfolgen, während grundlegende Fragen für die Hauptversammlung reserviert sind.[119]

b) Einflussnahme der Aktionäre auf die Führung der Gesellschaft

Engagierte (Minderheits-) Aktionäre üben in der herkömmlichen AG zunehmend Einfluss auf die Leitung eines Unternehmens aus. Um ihre Ziele zu erreichen, verfolgen sie proaktiv eine festgelegte Agenda und nutzen dabei, über die formelle Wahrnehmung von Befugnissen und gesetzlichen Aktionärsrechten hinaus, auch informelle oder unkonventionelle Mittel.[120] Dieses Phänomen – auch als *shareholder activism* bezeichnet – ist in Deutschland zunehmend festzustellen. Es deutet viel darauf hin, dass das aktivistische Auftreten von Aktionären in Zukunft weiter zunehmen wird.[121] Dies beruht einerseits auf einer steigenden Bedeutung von sogenannten Stimmrechtsberatern (*proxy advisors*), die im Vorfeld von Hauptversammlungen die Tagesordnungen analysieren und Beschlussempfehlungen veröffentlichen.[122] Zudem erlaubt der Einfluss von *social media* eine leichtere Mobilisierung von Aktionären.[123] Flankiert wird diese Entwicklung durch *corporate governance*-Projekte auf internationaler Ebene. So ist z. B. das Grünbuch der Europäischen Kommission[124] dem europäischen *corporate governance*-Rahmen gewidmet und tritt für ein verantwortungsbewussteres Verhalten von Investoren und mehr Interaktion zwischen Management und Aktionären ein.[125]

Als Grundlage für eine exponiertere Stellung von Aktionären muss jedoch die bestehende Aktionärsstruktur in Deutschland betrachtet werden. Hierbei ist festzustellen, dass in Deutschland eine Tendenz zu diversifizierten Anteilsbesitz besteht,

117 *Scholz,* in: SE-Recht, Art. 38 SE-VO Rdnr. 9.
118 *Kubis,* in: MünchKommAktG, Art. 52 SE-VO Rdnr. 7.
119 *Eberspächer,* in: Spindler/Stilz AktG, Art. 52 SE-VO Rdnr. 1; *Bücker,* in: SE-Recht, Art. 52 SE-VO Rdnr. 8.
120 *Plagemann/Rahlmeyer,* NZG 2015, 895, 895.
121 *Schockenhoff/Culmann,* ZIP 2015, 297, 297; *Plagemann/Rahlmeyer,* NZG 2015, 895, 896; *Bunz,* NZG 2014, 1049, 1049; *Schaefer,* NZG 2007, 900, 900 ff.
122 *Bunz,* NZG 2014, 1049, 1049.
123 *Bunz,* NZG 2014, 1049, 1049.
124 Europäische Kommission, Grünbuch Europäischer Corporate Governance-Rahmen, KOM (2011) 164.
125 Dazu *Bunz,* NZG 2014, 1049, 1049.

d. h. herkömmliche Blockstrukturen werden zunehmend aufgebrochen.[126] Häufig sind spezialisierte Hedgefonds aktivistische Aktionäre, die in ihren Portfolien große Einzelbeteiligungen an nur wenigen, ausgewählten Unternehmen halten.[127] Das Interesse dieser Hedgefonds am deutschen Markt nimmt stetig zu.[128] Die Rahmenbedingungen für den wachsenden Einfluss von aktivistischen Aktionären sind somit gegeben.

Die Mittel zur Erreichung eines größeren Einflusses liegen z. B. in der Ausübung von Aktionärsrechten, informeller Einflussnahme, Einzelgesprächen und öffentlichen Kampagnen.[129] Das Ziel ist häufig eine Vereinbarung zwischen den Aktionären und der Gesellschaft. Weiterhin kommen etwa die Besetzung von Organposten, die Verpflichtung des Organs nach Wiederbestellung innerhalb eines Jahres zurückzutreten, die Verpflichtung zum Vorschlag einer bestimmten Dividende, die Verpflichtung bestimmte Vermögensgegenstände zu verkaufen und etwa die Verpflichtung vertrauliche Informationen an die Aktionäre weiterzugeben in Betracht.[130]

Da die dualistische SE mittlerweile auch von vielen börsengelisteten Großunternehmen gewählt wird, ist auch in dieser Gesellschaftsform eine Zunahme an aktivistischem Vorgehen von Aktionären zu erwarten. Die monistische SE dürfte zwar (noch) überwiegend für kleinere und mittlere Unternehmen attraktiv sein,[131] die üblicherweise eine geschlossene Anteilsstruktur aufweisen. Allerdings darf der psychologische Einfluss, den aktivistische Anteilseigner öffentlich wirksam auf das Selbstverständnis von Aktionären ausüben, nicht unterschätzt werden. Aktionäre werden sich ihrer Rolle als einflussreiche Interessensvertreter bewusster, da insbesondere kein Aufsichtsrat besteht, der das Handeln der Verwaltung überwachen könnte. Ihnen kommt somit eine größere Verantwortung für die Kontrolle von Führungsentscheidungen zu.

§ 5 Die Organisationsverfassung der corporation

Die Ähnlichkeiten des U.S.-amerikanischen *board*-Modells mit der monistisch verfassten SE in Deutschland sind offensichtlich. Neben den Aktionären besteht eine einzelne weitere Instanz, die Leitungs- und Kontrollkompetenzen in sich vereint. Allerdings unterscheiden sich die Systeme im Einzelnen durchaus erheblich.

---

126 Empirische Nachweise bei *Ringe*, Changing Law and Ownership Patterns in Germany: Corporate Governance and the Erosion of Deutschland AG, Oxford Legal Studies Research Paper 42 1, 21 ff. (2014).

127 *Plagemann/Rahlmeyer*, NZG 2015, 895, 896.

128 Vgl. *Ringe*, Changing Law and Ownership Patterns in Germany: Corporate Governance and the Erosion of Deutschland AG, Oxford Legal Studies Research Paper 42 1, 39 (2014).

129 *Bunz*, NZG 2014, 1049, 1050 f.; ähnlich *Schockenhoff/Culmann*, ZIP 2015, 297, 299 ff.

130 *Schockenhoff/Culmann*, ZIP 2015, 297, 300 ff.

131 Vgl. die Nachweise unter Fn. 3.

Das U.S.-amerikanischen Recht zeichnet sich durch eine große Strukturoffenheit aus, sodass allgemeine Aussagen zur Verfassung der Gesellschaft schwierig sind. Eine *publicly held corporation*[132] nach U.S.-amerikanischen Verständnis wird jedoch grundlegend durch fünf Merkmale charakterisiert: einer beschränkten Haftung, einer freien Übertragbarkeit der Anteile, einem dauerhaften Bestand der Gesellschaft, einem zentralen Management und die Eigenschaft als juristische Person.[133] Es existieren zahlreiche Möglichkeiten die Gesellschaft zu gliedern und aufzubauen. Die dem deutschen System immanente Satzungsstrenge besteht nicht. Im Folgenden wird die Struktur einer *corporation*, insbesondere einer großen, öffentlich gehandelten Aktiengesellschaft überblicksartig skizziert.

I. Board of directors

Nicht immer bestand im U.S.-amerikanischen Recht das Erfordernis zur Schaffung eines *board of directors*. Das vor der Kodifizierung geltende *common-law* der amerikanischen Staaten sah ein solches nicht vor, sämtliche Aufgaben wurden vielmehr unmittelbar durch die Anteilseigner wahrgenommen.[134] Heutzutage besteht die Pflicht zur Schaffung dieses Organs.[135]

a) Die Stellung des board im Gesellschaftsgefüge

Die betonte Gestaltungsfreiheit der *corporation* spiegelt sich in der Stellung des *board* im Gesellschaftsgefüge wieder.

aa) Grundlegende Kompetenzen des board

Die Anzahl der Mitglieder des *board* und die Anforderungen an die Mitglieder können individuell festgelegt werden.[136] Das *board* wird durch die Anteilseigener gewählt.[137] Die Gesellschaft kann nur mittels des *board* am Rechtsverkehr teilnehmen, sodass das *board* einen unverzichtbaren Teil einer jeden *corporation* darstellt. Das *board* ist originärer Vertreter der Gesellschaft,[138] als Organ ist es an Weisungen

132 Die Arbeit konzentriert sich überwiegend auf *publicly held corporations*, da diese Ähnlichkeiten mit Aktiengesellschaften nach deutschem Verständnis aufweisen.

133 *Eisenberg*, Corporations and other Business Organizations (2005) p. 106.

134 Ausführlich *Buxbaum*, in: Feddersen/Hommelhoff/Schneider, Corporate Governance, S. 71.

135 Siehe etwa § 8.01(a) MBCA.

136 *Gevurtz*, Corporation Law (2010) p. 186.

137 *Gevurtz*, Corporation Law (2010) p. 195; *Fletcher*, Cyclopedia of the Law of Corporations (revised 2011 updated 2015) § 283.

138 *Cox/Hazen*, Business Organizations Law (2011) p. 167; *Gevurtz*, Corporation Law (2010) p. 190. Allerdings unterscheidet das U.S.-amerikanische Recht nicht im deutschen Sinne zwischen Geschäftsführung und Vertretung.

der Gesellschafterversammlung nicht gebunden.[139] Dem Grunde nach bildet dieses Organ das maßgebliche Entscheidungsorgan für unternehmerische Entscheidungen.[140] Fundamentale gesellschaftsrechtliche Strukturänderungen oder die Auflösung der Gesellschaft bedürfen allerdings der Zustimmung der Aktionäre.[141] Traditionell fallen unter die Aufgaben des *board* die Richtliniensetzung der allgemeinen Geschäftsziele, die Auswahl der *officer*, die Festsetzung der Entlohnungs- und Pensionsgrundsätze, die Übertragung von administrativen Aufgaben an die *officer*, die Unterstützung und Beratung der *officer*, die Bestimmung der arbeitsrechtlichen Richtsätze, die Ausarbeitung von Expansionsplänen und die Einführung neuer Produkte, die Festlegung der Dividende und die Kontrolle der Finanzen, die Überprüfung der Entwicklung der Gesellschaft und ggf. Anpassungen ebendieser, die Vorlage von Maßnahmenpaketen, welche die Zustimmung der Aktionäre benötigen und schließlich die Sicherstellung eines adäquaten Funktionsmechanismus des *board* selbst.[142]

bb) Machtverlust gegenüber den officer

Dieses Konzept der Aufgaben hat sich jedoch mit der Zeit gewandelt. In § 141(a) des Delaware General Corporation Law heißt es: *„the business and affairs of every corporation [...] shall be managed by or under the direction of a board of directors [...]“*. Die Formulierung *„by or under“*, die so vergleichbar auch in anderen Staaten vorzufinden ist,[143] deutet an, dass Aufgaben entweder unmittelbar durch das *board* wahrgenommen werden können oder aber lediglich unter dessen Aufsicht durch andere Personen (*officer*) ausgeübt werden. Der Bezeichnung *„managed by“* wird im Allgemeinen keine große Bedeutung zugemessen.[144] Auf die Auslegung dieses Begriffes entsprechend dem deutschen Begriff Leitung kommt es somit nicht an. Das *board* soll die Richtlinien und die allgemeinen Ziele der Gesellschaft festlegen, welche anschließend in der Praxis durch die *officer* verfolgt werden.[145] Das *board*

139 *Eisenberg*, Corporations and other Business Organizations (2005) p. 164; *Gevurtz*, Corporation Law (2010) p. 196.

140 *Cox/Hazen*, Business Organizations Law (2011) p. 166; *Henn/Alexander*, Laws of Corporations and other Business Enterprises (1983) p. 563 f.

141 *Cox/Hazen*, Corporation Law (2012) p. 126.

142 *Cox/Hazen*, Business Organizations Law (2011) p. 166 f.; ähnlich *Henn/Alexander*, Laws of Corporations and other Business Enterprises (1983) p. 564.

143 Z. B. N.Y. Bus Corp § 701.

144 Allenfalls wird im Zusammenspiel mit der Formulierung *„by or under“* darauf hingewiesen, dass unter *„management“* auch *„supervision, direction and control“* fallen kann, vgl. dazu *Balotti/Finkelstein*, The Delaware Law of Corporations & Business Organizations (1998 updated 2014) § 4.10.

145 *Cox/Hazen*, Corporation Law (2012) p. 116; *Gevurtz*, Corporation Law (2010) p. 190; *Lattin/Jennings/Buxbaum*, Corporations – Cases and Materials (1968) p. 214; *Henn/Alexander*, Laws of Corporations and other Business Enterprises (1983) p. 564. Mit Nachweisen zu den verschiedenen Literaturströmungen, die die heutige Rolle des

kann zu diesem Zweck die eigenen Kompetenzen an die *officer*, *committees* und an weitere Personen übertragen.[146] Das *board* bleibt jedoch insoweit in der Verantwortung, als dass es diese Personen bei der Ausübung der übertragenen Aufgaben überwachen muss (sog. *monitoring board*).[147] Die Vorstellung des *board* als *„super management"*[148] wurde somit abgelöst und die Kontrollfunktion in den Vordergrund gerückt.[149] Durch eine derartige Aufteilung sollen Agenturkosten reduziert werden, die durch die Separierung von Eigentum und Kontrolle in der Gesellschaft entstanden sind. Gleichzeitig werden die aus der Verwässerung der Aktionärsstruktur hervorgehenden Kontrollverluste bekämpft.[150] Die Überwachungstätigkeit des *board* endet aber nicht mit einer rein passiven Rolle. Obwohl zu den Hauptaufgaben des *board* die Auswahl, Beurteilung und Überwachung der *officer* gehört, nimmt es weiterhin Leitungsaufgaben wahr.[151] Beispielsweise weisen die *ALI Principles of Corporate Governance* darauf hin, dass das *board* die finanzielle Zielsetzung, wichtige Unternehmenskonzepte und Grundfragen der Rechnungsprüfung und Buchführung nicht nur kontrollieren, sondern auch genehmigen soll.[152]

Das vorgestellte Idealbild von das *board* wählenden Aktionären und einem *board*, welches die Interessen der Aktionäre vertritt und hierzu die *officer* zur Ausführungshilfe benutzt, hat sich jedoch in der Praxis nicht auf Dauer etabliert.[153] Die *officer*, insbesondere der *CEO*, können mittels eingeräumten Vorschlagsrechten praktisch über die Besetzung der *director* entscheiden und die Richtlinien der Gesellschaftspolitik diktieren.[154] Die Gründe für diese Entwicklung sind in der

---

board von diesem Verständnis abweichend formulieren etwa *Sharpe*, Process over Structure: An Organizational Behavior Approach to Improving Corporate Boards, 85 S. Cal. L. Rev. 261, 269 (2012).

146 *Brodsky/Adamski*, Law of Corporate Officers and Directors (2014–2015) p. 9.

147 *Eisenberg*, Corporations and other Business Organizations (2005) p. 199.

148 *Cox/Hazen*, Business Organizations Law (2011) p. 155.

149 *Eisenberg*, Corporations and other Business Organizations (2005) p. 199; *Cox/Hazen*, Business Organizations Law (2011) p. 154 f.; ähnlich *American Law Institute*, Principles of Corporate Governance: Analysis and Recommendations (1994) Comment on § 3.02; *Corporate Laws Committee*, Corporate Director's Guidebook (2011) p. 11.

150 *Marchesani*, The Concept of Autonomy and the Independent Director of Public Corporations, 2 Berkeley Bus. L.J. 315, 320 (2005); ökonomisch *Becht/Bolton/Röell*, in: Polinsky/Shavell, Handbook of Law and Economics (2007), p. 859 f.

151 *Eisenberg*, The Board of Directors and Internal Control, 19 Cardozo L. Rev. 237, 239 (1997).

152 *American Law Institute*, Principles of Corporate Governance: Analysis and Recommendations (1994) § 302(a).

153 Die Aktionäre in einer *publicy held corporation* können durch die Wahl der *directors* ohnehin kaum umfassend Kontrolle in der Gesellschaft ausüben, grundlegend *Berle/Means*, The Modern Corporation and Private Property (1932) passim.

154 *Eisenberg*, Corporations and other Business Organizations (2005) p. 198; *Gevurtz*, Corporation Law (2010) p. 232; *Cox/Hazen*, Business Organizations Law (2011)

gesteigerten Komplexität der Aufgaben und somit im zeitlichen Mehraufwand, im Informationsdefizit des *board* und in der *board*-Struktur selbst zu suchen.[155] Es ist jedoch davon abgesehen worden, dieses Verhältnis mittels zwingenden Vorgaben zu relativieren.[156] Vielmehr wurde versucht, die Überwachungsfunktion des *board*, insbesondere durch zunehmender Schaffung von unabhängigen[157] Mitgliedern, zu stärken.[158] Diese sollen eine effiziente Kontrolle über delegierte Aufgaben ausüben, da verhindert wird, dass Personenidentität zwischen denjenigen besteht, die Entscheidungen treffen und denjenigen, die ebendiese Entscheidungen überwachen.[159] Die Entwicklung hat dazu geführt, dass das *board* einen hohen Anteil an unabhängigen Mitgliedern aufweist, diese unabhängigen Mitgliedern in wichtige *committees* berufen werden, in *compensation committee* und *audit committees* die Mehrheit bilden, die Kosten für *board*-Mitglieder gestiegen sind, *directors* mehr Zeit für die Belange der *corporation* aufbringen, eine Professionalisierung des *board* festzustellen ist und wieder vermehrt eine Richtliniensetzung auf der *board*-Ebene stattfindet.[160] Um das ursprüngliche Ziel der Bindung des *board* an das Wohl der Aktionäre zu gewährleisten, zielen jüngere Bewegungen darauf ab, den unabhängigen Mitgliedern das Halten von Aktienpaketen an der Gesellschaft, in dessen *board* sie sitzen, vorzuschreiben.[161] Auf den wieder zunehmenden Einfluss der Aktionäre auf das *board* ist noch einzugehen.[162]

b) Bestellung und Abberufung der board-Mitglieder

Die Aktionäre bestellen die Mitglieder des *board*. In der Praxis treffen jedoch bereits die *officer* eine Vorauswahl über die potentiellen Kandidaten.[163] Der *CEO* hat häufig eine derart starke Rolle – sei es durch Kompetenzübertragungen auf sein Amt oder

---

p. 155; *Mace*, The President and the Board of Directors, 50 Harv. Bus. Rev. 37, 41 (1972).

155 *Eisenberg*, Corporations and other Business Organizations (2005) p. 198; ähnlich etwa *Gevurtz*, Corporation Law (2010) p. 233 f.

156 Dies ist maßgeblich auf das sog. *„race to the bottom“* zurückzuführen. Die Einzelstaaten konkurrieren dabei um möglichst liberale Gesellschaftsrechte, vgl. *Cox/Hazen*, Business Organizations Law (2011) p. 156 f.

157 Dazu noch 1. Teil § 5 I. c) bb).

158 Grundlegend zu dem Erfordernis von unabhängigen *directors*, vgl. *Eisenberg*, The Structure of the Corporation: A Legal Analysis (1976).

159 *Eisenberg*, Corporations and other Business Organizations (2005) p. 199.

160 *Cox/Hazen*, Business Organizations Law (2011) p. 158.

161 *Cox/Hazen*, Business Organizations Law (2011) p. 159; ausführlich etwa *Shilon*, CEO Stock Ownership Policies – Rhetoric and Reality, 90 Ind. L.J. 353, 361 (2015).

162 Siehe 1. Teil § 5 III. b).

163 *Gevurtz*, Corporation Law (2010) p. 234; *Barclift*, Corporate Governance and CEO Dominance, 50 Washburn L.J. 611, 617 (2011); *Dent*, Academics in Wonderland: The Team Production and Director Primacy Models of Corporate Governance, 44 Hous. L. Rev. 1213, 1241 (2008).

durch persönliche Kontakte – dass er faktisch seine Personalpräferenzen durchsetzen kann.[164] Durch die Schaffung spezieller Ausschüsse zur Nominierung von Kandidaten wird versucht dieser Entwicklung entgegengetreten.[165]

Die *shareholder* berufen die *board*-Mitglieder ab. Eine Abberufung aus wichtigem Grund ist jederzeit ohne entsprechenden Passus in den Gesellschaftsstatuten möglich.[166] Eine wirksame Abberufung bedarf der Mehrzahl der abgegebenen Stimmen.[167] Einige gesetzliche Regelungen erlauben es mittlerweile, eine Abberufung ohne wichtigen Grund durchzuführen. In § 8.08(a) MBCA heißt es dementsprechend: „*the shareholders may remove one or more directors with or without cause unless the articles of incorporation provide that directors may be removed only for cause*“[168]. Grundsätzlich kann das *board* die eigenen Mitglieder nicht abberufen.[169] Einzelne bundesstaatliche Regelungen erlauben es jedoch, dass auch das *board* Mitglieder zumindest aus wichtigem Grund abberufen kann.[170] Ebenso gestatten einige Bundesstaaten die gerichtliche Abberufung der *board*-Mitglieder.[171]

c) *Zusammensetzung*

aa) *Mitgliederanzahl und Qualifikationen*

In der Regel ist die Anzahl der Mitglieder des *board* frei bestimmbar. So besagt § 141(b) DGCL, ein *board* müsse mindestens aus einem Mitglied bestehen. Gerade bei großen Gesellschaften wird das *board* jedoch in der Regel aus mehr als einer Person bestehen. Die genaue Anzahl variiert in der Praxis erheblich, wobei eine Studie aus dem Jahr 2015 feststellte, dass die durchschnittliche *board*-Größe im S&P 500 im Jahr 2015 bei 10,8 Mitgliedern lag.[172] Allerdings ist zu beobachten, dass die Größe abgenommen hat. Im Jahr 2001 lag die Mitgliederanzahl im Durchschnitt noch bei 11,1.[173]

Weder der DGCL noch der MBCA legen Anforderungen an eine besondere Qualifikation der Mitglieder des *board* fest.[174] Da die bundesstaatlichen Gesetze zu den Anforderungen an die Mitglieder schweigen, ist es möglich, ebensolche in der Gesellschaft festzulegen. Ein solches Vorgehen liegt im Interesse der Gesellschaft

---

164 *Knepper/Bailey,* Liability of Corporate Officers and Directors (2002 updated 2014 (LexisNexis)) § 1.02.
165 Dazu noch 1. Teil § 5 I. d).
166 *Cox/Hazen,* Business Organizations Law (2011) p. 182 f.
167 *Cox/Hazen,* Business Organizations Law (2011) p. 183.
168 Ähnlich: Del. Code Ann. tit. 8, § 141(k) und Cal. Corp. Code § 303(a).
169 Dillon v. Berg, 326 F.Supp. 1214 (1971).
170 Vgl. etwa § 302 Cal. Corp. Code.
171 Vgl. etwa N.Y. Bus. Corp. Law § 706(d).
172 *SpencerStuart,* 2015 U.S. Board Index (2015) p. 6.
173 *SpencerStuart,* 2011 U.S. Board Index (2011) p. 8.
174 Das *Corporate Directors's Guidebook* enthält in sec. 5 zumindest einige wenige Hinweise zu gewünschten Qualifikationen.

und wird vielfach von *corporate governance guidelines* des Unternehmens und in den *nominating committee charters* festgelegt.[175] Viele Gesellschaften fordern beispielsweise, dass die *board*-Mitglieder zugleich Aktien halten, hinreichend Erfahrungen in dem Geschäftsbereich aufweisen, in dem das Unternehmen tätig ist und über genügend positive Reputation verfügen.[176]

bb) Outside directors und independent directors

Officer bzw. leitende Angestellte der *corporation* können zugleich Mitglieder des *board* sein (sog. *inside directors*).[177] Diese Art von *board*-Mitgliedern werden von den sog. *outside directors* unterschieden, welche nicht zugleich *officer* der Gesellschaft sind.[178] *Outside directors* nehmen vorwiegend objektive Überwachungstätigkeiten innerhalb der Gesellschaft, also gegenüber dem *board* und den *officer*, wahr.[179] Kritisiert wird allerdings, dass *outside directors* häufig nur eine Nebentätigkeit im *board* ausüben und aus diesem Grund ihrer Kontrolltätigkeit nur eingeschränkt nachkommen.[180] Ebenfalls besteht ein Informationsdefizit der *outside directors*, da diese nicht in das tägliche Unternehmensgeschäft eingebunden sind und sich somit auf die Informationen verlassen müssen, die ihnen von anderen Personen, in der Regel *officer*, zur Verfügung gestellt werden.[181] Es bestehen Tendenzen, die *outside director* mit Gesellschaftsanteilen auszustatten, um eine stärkere Bindung an die Gesellschaft und insbesondere an das Aktionärswohl zu gewährleisten.[182] Dies soll das erklärte Ziel fördern, eine stärkere Wahrnehmung der Interessen der Anteilseigner in der Gesellschaftsführung zu erreichen.[183] Aber auch diese *outside director* sind nicht vollständig unabhängig. Vielmehr können sie ökonomische Bindung zur Gesellschaft haben, sind Kollegen oder gar Bekannte des *CEO*.[184]

Nicht zwingend identisch mit den *outside directors* sind sog. *independent directors*, also unabhängige Mitglieder des *board*.[185] Die Qualifikation als *independent*

---

175 *Effross*, Corporate Governance (2010) p. 278.
176 *Effross*, Corporate Governance (2010) p. 278.
177 *Eisenberg*, Corporations and other Business Organizations (2005) p. 198.
178 Zu verbleibenden Unstimmigkeiten hinsichtlich der Begriffsbestimmung *Fairfax*, in: Research Handbook on the Economics of Corporate Law (2012), p. 170.
179 *Cox/Hazen*, Corporation Law (2012) § 9.2; *Cox*, Managing and Monitoring Conflicts of Interest: Empowering the Outside Directors with Independent Counsel, 48 Vill. L. Rev. 1077, 1082 (2003); *Lin*, The Effectiveness of Outside Directors as a Corporate Governance Mechanism: Theories and Evidence, 90 Nw. U. L. Rev. 898, 900 (1996).
180 *Gevurtz*, Corporation Law (2010) p. 233.
181 *Gevurtz*, Corporation Law (2010) p. 234.
182 *Cox/Hazen*, Business Organizations Law (2011) p. 159.
183 *Cox/Hazen*, Business Organizations Law (2011) p. 160.
184 *Eisenberg*, Corporations and other Business Organizations (2005) p. 199.
185 Ausführlich zur Entwicklung von *independent directors* seit 1950 etwa *Gordon*, The Rise of Independent Directors in the United States, 1950–2005: Of Shareholder Value and Stock Market Prices, 59 Stan. L. Rev. 1465 (2007).

director schließt in der Regel die Qualifikation als *outside director* ein. An einen *independent director* werden jedoch höhere und strengere Anforderungen gestellt als an einen *outside director*. Letztlich sind die Ziele jedoch vergleichbar: Beide sollen zu einer guten *corporate governance* beitragen, da sie nicht unmittelbar in das Geschäft der Gesellschaft involviert sind und auf diese Weise das Geschehen im *board* selbstständig überwachen und bewerten können.[186] Gleichzeitig wird möglichen Interessenkonflikten entgegengewirkt. Bundesstaatliche Regelungen enthalten zwar keine unmittelbaren Anforderungen an die Mitglieder des *board*, allerdings stellen beispielsweise Handelsplätze Standards für eine gute *corporate governance* auf, sofern die Aktien einer Gesellschaft dort gehandelt werden sollen. Die größten Börsen der USA, NYSE und NASDAQ, verlangen, dass die Mehrzahl der Mitglieder des *board* aus *independent directors* besteht. Außerdem wird ein entsprechend ausführlicher Anforderungskatalog dargelegt.[187] So darf der *director* keine materiellen Verbindungen direkter Art, als Partner oder als *officer* einer Gesellschaft mit Verbindung zu der gelisteten Gesellschaft besitzen. Das *audit committee* muss sogar allein aus *independent directors* bestehen.

cc) Der CEO als Vorsitzender des board

Der Vorsitzende des *board of directors* wird auch als *chairman of the board* bezeichnet.[188] Eine gesonderte Funktion kommt ihm zu, wenn er gleichzeitig die Position des *chief executive officer* (*CEO*), also eine übergeordnete Position in den Reihen der *officer* ausübt und somit die entsprechenden Aufgaben in sich vereint. Diese Doppelfunktion ist auch heute noch in der Praxis vielfach anzutreffen.[189] In den USA ist das lange Zeit praktizierte Modell der Vereinigung beider Ämter in Kritik geraten. So wurde argumentiert, das System von *checks-and-balances* zwischen *shareholder*, *officer* und *board* würde durch diese Einrichtung ausgehebelt.[190] Offensichtlich ist auch die weitaus kritischere Analyse fremden Handelns durch das *board*, wenn *CEO*

---

186 *Fairfax*, in: Research Handbook on the Economics of Corporate Law (2012), p. 172.

187 NYSE Listed Company Manual 303A.01 ff.; NASDAQ Stock Market Rules 5605 ff.

188 Obwohl auch die Bezeichnung *chairman of the board* nicht einheitlich verwendet wird. So kann die Person entweder nur der Versammlung des *board* vorsitzen oder als Beistand fungieren. Historisch betrachtet hielt der heutige *CEO* häufig den Titel *president*. Zu alledem *Cox/Hazen*, Corporation Law (2012) p. 102 ff.

189 Einige Unternehmen sehen hiervon ab und führen als Substitut dieser Position einen *lead director* ein. Dieser ist typischerweise ein *independend director* und soll der jährlichen Überprüfung des *CEO* vorsitzen, dazu *Choper/Coffee/Gilson*, Cases and Materials on Corporations (2013) p. 10 ff.

190 Z. B. *Montgomery/Kaufman*, The Board's Missing Link, 81 Harv. Bus. Rev. 86, 91 f. (2003); *Barclift*, Corporate Governance and CEO Dominance, 50 Washburn L.J. 611, 621 f. (2011); kritisch zumindest *Brickley/Coles/Jarrell*, Leadership Structure: Separating the CEO and Chairman of the Board?, 3 J. Corp. Fin. 189, 192 ff. (1996).

und *chairman* separiert werden[191] sowie der geringere Einfluss der Ebene der Geschäftsführung auf das *board*, was wiederum eine konstruktive Auseinandersetzung ermöglicht.[192] Psychologisch betrachtet fühlen sich *board*-Mitglieder demjenigen gegenüber, der sie auswählt, in der Regel der *CEO*, auch verantwortlich, werden also häufig in dessen Sinne entscheiden.[193]

Allerdings trennt trotz dieses Befundes nur die Minderheit U.S.-amerikanischer Unternehmen die Positionen des *CEO* und des Vorsitzenden des *board of directors*.[194] Im Jahr 2011 nahmen 43 % der S&P 500 gelisteten Unternehmen eine derartige Aufteilung vor, demgegenüber war dies im Jahr 2007 bei nur 35 % der Fall.[195]

d) Board committees

Die bundesstaatlichen Gesetze sehen zumeist vor, dass sog. *committees* geschaffen werden können, ein Zwang hierzu besteht allerdings nicht.[196] Diese Ausschüsse, bestehend aus mindestens einem *board*-Mitglied, sollen die Arbeit des *board* unterstützen. Das Konzept der Errichtung von *committees* ist keineswegs neu.[197] Die Rolle und Struktur der *committees* – z. B. in Form der mehrheitlichen Besetzung mit *independent directors*[198] – hat sich über die Jahre allerdings gewandelt. *Board committees* gelten als Kontrollinstanz im Sinne einer guten Unternehmensführung und gewinnen zunehmend an Bedeutung.[199] Innerhalb des kleineren Kreises von *directors* ist es möglich, sich intensiver mit einzelnen Themenbereichen zu befassen, womit die Effizienz des gesamten *board* gesteigert wird.[200] In den *committees* treffen Fachkräfte zusammen, die sich nur auf einzelne Aufgaben konzentrieren und das *board* in der Gesamtheit entlasten.[201] Die Entwicklung deutet hierbei auch auf eine

---

191 Vgl. die empirischen Nachweise bei *Daily/Schwenk*, Chief Executive Officers, Top Management Team, and Boards of Directors: Congruent or Countervailing Forces?, 2 J. Mgmt. 185, 197 ff. (1996).

192 *Barclift*, Corporate Governance and CEO Dominance, 50 Washburn L.J. 611, 621 (2011).

193 *Dent*, Academics in Wonderland: The Team Production and Director Primacy Models of Corporate Governance, 44 Hous. L. Rev. 1213, 1241 (2008).

194 *Choper/Coffee/Gilson*, Cases and Materials on Corporations (2013) p. 6 f.

195 *SpencerStuart*, 2011 U.S. Board Index (2011) p. 23.

196 Vgl. z.B: DGCL § 141(c)(2).

197 Referenzen hierzu beispielsweise schon bei *Lattin/Jennings/Buxbaum*, Corporations – Cases and Materials (1968) p. 236 ff.

198 Siehe dazu bereits 1. Teil § 5 I. c) bb).

199 *Bainbridge*, Corporate Law (2009) p. 84; *Leyens*, RabelsZ 2003, 57, 72; *Hazen/Markham*, Corporations and other Business Enterprises (2009) p. 225.

200 *Cox/Hazen*, Corporation Law (2012) p. 140; *Fletcher*, Cyclopedia of the Law of Corporations (revised 2011 updated 2015) p. 549.

201 *Cox/Hazen*, Corporation Law (2012) p. 140; *Knepper/Bailey*, Liability of Corporate Officers and Directors (2002 updated 2014 (LexisNexis)) § 1.04.

weiter steigende Professionalisierung der *board*-Mitglieder hin.[202] Nicht alle Aufgaben des *board* können auf *committees* übertragen werden, so z. B. die Übertragung sämtlicher Aufsichts- und Kontrolltätigkeiten.[203] Nicht-delegierbare Aufgaben verbleiben in der unmittelbaren Verantwortung des gesamten Organs.

Das wohl wichtigste und historisch meist verbreitete *committee* ist das sog. *executive committee.* Die *bylaws* der Mehrzahl der *publicly held corporation* sehen die Einrichtung eines solchen *committees* vor und definieren die entsprechenden Kompetenzen möglichst allgemein und weit.[204] Das *executive committee* nimmt eine Vielzahl der delegierbaren Aufgaben des *board* wahr. Hierzu gehören insbesondere die Aufgaben des gesamten *board,* die bereits vor der nächsten *board*-Sitzung anfallen und entschieden werden müssen. Das *executive committee* besteht häufig aus einer geringen Anzahl von *board*-Mitgliedern, wobei *outside directors* in der Minderzahl sind. Typischerweise handelt es sich um ein *committee* bestehend aus dem *CEO,* zwei *inside directors* und einem *outside director.*[205] *Outside directors* – die gerade die Aktionärsinteressen bei Führungsentscheidungen berücksichtigen sollen – sind dabei nicht unmittelbar an den Entscheidungen beteiligt.

Vielfach verbreitet ist die Einrichtung eines ständigen Kontroll- und Prüfungsausschusses (sog. *audit committee*).[206] Der Sarbanes-Oxley Act hatte erheblichen Einfluss auf die Zusammensetzung und auf die Aufgaben dieses Ausschusses. So wurden dem *audit committee* weitreichende Pflichten auferlegt.[207] Außerdem muss das *audit committee* einer börslich gelisteten Gesellschaft nach den Vorschriften der jeweiligen Börsen ausschließlich aus *independent directors* bestehen. Die Hauptaufgabe dieses *committee* besteht darin, die Buchführung, die finanzielle Berichterstattung und die Rechnungsprüfung zu überwachen.[208] In der Regel richten *publicly held corporations* ebenfalls ein *nominating committee* ein. Dieses schlägt Kandidaten für die Besetzung des *board* vor.[209] Die Kandidaten werden wiederum vom gesamten *board* den Aktionären empfohlen und anschließend gewählt. Das *nominating committee* sucht darüber hinaus hinreichend qualifizierte Kandidaten

---

202 *Knepper/Bailey,* Liability of Corporate Officers and Directors (2002 updated 2014 (LexisNexis)) § 1.04.

203 *Fletcher,* Cyclopedia of the Law of Corporations (revised 2011 updated 2015) § 496.

204 *Cox/Hazen,* Corporation Law (2012) p. 141.

205 *Cohen,* The Outside Director – Selection, Responsibilities, and Contributions to the Public Corporation, 34 Wash. & Lee L. Rev. 837, 854 (1997).

206 Die Börsenbetreiber verlangen die Einrichtung eines solchen *committee.* In dieselbe Richtung deuten die Vorschläge bei *Corporate Laws Committee,* Corporate Director's Guidebook (2011) p. 1515 f. sowie *American Law Institute,* Principles of Corporate Governance: Analysis and Recommendations (1994) §§ 3A.02-3A.05 hin.

207 Zu diesen Neuerungen ausführlich etwa *Brodsky/Adamski,* Law of Corporate Officers and Directors (2014–2015) p. 445 ff.

208 Vgl. § 205 Sarbanes-Oxley Act.

209 *Cox/Hazen,* Corporation Law (2012) p. 143.

für die verschiedenen *committees* aus. Es wird empfohlen, auch das *nominating committee* ausschließlich mit *independent directors* zu besetzen.[210] Von erheblicher Bedeutung ist schließlich der Vergütungsausschuss (sog. *compensation committee*). Der Ausschuss legt die Vergütung des Führungspersonals fest, wobei dabei auch die Leistungen und Ergebnisse der Vergütungsberechtigten beurteilt werden, um die Vergütung ggf. entsprechend anzupassen.[211] Dieses *committee* soll nach den Bestimmungen der NYSE ausschließlich mit *independent directors* besetzt werden.[212] Es bestehen vielfach weitere *committees* die je nach Gesellschaftsstruktur, Unternehmensgegenstand und Unternehmensgröße geschaffen werden können.[213]

II. Officer

a) Die Stellung der officer im Gesellschaftsgefüge

Die laufenden Tagesgeschäfte werden in der Regel durch die sog. *(executive) officer* geführt, nicht etwa durch das *board* selbst.[214] Allerdings kann die Aufgabenfülle der *officer* im Einzelfall erheblich voneinander abweichen. Feste gesetzliche Regelungen, welche Aufgaben und Verpflichtungen die *officer* zu erbringen haben, bestehen nicht. Dies ist der individuellen Geschäftsverteilung überlassen.

Das Amt des *CEO* und des *chairman of the board* werden dabei häufig verbunden. Damit entsteht eine erhebliche Machtkonzentration bei einer einzelnen Person.[215] Mittels dieser Konstruktion verspricht man sich, eine Führungsperson zu schaffen, die den Kurs der Gesellschaft den Marktgegebenheiten anpassen kann und dabei flexibler agiert als Führungspersonal, das einer ständigen Rechtfertigung unterliegt. Faktisch dominieren häufig einzelne *officer* das *board*, sei es durch die vielfach anzutreffende Vorauswahl zur Berufung eines neuen *board*-Mitglieds oder durch das Ausnutzen persönlicher Beziehungen.[216] Die *officer* legen die Ziele der Gesellschaft fest und bestimmen auch die Mittel zur Erreichung dieser Ziele.[217] Aus rein formal-gesetzlicher Perspektive kann jedoch die Führungskompetenz des *board* nicht bestritten werden.[218] So sind *officer* gegenüber dem *board of directors* weisungsgebunden.[219] *Officer* bedürfen

---

210 Vgl. die Nachweise bei *Brodsky/Adamski*, Law of Corporate Officers and Directors (2014–2015) p. 462.

211 *Cox/Hazen*, Corporation Law (2012) p. 142.

212 NYSE Listed Company Manual § 303A.05.

213 Siehe zu den sog. *special litigation committees* etwa noch 6. Teil § 30 II. b).

214 *Bainbridge*, Corporate Law (2009) p. 89; *Choper/Coffee/Gilson*, Cases and Materials on Corporations (2013) p. 5; *Pinto/Branson*, Understanding Corporate Law (2013) p. 139.

215 Siehe dazu bereits 1. Teil § 5 I. c) cc).

216 *Baysinger/Hoskisson*, The Composition of Boards of Directors and Strategic Control, 15 Acad. Mgmt. Rev. 72, 72 f. (1990).

217 *Cox/Hazen*, Corporation Law (2012) p. 118.

218 *Bainbridge*, Corporate Law (2009) p. 74.

219 *Gevurtz*, Corporation Law (2010) p. 196.

Vertretungsmacht um für die Gesellschaft zu handeln. Diese Vertretungsmacht muss ihnen das *board* erteilen, denn die *directors* sind die eigentlichen Träger der Entscheidungsgewalt.[220] In jüngerer Zeit versucht man daher die Machtkonzentration in den Reihen der *officer* mittels Stärkung der Überwachungsfunktion des *board* wieder auszugleichen.[221]

b) Bestellung und Abberufung

Das *board* bestellt die *officer* und beruft diese auch entsprechend wieder ab.[222] Eines wichtigen Grundes zur Abberufung bedarf es nicht.[223] Ebenso irrelevant für eine Abberufung ist das Bestehen eines Anstellungsvertrages zwischen *corporation* und *officer.*[224] Ein *officer* kann weitere *officer* bestellen, wenn dies eine Bestimmung in den *bylaws* zulässt oder ein entsprechender Beschluss des *board* vorliegt.[225]

c) Zusammensetzung

Es bestehen mehrere Arten von *officer*, die sich jeweils in ihrer Funktion unterscheiden. Üblicherweise existieren ein *CEO* (oder auch *president*), ein oder mehrere *vice-presidents*, ein *treasurer* sowie ein *secretary*. In der Regel ermöglichen die Gesetze, weitere Positionen einzurichten, die je nach Unternehmensgegenstand und Unternehmensgröße abweichen.[226] In den *Official Comments* zu § 8.40 Cal. Corp. Code heißt es dementsprechend: „*experience has shown, however, that little purpose is served by a statutory requirement that there be certain offices, and statutory requirements may sometimes create problems of apparent authority or confusion with nonstatutory offices the corporation desires to create.*" Besondere gesetzliche Qualifikationen werden an *officer* nicht gestellt.

III. Shareholder

a) Grundlegende Zuständigkeiten

Die Aktionäre einer *corporation* haben drei maßgebliche Arten von Rechten: Kontrollrechte und Managementrechte, Eigentumsrechte sowie Abhilfe- und Nebenrechte.[227] Erstere umfassen beispielsweise die Wahl der *directors* und grundlegenden

---

220 *Allen/Kraakman/Subramanian,* Commentaries and Cases on the Law of Business Organization (2009) p. 110.
221 Siehe dazu bereits 1. Teil § 5 I. a) bb).
222 Siehe zur Bestellung z. B. § 8.40 Cal. Corp. Code; zur Abberufung § 8.43 Cal. Corp. Code.
223 Siehe z. B. MBCA § 8.43(b).
224 *Cox/Hazen,* Corporation Law (2012) § 8.3.
225 Vgl. z. B. § 8.40(b) R.M.B.C.A.
226 Vgl. z. B. § 8.40(a) R.M.B.C.A.; § 142(a) Del.Gen.Corp.L.
227 *Cox/Hazen,* Business Organizations Law (2011) p. 349 f.

Strukturänderungen in der Gesellschaft. Unter Eigentumsrechte fallen u. a. das Recht zur angemessenen Dividendenverteilung oder das Recht als Aktionäre in den Gesellschaftsbüchern registriert zu sein. Zu letzteren Rechten gehören Informations- und Klagerechte.[228] Entsprechend diesen Kompetenzen üben die Aktionäre zwar nicht unmittelbar Aufgaben der Geschäftsführung oder Initiativrechte aus. Allerdings haben sie insofern Einfluss, als dass ihnen die Personenauswahl der Unternehmensleitung zusteht und sie grundlegende Entscheidungen zum Teil noch im Nachhinein genehmigen.[229] Von diesen Grundsätzen wird in der Praxis häufig abgewichen, was aufgrund der bestehenden Strukturoffenheit verhältnismäßig unbeschränkt möglich ist. Bei sehr kleinen *corporations* üben die *shareholder* aus Praxisgründen unmittelbar Geschäftsführungsaufgaben aus. Hierbei wird das *board of directors* unmittelbar mit Gesellschaftern besetzt.[230] Bei großen *corporations* ist die Position der *shareholder* weniger einflussreich. Sogar eine ureigene Aufgabe, die Wahl der *directors*, wird durch eine Vorauswahl auf der Ebene der *officer* erheblich beeinflusst.[231] In eine ähnliche Richtung zielen Maßnahmen die es erlauben, dass einzelne Stimmrechte von den Aktionären auf das *board* übertragen werden.[232] Auch die Kompetenz zur Änderung der *bylaws* wird häufig dem *board* überlassen.[233] Im Laufe der Zeit hat somit der Einfluss der *shareholder* auf die Gesellschaft abgenommen.[234]

b) Shareholder activism

Aufgrund der vielfach abweichenden Interessen von Anteilseigner und Unternehmensführung ist ein Mindestmaß von Rückbindung der Unternehmensführung an die Aktionärsinteressen sinnvoll, weil letztlich die Aktionäre die Vor- und Nachteile einer Entscheidung tragen müssen.[235] Das *board* ist – obwohl es die Rechte der Aktionäre vertreten soll – nicht immer in der Lage, diese Interessen zu balancieren.

---

228 Zu diesen und weiteren Rechten etwa *Cox/Hazen,* Business Organizations Law (2011) p. 349 ff.; *Gevurtz,* Corporation Law (2010) p. 112 ff.; *Lattin/Jennings/Buxbaum,* Corporations – Cases and Materials (1968) p. 1171 ff.

229 *Gevurtz,* Corporation Law (2010) p. 195; ähnlich bereits *Henn/Alexander,* Laws of Corporations and other Business Enterprises (1983) p. 490 ff.

230 Siehe dazu etwa *Ribstein/Letsou,* Business Associations (2003) p. 151.

231 *Bainbridge,* Corporate Law (2009) p. 72.

232 So z. B. in Bezug auf feindliche Übernahmen, dazu *Buxbaum,* The Internal Division of Powers in Corporate Governance, 72 Cal. L. Rev. 1671, 1695 f. (1985).

233 *Choper/Coffee/Gilson,* Cases and Materials on Corporations (2013) p. 53. Trotzdem kann die Änderung der *bylaws* durch die Aktionäre durchaus einen erheblichen Einfluss auf das Management ausüben, dazu *Cox/Hazen,* Business Organizations Law (2011) p. 179 ff.; *Gevurtz,* Corporation Law (2010) p. 196 ff.

234 *Bainbridge,* Director Primacy and Shareholder Disempowerment, 119 Harv. L. Rev. 1735, 1735 (2006).

235 *Jensen/Meckling,* Theory of the Firm: Managerial Behaviour, Agency Costs and Ownership Structure, 3 J. Fin. Econ. 305 (1976).

Auch die Gerichte haben diesbezüglich keinen ausreichend positiven Einfluss.[236] Durch die häufig festzustellende Streuung der Anteile leidet die Möglichkeit der Einflussnahme der Aktionäre zusätzlich (sog. *collective-action*-Problem); das Problem der Trennung von Eigentum und Kontrolle wird somit weiter verschärft.[237] Einerseits halten Aktionäre häufig nur wenige Anteile eines einzelnen Unternehmens im Verhältnis zur Gesamtzahl der Aktien. Intensive Analysen der Entscheidungen der Führung durch die Aktionäre wären insofern kaum kosteneffektiv. Andererseits muss eine Rechtsausübung mittels Vertretung (sog. *proxy*) erfolgen, da sich der Aktionär in den wenigstens Fällen vor Ort befindet.[238]

Eine Rückbesinnung auf die aktivere Beteiligung der Aktionäre ist u. a. im sog. *shareholder activism* zu finden.[239] Institutionelle Investoren und insbesondere Hedgefonds setzen das *board* unter Druck und nehmen so auf die Unternehmensführung Einfluss.[240] Hierbei stehen mittlerweile vor allem Themen der *corporate governance* im Fokus.[241] Idealerweise entsteht dabei ein System von *checks-and-balances*.[242] Die aktionistischen Aktionäre verwenden dabei nicht nur juristische Mittel.[243] Sie weichen nicht davor zurück, eine Drohkulisse, beispielsweise unter Zuhilfenahme von öffentlichem Lobbyismus und der Einschaltung medialer Präsenz aufzubauen, damit eigene Interessen umgesetzt werden. Mildere Mittel sind etwa private, unmittelbare Aufforderungen zu bestimmten Handlungen, sei es dem Austausch eines *director*, einem Strategiewechsel in der Geschäftsführung oder dem Abstoßen

---

236 *Thompson,* Anti-Primacy: Sharing Power in American Corporations, 1, 26 (2015), abrufbar unter http://ssrn.com/abstract=2687218 (zuletzt abgerufen am 17.02.2017).

237 Dazu grundlegend *Berle/Means,* The Modern Corporation and Private Property (1932) passim und etwa *Eisenberg,* Corporations and other Business Organizations (2005) p. 154 ff.

238 Zu diesen beiden Aspekten *Eisenberg,* Corporations and other Business Organizations (2005) p. 155.

239 *Rock,* The Logic and (Uncertain) Signifigance of Institutional Shareholder Activism, 79 Geo. L.J. 445 (1991) der die Entwicklung des *shareholder activism* auf das *agency*-Problem und die Streuung der Anteile zurückführt.

240 Im Jahr 2014 hatten 75 % der Versuche von Aktivisten Erfolg, die von ihnen gewünschten Plätze im *board* zu besetzen, vgl. die Nachweise bei „*The Boardroom Strikes Back*“, abrufbar unter http://www.nytimes.com/2015/04/22/business/dealbook/the-boardroom-strikes-back.html?ref=dealbook&_r=1 (zuletzt abgerufen am 17.02.2017).

241 “*Some Thoughts for Boards of Directors in 2016*“, abrufbar unter http://corpgov.law.harvard.edu/2015/12/09/some-thoughts-for-boards-of-directors-in-2016/#more-72133 (zuletzt abgerufen am 17.02.2017).

242 *Nili,* Missing the Forest for the Trees: A New Approach to Shareholder Activism, 4 Harv. Bus. L. Rev. 157, 162 (2014).

243 In einigen Fällen wird beispielsweise versucht, Sitze im *board* zu erlangen. Teilweise werden auch Klagen gegen das *board* angestrengt. Zu den verschiedenen Methoden von Hedgefonds etwa *Kahan/Rock,* Hedge Funds in Corporate Governance and Corporate Control, 155 U. Pa. L. Rev. 1021, 1028 (2007).

unrentabler Unternehmensanteile.[244] Es ist abzusehen, dass das *board* die Belange solch aggressiver Anleger zunehmend berücksichtigen wird, um langwierige und teure Streitigkeiten zu vermeiden.[245]

Ob diese Entwicklung zu begrüßen ist, kann nicht abschließend bewertetet werden. Die Aktivisten spekulieren häufig auf kurzfristige Wertsteigerungen, um die Anteile daraufhin abzustoßen.[246] Ein solches Vorgehen wird jedoch insbesondere im Falle institutioneller Investoren, beispielsweise öffentlichen Pensionsfonds, nicht die Regel sein.[247] Vielmehr sind die Entscheidungsträger dort vielfach auf eine langfristige, positive Unternehmenspolitik bedacht und diesbezüglich in ihrer Entscheidungsfindung freier als in Gesellschaften, die allein auf eine Vermögensmaximierung abzielen, also etwa Hedgefonds.[248] Empirisch belegt wurde weiterhin, dass selbst das Engagement von Hedgefonds auf langfristige Sicht zum Vorteil des Unternehmens und der Aktionäre erwächst.[249] Es geht in der aktuellen Diskussion somit nicht mehr um die grundsätzliche Frage des „ob" einer aktiven Beteiligung der Aktionäre, sondern um dessen konkrete Ausgestaltung und dessen Grenzen.[250] Es ist festzustellen, dass aktivistische Aktionäre in den Vereinigten Staaten regelmäßig keine vertragliche Vereinbarung zwischen den Parteien suchen. Vielmehr beruht die Einflussnahme häufig auf rechtlich nicht bindenden Maßnahmen, beispielsweise informellen Gesprächen oder öffentlichen Briefen.

Der zunehmende Einfluss der Aktionäre auf die Geschicke der Gesellschaft wird überwiegend positiv in Hinblick auf die wirtschaftliche Entwicklung des

---

244 *Cheffins,* The Past, Present and Future of Shareholder Activism by Hedge Funds, 37 J. Corp. L. 51, 60 (2011).

245 In diesem Sinne auch *Tariq Mundiya,* Partner bei Wilkie Farr & Gallagher LLP im Rahmen der Speaker Series: „*Shareholder Activism*", 18. Februar 2015, Berkeley, abrufbar unter http://www.kaltura.com/index.php/extwidget/preview/partner_id/1368891/uiconf_id/28169342/entry_id/0_39ha2fam/embed/auto? (zuletzt abgerufen am 17.02.2017).

246 *Bainbridge,* Director Primacy and Shareholder Disempowerment, 119 Harv. L. Rev. 1735, 1744 (2006); ähnlich *Bratton/Wachter,* The Case Against Shareholder Empowerment, 158 U. Pa. L. Rev. 653, 653 (2010).

247 Siehe zu einigen Beispielen etwa *Nili,* Missing the Forest for the Trees: A New Approach to Shareholder Activism, 4 Harv. Bus. L. Rev. 157, 175 (2014).

248 Etwa bei Investitionen von *public-pension-funds,* da diese eine geringere Bindungstendenz zum Management aufweisen, vgl. dazu etwa *Eisenberg,* Corporations and other Business Organizations (2005) p. 158 f.

249 Siehe etwa *Bebchuk/Brav/Jiang,* The Long-Term Effects of Hedge Fund Activism, 115 Colum. L. Rev. 1085 (2015); zu einem ähnlichen Ergebnis kommt nach Analyse mehrerer Studien *Rose,* Common Agency and the Public Corporation, 63 Vand. L. Rev. 1355, 1382 (2010).

250 Vgl. etwa die Vorschläge bei *Romano,* Less is more: Making Institutional Investor Activism a Valuable Mechanism of Corporate Governance, 8 Yale J. on Reg. 174, 222 (2001); *Cheffins,* The Past, Present and Future of Shareholder Activism by Hedge Funds, 37 J. Corp. L. 51, 61 (2011).

Unternehmens und als notwendiger Bestandteil der *corporate governance* betrachtet. Die Einschätzung der SEC bestätigt dies wie folgt: „*[...] there is an increasing acceptance that more direct shareholder engagement is not just good corporate governance, but is good business*“[251]. Letztlich kann nur eine Begegnung auf Augenhöhe zwischen *shareholder, board of directors* und *officer* zu einer sinnvollen Führungsstruktur in der *corporation* führen.[252]

§ 6 Zwischenergebnis

I. Das Verhältnis der Leitungsebene zur nachfolgenden Ebene

a) Verwaltungsrat und board als oberste Leitungsorgane

Der Verwaltungsrat und das *board* sind im Rahmen von Leitungs- bzw. Geschäftsführungsaufgaben die maßgeblichen Letztentscheidungsorgane in den jeweiligen Gesellschaften. Sie genießen dabei Weisungsfreiheit gegenüber den Aktionären, wobei bei letzteren Entscheidungsbefugnisse für grundlegenden Maßnahmen verbleiben. Der Verwaltungsrat kann, obwohl einzelne Kompetenzen gesetzlich den geschäftsführenden Direktoren zukommen, jegliche Aufgaben an sich ziehen oder entsprechende Weisungen erteilen. Die *officer* leiten ihre Kompetenzen sogar nur von den Kompetenzen der *board* ab. Außerdem hat allein das *board* originäre Vertretungsbefugnis für die Gesellschaft. Der Verwaltungsrat besitzt keine Vertretungsmacht. Das *board* hat somit – von der gesetzlichen Ausgangsposition betrachtet – eine dominantere Position als der Verwaltungsrat. Dem Grunde nach sind die Strukturen jedoch vergleichbar.

b) Dominanz der officer, Folgerungen für die geschäftsführenden Direktoren

Über die Jahrzehnte hat sich die Praxis herausgearbeitet, dass die *officer* über die Geschicke der Gesellschaft bestimmen und nicht das *board* selbst. Gesetzlich war diese Entwicklung ursprünglich keineswegs intendiert, der Gesetzgeber hat jedoch reagiert und klargestellt, dass eine andere Unternehmensebene Geschäftsführungsaufgaben ausüben kann und hierbei lediglich durch das *board* überwacht werden muss.[253] Geschuldet war dieser Wechsel der zunehmenden Komplexität an Aufgaben, die es dem *board* nicht ermöglichte, jegliche Entscheidungen selbst zu treffen.

---

251 „*12th Annual Boardroom Summit and Peer Exchange*“, abrufbar unter https://www.sec.gov/news/speech/important-work-of-boards-of-directors.html#_ednref23 (zuletzt abgerufen am 17.02.2017); ebenso: *Bebchuk*, The Case for Increasing Shareholder Power, 118 Harv. L. Rev. 833, 851 (2005).

252 *Thompson*, Anti-Primacy: Sharing Power in American Corporations, 1, 18 (2015), abrufbar unter http://ssrn.com/abstract=2687218 (zuletzt abgerufen am 17.02.2017).

253 Vgl. § 141(a) DGCL.

Board-Mitglieder nehmen eine Vielzahl von Mandaten in mehreren Unternehmen wahr. Außerrechtliche Umstände, wie beispielsweise die Tatsache, dass die *officer* praktisch die Kandidaten für das *board* vorschlagen, manifestieren die starke Position der *officer*. Strukturell wird dies durch die Möglichkeit zur Personalunion von *CEO* und Vorsitzendem des *board* zusätzlich gestützt. Die Entwicklung führt zu einer Machtkonzentration bei einzelnen Personen, die einer Kontrolle weitestgehend entzogen ist. Auch die Grundkonzeption eines Systems, in welchem die Eigentümer (*shareholder*) die Verantwortlichen für die Unternehmensleitung (*board*) wählen und diese wiederum ihre Hilfspersonen (*officer*) zur Ausführung berufen, wurde verändert. Aufgrund des Wettbewerbs der Gesellschaftsrechte der Einzelstaaten ist nicht absehbar, dass dieses System gesetzlich unterbunden wird. Es wird befürchtet, die Attraktivität des eigenen Rechts könne abnehmen, da die Entscheidungsträger kaum einer Entmachtung ihrer selbst in Kauf nehmen würden. Allerdings besteht insbesondere *soft law*, beispielsweise Börsenzulassungsvorschriften, die die Überwachungstätigkeit des *board* wieder stärken sollen. Ein übliches Mittel hierfür sind z. B. die an die *board*-Mitglieder gestellten Anforderungen, wie deren Unabhängigkeit, die Bildung von *committees* und die Besetzung ebendieser.

In Deutschland ist noch nicht abzusehen, wie sich das Verhältnis zwischen Verwaltungsrat und geschäftsführenden Direktoren in der Praxis letztlich gestalten wird. Es wurden jedoch gesetzlich strukturelle Vorgaben geschaffen, die die Überwachungsaufgabe des Verwaltungsrats festigen sollen. Hierzu gehört beispielsweise die Pflicht, dass die Mehrzahl der Verwaltungsratsmitglieder aus nicht-geschäftsführenden Direktoren bestehen muss. Weiterhin sei hier bereits die Pflicht zur Schaffung geschäftsführender Direktoren erwähnt. In Deutschland ist das System von Vorstand und Aufsichtsrat seit langem bekannt, sodass davon ausgegangen werden kann, dass viele Verwaltungsratsmitglieder ihre Position als solche eines Aufsichtsorganes mit zusätzlichen Befugnissen interpretieren und sich deswegen ihrer intensiven Überwachungspflicht bewusst sind. Abgesichert wird dies weiterhin durch die herrschende Auffassung, dass eine Personalunion von Vorsitz im Verwaltungsrat und geschäftsführendem Direktor in Anbetracht einer ordnungsgemäßen *corporate governance* kritisch betrachtet wird, sodass viele Unternehmen diese Konstellation scheuen werden und eine Machtkonzentration verhindert wird. Eine übergreifende Dominanz der geschäftsführenden Direktoren, wie die der *officer* in den Vereinigten Staaten, wird somit in der Praxis wohl nicht eintreten.

c) Leitung und Überwachung im Sinne einer ordnungsgemäßen corporate governance

Die Methoden, die eine Balance zwischen Leitung und Überwachung ebendieser in den Rechtsordnungen garantieren sollen, verlaufen weitestgehend parallel. Ausdruck erfährt dies beispielsweise durch die Schaffung einer weiteren Ebene (*officer* und geschäftsführenden Direktoren), die mit Geschäftsführungsaufgaben betraut ist und hierbei vom eigentlichen Leitungsorgan überwacht wird. Hinzu kommt die Etablierung von unabhängigen Mitgliedern im Leitungsorgan, die, befreit von

Interessenkonflikten, eine effiziente Kontrolle wahrnehmen sollen. In Deutschland wird eine derartige Trennung durch eine Kombination zwischen zwingenden Vorgaben und *soft law* erreicht. In den Vereinigten Staaten ist die Entwicklung fast ausschließlich auf unverbindliche Vorgaben zurückzuführen.

Auch die Bildung von Ausschüssen ist ein in beiden Rechtsräumen angewandtes Element für eine ausgeglichene *corporate governance*. In Deutschland läuft man insofern Gefahr, den Verwaltungsrat letztendlich doch als Aufsichtsrat zu verstehen, d. h. alleine seine Überwachungsfunktion in den Vordergrund zu stellen. Zwar wird auch in den Vereinigten Staaten diese Aufgabe gestärkt, allerdings haben die dortigen Maßnahmen (z. B. detaillierte Definition des Unabhängigkeitserfordernisses in den Börsenzulassungsbedingungen) insoweit Vorbildcharakter, als dass sie genauere Vorgaben machen, hierbei aber Raum für individuelle Gestaltungen zulassen.

Das U.S.-amerikanische Modell zeichnet sich grundsätzlich durch eine starke Strukturoffenheit aus, welche dem deutschen System in dieser Form fremd ist. Hierbei spielen Faktoren eine Rolle, die in Deutschland nicht gleichermaßen greifen. Erstens hat der starke Föderalismus der Einzelstaaten zu einem Wettbewerb der Gesellschaftsrechte geführt, der nach liberalen Regelungen verlangt und Unternehmensgründungen anzieht. Zweitens sieht eine starke Schule der U.S.-amerikanischen Literatur die Gesellschaft allein als ein Bündel von Verträgen an.[254] Im Vertragsrecht besteht Vertragsfreiheit, die auch in einer Gesellschaft weitreichende Individualregelungen zulässt.[255] Zwar ist auch in Deutschland die Theorie vom *nexus of contracts* weitestgehend anerkannt.[256] Allerdings wird diese Feststellung durch das Prinzip der Satzungsstrenge des § 23 Abs. 5 AktG umfassend beschränkt.[257] Drittens schließlich ist das U.S.-amerikanisches Recht weitaus stärker durch ökonomische Erwägungen geprägt als das deutsche Recht. Die Anwendung ökonomischer Gesichtspunkte lassen dort rechtliche Gestaltungen zur Realität erwachsen.

Ein weiterer wichtiger Systemunterschied ist in der deutschen Mitbestimmung zu finden, welche die Überwachungsfunktion besonders stärkt. Sollte es sich etablieren, dass eine unmittelbare Arbeitnehmerbeteiligung im Verwaltungsrat stattfindet,

---

254 Vgl. dazu grundlegend *Coase,* The Nature of the Firm, 4 Economica 386 (1938); *Jensen/Meckling,* Theory of the Firm: Managerial Behaviour, Agency Costs and Ownership Structure, 3 J. Fin. Econ. 305 (1976).

255 Zu beachten ist, dass der *nexus of contracts*-Ansatz aus der Ökonomie stammt und der Begriff „Vertrag" dort weiter verstanden wird als nach juristischen Verständnis. Hieraus zu schließen, der Ansatz könne in der juristischen Theorie nicht herangezogen werden (so *Kuntz,* Gestaltung von Kapitalgesellschaften zwischen Freiheit und Zwang, S. 27), erscheint jedoch verfehlt, denn insofern besteht eine Wechselwirkung zwischen Ökonomie und Juristerei.

256 Vgl. nur *Grundmann,* in: FS Hopt, 2010, S. 77 f.; *Zöllner,* AG 2003, 2, 10 f.; *Eidenmüller,* JZ 2001, 1041, 1045 ff.; kritisch *Kuntz,* Gestaltung von Kapitalgesellschaften zwischen Freiheit und Zwang, S. 26 ff.

257 Derartige Einschränkungen bilden im internationalen Vergleich die Ausnahme, dazu *Hopt,* in: Lutter/Wiedemann, Gestaltungsfreiheit im Gesellschaftsrecht, S. 126 ff.

so wird der Verwaltungsrat in der Praxis wohl häufig ähnlich einem Aufsichtsrats strukturiert sein.[258] Die geschäftsführenden Direktoren werden entsprechend mit weitgehenden Kompetenzen ausgestattet sein. Eine Arbeitnehmerbeteiligung in der täglichen Geschäftsführung wird dabei weder von der Anteilseignerseite noch von der Arbeitnehmerseite gewünscht sein. Allerdings entstünde durch diese Ausgestaltung eine starke Annäherung an das dualistische System. Auf U.S.-amerikanischer Seite kommt dem Kapitalmarkt eine ausgeprägte Überwachungsfunktion zu, die allerdings auf die besondere Struktur des dortigen Kapitalmarktes mit seiner diversifizierten Beteiligungsstruktur zurückzuführen ist und in Deutschland so noch nicht festgestellt werden kann.

II. Stärkung der Anteilseignerseite

In Bezug auf die Anteilseigner der Gesellschaft ist festzustellen, dass den Aktionären in der deutschen Gesellschaft ein umfangreicher Katalog an Zuständigkeiten zukommt. In den Vereinigten Staaten wurde ursprünglich ein ebenso starker Einfluss der *shareholder* auf die Geschicke der Gesellschaft intendiert. Über die Jahre nahm der Einfluss der *shareholder* allerdings stetig ab. Neuere Entwicklungen deuten darauf hin, dass dieses Verhältnis jedoch zumindest in Teilen wieder revidiert wird. So führte das Phänomen des *shareholder activism* zu einer vermehrten Einflussnahme der *shareholder* auf die Entscheidungen der Geschäftsführung. Auch in Deutschland ist ein solcher Trend festzustellen. Bedingt durch die Aktionärsstruktur, beispielsweise aufgrund des (noch) geringeren Streubesitzes an Aktien, ist jedoch eine ähnlich fortschreitende Entwicklung wie in den Vereinigten Staaten nicht anzunehmen. Bislang hat die Mehrzahl der Kleinaktionäre kein Interesse daran, unmittelbar Einfluss auf das das Führungspersonal zu nehmen. Hedgefonds sind indes zunehmend auch in Deutschland aktiv. Zu bedenken ist allerdings, dass der große Streubesitzanteil von Aktien in den USA per se zu einer höheren Kontrolldichte durch die Anteilseigner führt. Aus einer größeren Anzahl von Aktionären resultiert eine höhere Wahrscheinlichkeit der Kontrolltätigkeit. Entsprechend wurde bzgl. des Volkswagen-Abgas-Skandals in den Vereinigten Staaten aufgeführt, dass ein maßgebliches Problem der *corporate governance* in der deutschen Gesellschaft im starken Einfluss einzelner Aktionäre liegt.[259] Es ist daher zwingend notwendig, dass die Aktionäre in Deutschland – unabhängig vom jeweils gewählten Organisationsmodell – ihrer Eigentümerstellung und somit ihrer Verantwortung hinsichtlich einer Kontrollfunktion bewusster werden und entsprechend handeln.

Hinzu kommt, dass in Deutschland aktivistische Aktionäre überwiegend bindende Vereinbarungen mit der Gesellschaft über einzelne Entscheidungen ersuchen. In den USA kommt es zu einer informelleren Einflussnahme auf die Unternehmensführung,

---

258 So geschehen in der PUMA SE, dazu *Bücker*, in: Bergmann/Kiem/Mülbert u.a., 10 Jahre SE, S. 207.

259 *Elson/Ferrere/Goossen*, The Bug at Volkswagen: Lessons in Co-Determination, Ownership, and Board Structure, 27 J. Appl. Corp. Finance 4, 4 (2015).

beispielsweise in Form von geheimen Absprachen. In Deutschland sind öffentliche Briefe oder Kampagnen unüblich und werden wohl auch in Zukunft nur selten anzutreffen sein. Der deutsche Rechts- und Wirtschaftsraum bevorzugt insofern einen förmlicheren und offizielleren Umgang zwischen den Parteien. Formelle Vereinbarungen haben aber den Nachteil, dass die Verhandlungsphase lang sein kann und jede Partei versuchen wird, sich nur möglichst wenigen und vor allem nicht weitreichenden Pflichten zu unterwerfen. Dies schmälert den Aktionsbereich aktivistischer Aktionäre zusätzlich.

III. Der Einfluss sonstiger Faktoren auf die Organisationsverfassung

Die Strukturen der monistischen Verfassungen sind grundsätzlich vergleichbar, weisen jedoch Unterschiede im Detail auf. Das U.S.-amerikanische Recht zeichnet sich durch eine stark ausgeprägte Gestaltungsfreiheit aus, die mit der im deutschen Recht bekannten Satzungsstrenge für die Aktiengesellschaft so nicht existiert.

In den Vereinigten Staaten wächst der Einfluss der Aktionäre auf das *board*. Auch in Deutschland wäre – insbesondere im Hinblick auf das monistische System – eine stärkere Aktionärsaktivität begrüßenswert, da kein den Verwaltungsrat überwachender Aufsichtsrat besteht und die geschäftsführenden Direktoren dem Verwaltungsrat untergeordnet sind. Die leicht abweichenden Wege, die die Rechtsordnungen zur Begegnung des *principal-agent*-Problems und zur Etablierung eines *corporate governance* Systems eingeschlagen haben, sind überwiegend auf individuelle Charakteristika im ökonomischen, sozialen und kulturellen Umfeld zurückzuführen (sog. *path-dependent development*).[260] So unterscheiden sich die Länder bereits in der Anzahl der Aktiengesellschaften und der Börsennotierung.[261] Andere Faktoren sind etwa die Meinungsbilder zu Offenlegung und Transparenz, die in den Vereinigten Staaten begrüßt werden und in Deutschland weniger ausgeprägt sind, die vermehrte Fokussierung auf das *shareholder-value* in den Vereinigten Staaten und *stakeholder*-Interessen in Deutschland[262] oder die Marktorientierung bzw. die Verbundenheit zwischen Industrie und Banken, welche gerade in Deutschland historisch betrachtet enger ausfällt.[263] Der Aufstieg institutioneller Investoren und deren Einfluss auf die Geschicke der Gesellschaften wurden ebenfalls bereits erwähnt. Die Bedeutung von freiem Handel oder Protektionismus ist für die Ausgestaltung einer *corporate governance* aufgrund der Effekte auf den Wettbewerb ebenso von

260 Eingehend mit entsprechenden Studien *Milhaupt/Pistor*, Law and Capitalism (2008) passim.

261 Konkret zu ermitteln unter http://www.world-exchanges.org/statistics (zuletzt abgerufen am 17.02.2017).

262 Dies gilt auch für die SE mit Sitz in Deutschland, vgl. *Siems*, in: KölnKommAktG, Anh. Art. 51 SE-VO § 22 SEAG Rdnr. 15.

263 *Hopt*, Comparative Corporate Governance: The State of the Art and International Regulation, 59 Am. J. Comp. L. 1, 8 (2011).

Relevanz. Gerade Protektionismus rückte im Rahmen der letzten Finanzkrise in den Vordergrund. Allgemeine politische Kräfte und Koalitionen können gleichsam die unterschiedliche Entwicklung von *corporate governance* beeinflussen.[264]

§ 7 Fazit zum 1. Teil

Trotz zahlreicher Überschneidungen verbleiben Unterschiede in den jeweiligen monistischen Führungssystemen. In beiden Organisationsverfassungen besteht ein oberstes Leitungsorgan, welches die Führung der Gesellschaft wahrnimmt.

In den USA wurde diese Dominanz durch die *officer* unterlaufen. Die Einrichtung dieser Führungsebene ist nicht zwingend gesetzlich vorgeschrieben, in der Praxis etablierte sich aber, eine derartige Ebene zu schaffen. Hiermit kommt es zur Teilung zwischen der Führung der Geschäfte und Überwachung ebendieser. Innerhalb des *board* wird eine entsprechende Trennung mittels der Berufung von *independent directors*/*outside directors* herbeigeführt. Beide Methoden sollen einer verbesserten *corporate governance* dienen, da die Führungsebene einer – vermeintlich unabhängigen – Kontrolle unterstellt wird. Im Übrigen übernehmen Marktmechanismen eine Kontrolle der Unternehmensführung.

In Deutschland bestehen bereits institutionelle Einrichtungen, welche die für eine ordnungsgemäße *corporate governance* notwendige Teilung von Leitung und Überwachung absichern. Hierzu gehören die zwingende Berufung von geschäftsführenden Direktoren und die erforderliche Mehrzahl von nicht-geschäftsführenden Direktoren im Verwaltungsrat.

Gerade in den USA ist jedoch eine Belebung der Aktionärsrechte zu beobachten. Diese können die Defizite der Überwachung, beispielsweise aufgrund der engen Verbindung von *outside director* und den anderen *board*-Mitgliedern, zumindest teilweise ausgleichen. Eine ähnliche Bewegung ist m. E. auch in Deutschland festzustellen, wobei die Aktionäre gehalten sind, diese Entwicklung voran zu treiben, da ihnen im monistischen System mangels Aufsichtsrats eine besondere Verantwortung zur Überwachung zukommt. Letztlich ist festzuhalten, dass die Gesetzgeber in den USA und Deutschland vergleichbare Strukturen geschaffen haben, bzw. sich solche herausgebildet haben, die dem *principal-agent*-Problem in einem monistischen System entgegentreten sollen. Die individuellen Organisationsverfassungen stehen einer Rezeption der Haftungsmodelle somit nicht im Wege.

264 *Roe*, Political Determinants of Corporate Governance (2003) passim.

2. Teil Funktionen der persönlichen Haftung von Organmitgliedern

Bevor die materiellen und formellen Voraussetzungen der Organhaftung in den Rechtsordnungen näher beleuchtet werden, sollen die Funktionen der persönlichen Inanspruchnahme von Organmitgliedern untersucht werden. Die bestehenden Konzepte und Mechanismen, die die Organhaftung prägen, können nur bewertet und gegebenenfalls rezipiert werden, soweit die Zielfunktionen in den USA und Deutschland überwiegend übereinstimmen. Sofern dies nicht der Fall ist, müsste ein entsprechender Befund im Rahmen der Analyse berücksichtigt werden. Trotz der rechtsordnungsübergreifenden Generalität des Themas erfolgt die Betrachtung zunächst länderspezifisch.

Das Konzept der persönlichen Organhaftung wird vornehmlich mit zwei Ansätzen begründet: Hierzu zählt zunächst der Kompensationsgedanke, d. h. der Schadensausgleich einer eingetretenen Vermögenseinbuße. Weiterhin wird der Präventionsgedanke als maßgeblich erachtet, wobei Schadensvermeidung durch Steuerung eines ordnungsgemäßen Verhaltens aufgrund des drohenden Haftungsrisikos in den Vordergrund rückt.

§ 8 Deutschland

I. Prävention und Kompensation in der außervertraglichen Haftung

Das deutsche Haftungsrecht kennt sowohl eine Ausgleichsfunktion als auch eine Präventionsfunktion. Vielfach wird im Rahmen der außervertraglichen Haftung der Kompensationsgedanke herausgestellt. Der Anspruch diene dem Ersatz des eingetretenen Schadens. Das Zivilrecht beinhalte dem Grunde nach keine Präventiv- bzw. Steuerungsfunktion, sondern folge allein der Privatautonomie; Prävention könne demnach allein eine „Nebenfolge“[265] sein.[266] Andere Stimmen sehen den Präventionsgedanken als maßgebliche Erwägung an.[267] Der Streitpunkt soll an dieser Stelle nicht weiter im Generellen erörtert werden, sondern wird konkret in Bezug auf die Organhaftung untersucht. Allerdings ist anzumerken, dass das Zivilrecht

265 *Larenz,* Lehrbuch des Schuldrechts, § 27 I.

266 *Lange/Schiemann,* Schadensersatz, Ein. III 2; sehr kritisch ebenfalls *Bydlinksi,* AcP 204 (2004), 310, 343 ff.; *Esser/Schmidt,* Schuldrecht, § 30 II die den Präventionszweck mit einem verbotenem Strafschaden gleichsetzen.

267 *Kötz/Wagner,* Deliktsrecht, Rdnr. 59; *Wagner,* in: MünchKommBGB, Vorb § 823 BGB Rdnr. 40; *Wagner,* AcP 206 (2006), 355, 453 ff.; ähnlich *Schäfer/Ott,* Lehrbuch der ökonomischen Analyse des Zivilrechts, S. 149 ff.

heute an zahlreichen Stellen[268] unmittelbar von einer Steuerungsfunktion ausgeht. Auch die Rechtsprechung öffnet sich dieser Tendenz.[269]

II. Prävention und Kompensation in der Organhaftung

Vielfach wird angenommen, im Rahmen der Organhaftung stünden Präventions- und Steuerungsfunktion nebeneinander.[270] Teilweise wird dabei aber die Kompensationsfunktion besonders betont.[271] Bei diesem Gedanken steht im Vordergrund, dass das pflichtvergessende Organmitglied die Vermögenseinbuße, die die Gesellschaft durch das Verhalten des Mitglieds erleidet, nachträglich ausgleichen muss, d. h. der eingetretene Schaden im Vermögen des Geschädigten wird ersetzt.[272] Der Präventionsgedanke setzt bereits zuvor an. Demnach soll das Organmitglied vor einem möglichen Schadenseintritt ordnungsgemäß handeln und zur Vermeidung eines möglichen Haftungsanspruches sorgsam agieren.[273] Der Zweck besteht somit in der Verhinderung eines schädigenden Verhaltens.

a) Die Defizite des Kompensationsgedankens

Der Kompensationsgedanke tritt aber gerade im Organhaftungsrecht zurück und die Prävention durch Steuerung des Verhaltens rückt in den Vordergrund.[274] Eine Allokation des Verlustrisikos beim Organ ist nicht sinnvoll. Die Gesellschaft ist insofern besser geeignet den Verlust zu tragen, weil die gesellschaftsrechtlichen

---

268 Überblick bei *Wagner,* AcP 206 (2006), 355, 451 ff.

269 Vgl. etwa BGHZ 128, 1; BGH, NJW 1961, 2059; BGH, VersR 1970, 134; zu dieser Entwicklung auch *Körner,* NJW 2000, 241, 242 ff.

270 So *Hopt/Roth,* in: GroßKommAktG, § 93 Rdnr. 28; Hüffer/Koch, AktG, § 93 Rdnr. 1; *Mertens/Cahn,* in: KölnKommAktG, § 93 AktG Rdnr. 6; *Grigoleit/Tomasic,* in: Grigoleit, AktG, § 93 AktG Rdnr. 1; *Ihrig,* in: Bachmann/Casper/Schäfer/Veil, Steuerungsfunktion Haftungsrechts, S. 18; *Ulmer,* in: FS Canaris, Bd. II, 2007, S. 463 f.; ebenso schon: *Wiedemann,* Gesellschaftsrecht, § 10 III 1; *Wiedemann,* Organverantwortung und Gesellschafterklagen in der Aktiengesellschaft, S. 10; *Paal,* DStR 2005, 382, 383; *Vetter,* AnwBl 2014, 582, 583.

271 *Marsch-Barner,* ZHR 173 (2009), 723, 726; *Goette,* in: FS 50 Jahre BGH, 2000, S. 124; *Fleischer,* ZIP 2014, 1305, 1310; *Hopt,* ZIP 2013, 1793, 1795; *Bosch/Lange,* JZ 2009, 225; ähnlich *Hopt,* in: FS Mestmäcker, 1996, S. 914.

272 *Dauner-Lieb,* in: Henssler/Strohn, GesR, § 93 AktG Rdnr. 1.

273 *Wagner,* ZHR 178 (2014), 227, 255.

274 *Wiesner,* in: Münchener HB GesR, 5. Kapitel § 26 Rdnr. 2; *Wagner,* ZHR 178 (2014), 227, 251 ff.; *Bayer,* NJW 2014, 2546, 2547; *Bayer/Scholz,* NZG 2014, 926, 928; *Hopt,* ZIP 2013, 1793, 1795; in Bezug auf § 148 AktG auch *Vetter,* in: FS Hoffmann-Becking, 2013, S. 1324 ff.; vgl. i. Ü. *Fleischer,* in: FS Wiedemann, 2002, S. 829; *Scholl,* Vorstandshaftung und Vorstandsermessen, S. 101 ff.; *Lohse,* Unternehmerisches Ermessen, S. 37; *Gaschler,* Das Klagezulassungsverfahren gem. § 148 AktG, S. 40 ff.

Haftungsrisiken häufig nicht mit dem Privatvermögen des Organmitglieds abgefangen werden können.[275] Erfolgreiche Klagen werden nur zu einem Bruchteil gegen Organmitglieder vollstreckt und ihr wesentliches Resultat besteht in einer wirtschaftlichen und sozialen Vernichtung der betroffenen Person.[276] Eine persönliche Haftung von Organmitgliedern hat bei einer persönlichen Inanspruchnahme in mehrfacher Millionenhöhe dann lediglich „Symbolcharakter“[277].

Die Aktionäre sind die zweckmäßigeren Träger des möglichen Verlustes der Gesellschaft, da sie die Verluste, deren Belastung auf alle Aktionäre gestreut ist, besser ausgleichen können als einzelne Organmitglieder.[278] Ein Aktionär wird in der Regel über ein breit gefächertes Portfolio verfügen und selten sein gesamtes Vermögen in einer einzelnen Gesellschaft konzentrieren. Damit streut der Aktionär sein Verlustrisiko, dem er in der freien Wirtschaft ausgesetzt ist.[279] Aktionäre geben die Kontrolle über einen Teil ihres Vermögens in die Hände einer Gesellschaft und sind sich bewusst, dass auch dort Entscheidungen über ihr Vermögen durch Dritte – natürliche und nicht zwingend rein rational handelnde Personen – getroffen werden. Im Wirtschaftsleben sind zu jeglicher Zeit Handlungen mit finanziell negativen Auswirkungen möglich, die die Aktionäre bewusst in Kauf nehmen. Umgekehrt profitiert der einzelne Aktionär kaum von Ersatzzahlungen an die Gesellschaft, denn das gewonnene Vermögen fließt unmittelbar nur der Gesellschaft zu, nicht aber den Aktionären.[280] Auch die Wertsteigerung der Aktien durch die Ersatzzahlungen wird verhältnismäßig gering ausfallen. Die Verfolgung von Haftungsansprüchen gegenüber den Organmitgliedern ist ohnehin mit finanziellen Risiken belastet, welche insbesondere im Falle letztlich unbegründete Ansprüche, mit Einbußen verbunden sind und somit die gewünschte Kompensation reduzieren können.[281]

Setzt man bei den Verlusten der Gesellschaft an und lässt eine Betrachtung der Aktionäre außer Acht, ergibt sich ein vergleichbares Bild. Denn das Organmitglied wird sein potentielles Haftungsrisiko bereits vor einem schädigenden Ereignis entweder durch unmittelbare Beitragszahlungen der Gesellschaft für seine *D&O* Versicherung und/oder durch ein höheres Gehalt absichern, um selbst eine solche Versicherung abzuschließen.[282] Der Kompensationsfunktion kann aufgrund ihrer Defizite kein Vorrang gegenüber der Steuerungsfunktion eingeräumt werden. Die Organhaftung ist aus Kompensationsgesichtspunkten weitestgehend sinnentleert.

---

275 *Wagner*, ZHR 178 (2014), 227, 253; *Gaschler*, Das Klagezulassungsverfahren gem. § 148 AktG, S. 41.
276 *Hoffmann*, NJW 2012, 1393, 1393.
277 *Arnold*, Die Steuerung des Vorstandshandelns, S. 170.
278 *Wagner*, ZHR 178 (2014), 227, 253.
279 *Wagner*, ZHR 178 (2014), 227, 253.
280 *Wagner*, ZHR 178 (2014), 227, 253 f.
281 *Wagner*, ZHR 178 (2014), 227, 253 f.; *Vetter*, in: FS Hoffmann-Becking, 2013, S. 1324.
282 *Wagner*, ZHR 178 (2014), 227, 254.

b) Akzentuierung der Präventionsfunktion

aa) Notwendigkeit der verhaltenssteuernden Organhaftung

Die drohende Haftung des Organmitglieds ist von zentraler Bedeutung, um ein allen Sorgfaltsanforderungen gerecht werdendes Verhalten zu erreichen. Die Präventionsfunktion ist die Antwort des Gesetzgebers auf das Auseinanderfallen von Anteilseigentum und Unternehmensleitung (sog. *principal-agent*-Problem).[283] Der *agent* (die Unternehmensleitung) erbringt für den *principal* Dienstleitungen unter einem erheblichen eigenen Handlungsspielraum und erhält hierfür eine Vergütung.[284] Dieser Handlungsspielraum wird dem *agent* aufgrund einer asymmetrischen Informationsverteilung zugebilligt: Der *agent* verfügt gegenüber dem *principal* nämlich über einen Informationsvorsprung; der *principal* kann die Handlungen des *agent* nicht vollständig bzw. nur mit hohen Kosten beobachten.[285] Aufgrund dieser asymmetrischen Informationsverteilung entstehen Wohlfahrtsverluste in mehrfacher Hinsicht: Es bestehen Kontrollaufwendungen des *principal*, Signalisierungs- oder Garantieaufwendungen des *agent* und Verluste die daraus resultieren, dass der *agent* nicht die Wohlfahrt des *principal* maximiert, sondern vielmehr den eigenen[286] Nutzen.[287] Rechtliche Konsequenz des *principal-agent*-Problems ist insbesondere, dass die Geschäftsleiter ihre Geschäfte nicht mit der geschuldeten Sorgfalt ausüben oder Geschäftsmöglichkeiten der Gesellschaft zu deren Nachteil selbst ausnutzen.[288]

Die Anteilseigner haben jedoch ein Interesse daran, Wohlfahrtsverluste und insbesondere Pflichtverletzungen der Geschäftsleiter auszuschließen. Hierfür bedarf es Kontrollmaßnahmen, wobei eine allumfassende Kontrolle durch die Anteilseigner selbst nicht unbedingt sinnvoll wäre, da die Vorteile einer Fremdgeschäftsführung verloren gingen. Die Vorteile einer Fremdgeschäftsführung liegen erstens in der Trennung von Finanzierung und Management, d. h. Investoren, die nicht aktiv an der Geschäftsleitung teilnehmen wollen oder können, haben die Möglichkeit, ihr Kapital dennoch nutzbringend zur Verfügung zu stellen.[289] Zweitens wird die Professionalisierung der Geschäftsleitung gestärkt.[290] Ohnehin können die Aktionäre aufgrund ihres Informationsdefizites nicht immer eindeutig erkennen, welches

---

283 *Fleischer*, in: FS Wiedemann, 2002, S. 829; *Steffek*, JuS 2010, 295, 297.

284 *Meinhövel*, WiSt 2004, 470, 471; *Scholl*, Vorstandshaftung und Vorstandsermessen, S. 103.

285 *Meinhövel*, WiSt 2004, 470, 471; *Scholl*, Vorstandshaftung und Vorstandsermessen, S. 103; *Arnold*, Die Steuerung des Vorstandshandelns, S. 14.

286 Hierzu aus der ökonomischen Modellannahme *Bosch/Lange*, JZ 2009, 225, 229.

287 *Scholl*, Vorstandshaftung und Vorstandsermessen, S. 104.

288 *Scholl*, Vorstandshaftung und Vorstandsermessen, S. 108; *Kalweit*, Fehlerhaftes Vorstands- und Aufsichtsratshandeln und dessen Sanktionierung durch Aktionärsklagen in Deutschland und Frankreich, S. 321.

289 *Steffek*, JuS 2010, 295, 296.

290 *Steffek*, JuS 2010, 295, 296.

die beste unternehmerische Entscheidung darstellt.[291] Um diese Vorteile nicht zu verlieren und gleichzeitig die Wohlfahrtsverluste gering zu halten, müssen Kontrollmaßnahmen installiert werden, damit insbesondere Pflichtverletzungen der Geschäftsleiter unterbunden werden.

Es bestehen Marktmechanismen, die die Fehlanreize des *principal-agent*-Verhältnisses begrenzen. Hierzu zählen Sanktionen auf dem Arbeitsmarkt für Führungskräfte (und als Folge davon etwa die Abberufung ebendieser), die Informationseffizienz des Kapitalmarktes (z. B. Anpassungen des Wertpapierkurses), die ggf. geringer ausfallende Kreditwürdigkeit auf dem Kreditmarkt und die Wettbewerbsfähigkeit auf dem Produktmarkt.[292] Diese Mechanismen können die Defizite jedoch nicht vollständig beseitigen, sondern nur eingrenzen. Ohnehin ist die Kontrollfähigkeit des deutschen Marktes realiter (noch) nicht umfassend ausgeprägt. Dies ist insbesondere auf die langsame Diversifizierung zurückzuführen. Das Haftungsrecht in seiner Funktion als Steuerungselement, schafft es zumindest teilweise die Kontrolllücke des Marktes zu begrenzen und somit Fehlanreize der Geschäftsleiter zu reduzieren.[293] Neben dem Haftungsrecht kommen hierfür insbesondere noch erfolgsorientierte Vergütungsmodelle, Sonderprüfungen und die interne Kontrolle der Geschäftsführung in Betracht.[294] Gerade letztere ist mangels Aufsichtsrat im monistischen System jedoch nur schwerlich effektiv, denn die interne Kontrolle bringt nicht das gewünschte Ergebnis. Hieran ändert die Unterscheidung zwischen Verwaltungsrat und geschäftsführenden Direktoren nichts Grundlegendes, da sich der Verwaltungsrat letztlich gegenüber den geschäftsführenden Direktoren vollumfänglich durchsetzen kann. Folglich kommt der Haftung für Pflichtverletzungen eine große Bedeutung zu und ist ein wichtiges Element im Rahmen der *corporate governance.*

bb) Funktionsweise des Präventionsgedankens

Ohne drohende Haftung würden keine hinreichenden Sorgfaltsmaßnahmen ergriffen, da kein Anreiz für ein sorgfältiges Verhalten bestünde.[295] Das Vorliegen eines Haftungstatbestandes sorgt dafür, dass im Falle des Unterschreitens des Sorgfaltsstandards und einer darauffolgenden Haftung, das Organmitglied sämtliche Kosten grundsätzlich persönlich tragen muss. Lässt das Organmitglied die Sorgfalt eines ordentlichen und gewissenhaften Geschäftsleiters erkennen, so fallen keine Kosten an. Das Organmitglied ist somit angehalten, das bestmögliche und zugleich effizienteste

291 *Eckert/Grechenig/Stremitzer,* in: Kalss, Vorstandshaftung in 15 europäischen Ländern, S. 111.

292 Ausführlich hierzu *Scholl,* Vorstandshaftung und Vorstandsermessen, S. 110 ff.

293 *Scholl,* Vorstandshaftung und Vorstandsermessen, S. 115 f.; *Eckert/Grechenig/Stremitzer,* in: Kalss, Vorstandshaftung in 15 europäischen Ländern, S. 110.

294 *Scholl,* Vorstandshaftung und Vorstandsermessen, S. 116.

295 *Wagner,* ZHR 178 (2014), 227, 255; *Gaschler,* Das Klagezulassungsverfahren gem. § 148 AktG, S. 43 ff.

Sorgfaltsniveau einzuhalten. Anders gesagt, wirkt die drohende Haftung präventiv einem möglichen Pflichtenverstoß entgegen.[296] Freilich ist anzumerken, dass ein solch sorgfältiges Verhalten nur erreicht werden kann, wenn die materiellen Voraussetzungen hinreichend streng sind, die formelle Durchsetzbarkeit der Ansprüche ebenfalls gegeben ist und die persönliche Inanspruchnahme nicht von Dritter Seite vollständig abgefangen wird.[297] Der Bekämpfung letzterem Einflusses dient insbesondere der eingeführte Selbstbehalt im Rahmen des Abschlusses einer *D&O* Versicherung (§ 93 Abs. 2 S. 3 AktG). Eine *D&O* Versicherung unterläuft im Falle eines vollständigen Schadensausgleichs die Verhaltenssteuerung der Haftung.[298] Schon die Beschlussempfehlung des Rechtsausschusses betont: „Die Regelung des Selbstbehaltes hat verhaltenssteuernde Wirkung, denn die Haftung mit dem Privatvermögen wirkt Pflichtverletzungen von Vorstandsmitgliedern präventiv entgegen."[299] Auch in der Praxis ist der Gedanke der Präventionswirkung in Bezug auf die Organhaftung sichtbar. Die zahlreichen Klagen gegen Organmitglieder in den vergangenen Jahren wurden vielfach in Fachliteratur und Presse dargelegt und ausgiebig diskutiert. Die Wirkung auf Organmitglieder, die von dieser öffentlichen Diskussion ausgeht, resultiert in einer gesteigerten Sensibilität bei potentiell schädigenden Handlungen. Belege, die diesen Effekt auf die Führungsebene nachweisen, sind freilich schwer zu erbringen. Die aus der gesteigerten Sensibilität gezogenen Anpassungen des eigenen Verhaltens überwiegen gesamtwirtschaftlich betrachtet allerdings höchstwahrscheinlich den erfolgten Zahlungen für Vermögenseinbußen.

cc) Ökonomischer Beleg und rechtstatsächliche Einschränkung

Aus ökonomischer Sicht muss das Ziel von Haftungsregelungen sein, „dass die Summe der Kosten aus eingetretenen Schäden sowie Schadensvermeidungskosten minimiert wird und diese Kosten durch den gesamtwirtschaftlichen Nutzen übertroffen werden, der durch die schadensgeneigte Tätigkeit erzielt wird"[300].[301] Hierbei leitet die ökonomischen Analyse ihre Erkenntnisse aus dem Ziel der Gesamtnutzensteigerung nach dem so genannten Kaldor-Hicks-Kriterium ab: Demnach steigert eine Maßnahme dann den Gesamtnutzen, wenn der Nutzengewinn derjenigen Personen, die von einer Maßnahme profitieren, den Nutzenverlust der Verlierer übersteigt; unabhängig davon, ob eine Kompensation tatsächlich vorgenommen

---

296 *Wagner,* ZHR 178 (2014), 227, 255 f.; *Gaschler,* Das Klagezulassungsverfahren gem. § 148 AktG, S. 43 f.; *Schäfer/Ott,* Lehrbuch der ökonomischen Analyse des Zivilrechts, S. 702 f.

297 *Wagner,* ZHR 178 (2014), 227, 255.

298 *Wagner,* ZHR 178 (2014), 227, 254 f.

299 BT-Drucks. 16/13433, S. 11.

300 *Vetter,* AnwBl 2014, 582, 583.

301 Grundlegend *Scholl,* Vorstandshaftung und Vorstandsermessen, S. 95 ff.

wird.[302] In Bezug auf das Haftungsrecht bedeutet dies, dass die Schadenskosten vermindert werden, aber nicht über das Maß hinaus, ab dem die Summe aus Schadenskosten und Schadensverhütungskosten ansteigt. Dieser soziale Zustand, bei dem die Summe aus Schadenskosten und Schadensvermeidungskosten ein Minimum erreicht, erfüllt gegenüber alternativen Zuständen das Kaldor-Hicks-Kriterium.[303] Das Haftungsrecht hat aus ökonomischer Sicht hier anzusetzen und muss Anreize setzten, Schäden und Nutzenverluste soweit zu vermeiden, wie dies die gesamtgesellschaftliche Wohlfahrt steigert.[304] Ein Schädiger wird eine mögliche Haftung bei seinem Verhalten berücksichtigen und hieran seinen Sorgfaltsmaßstab ausrichten.[305] Dies ist auch effizient, da das Verhalten durch den möglichen Schädiger am einfachsten durch ihn selbst zu beeinflussen ist.[306] Es ist zwar einzugestehen, dass die Wirkung der Abschreckung durch die drohende Haftung auch hier nur schwerlich messbar sein wird.[307] Empirisch nachgewiesen wurde allerdings, dass ökonomische Anreize tatsächlich verhaltenssteuernd wirken.[308] Letztlich steht das Organmitglied bei einer Handlungsentscheidung vor einer Nutzen/Kosten-Abwägung und wird diejenige Option wählen, die maximal ist.[309] Aus ökonomischer Sicht ist die Prävention i. S. der Verhaltenssteuerung demnach der zentrale Aspekt der Haftung.[310] Die Kompensation erlittener Schäden kann gesamtwirtschaftlich grundsätzlich als unerheblich angesehen werden, da dies häufig zu einer bloßen Umverteilung führt.[311] Die strikte Durchführung eines Ausgleichs kann sogar unerwünschte Kosten

---

302 *Eckert/Grechenig/Stremitzer,* in: Kalss, Vorstandshaftung in 15 europäischen Ländern, S. 97; *Schäfer/Ott,* Lehrbuch der ökonomischen Analyse des Zivilrechts, S. 20 f.

303 *Schäfer/Ott,* Lehrbuch der ökonomischen Analyse des Zivilrechts, S. 154.

304 *Scholl,* Vorstandshaftung und Vorstandsermessen, S. 97; *Kötz/Schäfer,* AcP 189 (1989), 501, 503.

305 *Wagner,* ZHR 178 (2014), 227, 251 ff.; *Gaschler,* Das Klagezulassungsverfahren gem. § 148 AktG, S. 42 f.

306 *Scholl,* Vorstandshaftung und Vorstandsermessen, S. 97.

307 So *Arnold,* Die Steuerung des Vorstandshandelns, S. 171.

308 Siehe z. B. bei *Kötz/Schäfer,* AcP 189 (1989), 501, 501 ff.

309 Allgemein dazu *Schäfer/Ott,* Lehrbuch der ökonomischen Analyse des Zivilrechts, S. 184 ff. Als Idealbild der Haftung etwa: „[*Haftung muss*] so austariert werden, dass der Verantwortliche den Anreiz hat, Schäden zu vermeiden, deren Kosten höher sind als die Kosten der Vermeidungsmaßnahme", so *Koch,* AG 2012, 429, 434.

310 *Eckert/Grechenig/Stremitzer,* in: Kalss, Vorstandshaftung in 15 europäischen Ländern, S. 100; *Scholl,* Vorstandshaftung und Vorstandsermessen, S. 97; i.E. *Wagner,* ZHR 178 (2014), 227, 255 f.; zum allgemeinen Haftungsrecht so *Kötz/Schäfer,* AcP 189 (1989), 501, 503.

311 *Eckert/Grechenig/Stremitzer,* in: Kalss, Vorstandshaftung in 15 europäischen Ländern, S. 100 f.; *Schäfer/Ott,* Lehrbuch der ökonomischen Analyse des Zivilrechts, S. 151.

aufwerfen,[312] wobei es auf der anderen Seite sinnreicher sein kann, den Schaden am Schadenseintrittsort zu belassen. Der Ausgleichsgedanke erfüllt aber als Nebeneffekt eine ökonomische Funktion. Da die Ausgleichszahlung mit zunehmendem Schaden steigt, hat der Schädiger nicht nur einen Anreiz, das Auftreten eines Schadens zu verhindern, sondern auch die Schadenshöhe klein zu halten.[313]

Es bleibt festzuhalten, dass die Steuerungsfunktion die Kompensationsfunktion nicht vollkommen verdrängen kann. Denn es gilt der eiserne Grundsatz des derzeitigen Schadensersatzrechts einer „ausgleichender Gerechtigkeit“[314], den verursachten Schaden zu ersetzen. Somit bleibt festzuhalten, dass Schadensvermeidung Primärfunktion des Organhaftungsrechts ist, wobei der Kompensationsgedanke als Prinzip des deutschen Rechtes zwar nicht geleugnet werden kann, aber mangels hinreichenden Schadensausgleichs überwiegend leerläuft.

c) Besonderheiten in der monistischen SE

Das Vorgenannte gilt auch in Bezug auf die Situation in der monistischen SE. Fundamentale Unterschiede sind insoweit nicht ersichtlich. Freilich ist anzumerken, dass im eingliedrigen System zwischen Verwaltungsrat und geschäftsführenden Direktoren Probleme in der Kompetenzabgrenzung bestehen können und die allgemeine Pflichtenstellung nicht abschließend geklärt ist. Diese Unsicherheiten könnten der Präventionsfunktion maßgeblich entgegenstehen.[315] Es ist zu befürchten, dass die Organmitglieder ihre Sorgfalt aufgrund der drohenden Haftung stark erhöhen, sodass die Kosten der Sorgfaltsaufwendung ihren Nutzen übersteigen und ihr Vorgehen demnach ineffizient wäre. Auch in der dualistischen Aktiengesellschaft können derartige Probleme auftreten, allerdings wohl in abgeschwächter Form, da dieses System mittlerweile umfassend durchdrungen ist und die Organe insofern klarere Vorstellungen von den von ihnen geforderten Aufgaben und den damit verbundenen Sorgfaltspflichten haben. Insbesondere im Falle fehlender Geschäftsordnungen kann man in der monistischen SE befürchten, dass ein Mangel bei der von der Haftungsandrohung ausgehenden Verhaltenssteuerung zu Tage tritt.[316]

Unsicherheiten bzgl. eines idealen Verhaltensstandards führen allerdings nicht etwa dazu, dass der geforderte Standard nicht oder schlechter eingehalten wird. Es wurde ökonomisch nachgewiesen, dass es für ein Verhalten der betroffenen Organmitglieder keinen Unterschied macht, ob der notwendige Standard stark

---

312 *Schäfer/Ott,* Lehrbuch der ökonomischen Analyse des Zivilrechts, S. 151.

313 *Eckert/Grechenig/Stremitzer,* in: Kalss, Vorstandshaftung in 15 europäischen Ländern, S. 100 f.

314 *Bachmann,* Reform der Organhaftung? – Gutachten E zum 70. Deutschen Juristentag, S. 21.

315 *Ihrig,* in: Bachmann/Casper/Schäfer/Veil, Steuerungsfunktion Haftungsrechts, S. 22.

316 So *Ihrig,* in: Bachmann/Casper/Schäfer/Veil, Steuerungsfunktion Haftungsrechts, S. 22.

konkretisiert ist oder nicht.[317] Diese Feststellung greift auch in der monistischen SE. Verwaltungsratsmitglieder werden keine geringere Sorgfalt an den Tag legen, wenn über die Kompetenzverteilung Unsicherheit besteht, da Unsicherheiten in der Kompetenzverteilung und mangelnde Konkretisierung von Verhaltenspflichten vergleichbar sind. Wenn auch diese mangelnden Konkretisierungsmöglichkeiten keine negativen Auswirkungen auf eine effiziente Verhaltenssteuerung haben, so muss dies auch für etwaige Kompetenzabgrenzungsschwierigkeiten gelten. Abermals ist zu betonen, dass den Wohlfahrtsverlusten, resultierend aus dem *principal-agent*-Problem, in der monistischen SE nicht mittels zwingender struktureller Kontrollmechanismen begegnet werden kann, da kein internes Kontrollorgan besteht. Vor diesem Hintergrund ist die persönliche Haftung essentieller Bestandteil eines effizienten Leitungshandelns.

§ 9 USA

I. Dominanz der Präventionsfunktion

"[T]he primary goal of liability rules in corporate and securities law [...] is to deter corporate officers and directors from engaging in conduct harmful to shareholders."[318] In diesem Zitat wird ersichtlich, worin man den Hauptzweck der Organhaftung in den Vereinigten Staaten sieht. Abschreckung – und nicht etwa Kompensation des Verlustes – wird als primäres Ziel der Organhaftung betrachtet.[319] Vereinzelt wird diese Annahme zwar auch in Zweifel gezogen: Wenn Abschreckung alleine eine Haftung rechtfertigen könnte, so käme es zu einer ungerechtfertigten Bereicherung.[320] Primäre Aufgabe der Gerichte sei es, dem Geschädigten seinen Schaden zu ersetzen.[321] Die heute überwiegende Ansicht betont die Steuerungsfunktion jedoch nachdrücklich.[322] Diese Betrachtungsweise ist Bestandteil des

317 *Hoeppner/Lyhs,* 10 Jena Economic Research Papers 2016, 1, 21 ff.

318 *Baker/Griffith,* Predicting Corporate Governance Risk: Evidence from the Directors' & Officers' Liability Insurance Market, 74 U. Chi. L. Rev. 487, 488 (2007).

319 Siehe *Cox,* Compensation, Deterrence, and the Market as Boundaries for Derivative Suit Procedures, 52 Geo. Wash. L. Rev. 745, 780 (1984); *Nansfield/Gabel/McCullough,* The Shocking Impact of Corporate Scandal on Directors' and Officers' Liability, 20 U. Miami Bus. L. Rev. 211, 214 (2012); *Baker/Griffith,* Predicting Corporate Governance Risk: Evidence from the Directors' & Officers' Liability Insurance Market, 74 U. Chi. L. Rev. 487, 488 (2007); grundlegend *Coffee/Schwarz,* The Survival of the Derivative Suit: An Evaluation and a Proposal for Legislative Reform, 81 Colum. L. Rev. 261, 302 (1981); beide Funktion zumindest anerkennend Diamond v. Oreamuno, 24 N.Y. 2d 494 (1969); aus ökonomischer Sicht: *Shavell,* Foundations of Economic Analysis of Law (2004) p. 268.

320 Etwa Bangor Punta Operations, Inc. v. Bangor & A. R. Co, 94 S.Ct. 2578 (1974).

321 Vgl. Home Fire Ins. Co. v. Barber, 93 N.W. 1024 (1903).

322 *Nowicki,* Director Inattention and Director Protection under Delaware General Corporation Law Section 102(b)(7): A Proposal for Legislative Reform, 33 Del. J.

klassischen Verständnisses einer *corporation*. Die Gesellschaft dient dem Zweck, das Vermögen der Aktionäre zu maximieren, während das Verhalten der Geschäftsleitung präventiv durch Haftungstatbestände kontrolliert wird. Hiermit soll das Defizit der Fremdkontrolle über eigenes Vermögen eingeschränkt werden.[323] Das Argumentationsmuster entspricht damit den bereits dargestellten Prinzipien im deutschen Recht.[324] Die Präventionsfunktion wird jedoch nahezu ausschließlich im unmittelbaren Zusammenhang mit dem Durchsetzungsmechanismus des Haftungsanspruchs, der *derivative suit*[325], betrachtet. Diese Klageart weist Ähnlichkeiten zur Aktionärsklage auf. Prozessuale und materielle Voraussetzungen werden somit vermengt.

II. Defizite des Kompensationsgedankens aus U.S.-amerikanischer Sicht

a) Keine vollständige Kompensation

Die Kompensationsfunktion wird aus verschiedenen Gründen angegriffen. Aus Effizienzgesichtspunkten muss der mithilfe einer Haftungsklage zu erzielende Betrag mit den durch die *derivative suit* entstandenen Kosten aufgerechnet werden:[326] Die Gesellschaft und die Aktionäre tragen zunächst die Rechtsverfolgungskosten, wobei nicht nur die nominellen Kosten wie beispielsweise Anwaltshonorare zu berücksichtigen sind, sondern auch Aufwands- und Zeitkosten. Gerade letztere sind allerdings kaum zu determinieren. Der letztlich erzielte Vermögenszuwachs ist in der Regel äußerst dürftig.[327] Weiterhin muss eine Gesellschaft einem *director* eine entsprechend höhere Entlohnung in Aussicht stellen, wenn dieser sich in der Gefahr sieht, einer Klage ausgesetzt zu werden. Dies geschieht entweder mittels besonderen *D&O* Versicherungen oder eine höhere Grundvergütung. Gerade letzterer Punkt wird offiziell nicht herausgestellt. Es kann jedoch kaum bestritten werden, dass er in den Gehaltsverhandlungen eine Rolle spielt. Wenn die Furcht vor einer *derivative suit* ein vermeintliches Fehlverhalten abschrecken soll, von dem der *director* normalerweise hätte persönlich profitieren können, so muss sich dies aus seiner

Corp. L. 695, 716 (2008); entgegen eine Kompensationsfunktion argumentierend etwa *Conrad,* A Behavioral Analysis of Directors' Liability for Negligence, 21 Duke L.J. 895 (1972); ebenso kritisch *Gevurtz,* Corporation Law (2010) p. 303 ff.

323 Zu diesem Verständnis *Bainbridge,* Corporation Law and Economics (2002) p. 28 ff.

324 Siehe dazu bereits 2. Teil § 8 II. b).

325 Dazu noch 6. Teil § 30 II.

326 *Kraakman/Park/Shavall,* When Are Shareholder Suits in Shareholder Interests?, 82 Geo. L.J. 1733, 1738 (1994).

327 *Coffee/Schwarz,* The Survival of the Derivative Suit: An Evaluation and a Proposal for Legislative Reform, 81 Colum. L. Rev. 261, 304 (1981).

Sicht entsprechend in seiner Entlohnung darstellen.[328] Eine vollständige Reparation des erlittenen Schadens ist somit kaum vorstellbar und die Gesellschaft trägt letztlich zumindest mittelbar einen Teil des Schadens.

b) Falscher Kompensationsadressat

Weiterhin ist zu berücksichtigen, dass eine (ggf. unvollständige) Kompensation nicht bei demjenigen eintritt, der dem Grunde nach geschädigt wurde.[329] Es besteht das Risiko, bestimmte Aktionäre von Kompensationszahlungen profitieren zu lassen, obwohl sie zunächst nicht geschädigt wurden, weil sie zum Zeitpunkt der schädigenden Handlung keine Aktien besaßen.[330] Zwar kann einer solchen Entwicklung durch die Voraussetzung des Haltens von Aktien zum schädigenden Ereignis entgegengewirkt werden, aber es ist kaum zu bestreiten, dass auch der nicht-aktivlegitimierte Aktionär einen Vorteil erlangt, wenn der Gesellschaft nachträglich Vermögen zufließt. Dies entspricht dann aber nicht mehr dem Gedanken eines unmittelbaren Vermögensentzugs beim Schädiger und alleinigem Zuflusses beim Geschädigten. Vielmehr wird ein Dritter bereichert. Diese Erwägung greift auch, wenn man den Aktionär als Geschädigten betrachtet und nicht primär die Gesellschaft berücksichtigt. Auch in diesem Fall fließen die Einbußen nicht wieder vollständig den Geschädigten zu.

Die Überlegungen eines möglicherweise falschen Adressaten der Kompensation greifen nicht nur in Bezug auf die Grundlagen der Kompensation selbst, sondern auch in Bezug auf *fiduciary duties* unmittelbar. Den Vorteil, den gleichzeitig die Gesellschaft und ihre Aktionäre durch die Kompensation erhalten ist vor dem Hintergrund, wem und in welchem Ausmaß das *board* diese Pflichten überhaupt schuldet, ob Gesellschaft, Neuaktionären, Altaktionären oder allen in gleichem Maße, durchaus kritisch zu betrachten. Es ist in Frage zu stellen, ob den Aktionären ein Vermögenszuwachs zusteht, wenn eigentlich allein eine Pflicht gegenüber der Gesellschaft verletzt wurde. Ein ähnliches Allokationsproblem bezüglich des Ersatzes des Schadens liegt im Übrigen in den erwähnten *D&O*-Versicherungen, denn die Versicherungen tragen das Schadensrisiko, nicht der tatsächlich Handelnde. Ein zwingender Selbstbehalt besteht in den Vereinigten Staaten nicht. Es ist auch der Fall denkbar, dass der Gesellschaft ein Anspruch auf Freistellung gegen die Versicherung zusteht, womit eine Kompensation durch das Organmitglied und durch die Gesellschaft selbst nicht mehr notwendig ist.[331]

---

328 So *Kraakman/Park/Shavall,* When Are Shareholder Suits in Shareholder Interests?, 82 Geo. L.J. 1733, 1738 (1994).

329 Folgendes nach *Coffee/Schwarz,* The Survival of the Derivative Suit: An Evaluation and a Proposal for Legislative Reform, 81 Colum. L. Rev. 261, 302 (1981).

330 Die spiegelbildliche Situation, in der Altaktionäre keine Aktien mehr besitzen, ist ähnlich problematisch.

331 Bzgl. Unfallversicherungen im *accident law* so *Shavell,* Foundations of Economic Analysis of Law (2004) p. 268. Freilich würde sich in diesem Fall die Versicherung

c) *Keine Schadensidentität*

Ein weiteres Problem, welches der primären Kompensationsfunktion der Organhaftung im Wege steht, ist im Fehlen von Schadensidentität zu finden. Der durch den Pflichtenverstoß des *board*-Mitglieds erlittene Schaden bei der Gesellschaft muss nicht identisch mit dem Schaden der Aktionäre sein. Setzt man einen effizienten Wertpapiermarkt voraus, der einen Schaden der Gesellschaft automatisch in einen Wertverlust der Aktien wiederspiegelt, ist es möglich, dass der Schaden der Aktionäre weitaus höher ist als der Schaden, der der Gesellschaft unmittelbar entsteht, da der Markt in diese Bewertung ein zukünftiges Wiederholungsrisiko einrechnet.[332] Ebenso profitiert ein einzelner großer Aktionär nominal besser von einer Kompensation der Gesellschaft als ein Minderheitsaktionär.[333] Dies steht ebenfalls im Gegensatz zu den Grundsätzen einer ordnungsgemäßen Kompensation.

III. Effiziente Verhaltenssteuerung?

Auch die Verhaltenssteuerungsfunktion der Organhaftung wurde in Frage gestellt. So bedürfe eine optimale Verhaltenssteuerung keiner Organhaftung, da diese Funktion hinreichend durch Marktmechanismen[334] erfüllt werde.[335] Ein Fehlverhalten würde sich unmittelbar im Aktienpreis widerspiegeln, da der Gesellschaft ein Verlust entstanden ist. Dem kann jedoch entgegengehalten werden, dass sich einerseits der Markt nicht immer effizient verhält und andererseits, dass der Verlust den Aktienpreis nicht zwangsweise erheblich zu beeinträchtigen vermag. Im Übrigen spiegelt der Marktpreis häufig nur zukünftige Verluste wieder, nicht aber in der Vergangenheit liegende.[336] Obgleich ein Verhalten mit großem Pflichtverletzungspotential im Raum steht, werden Führungskräfte, die eine einmalige Gelegenheit sehen einen erheblichen Profit zu erlangen, durch Marktmechanismen nicht davon abgehalten, diese Gelegenheit zu ergreifen.[337]

Die Funktion der Abschreckung ist im Gegensatz zur Kompensationsfunktion von den soeben aufgeführten Problemen auch nicht gleichermaßen beeinträchtigt. So

---

an den Verursacher halten. Dieser besitzt dann aber wiederum in der Regel eine Versicherung, die ihn hiervor schützt.

332 *Coffee/Schwarz,* The Survival of the Derivative Suit: An Evaluation and a Proposal for Legislative Reform, 81 Colum. L. Rev. 261, 304 (1981).

333 *Coffee/Schwarz,* The Survival of the Derivative Suit: An Evaluation and a Proposal for Legislative Reform, 81 Colum. L. Rev. 261, 304 (1981).

334 Die Kontrolle des Marktes ist dem Grunde nach in den Vereingten Staaten stärker ausgeprägt als in Deutschland, da der Markt dort historisch betrachtet diversifizierter strukturiert ist.

335 *Phillips,* Principles of Corporate Governance: A Critique of Part IV, 52 Geo. Wash. L. Rev. 653, 674 (1984).

336 *Coffee/Schwarz,* The Survival of the Derivative Suit: An Evaluation and a Proposal for Legislative Reform, 81 Colum. L. Rev. 261, 304 (1981).

337 *Easterbrook/Fischel,* Corporate Control Transactions, 91 Yale L.J. 698, 701 (1982).

ist es aus verhaltenssteuernder Perspektive weniger relevant, wer den Vermögenszuwachs letztlich erhält, denn dies ist aus der Sicht des Schädigers in Anbetracht des grundsätzlich drohenden Haftungsrisikos nicht maßgeblich.[338] Auch der oftmals letztlich geringe Vermögensabfluss beim Schädiger ist für diesen Aspekt nicht zentral.[339] Der tatsächlich zu zahlende Betrag kann im Vorhinein nicht bestimmt werden. Das *board*-Mitglied kann sich somit nicht sicher sein, ob es womöglich doch vollumfänglich haften muss. Dementsprechend löst schon das Risiko einer Haftung die gewünschte Steuerung des Verhaltens aus.[340] Verhaltenspsychologisch wurde nachgewiesen, dass die Gefahr einer Bestrafung positiven Einfluss auf das Verhalten hat.[341] Dies gilt erst Recht für das Führungspersonal, da diese Personen in der Regel ohnehin rechtlich sensibler agieren als viele private Akteure.[342]

Nach alledem kann in den Vereinigten Staaten die Steuerungsfunktion als primäre Funktion der Organhaftung betrachtet werden, wenngleich das Konzept der Kompensation ebenfalls nicht vollkommen unberücksichtigt bleibt.

§ 10 Zwischenergebnis

I. Vergleichbare Argumentationsmuster

Gewiss ist Organhaftung nur ein Element einer optimalen Verhaltenssteuerung im Gesamtgeflecht einer ordnungsgemäßen Unternehmensführung, hinzu treten weitere rechtliche Instrumente der Kontrolle.[343] Um den *principal-agent*-Problem entgegenzuwirken ist in den Vereinigten Staaten Verhaltenssteuerung als die primäre Funktion der Haftung der *board*-Mitglieder anerkannt. Die Kompensationsfunktion tritt dahinter zurück. Traditionell wurde in Deutschland hingegen zunächst Kompensation als maßgebliche Funktion der Organhaftung betrachtet. Dies ging

338 *Coffee/Schwarz,* The Survival of the Derivative Suit: An Evaluation and a Proposal for Legislative Reform, 81 Colum. L. Rev. 261, 305 (1981).

339 Wenn kaum oder nur ein geringer monetärer Ersatz geleistet wird, kommt es jedoch häufig zu einer – gewünschten – Anpassung der *corporate governance*, vgl. *Eisenberg,* Corporations and other Business Organizations (2005) p. 1033.

340 *Nowicki,* Director Inattention and Director Protection under Delaware General Corporation Law Section 102(b)(7): A Proposal for Legislative Reform, 33 Del. J. Corp. L. 695, 697 (2008); *Jones,* Law, Norms and the Breakdown of the Board: Promoting Accountability in Corporate Governance, 92 Iowa L. Rev. 105, 147 (2006).

341 Dieses Phänomen außerhalb der Organhaftung nachweisend etwa die Studien *Andreoni/Harbaugh/Vesterlund,* The Carrot or the Stick: Rewards, Punishment, and Cooperation, 93 Am. Econ. Rev. 893 (2003); *Witte/Grossmann,* The Effects of Reward and Punishment upon Children's Attention, Motivation, and Discrimination Learning, 42 Child. Dev. 537 (1971).

342 *Eisenberg,* Corporations and other Business Organizations (2005) p. 1036 f.

343 Vgl. bereits *Schlechtriem,* in: Kreuzer, Die Haftung der Leitungsorgane von Kapitalgesellschaften, S. 14 ff.

aus dem herrschenden Verständnis der außervertraglichen Haftung als Ausgleichsfunktion im allgemeinen Zivilrecht hervor. Mittlerweile hat sich jedoch vielfach die Erkenntnis durchgesetzt, dass Verhaltenssteuerung und Kompensation zumindest im Rahmen der Organhaftung nebeneinanderstehen bzw. die Verhaltenssteuerung sogar gegenüber dem Gedanken des Ausgleichs überwiegt. Insofern kann man von einer Modifizierung der Grundprinzipien des allgemeinen Haftungsrechts aufgrund der gesonderten Situation des Gesellschaftsrechts im Rahmen des *principal-agent*-Problems sprechen. Die Argumentationskette für den Vorzug der Steuerungsfunktion ist in den Vereinigten Staaten und Deutschland überwiegend vergleichbar. Dies ist jedoch darauf zurückzuführen, dass die verhältnismäßig junge Diskussion in Deutschland maßgeblich auf den Erkenntnissen U.S.-amerikanischer Untersuchungen, insbesondere im Rahmen der ökonomischen Analyse des Rechts, basiert. Die überwiegend verhaltenssteuernde Funktion der Organhaftung wurde in den Vereinigten Staaten selten offen zur Diskussion gestellt. In Deutschland hingegen ist dieser Betrachtungsweise neu. Zurückzuführen ist dies wohl auf die traditionellen und etablierten Grundprinzipien des deutschen Schadensrechtes von Ausgleich bzw. Totalreparation. Das U.S.-amerikanische Recht kennt derartige Grundsätze nicht[344] und zeigt sich folglich offen, den Schadensersatz in diesem Fall praktisch nur auf den Aspekt der Verhaltenssteuerung zu stützen. So wird das U.S.-amerikanische Recht den Besonderheiten im Gesellschaftsrecht gerecht. Das deutsche Recht hadert mit bestehenden Grundstrukturen. Es zeigt sich hier durchaus die allgemein flexiblere Handhabung des Rechts im *common-law* im Gegensatz zum *civil-law*.[345]

II. Verhaltenssteuernde Wirkung als Bestandteil der corporate governance

Das Haftungsrecht ist in beiden Rechtsordnungen notwendiger Bestandteil zur Erreichung eines effizienten Leitungshandelns, welches durch das Auseinanderfallen von Eigentum und Kontrolle in Frage gestellt wird. Sowohl in den Vereinigten Staaten als auch in Deutschland bestehen zudem weitere Mechanismen, die dem Interesse der Aktionäre an Kontrolle der Leitung entsprechen sollen.[346] In den Vereinigten Staaten ist insbesondere eine starke Überwachung durch Marktmechanismen festzustellen, die trotz ihrer Defizite[347] einen maßgeblichen Beitrag zu einer ordnungsgemäßen *corporate governance* liefern. Aufgrund dieses Sanktions- und Anreizinstrumentes können Defizite im Haftungsrecht,[348] die einem effizienten

344 Man denke nur an die vielfach zitierten *punitive damages*, die einen – im deutschen Recht kaum vorstellbaren – pönalen Charakter aufweisen.

345 Dazu *La Porta/Lopez-de-Silanes/Shleifer*, The Economic Consequences of Legal Origins, 46 J. Econ. Lit. 285, 300 (2008); *Ferguson*, The Great Degeneration (2012) p. 88.

346 Dazu bereits 2. Teil § 8 II. b) aa).

347 Dazu bereits 2. Teil § 8 II. b) aa).

348 Z. B. zahlreiche weitgehende Haftungsbefreiungen, siehe dazu noch 5. Teil.

Leitungshandeln entgegenstehen, ausgeglichen werden. Im deutschen monistischen System kann man sich trotz Vordringen einer diversifizierten Anteilsstruktur im Markt (noch) nicht auf eine starke und effiziente Marktkontrolle verlassen. Ein Aufsichtsrat – der diese Lücke füllen könnte – besteht nicht. Vor diesem Hintergrund kommt der Ausgestaltung eines Haftungsregimes, welches Fehlverhalten bestraft ohne zugleich unternehmerische Entscheidungsfreiheit einzuschränken, erhebliche Bedeutung zu. Maßgebliche Erwägung jedes Organhaftungssystems muss somit Verhaltenssteuerung im Sinne einer Reduzierung des *principal-agent*-Problems sein. *De lege lata* kann die Kompensationsfunktion im deutschen Recht der Organhaftung jedoch nicht vollständig unberücksichtigt bleiben.

§ 11 Fazit zum 2. Teil

Die Zielfunktionen der inneren Organhaftung stimmen in den beiden Rechtsordnungen überein. Die maßgebliche Erwägung ist jeweils Verhaltenssteuerung i. S. einer ordnungsgemäßen *corporate governance* zur Begegnung des *principal-agent*-Problems. Hierneben tritt die Funktion der Kompensation. Die Zweckrichtung steht einer Rezeption des Organhaftungsrechts somit nicht im Wege, wobei bei jeder Betrachtung die Besonderheiten des jeweiligen Systems weiterhin Berücksichtigung erfahren müssen.

3. Teil Verhaltenspflichten der Organmitglieder

Im folgenden Teil werden zunächst die Pflichten der Organmitglieder gegenüber der Gesellschaft umschrieben. Aus Gründen der Übersicht ist dieser Bereich den weiteren Haftungsvoraussetzungen vorangestellt. Zunächst wird dabei analysiert, wie das Spannungsverhältnis zwischen der Verantwortung des Gesamtorgans und der Verantwortung des einzelnen Mitglieds behandelt wird. Anschließend werden die spezifischen Organpflichten dargelegt und verglichen. Es stellt sich die Frage, welchen Umfang, Detailgrad und Reichweite die Pflichten jeweils haben und ob diesbezüglich Abweichungen zu erkennen sind. Im letzten Abschnitt dieses Teils wird auf einzelne Sonderpflichten der Organe eingegangen, die von besonderer Relevanz für die Praxis sind.

§ 12 Verantwortung der einzelnen Organmitglieder, Gesamtverantwortung

Verhaltenspflichten könnten entweder das Organ als Ganzes, einzelne Mitglieder oder Gruppen innerhalb des Organs treffen. Es ist zu untersuchen, an wen die jeweiligen Rechtsordnungen die Verhaltenspflichten adressieren und wie die Betroffenen, trotz möglicherweise unterschiedlicher Beteiligungen an einem Verstoß, verantwortlich sind.

I. Gesamtverantwortung im Verwaltungsrat

Die Verantwortung zur ordnungsgemäßen Pflichterfüllung liegt in der monistischen SE beim Verwaltungsrat als Gesamtorgan.[349] Unter Gesamtverantwortung versteht man im dualen System, dass bei einem mehrköpfigen Vorstand jedes Organmitglied die Pflicht für die Geschäftsleitung im Ganzen trägt und dass dieser Allzuständigkeit eine umfassende Verantwortung für die Belange der Gesellschaft gegenübersteht.[350] Dieser Grundsatz beinhaltet in der näheren Konkretisierung das Prinzip der Gesamtleitung und das Prinzip der gegenseitigen Überwachung. Ersteres besagt, das einzelne Mitglied kann nicht eigenmächtig Kompetenzen an sich ziehen, die

349 Schwarz, SE-VO, Art. 51 Rdnr. 16; *Siems,* in: KölnKommAktG, Anh. Art. 51 SE-VO § 39 SEAG Rdnr. 11; *Reichert/Brandes,* in: MünchKommAktG, Art. 51 SE-VO Rdnr. 13.

350 *Fleischer,* NZG 2003, 449, 449; zum Begriff auch *Kort,* in: GroßKommAktG, § 77 Rdnr. 35; *Martens,* in: FS Fleck, 1988, S. 193 ff.; *Hoffmann-Becking,* ZGR 1998, 497, 506; *Hoffmann-Becking,* NZG 2003, 745, 746 ff.; *Löbbe/Fischbach,* AG 2014, 717, 719.

dem Vorstand in seiner Gesamtheit zustehen.[351] Letzteres Prinzip verpflichtet jedes Mitglied über seinen engeren Aufgabenbereich hinaus durch umrisshafte Begleitung an der gesamten Geschäftsleitung mitzuwirken.[352] Diese Grundlagen können auf die Verantwortung des Verwaltungsrats übertragen werden.[353] Die deutsche Rechtsprechung erkennt die Gesamtverantwortung insbesondere auch in einer Gesellschaft an, die ein Kontrollorgan nicht zwingend vorsieht, wie etwa in einer GmbH.[354] Dies entspricht weitestgehend der Situation in einer monistisch verfassten SE. Vorstandsmitglieder haften für die von ihnen begangenen Pflichtverletzungen individuell. Wie beim Vorstand heißt Gesamtverantwortung im Verwaltungsrat nicht, dass das Organ als Gesamtheit haftet. Es ist stets zu untersuchen, ob das einzelne Mitglied eine Pflichtverletzung begangen hat.[355]

a) Ressortaufteilung

Eine Ressortaufteilung innerhalb des Verwaltungsrats ist nicht nur möglich, sondern kann bei komplexen Unternehmungen als Teil der Pflicht zur Einrichtung einer ordnungsgemäßen Organisationsstruktur sogar zur Notwendigkeit erwachsen.[356] Einzelnen Mitgliedern oder gesamten Ausschüssen werden dabei spezifische Verantwortungsbereiche zugesprochen.[357] Die Unterscheidung zwischen Ressortverantwortung und der Bildung von Ausschüssen hat in Bezug auf die Modifikation der Gesamtverantwortung keine Relevanz. Ressortzuteilungen und Ausschussbildungen werden insofern in gleicher Weise behandelt.[358] Im Sinne der Rechtssicherheit sollte eine Ressortaufteilung durch Satzung, Beschluss oder Geschäftsordnung erfolgen.[359]

---

351 *Fleischer,* NZG 2003, 449, 449.

352 *Fleischer,* NZG 2003, 449, 449.

353 *Teichmann,* in: Lutter/Hommelhoff/Teichmann, Anh. Art. 43 SE-VO § 39 SEAG Rdnr. 7; *Siems,* in: KölnKommAktG, Anh. Art. 51 SE-VO § 39 SEAG Rdnr. 11; *Boettcher,* Die Kompetenzen von Verwaltungsrat und geschäftsführenden Direktoren in der monistischen SE in Deutschland, S. 90 ff.

354 Vgl. zur GmbH: BGHZ 133, 170; BGH, DStR 2001, 633; OLG Koblenz, NZG 1998, 953.

355 Zum Vorstand *Hölters,* in: Hölters, AktG, § 93 AktG Rdnr. 235; *Löbbe/Fischbach,* AG 2014, 717, 719.

356 *Siems,* in: KölnKommAktG, Anh. Art. 51 SE-VO § 39 SEAG Rdnr. 11.

357 Zur Unterscheidung der verschiedenen Organisationsmöglichkeiten, z. B. in funktionale oder divisionale Organisation: *Fleischer,* in: HB Vorstandsrecht, 1. Teil § 1 Rdnr. 55; *Vetter,* in: HB Managerhaftung, § 18 Rdnr. 14 ff.

358 Zum Vorstand *Hopt/Roth,* in: GroßKommAktG, § 93 Rdnr. 374; anders aber *Bücker,* in: Bergmann/Kiem/Mülbert u.a., 10 Jahre SE, S. 225 f.

359 *Fleischer,* NZG 2003, 449, 452 f.; *Vetter,* in: HB Managerhaftung, § 18 Rdnr. 31 ff.

aa) Folgen einer Ressortaufteilung

Im Falle einer Ressortaufteilung kommt es zur Modifizierung der Gesamtverantwortung in Form einer sog. gestaffelten Haftung.[360] Dem einzelnen Mitglied wird nicht ohne Weiteres eine Pflichtverletzung eines anderen Mitglieds zugerechnet. Vielmehr besteht ein haftungsbegründendes Fehlverhalten zunächst allein bei der handelnden Person. Bei den nicht-ressortzuständigen Mitgliedern verbleibt die Pflicht zur Kontrolle der anderen Mitglieder, und, im Falle von Unstimmigkeiten, die Pflicht zum Einschreiten. Es kommt zu einer Reduzierung der Verantwortung, da es den nicht-ressortzuständigen Mitgliedern auf Grund der Geschäftsverteilung verwehrt ist, in die Tätigkeitsbereiche der anderen Mitglieder einzugreifen.[361] Hierbei kann insbesondere ein gegenseitiges Vertrauen berechtigt sein, sodass die Überwachungsintensität bei mangelnden Verdachtsmomenten abnehmen kann.[362] Die Überwachungspflicht ist jedenfalls nicht mit der Kontrolldichte gegenüber nachfolgenden Unternehmensangehörigen vergleichbar.[363] Die einzelnen Mitglieder sollen sich auf die Handlungen ihrer Kollegen verlassen können und grundsätzlich nur bei Verdachtsmomenten einschreiten müssen.[364] Zur Befolgung der Überwachungspflicht steht allen Mitgliedern ein Informationsanspruch über Angelegenheiten aus anderen Ressorts zu. Um das Vertrauen zwischen den Mitgliedern zu sichern, muss ein ressortzuständiges Mitglied dem Verwaltungsrat alle relevanten Informationen zur Verfügung stellen.[365]

bb) Grenzen der Ressortaufteilung

Ihre Grenzen findet die verantwortungsreduzierende Ressortaufteilung des Vorstands und der GmbH-Geschäftsführer bei „echten Führungsentscheidungen“[366] bzw. „Maßnahmen von besonderem Gewicht“[367]. Bei diesen grundlegenden Entscheidungen verbleibt die umfassende Verantwortung bei dem Gesamtorgan. Von Relevanz ist dies insbesondere im Rahmen der bereits erwähnten[368] besonderen

---

360 *Siems,* in: KölnKommAktG, Anh. Art. 51 SE-VO § 39 SEAG Rdnr. 12.

361 *Reichert/Brandes,* in: MünchKommAktG, Art. 51 SE-VO Rdnr. 16; *Siems,* in: KölnKommAktG, Anh. Art. 51 SE-VO § 39 SEAG Rdnr. 13; *Verse,* in: SE-Recht, § 39 SEAG Rdnr. 12; *Teichmann,* in: Lutter/Hommelhoff/Teichmann, Anh. Art. 43 SE-VO § 39 SEAG Rdnr. 8.

362 *Siems,* in: KölnKommAktG, Anh. Art. 51 SE-VO § 39 SEAG Rdnr. 13; *Verse,* in: SE-Recht, § 39 SEAG Rdnr. 12.

363 Zum Vorstand *Fleischer,* NZG 2003, 449, 452.

364 *Eberspächer,* in: Spindler/Stilz AktG, Art. 51 SE-VO Rdnr. 7; *Verse,* in: SE-Recht, § 39 SEAG Rdnr. 12.

365 *Teichmann,* in: Lutter/Hommelhoff/Teichmann, Anh. Art. 43 SE-VO § 39 SEAG Rdnr. 8; *Verse,* in: SE-Recht, § 39 SEAG Rdnr. 12.

366 *Fleischer,* in: HB Vorstandsrecht, 1. Teil § 1 Rdnr. 55.

367 *Kleindiek,* in: Lutter/Hommelhoff, GmbHG, § 37 GmbHG Rdnr. 31; ähnlich: *Leuering/Dornhegge,* NZG 2010, 13, 15.

368 Siehe 1. Teil § 4 II. d).

Ausschüsse des Verwaltungsrats. Die Grenzen für eine Aufgabendelegation an Ausschüsse ist in § 34 Abs. 4 S. 2 SEAG zu finden. Auch einem gemeinhin beschließenden Ausschuss können keine Leitungsaufgaben und Grundsatzentscheidungen des Verwaltungsrats übertragen werden.[369] In der monistischen SE ist es jedoch möglich, dass ein Ausschuss bzgl. aller Kompetenzen des Verwaltungsrats zumindest eine beratende und empfehlende Funktion ausüben kann,[370] d. h. z. B. auch für eine mögliche Änderung der Unternehmenspolitik.

Im Vorstandsrecht wird die Undelegierbarkeit wichtiger Maßnahmen auf die Annahme gestützt, dass keine Vorstandsmitglieder mit untereinander abweichender Verantwortung existieren sollen.[371] Grundsätzlich besteht bei einem Verwaltungsrat eine ähnliche Gefahr. Allerdings wird auch im Verwaltungsrat durch rein vorbereitende Tätigkeiten die Letztentscheidungskompetenz des gesamten Verwaltungsrats nicht angezweifelt. Vielmehr ist es gerade im Verwaltungsrat sinnvoll, möglichst viele Entscheidungen durch professionelle Mitglieder vorbereiten zu lassen. Der gesamte Verwaltungsrat wäre aufgrund der Fülle von Aufgaben sonst gar nicht in der Lage, nach Maßgabe ordentlicher Geschäftsführung Entscheidungen zu treffen. Auf das Organ kommt eine Vielzahl von Aufgaben zu, da Leitungs- und Kontrollfunktionen von Vorstand und Aufsichtsrat gebündelt werden. Somit sollte man in Bezug auf den Verwaltungsrat einen milderen Maßstab anlegen, bei dem die Schwelle zu einer unrechtmäßigen Aufgabendelegation überschritten ist. Freilich ist die Grenze zu einer präjudiziellen Tätigkeit der Ausschüsse nur schwer festzustellen. Es kommt zu einer Vorauswahl bestimmter Entscheidungsmöglichkeiten, womit die Handlungsvarianten des Gesamtverwaltungsrats zumindest faktisch eingegrenzt werden. Ein derartiges Defizit liegt jedoch in der Natur der Sache der Delegation von Aufgaben an Ausschüsse und ist hinzunehmen. Dies gilt umso mehr im Hinblick auf eine mögliche Pflichtverletzung, die im Falle der fehlenden Einrichtung eines Ausschusses auftreten kann.

b) Pflichtenmaßstab bei Aufgabendelegation

Von der Ressortaufteilung zu trennen ist die mögliche Delegation von Aufgaben an geschäftsführende Direktoren und deren Auswirkung auf den Pflichtenkreis der Verwaltungsratsmitglieder.

Belässt es der Verwaltungsrat bei der gesetzlichen Aufgabendelegation der laufenden Tagesgeschäfte an die geschäftsführenden Direktoren[372] und führt diese nicht selbst, so ist er zur (vertikalen) Überwachung verpflichtet.[373] Im Falle der Aufgabendelegation kann er auf der unmittelbaren Entscheidungsebene nicht für

369 *Frodermann*, in: Jannott/Frodermann, HB der Europäischen Aktiengesellschaft, 5. Kapitel Rdnr. 221 f.; *Reichert/Brandes*, ZGR 2003, 767, 795 f.

370 Dazu bereits 1. Teil § 4 II. d).

371 *Spindler*, in: MünchKommAktG, § 77 AktG Rdnr. 69.

372 § 40 Abs. 2 Satz 1 SEAG.

373 § 22 Abs. 1 SEAG.

die getroffene Maßnahme originär verantwortlich sein. Vielmehr wandelt sich seine Pflicht zu einer Kontroll- und Überwachungsverantwortlichkeit.[374] Diese Überwachungspflicht entspricht jedoch nicht der Überwachungspflicht der Verwaltungsratsmitglieder untereinander. Aufgrund der unterschiedlichen Hierarchieebenen ist ein vergleichbares Vertrauensverhältnis wie innerhalb des Verwaltungsrats nicht gegeben. Der Verwaltungsrat ist den geschäftsführenden Direktoren aufgrund seiner Weisungsbefugnis vielmehr übergeordnet. So muss er sich ihnen gegenüber intensiveren Überwachungspflichten widmen als im Falle einer Ressortverteilung gegenüber den anderen Verwaltungsratsmitgliedern. Übermäßig weit reichen diese Kontrollpflichten allerdings nicht, da die erfolgte Delegation ansonsten faktisch rückgängig gemacht würde.[375] Weiterhin wäre es kaum möglich, dass der Verwaltungsrat jedwede Geschäftsführungsmaßnahme des Tagesgeschäfts überwacht.[376] Die Entscheidung über den Umfang seiner Überwachungspflicht liegt dabei im Ermessen des Verwaltungsratsmitglieds.[377]

c) Gesteigerte Verantwortung in der Position des Verwaltungsratsvorsitzenden

aa) Diskussionsstand in der dualistischen Aktiengesellschaft

Im Vorstandsrecht ist ungeklärt, ob den Vorstandsvorsitzenden eine gegenüber den anderen Vorstandsmitgliedern gesteigerte Verantwortung trifft.[378] Gegen eine solche Annahme spricht, dass sich die Sonderrolle des Vorstandsvorsitzenden von Rechts wegen in der Koordination der Vorstandsarbeit und der Sitzungsleitung erschöpft. Der Vorstandsvorsitzende wird nur an wenigen Stellen im Gesetz überhaupt erwähnt, z. B. in Bezug auf die Angabe auf Geschäftsbriefen, vgl. § 80 Abs. 1 S. 2 AktG. Sonderrechte – beispielsweise in Form einer Richtlinienkompetenz – stehen ihm gesetzlich nicht zu. Auch eine Sonderposition gegenüber den anderen Vorstandsmitgliedern ist nicht erkennbar. Spiegelbildlich treffen ihn folglich aber auch keine weiterreichenden Sonderpflichten etwa dahingehend, die anderen Vorstandsmitglieder genauer zu überwachen und sie in einzelnen Angelegenheiten näher zu

---

374 *Reichert/Brandes,* in: MünchKommAktG, Art. 43 SE-VO Rdnr. 91; *Teichmann,* in: Lutter/Hommelhoff/Teichmann, Anh. Art. 43 SE-VO § 22 SEAG Rdnr. 14; *Bücker,* in: Bergmann/Kiem/Mülbert u.a., 10 Jahre SE, S. 222.

375 *Siems,* in: KölnKommAktG, Anh. Art. 51 SE-VO § 39 SEAG Rdnr. 13.

376 *Verse,* in: SE-Recht, § 22 SEAG Rdnr. 13; *Reichert/Brandes,* in: MünchKommAktG, Art. 43 SE-VO Rdnr. 91; *Teichmann,* in: Lutter/Hommelhoff/Teichmann, Anh. Art. 43 SE-VO § 39 SEAG Rdnr. 5.

377 *Teichmann,* in: Lutter/Hommelhoff/Teichmann, Anh. Art. 43 SE-VO § 22 SEAG Rdnr. 14; *Merkt,* ZGR 2003, 650, 663.

378 Dafür etwa *Hopt/Roth,* in: GroßKommAktG, § 93 Rdnr. 377; *Krieger/Sailer-Coceani,* in: K. Schmidt/Lutter, AktG, § 93 AktG Rdnr. 33; kritisch *Spindler,* in: MünchKommAktG, § 93 AktG Rdnr. 162; dagegen Hüffer/Koch, AktG, § 93 Rdnr. 42; *Fleischer,* in: Spindler/Stilz AktG, § 77 AktG Rdnr. 56; *Hein,* ZHR 166 (2002), 464, 487 ff.

kontrollieren.[379] Der repräsentativen Funktion allein kann kein gesteigerter Sorgfaltsgrad entnommen werden, denn dies widerspräche dem Prinzip der Gleichbehandlung im Vorstand. Bei gleichmäßiger Geschäftsverteilung besteht gesetzlich keine gesteigerte Verantwortung des Vorsitzenden.

Allerdings ist es durchaus möglich und üblich, dem Vorsitzenden weitere Sonderrechte und damit einhergehende Pflichten einzuräumen (z. B. die Vorbereitung von Sitzungen des Gesamtvorstands; die vorstandsinterne Koordination, die Sicherstellung von Kommunikation und Überwachung). In solch einem Fall müssen die für eine mögliche Ressortaufteilung entwickelten Grundsätze übertragen werden.[380] Demnach trägt der Vorsitzende in seinem Ressort eine unmittelbar verwaltende Pflicht, die anderen Mitglieder nur eine Überwachungspflicht. Wenn nun z. B. die interne und externe Kommunikation sowie die Überwachung sämtlicher Ressorts dem Ressort des Vorsitzenden zugeordnet sind, so ergeben sich hieraus auch erhöhte Sorgfaltsanforderungen. Da derartige Sonderbefugnisse in der Praxis regelmäßig bestehen, erwachsen dem Vorstandsvorsitzenden einer Aktiengesellschaft in diesem Fall auch weitreichendere Pflichten als den übrigen Vorstandsmitgliedern.[381] Dies basiert jedoch allein auf der individuellen Aufgabenverteilung und nicht auf gesetzlichen Ausgangslage.

bb) Anwendung auf den Vorsitzenden des Verwaltungsrats

Zu klären bleibt nunmehr, ob sich diese Gedanken auch auf den Vorsitzenden des Verwaltungsrats übertragen lassen. Ausgangslage ist die Annahme, dass es diesbezüglich auf die individuellen Aufgaben des Vorsitzenden ankommt, sei es durch Gesetz oder aufgrund gesellschaftsinterner Regelungen. Von gesteigerten Pflichten muss jedenfalls ausgegangen werden, wenn die erwähnten Sonderkompetenzen individuell vereinbart wurden. Dann greifen auch in der monistischen SE die Grundsätze zur Ressortverteilung und dem Vorsitzenden erwachsen gesteigerte Sorgfaltspflichten.

Fraglich ist, ob dem Vorstand bei ausbleibender Geschäftsverteilung eine, den anderen Mitgliedern übergeordnete, Position zukommt. Die gesetzliche Stellung des Verwaltungsratsvorsitzenden einer monistischen SE, in der keine gesonderte Ressortaufteilung vorgenommen wurde, ist insoweit nicht mit der Stellung eines Vorstandsvorsitzenden einer Aktiengesellschaft vergleichbar. Die SE-VO regelt die Kompetenzen des Verwaltungsratsvorsitzenden nicht unmittelbar. Allerdings räumt Art. 50 Abs. 2 SE-VO dem Vorsitzenden einen Stichentscheid bei Abstimmungen ein. In dieser Norm zeigt sich die starke Position des Verwaltungsratsvorsitzenden. Eine

---

379 So *Fleischer*, NZG 2003, 449, 455; *Fleischer*, in: Spindler/Stilz AktG, § 77 AktG Rdnr. 56; *Hein*, ZHR 166 (2002), 464, 488 ff.

380 *Spindler*, in: MünchKommAktG, § 93 AktG Rdnr. 162; *Hölters*, in: Hölters, AktG, § 93 AktG Rdnr. 236.

381 *Spindler*, in: MünchKommAktG, § 93 AktG Rdnr. 162; *Hölters*, in: Hölters, AktG, § 93 AktG Rdnr. 86.

Stimmengleichheit ist in der Praxis durchaus denkbar und kann häufig eintreten, insbesondere in einem Verwaltungsrat, der paritätisch mit Arbeitnehmervertretern besetzt wird. Es ist zu erwarten, dass diese einerseits und die Anteilseignervertreter andererseits, häufig einheitlich abstimmen. Die Folge wäre eine Stimmengleichheit. Gerade in solch einer Pattsituation ist die Position des Vorsitzenden äußerst stark, da er das Zünglein an der Waage ist und mit seiner Stimme eine Entscheidung hervorruft. Hinzu kommt, dass der Stichentscheid bei einer mitbestimmten Gesellschaft nicht abbedungen werden kann, vgl. Art. 50 Abs. 2 S. 2 SE-VO. Die übergeordnete Position des Verwaltungsratsvorsitzenden zeigt sich noch in einem weiteren Sonderrecht: Gemäß § 35 Abs. 3 SEAG steht dem Vorsitzenden eine Ergänzungsstimme in den Fällen zu, in denen ein geschäftsführender Direktor zugleich Mitglied des Verwaltungsrats ist und dieser aus rechtlichen Gründen gehindert ist, an der Beschlussfassung im Verwaltungsrat teilzunehmen. Zwar dient § 35 Abs. 3 SEAG der Sicherung des Letztentscheidungsrechts der Anteilseigner,[382] zugleich wird jedoch die Position des einzelnen Vorsitzenden weiter gestärkt.

Demnach ist die Position des Verwaltungsratsvorsitzenden dem Gesetz nach schon eine einflussreichere als die des Vorstandsvorsitzenden und kann auch nicht den anderen Mitgliedern des Organs gleichgestellt werden. Damit greift nicht das Argument aus dem Vorstandsrecht, die Mitglieder seien gesetzlich gleichzustellen und es käme allein auf die individuelle Gestaltung der Ressorts an. Die besonderen Stimmrechte zeugen letztlich von der speziellen, übergeordneten Position, die dem Verwaltungsratsvorsitzenden zukommt. Diese Position erschöpft sich auch nicht in einer reinen Repräsentations- oder Koordinierungsfunktion, vielmehr haben die Stimmrechte unmittelbaren Einfluss auf die Beschlussfassung und somit auf die Entscheidungsfindung der Gesellschaft. Hiermit müssen dann jedoch strengere Sorgfaltsanforderungen an den Vorsitzenden als an die anderen Mitglieder des Verwaltungsrats einhergehen und zwar auch dann, wenn keine besonderen gesellschaftsinternen Regelungen diese Art der Verantwortung hervorheben.

Nochmals verstärkt wird die Position des Verwaltungsratsvorsitzenden, wenn dieser zugleich ein geschäftsführender Direktor ist. Hierbei ergeben sich seine Sorgfaltsanforderungen allerdings nicht aufgrund dieser geschaffenen Machtkonzentration an sich, sondern sind einerseits anhand seiner Stellung als Vorsitzender und andererseits an seiner Stellung als geschäftsführender Direktor zu ermitteln. Für geschäftsführende Direktoren, die Verwaltungsratsmitglieder sind, jedoch nicht den Vorsitz ausüben, kann nichts anderes gelten.[383]

---

382 Vgl. nur *Teichmann,* in: Lutter/Hommelhoff/Teichmann, Anh. Art. 43 SE-VO § 35 SEAG Rdnr. 10; *Verse,* in: SE-Recht, § 35 SEAG Rdnr. 7; *Siems,* NZG 2007, 129, 130.

383 Vgl. nur: *Teichmann,* in: Lutter/Hommelhoff, Europäische Gesellschaft, S. 212.

d) Verantwortung im Spannungsverhältnis zum Nebenamtsmandat

Das dualistische System zeichnet sich durch eine Trennung zwischen hauptamtlicher Leitung im Vorstand und nebenamtlicher Überwachung im Aufsichtsrat aus. Auch das Verwaltungsratsmandat ist charakterisiert durch eine nebenamtliche Tätigkeit.[384] Hieraus kann man jedoch nicht schließen, dass Inhalt und Intensität der Aufgabenerfüllung im Verwaltungsrat – d. h. von Leitung und Überwachung – generell abgemildert werden. Andererseits lässt es der Nebenamtscharakter nicht zu, dass pauschal ein strenger Verantwortungs- und Haftungsmaßstab Anwendung findet. Vielmehr ist es legitim, Inhalt und Intensität der Sorgfaltspflichten der Mitglieder des Verwaltungsrats in Abhängigkeit von der konkreten Leitungsstruktur der monistischen SE festzustellen.[385] Je mehr Verantwortung der Verwaltungsrat übernimmt, desto mehr Verantwortung trifft ihn auch. Wenn der Verwaltungsrat sich hingegen auf die (Ober-)Leitung beschränkt, so wird ein weniger strenger Maßstab angewandt. Diese Grundsätze gelten dabei sowohl für eine Verantwortung im Rahmen der Delegation von Aufgaben an die geschäftsführenden Direktoren, als auch bzgl. der Verteilung der Verantwortung innerhalb des Organs selbst. Die konkrete Ausgestaltung richtet sich nach dem Prinzip der Gesamtverantwortung bzw. der horizontalen Aufgabenübertagung und der vertikalen Delegation an die nächste Unternehmensebene.[386]

II. Ausgestaltung der Verantwortung im board

Directors handeln nicht allein, sondern als Gesamtheit in Folge einer gemeinsamen Entscheidung, die in der Praxis häufig einstimmig erfolgt.[387] Abermals kann auf § 8.01(b) MBCA rekurriert werden. Dort heißt es: *„all corporate powers shall be exercised by or under the authority of the board of directors of the corporation [...]"*. Die Kompetenzen und die entsprechende Verantwortung bzgl. der Gesellschaftsführung werden dem *board* als Ganzem übertragen. Dennoch muss jeweils festgestellt werden, ob das einzelne Mitglied den Verhaltenspflichten nachgekommen ist oder nicht.[388]

---

384 Siehe bereits 1. Teil § 4 II. a) aa).

385 *Bücker,* in: Bergmann/Kiem/Mülbert u.a., 10 Jahre SE, S. 219; wohl auch *Metz,* Die Organhaftung bei der monistisch strukturierten Europäischen Aktiengesellschaft mit Sitz in Deutschland, S. 144 ff.

386 *Bücker,* in: Bergmann/Kiem/Mülbert u.a., 10 Jahre SE, S. 221 ff.

387 *Ibrahim,* Individual or Collective Liability for Corporate Directors?, 93 Iowa L. Rev. 929, 932 (2008).

388 *Ibrahim,* Individual or Collective Liability for Corporate Directors?, 93 Iowa L. Rev. 929, 932 (2008).

a) Delegation an Committees

In U.S.-amerikanischen *corporations* sind *board committees* ein wichtiger Bestandteil der Unternehmensführung.[389] Die *ALI Principles of Corporate Governance* formulieren dementsprechend: „*[...] subject to the board's ultimate responsibility of oversight, in performing its functions (including oversight functions), the board may delegate, formally or informally by course of conduct, any function (including the function of identifying matters requiring the attention of the board) to committees of the board or to directors, officers, employees, experts, or other persons [...]*"[390]. Diese Delegation bedeutet jedoch nicht, dass die anderen *board*-Mitglieder von ihrer Verantwortung für die übertragene Aufgabe vollkommen befreit werden.[391] Ein *director* kann sich zwar grundsätzlich auf die ordnungsgemäße Erfüllung der delegierten Aufgaben in den *committees* verlassen.[392] Grenzen sind insoweit vorgegeben, als dass ein *director*, welcher nicht unmittelbar mit der Aufgabenerfüllung betraut ist, weiterhin im Sinne von *good faith* handeln muss.[393] Das Mitglied, welches nicht Teil des *committee* ist, muss auch die *committee*-Mitglieder überwachen und ggf. korrektive Maßnahmen ergreifen, wenn Anhaltspunkte bestehen, dass das *committee* bzw. dessen Mitglieder die delegierten Aufgaben nicht ordnungsgemäß erfüllen.[394] Dabei besteht ein gesetzlich verankerter Vertrauensgrundsatz.[395]

Ein *committee*-Mitglied muss diejenige Sorgfalt an den Tag legen, die von einer Person in der gleichen Position zu erwarten ist. Damit unterscheidet sich der zugrunde zu legende Standard nicht von dem eines *directors*, der nicht Mitglied im *committee* ist. Allerdings hat das *committee*-Mitglied i. d. R. tiefere Sachkenntnis. Diese hervorgehobene Stellung spiegelt sich bei der Beurteilung des Verhaltens wider, d. h. für den spezifischen Pflichtbereich besteht eine gesteigerte Verantwortung.[396] Hierauf können beispielsweise Informationen Einfluss haben, die die

---

389 Vgl. *Knepper/Bailey,* Liability of Corporate Officers and Directors (2002 updated 2014 (LexisNexis)) § 1.04; *American Law Institute,* Principles of Corporate Governance: Analysis and Recommendations (1994) §§ 3 A.02–3A.05.

390 *American Law Institute,* Principles of Corporate Governance: Analysis and Recommendations (1994) § 4.01.

391 *Brodsky/Adamski,* Law of Corporate Officers and Directors (2014–2015) § 8:12; *American Law Institute,* Principles of Corporate Governance: Analysis and Recommendations (1994) Comment to § 4.01(b).

392 Vgl. *American Law Institute,* Principles of Corporate Governance: Analysis and Recommendations (1994) § 4.02; § 4.03; § 141(e) DGCL; § 717(a) N.Y.Bus.Corp.L.; § 8.30(e) MBCA.

393 *American Law Institute,* Principles of Corporate Governance: Analysis and Recommendations (1994) § 4.02; § 4.03.

394 *Brodsky/Adamski,* Law of Corporate Officers and Directors (2014–2015) § 8:12; vgl auch *Fletcher,* Cyclopedia of the Law of Corporations (revised 2011 updated 2015) § 552.40.

395 Vgl. etwa § 141(e) DGCL; § 717(a) N.Y. Bus. Corp. L.; § 8.30(e) MBCA.

396 Vgl. Syracuse Television, Inc. v. Channel 9, Syracuse, Inc., 273 N.Y.S.2d 16 (1966).

anderen *board*-Mitglieder gar nicht erhalten, da die Informationen der Aufklärung des *committees* vorbehalten sind.[397]

b) Veränderter Pflichtenmaßstab bei einer Aufgabendelegation an die officer

Eine Verlagerung der laufenden Geschäftsführungsaufgaben auf die *officer* ist möglich[398] und in der Praxis die Regel.[399] Eine Einschränkung gilt für Kompetenzen, die dem *board* zwingend zugeteilt werden. Auch bei delegierten Aufgaben verbleibt die Letztverantwortlichkeit des *board* in Form der Überwachung der nunmehr dieser Aufgabe nachkommenden Personen, also den *officer*. Die Reichweite der Kontrolle variiert je nach Unternehmensgegenstand.[400] § 8.01(c) MBCA legt jedoch bestimmte grundlegende Anforderungen fest: „*In the case of a public corporation, the board's oversight responsibilities include attention to: (1) business performance and plans; (2) major risks to which the corporation is or may be exposed; (3) the performance and compensation of senior officers; (4) policies and practices to foster the corporation's compliance with law and ethical conduct; (5) preparation of the corporation's financial statements; (6) the effectiveness of the corporation's internal controls; (7) arrangements for providing adequate and timely information to directors; and (8) the composition of the board and its committees, taking into account the important role of independent directors.*" Derartig konkrete Vorgaben mögen vor dem Hintergrund der grundsätzlich flexiblen Führungsstruktur verwundern. Doch handelt es sich insoweit um Leitlinien, die im Hinblick auf den Enron-Skandal[401] geschaffen wurden. Sie sollen dementsprechend die Überwachungsfunktion des *board* aktionistisch hervorheben.[402] Grundsätzlich kann sich das *board* aber auch in Bezug auf die durch die *officer* zur Verfügung gestellten Informationen verlassen[403] und muss nur eingreifen, wenn Umstände bekannt werden, die am Vertrauen auf die *officer* oder die Information zweifeln lassen könnten.[404] Insofern ähnelt die Pflicht zur Überwachung der *officer* der Pflicht zur Überwachung der anderen *board*-Mitglieder.

---

397 *Hahn/Manzoni*, The Monitoring Committee and Outside Directors' Evolving Duty of Care, 9 Loyola U. Chi. L.J. 587, 607 (1978).

398 *Ribstein/Letsou*, Business Associations (2003) p. 123.

399 *Bainbridge*, Corporate Law (2009) p. 73.

400 Vgl. Official Comment zu § 8.01 MBCA.

401 Enron Corporation war einer der größten Energiekonzerne der Welt. 2001 geriet das Unternehmen in die Insolvenz. Dabei wurde öffentlich, dass der Konzern systematisch Bilanzfälschung betrieben hatte. In Folge des Skandals wurden verschärfte legislatorische Maßnahmen zur Unternehmensberichterstattung ergriffen.

402 Vgl. Introduction to MBCA.

403 Vgl. etwa § 141(e) DGCL; § 717(a) N.Y. Bus. Corp. L.; § 8.30(e) MBCA.

404 Vgl. Official Comment zu § 8.01 MBCA.

c) Der Vorsitzende des board

Die Funktionen eines *chairman of the board* – also des Vorsitzenden der *board*-Mitglieder – variieren im Einzelfall erheblich.[405] Teilweise hat die entsprechende Person allein die Aufgabe, die Sitzungen des *board* formell vorzubereiten. In anderen Gesellschaften informiert und berät der Vorsitzende die anderen *board*-Mitglieder oder die *officer*.[406] Besondere Pflichten bestehen auch dann, wenn das Amt des *chairman of the board* gleichzeitig mit der Position des *CEO* zusammenfällt. Je nach gesellschaftsinterner Ausgestaltung hat der Vorsitzende somit abweichende Verantwortungsbereiche. Mangels gesetzlicher, als auch *common-law*-Vorgaben, ist eine grundsätzlich hervorgehobene Stellung des Vorsitzenden nicht erkenntlich. Damit ist auch keine grundsätzlich gesteigerte Verantwortung in der Person des Vorsitzenden feststellbar. Etwas anders gilt nur dann, wenn ihm besondere Kompetenzen individuell zugesprochen werden.

III. Zwischenergebnis

Sowohl nach U.S.-amerikanischen als auch nach deutschem Recht ist das Leitungsorgan für die zugeteilten Aufgaben in seiner Gesamtheit verantwortlich. Dies bedeutet allerdings nicht, dass die Mitglieder nur gemeinsam haften. Vielmehr wird jede mögliche Pflichtverletzung individuell betrachtet und geprüft.

Von der Aufgabenzuteilung an das gesamte Organ wird in beiden Rechtsordnungen insofern abgewichen, als dass eine Verantwortungsaufteilung innerhalb des Gremiums als notwendig erachtet wird. Einhergehend modifiziert sich auch die Verantwortlichkeit der einzelnen Personen. Den Mitgliedern, die nicht unmittelbar mit den Aufgaben betreut sind, kommt dann eine Überwachungsaufgabe zu, sei es durch eine Ressortaufteilung oder der Bildung von Ausschüssen bzw. *committees*, die sie von der unmittelbaren Verantwortung befreien. Von einer reaktionsgebundenen Handlungspflicht werden die überwachenden Mitglieder in beiden Systemen jedoch nicht vollständig entbunden. Vielmehr müssen sie insbesondere in Situationen, in denen Anhaltspunkte für ein Fehlverhalten der unmittelbar verantwortlichen Mitglieder bestehen, eingreifen. Deutsche Leitungsverantwortliche können auf die Tätigkeit der anderen Mitglieder des Organs vertrauen. Begründet wird dies mit der Zugehörigkeit zu einem Organ mit übergreifender gemeinsamer Verantwortung. Dies entspricht weitestgehend dem U.S.-amerikanischen Gedanken, der ebenso von einem prinzipiell gegebenen Vertrauensverhältnis innerhalb des *board* ausgeht. Inhalt und Intensität der Sorgfaltspflichten der Mitglieder des Verwaltungsrats und des *board* werden jeweils in Abhängigkeit der konkreten Leitungsstruktur der Gesellschaft festgestellt.

Auch im Rahmen der Delegation von Aufgaben an geschäftsführende Direktoren bzw. *officer* verbleibt in beiden Rechtsordnungen eine diesbezügliche

405 *Fletcher*, Cyclopedia of the Law of Corporations (revised 2011 updated 2015) § 506.
406 *Cox/Hazen*, Business Organizations Law (2011) § 8.6.

Überwachungspflicht des *board* bzw. des Verwaltungsrats. Zurückzuführen ist dies auf den, dem monistischen System zugrundeliegenden Gedanken, dass ein übergeordnetes Organ besteht, welches mit umfangreichen Kompetenzen ausgestattet ist und das Unternehmen führen soll. Spiegelbildich erwächst dann eine Überwachungsverpflichtung, wenn das Organ von diesem Kompetenzrahmen abweichen möchte, um die eigene Arbeit zu erleichtern.

Das deutsche Recht setzt jedoch einen strengeren Maßstab an die Überwachungspflicht gegenüber den nachfolgenden Unternehmensebenen an, als an die Überwachungspflicht innerhalb eines Organs. Das zugrundeliegende Vertrauen sei nicht mit dem Vertrauen innerhalb des Verwaltungsrats vergleichbar. Ein solcher Grundsatz kann dem U.S.-amerikanischen Recht nicht entnommen werden. Vielmehr wird das Vertrauen auf Informationen der *officer* mit dem Vertrauen auf Informationen der anderen *board*-Mitglieder gleichgesetzt. Womöglich ist der Grund hierfür in divergierenden Grundverständnissen der Konstruktionen zu suchen: Das deutsche Recht kennt seit jeher ein dualistisches System, das sich durch eine strikte Trennung der verschiedenen Organe auszeichnet. Allein innerhalb eines Organs soll umfassendes Vertrauen gewährleistet sein. Darüber hinaus – insbesondere in Hinblick auf die nachfolgende Unternehmensebene – sei ein höheres Maß an Skepsis angemessen. Im U.S.-amerikanischen Recht hat sich hingegen die Praxis herausgebildet, dass häufig die *officer* die maßgeblichen Entscheidungsträger für Geschäftsführungsaufgaben sind. Dann soll ihnen – bereits aufgrund ihrer höheren Informationskenntnisse – auch ein entsprechendes Vertrauen entgegengebracht werden, da ein unumstößliches Unter-/Überordnungsverhältnis gar nicht besteht. Zwar greift die Überlegung des Informationsvorsprungs auch im deutschen Recht. Die Position der geschäftsführenden Direktoren ist jedoch eine andere. Diese sind dem Verwaltungsrat untergeordnet. Insofern kann an der deutschen Teilung zwischen Vertrauen gegenüber den eigenen Organmitgliedern und nachfolgenden Unternehmensebenen festgehalten werden.

§ 13 Sorgfaltspflichten

Im Folgenden werden die Sorgfaltspflichten der Leitungsorgane behandelt. Sorgfaltspflichten und Treuepflichten zusammen bilden die Verhaltenspflichten, die Unternehmensleiter gegenüber der Gesellschaft zu wahren haben. Die Unterscheidung der Pflichten ist wesentlich für Verständnis und Behandlung der Haftungssysteme, denn je nachdem welche Pflicht verletzt wurde, greifen abweichende Haftungsmaßstäbe und -beschränkungen.

I. Die Sorgfaltspflichten der Mitglieder des Verwaltungsrats

Im monistischen System der SE kommt es zu einer Anhäufung von Leitungs- und Überwachungspflichten im Organ des Verwaltungsrats. Dabei werden die konkreten Pflichten nicht lediglich kumuliert, vielmehr sind die Besonderheiten des monistischen Systems zu beachten. Hierzu gehört auch die Aufgabenteilung zwischen Verwaltungsrat und geschäftsführenden Direktoren.

a) Herleitung der Sorgfaltspflichten

Für die Mitglieder des Verwaltungsrats einer monistischen SE ergeben sich gesetzliche Pflichten zunächst aus der SE-VO. Hierunter fallen auch die Kompetenzzuweisungen an das Organ nach Art. 43 ff SE-VO. Daneben ergeben sich die Pflichten der Organmitglieder aus nationalem Recht, wie z. B. aus § 93 Abs. 1 S. 1 AktG.[407] Art. 51 SE-VO verweist hinsichtlich der Haftung der Mitglieder des Verwaltungsrats gegenüber der SE auf die Vorschriften des Sitzstaates. Mangels gesetzlicher Regelung in Deutschland für das monistische System, erklärt § 39 SEAG § 93 AktG für entsprechend anwendbar. § 93 Abs. 1 S. 1 AktG übt eine Doppelfunktion aus; die Vorschrift ist gleichzeitig Verschuldensmaßstab als auch Pflichtenquelle.[408] Pflichten, die auf einer Satzungbestimmung fußen, können nur bestehen, wenn die Verordnung diese Satzungsbestimmung ausdrücklich zulässt oder das nationale Recht Satzungsautonomie gewährt.[409] Sonstige Pflichten können sich aus individuellen schuldrechtrechtlichen Vereinbarungen der Mitglieder ergeben.[410] Im Übrigen gilt der Maßstab des ordentlichen und gewissenhaften Geschäftsleiters, d. h. das Mitglied muss denjenigen Anforderungen genügen, die an einen Geschäftsleiter zu stellen sind, der nicht eigenes, sondern wie ein Treuhänder fremde Vermögensinteressen verwaltet.[411] Maßstab ist hierfür ein Vergleichsunternehmen der konkreten Art.[412]

b) Rechtsformspezifische Auslegung des § 93 AktG

Die entsprechende Anwendung des § 93 AktG bedeutet, dass auch bzgl. der monistisch verfassten SE auf die Grundsätze des deutschen Haftungsregimes zurückgegriffen werden kann. Dies geschieht unter der besonderen Berücksichtigung des monistischen Systems.[413] Durch den Verweis wird der Verwaltungsrat dem Vorstand nicht gleichgestellt, vielmehr soll „genügend Spielraum für eine individuelle und an der konkreten Aufgabenstellung orientierte Haftung der Mitglieder des

---

407 Schwarz, SE-VO, Art. 51 Rdnr. 11; *Teichmann,* in: Lutter/Hommelhoff/Teichmann, Anh. Art. 43 SE-VO § 39 SEAG Rdnr. 2; *Bücker,* in: Bergmann/Kiem/Mülbert u.a., 10 Jahre SE, S. 216.

408 OLG Frankfurt, ZIP 2011, 2008, 2010; Hüffer/Koch, AktG, § 93 Rdnr. 5; *Hopt/Roth,* in: GroßKommAktG, § 93 Rdnr. 43; *Mertens/Cahn,* in: KölnKommAktG, § 93 AktG Rdnr. 11; *Fleischer,* in: Spindler/Stilz AktG, § 93 AktG Rdnr. 10; *Krieger/Sailer-Coceani,* in: K. Schmidt/Lutter, AktG, § 93 AktG Rdnr. 6.

409 *Drinhausen,* in: SE-Recht, Art. 51 SE-VO Rdnr. 13; Schwarz, SE-VO, Art. 51 Rdnr. 12; *Teichmann,* in: Lutter/Hommelhoff/Teichmann, Art. 51 SE-VO Rdnr. 8.

410 *Drinhausen,* in: SE-Recht, Art. 51 SE-VO Rdnr. 14; Schwarz, SE-VO, Art. 51 Rdnr. 13.

411 Vgl. zum Vorstand *Krieger/Sailer-Coceani,* in: K. Schmidt/Lutter, AktG, § 93 AktG Rdnr. 6; *Spindler,* in: MünchKommAktG, § 93 AktG Rdnr. 25.

412 Hüffer/Koch, AktG, § 93 Rdnr. 6.

413 *Teichmann,* in: HB Managerhaftung, § 5 Rdnr. 22; i.E. *Siems,* in: KölnKommAktG, Art. 51 SE-VO Rdnr. 7; *Bücker,* in: Bergmann/Kiem/Mülbert u.a., 10 Jahre SE, S. 216 ff.

Verwaltungsrats“[414] gewährleistet werden. Methodisch bedeutet dies, dass in einem ersten Schritt die deutschen Bestimmungen herangezogen werden. In einem zweiten Schritt muss jedoch ermittelt werden, ob sich Besonderheiten aus dem monistischen System ergeben.[415]

Die Sorgfaltsplichten können in Legalitätspflichten, Sorgfaltspflichten im engeren Sinne und Überwachungspflicht aufgeteilt werden.[416]

c) Legalitätspflicht

Maßgeblicher Bestandteil der Legalitätspflicht ist zunächst, dass das jeweilige Organ sich bei seiner Amtsführung gesetzestreu verhält.[417] In Ziff. 4.1.3 des DCGK heißt es dementsprechend: „Der Vorstand hat für die Einhaltung der gesetzlichen Bestimmungen und der unternehmensinternen Richtlinien zu sorgen und wirkt auf deren Beachtung durch die Konzernunternehmen hin (*compliance*).“ Üblicherweise wird zwischen interner und externer Pflichtenbindung unterschieden, womit ein Vorstandsmitglied gehalten ist, alle Verhaltensgebote zu erfüllen, die ihm das Aktiengesetz auferlegt und im Außenverhältnis sämtliche Rechtsvorschriften einhalten muss, die das Unternehmen als Rechtsubjekt treffen.[418] Auf den Verwaltungsrat übertragen bedeutet dies, dass er intern zunächst die Verhaltensgebote der europarechtlichen Bestimmungen und ebenso die aktienrechtlichen Vorschriften, auf die das SEAG oder die SE-VO verweist, beachten muss.

Problematischer ist die Konkretisierung der externen Pflichtenbindung. So „ist der Vorstand als Geschäftsführungsorgan an sämtliche das Unternehmen als Rechtssubjekt treffende Vorschriften des allgemeinen Zivilrechts, Wettbewerbs-, Arbeits-, Straf- und Ordnungswidrigkeiten-, Verwaltungs-, Steuer-, und Sozialrechts gebunden.“[419] Abgestellt wird somit auf ein rechtswidriges Verhalten im Außenverhältnis.[420] Der Verwaltungsrat ist jedoch nicht unmittelbar in die laufenden Geschäfte nach außen involviert, vielmehr liegt diese Aufgabe bei den geschäftsführenden Direktoren. Sie besitzen auch die nötigen Vertretungsbefugnisse, die dem Verwaltungsrat nicht zustehen. Verstößt der Verwaltungsrat gegen diese Kompetenzordnung, so kommt

---

414 RegE SEEG, BT-Drucks. 15/3405, S. 39.

415 *Teichmann,* in: HB Managerhaftung, § 5 Rdnr. 24.

416 *Verse,* in: SE-Recht, § 39 SEAG Rdnr. 3; *Bücker,* in: Bergmann/Kiem/Mülbert u.a., 10 Jahre SE, S. 216 f.; vgl. zum Vorstandsrecht *Fleischer,* in: Spindler/Stilz AktG, § 93 AktG Rdnr. 12.

417 Vgl. *Fleischer,* in: Spindler/Stilz AktG, § 93 AktG Rdnr. 14; *Hopt/Roth,* in: GroßKommAktG, § 93 Rdnr. 132; ausführlich: *Fleischer,* ZIP 2005, 141, 141 ff.; *Holle,* AG 2016, 270, 270 ff.

418 *Hopt/Roth,* in: GroßKommAktG, § 93 Rdnr. 133; *Hölters,* in: Hölters, AktG, § 93 AktG Rdnr. 54; *Fleischer,* ZIP 2005, 141, 142 ff.; *Nietsch,* ZGR 2015, 631, 649; *Holle,* AG 2016, 270, 270 f.

419 *Raiser/Veil,* Recht der Kapitalgesellschaften, § 14 Rdnr. 81.

420 *Fleischer,* ZIP 2005, 141, 144.

es zu einem Verstoß gegen die innere Kompetenzordnung. Dieser Verstoß ist der inneren Pflichtenbindung zuzuordnen. Eine derartige Situation wird jedoch nur in Ausnahmefällen eintreten, da der Verwaltungsrat mittels seines Weisungsrechts ohnehin jegliche Tätigkeit der geschäftsführenden Direktoren steuern kann. Dann stellt sich jedoch die Frage, ob der Verwaltungsrat über den Umweg seines umfassenden Weisungsrechts der externen Pflichtenbindung unterliegt oder ob er mangels unmittelbarer Handlungsmöglichkeit im Außenverhältnis hiervon nicht betroffen ist.

Gegen eine Einbeziehung der externen Pflichtenbindung spricht, neben mangelnder unmittelbarer Handlungsfähigkeit des Verwaltungsrats im Außenverhältnis, der Umstand, dass das Verwaltungsratsmandat i. d. R. als Nebenamt ausgestaltet ist.[421] Demnach könnte man argumentieren, der Verwaltungsrat dürfe nicht umfassend für diejenigen Aspekte Verantwortung tragen, die zuvorderst die Gesellschaft betreffen. Dies müsse erst recht gelten, wenn der Verwaltungsrat die relevanten Handlungen mangels Vertretungsmacht gar nicht ausüben darf. Dem ist entgegenzusetzen, dass sich der Verwaltungsrat durch das Zwischenschalten der geschäftsführenden Direktoren nicht von einer Haftung befreien kann. In diesem Fall läge eine Umgehung der Pflichtenbindung vor. Auch geht das Gesetz an anderer Stelle davon aus, dass, obwohl der Verwaltungsrat nicht unmittelbar in das laufende Geschäft nach außen involviert ist, gerade ihn die Letztverantwortung treffen soll. So hat der Verwaltungsrat gemäß § 22 Abs. 3 S. 2 SEAG z. B. die Pflicht, geeignete Maßnahmen zu treffen, insbesondere ein Überwachungssystem einzurichten, damit den Fortbestand der Gesellschaft gefährdende Entwicklungen früh erkannt werden. Die externe Pflichtenbindung wird weiterhin mit dem Umstand begründet, eine juristische Person könne nicht selbst handeln und müsse deshalb notwendigerweise die Beachtung ihrer nach außen bestehen Pflichten ihren Mitarbeiter und Organen überantworten.[422] Zumindest ein Organ muss somit der externen Pflichtenbindung unterliegen. Betrachtet man die geschäftsführenden Direktoren richtigerweise nur als „verlängerten Arm“[423] des Verwaltungsrats so kann ihnen diese Art der Verantwortung nicht zukommen. Vielmehr trifft den Verwaltungsrat als Letztentscheidungsorgan der Gesellschaft auch die externe Pflichtenbindung.[424]

d) Sorgfaltspflicht im engeren Sinne

Die Pflicht zur sorgfältigen Unternehmensleitung ist ein allgemeiner Grundsatz, aus dem sich eine Vielzahl einzelner, nicht abschließend konkretisierbarer Verhaltensanforderungen ableiten lassen.[425] Die Anforderungen sind von zahlreichen Faktoren

421 Zum Nebenamtscharakter bereits 1. Teil § 4 II. a) aa).

422 *Thole*, ZHR 173 (2009), 504, 509.

423 Dazu bereits 1. Teil § 4 II. a).

424 Im Ergebnis so auch *Bücker*, in: Bergmann/Kiem/Mülbert u.a., 10 Jahre SE, S. 216.

425 *Fleischer*, in: Spindler/Stilz AktG, § 93 AktG Rdnr. 41; ähnlich *Mertens/Cahn*, in: KölnKommAktG, § 93 AktG Rdnr. 11; *Hopt/Roth*, in: GroßKommAktG, § 93 Rdnr. 58.

abhängig, deren Bewertungen im Einzelfall voneinander abweichen. Dazu gehören etwa die Art und Größe des Unternehmens, seine wirtschaftliche und finanzielle Lage, die Aufgabenverteilung innerhalb eines mehrköpfigen Organs, die Bedeutung einer Maßnahme für das Unternehmen und das konjunkturelle Umfeld.[426] Im monistischen System sind generelle Wertungen noch schwieriger anzustellen, da das Kompetenzgefüge zwischen Verwaltungsrat und geschäftsführenden Direktoren disponibler ist als im Kompetenzverteilungssystem zwischen Vorstand und Aufsichtsrat. Es hängt vornehmlich von der Unternehmenspraxis ab. So ist es beispielsweise dem Verwaltungsrat überlassen, wie intensiv er auf die Arbeit der geschäftsführenden Direktoren einwirkt. Es wäre denkbar, dass der Verwaltungsrat praktisch jede Aufgabe der geschäftsführenden Direktoren überwacht und steuert. Andererseits ist es auch möglich, dass der Verwaltungsrat den geschäftsführenden Direktoren einen weiten Handlungsspielraum einräumt.

Die wichtigste Aufgabe des Verwaltungsorgans ist es, die Geschäfte der SE zu führen, vgl. Art. 43 Abs. 1 Satz 1 SE-VO. Gestützt auf Art. 43 Abs. 4 SE-VO wird dies in Deutschland in § 22 SEAG näher ausgestaltet. Nach § 22 Abs. 1 SEAG leitet der Verwaltungsrat die Gesellschaft, bestimmt die Grundlinien ihrer Tätigkeit und überwacht deren Umsetzung.

aa) Der Begriff der Leitung in der monistischen SE

Was unter dem Begriff „leiten" i. S. v. § 22 Abs. 1 SEAG zu verstehen ist, ist weder der SE-VO noch dem SEAG zu entnehmen. Leiten ist dem Wortlaut nach jedoch am traditionell aktienrechtlichen Verständnis zu messen, also insbesondere an § 76 Abs. 1 AktG, der diesen Begriff ebenfalls verwendet.[427] Dort wird Leitung allgemein als Teilmenge der

---

426 Zum Vorstand: *Fleischer,* in: Spindler/Stilz AktG, § 93 AktG Rdnr. 41; *Hopt/Roth,* in: GroßKommAktG, § 93 Rdnr. 58; *Mertens/Cahn,* in: KölnKommAktG, § 93 AktG Rdnr. 66.

427 Die überwiegende Auffassung geht von einheitlichen Begriffsbestimmungen der § 22 Abs. 1 SEAG und § 76 Abs. 1 AktG bzw. dem allgemeinen Vorstandsrecht aus, vgl. *Verse,* in: SE-Recht, § 22 SEAG Rdnr. 5; *Eberspächer,* in: Spindler/Stilz AktG, Art. 43 SE-VO Rdnr. 10; *Teichmann,* in: Lutter/Hommelhoff/Teichmann, Anh. Art. 43 SE-VO § 22 SEAG Rdnr. 6; *Thamm,* NZG 2008, 132, 132; *Kallmeyer,* ZIP 2003, 1531, 1531; ähnlich: *Bauer,* Organstellung und Organvergütung in der monistisch verfassten Europäischen Aktiengesellschaft (SE), S. 88 f.; ablehnend wohl: *Siems,* in: KölnKommAktG, Anh. Art. 51 SE-VO § 22 SEAG Rdnr. 7; *Boettcher,* Die Kompetenzen von Verwaltungsrat und geschäftsführenden Direktoren in der monistischen SE in Deutschland, S. 81; *Bücker,* in: Bergmann/Kiem/Mülbert u.a., 10 Jahre SE, S. 219 geht von einer herrrschenden Meinung aus, die eine einheitliche Begriffsbestimmung ablehnt; zur terminologischen Ungenauigkeit im Rahmen des Begriffs der Leitung des SEAG allgemein: *Velte,* WM 2010, 1635, 1636 (Fn. 15); *Eder,* NZG 2004, 544, 544.

Geschäftsführung im weiteren Sinne verstanden.[428] Geschäftsführung ist nach diesem Verständnis jedes Handeln für die Gesellschaft, unabhängig davon, ob es tatsächlicher oder rechtlicher Natur ist.[429] In der monistischen SE ist Leitung dementsprechend als ein Anführen, Anleiten und Lenken zu verstehen.[430] Es geht um Unternehmensplanung, -steuerung, -organisation, -finanzierung und -kontrolle sowie um die Besetzung von Führungspersonal.[431] Freilich ist der Kompetenzrahmen des Verwaltungsrats nicht abschließend umrissen. Schon aus dem unmittelbar geltenden Art. 43 Abs. 1 S. 1 SE-VO folgt, dass der Verwaltungsrat grundsätzlich für alle Bereiche der Gesellschaftsführung letztlich berechtigt ist,[432] was Kennzeichen jeglichen monistischen Systems ist.[433] Dies manifestiert sich insbesondere in seinem umfassenden Weisungsrecht, aufgrund dessen das Organ sämtliche Geschäftsführungsaufgaben jederzeit an sich ziehen kann. Somit ist die Vertretungsbefugnis der geschäftsführenden Direktoren keine Grundlage für eine Reduzierung der umfassenden Verantwortlichkeit des Verwaltungsrats. Die Leitung ist eine Ausprägung der Unternehmerfunktion in der Aktiengesellschaft kraft eigener Verantwortung[434] und knüpft somit nicht an die Vertretung der Gesellschaft an. Allerdings ist zu beachten, dass die Kompetenzen des Verwaltungsrats durch (ungeschriebene) Hauptversammlungskompetenzen beschränkt werden können.

Eine abschließende Definition des Leitungsbegriffes erscheint nicht möglich, da die Art und Weise der Leitung von Art und Größe des Unternehmens, Aktionärsstruktur, Kapitalmarktnähe, Zusammensetzung des Verwaltungsrats und der akuten Unternehmenssituation abhängig ist.[435] Um den Begriff der Leitung zumindest einzugrenzen ist eine typologische Einteilung der Verantwortungsbereiche – entsprechend dem Vorgehen in der Aktiengesellschaft – sinnvoll. Die Verantwortungsbereiche können

---

428 Vgl. nur *Kort,* in: GroßKommAktG, § 76 Rdnr. 28; Hüffer/Koch, AktG, § 76 Rdnr. 8; *Mertens/Cahn,* in: KölnKommAktG, § 76 AktG Rdnr. 4; *Fleischer,* in: Spindler/Stilz AktG, § 76 AktG Rdnr. 14 jeweils mit weiteren Nachweisen.

429 Vgl. nur *Spindler,* in: MünchKommAktG, § 77 AktG Rdnr. 6; *Kort,* in: GroßKommAktG, § 77 Rdnr. 3; *Weber,* in: Hölters, AktG, § 77 AktG Rdnr. 3.

430 So zu § 76 AktG *Kort,* in: GroßKommAktG, § 76 Rdnr. 29.

431 *Verse,* in: SE-Recht, § 22 SEAG Rdnr. 5, zum Vorstand ähnlich Hüffer/Koch, AktG, § 76 Rdnr. 9; *Weber,* in: Hölters, AktG, § 76 AktG Rdnr. 10; *Mertens/Cahn,* in: KölnKommAktG, § 76 AktG Rdnr. 5; *Spindler,* in: MünchKommAktG, § 76 AktG Rdnr. 15.

432 Sog. Allzuständigkeit, dazu *Eberspächer,* in: Spindler/Stilz AktG, Art. 43 SE-VO Rdnr. 15; i. E. ebenso *Boettcher,* Die Kompetenzen von Verwaltungsrat und geschäftsführenden Direktoren in der monistischen SE in Deutschland, S. 83 f.; *Bücker,* in: Bergmann/Kiem/Mülbert u.a., 10 Jahre SE, S. 219 f.; *Verse,* in: FS Hoffmann-Becking, 2013, S. 1282; *Merkt,* ZGR 2003, 650, 663; *Ihrig,* ZGR 2008, 809, 815, 819 ff.

433 Vgl. die Nachweise bei *Gruber,* Die monistische Unternehmensführung in der Societas Europaea (SE) im Spannungsfeld von Mitbestimmung, Eigentumsgarantie und Corporate Governance, S. 40 ff.

434 So *Mertens/Cahn,* in: KölnKommAktG, § 93 AktG Rdnr. 4.

435 So *Siems,* in: KölnKommAktG, Anh. Art. 51 SE-VO § 22 SEAG Rdnr. 10.

in Planungs- und Steuerungsverantwortung, Organisationsverantwortung, Finanzverantwortung und Informationsverantwortung aufgeteilt werden.[436] Diese allgemeinen Kriterien sind anhand der Besonderheiten im monistischen System zu modifizieren.

bb) Planungs- und Steuerungsverantwortung

Planung und Steuerung sind Kernkompetenzen und Hauptpflichten des Verwaltungsrats.[437] Das Organ hat die langfristige Unternehmensstrategie festzulegen ohne in die tägliche Geschäftsführung eingreifen zu müssen. Hierbei ist es ratsam, einen Rahmen für die Erreichung von bestimmten Zielen festzulegen und die allgemeinen Geschäftsfelder zu bestimmen. Es ist nicht ausgeschlossen, dass die geschäftsführenden Direktoren dem Verwaltungsrat Vorschläge oder Anregungen vortragen.[438] Im Zusammenspiel mit ihren Informationspflichten erscheint dies vielmehr sinnvoll, damit der – nicht in das laufende Geschäft involvierte – Verwaltungsrat auf dieser Basis Entscheidungen treffen kann. Die Entscheidungen sollten auf Grundlage bewährter betriebswirtschaftlicher Erkenntnisse getroffen werden.[439] Was hierunter genau zu verstehen ist, kann nicht abstrahiert dargestellt werden. Insbesondere betriebswirtschaftliche Vorgänge sind juristisch kaum zu definieren. So sind geschäftliche Risiken unvermeidbar, ihre Eingehung also nicht *per se* sorgfaltswidrig.[440] Schließlich gehört zur Planungs- und Steuerungsverantwortung, dass der Verwaltungsrat Entscheidungen über wesentliche Investitionen trifft.[441] Diesen Vorausplanungspflichten steht die Pflicht, jederzeit bei unvorhergesehenen Störungen während des Planvollzugs steuernd einzugreifen, beiseite.[442]

---

436 *Verse,* in: SE-Recht, § 22 SEAG Rdnr. 6; *Teichmann,* in: Lutter/Hommelhoff/Teichmann, Anh. Art. 43 SE-VO § 22 SEAG Rdnr. 6; *Siems,* in: KölnKommAktG, Anh. Art. 51 SE-VO § 22 SEAG Rdnr. 11; *Reichert/Brandes,* in: MünchKommAktG, Art. 43 SE-VO Rdnr. 73; *Scherer,* Die Qual der Wahl: Dualistisches oder monistisches System?, S. 22 f.; *Kallmeyer,* ZIP 2003, 1531, 1532; zur dualistischen Aktiengesellschaft umfassend *Fleischer,* in: Spindler/Stilz AktG, § 93 AktG Rdnr. 51.

437 *Manz,* in: Manz/Mayer/Schröder, Art. 43 SE-VO Rdnr. 61; *Verse,* in: SE-Recht, § 22 SEAG Rdnr. 7; *Reichert/Brandes,* in: MünchKommAktG, Art. 43 SE-VO Rdnr. 76; *Siems,* in: KölnKommAktG, Anh. Art. 51 SE-VO § 22 SEAG Rdnr. 11; *Kallmeyer,* ZIP 2003, 1531, 1532.

438 *Eberspächer,* in: Spindler/Stilz AktG, Art. 43 SE-VO Rdnr. 13.

439 Zum Vorstand so *Mertens/Cahn,* in: KölnKommAktG, § 93 AktG Rdnr. 83; *Raiser/Veil,* Recht der Kapitalgesellschaften, Rdnr. 85. Freilich stellt sich dann die Frage, wann betriebswirtschaftliche Erkenntnisse – die nicht weniger umstritten sind als rechtliche – in rechtliche Standards umschlagen, vgl. *Hopt/Roth,* in: GroßKommAktG, § 93 Rdnr. 86; ausführlich *Spindler,* in: MünchKommAktG, § 93 AktG Rdnr. 30.

440 Hüffer/Koch, AktG, § 93 Rdnr. 7.

441 Ähnlich: *Kallmeyer,* ZIP 2003, 1531, 1532; *Reichert/Brandes,* in: MünchKommAktG, Art. 43 SE-VO Rdnr. 76.

442 Zum Vorstand *Fleischer,* ZIP 2003, 1, 5.

cc) Organisationsverantwortung

Die Leitungspflicht des Verwaltungsrats manifestiert sich ebenfalls als Organisationsverantwortung.[443] Die Organisationsverantwortung beinhaltet die Gliederung des Unternehmens in funktionsfähige Einheiten inklusive der Anpassung der Grundorganisation an veränderte Verhältnisse.[444] Hierzu gehört ebenso die Organisation von Organausschüssen und sonstige Divisionalisierung der Unternehmensstruktur. Der Verwaltungsrat kann je nach Unternehmensgröße nicht sämtliche Details bis in die unterste Ebene festlegen. Vielmehr hat er eine Grundkonzeption zu erarbeiten und Richtlinien zu schaffen, die es folgenden Ebenen ermöglicht, auf dieser Basis die weitere Ausgestaltung vorzunehmen. Dieser nachgelagerten Aufgabe kommen insbesondere die geschäftsführenden Direktoren nach. Von der Organisationsverantwortung umfasst sind ferner die Bestimmung der Anzahl und die Auswahl der geschäftsführenden Direktoren und ggf. weiterer Führungskräfte auf nachfolgenden Ebenen.[445] Auch hier kann nicht verlangt werden, dass der Verwaltungsrat auf jeder Ebene Personal auswählt, sondern sich vielmehr auf die wichtigsten Entscheidungsträger beschränkt. Bezüglich der Auswahl von bestimmten Personen ist deren fachliche Kompetenz sicherzustellen.[446] Um Unsicherheiten bzgl. der Kompetenzverteilung und somit möglichen Kompetenzlücken vorzubeugen, muss jegliche Delegation von Aufgaben gewährleisten, dass der Pflichtenkreis der nunmehr verpflichteten Person scharf umgrenzt wird. Der Verwaltungsrat kann sich dafür nach § 34 Abs. 2 S. 1 SEAG selbst eine Geschäftsordnung geben. Die Geschäftsordnungskompetenz für die Geschäftsordnung der geschäftsführenden Direktoren kann der Verwaltungsrat gem. § 40 Abs. 4 S. 1 SEAG ebenfalls an sich ziehen. Die Einrichtung von detaillierten Geschäftsordnungen ist dringend anzuraten.[447] Mithilfe derartiger Maßnahmen kann Kompetenzstreitigkeiten in den Reihen der Mandatsträger wirksam entgegengewirkt werden.

---

443 *Verse,* in: SE-Recht, § 22 SEAG Rdnr. 7; *Reichert/Brandes,* in: MünchKommAktG, Art. 43 SE-VO Rdnr. 77; *Siems,* in: KölnKommAktG, Anh. Art. 51 SE-VO § 22 SEAG Rdnr. 13; *Manz,* in: Manz/Mayer/Schröder, Art. 43 SE-VO Rdnr. 61; die Organisationsverantwortung beim Verwaltungsrat ablehnend hingegen *Kallmeyer,* ZIP 2003, 1531, 1532.

444 Zum Vorstand *Fleischer,* ZIP 2003, 1, 5.

445 *Verse,* in: SE-Recht, § 22 SEAG Rdnr. 7; *Teichmann,* in: Lutter/Hommelhoff/Teichmann, Anh. Art. 43 SE-VO § 22 SEAG Rdnr. 8; *Reichert/Brandes,* in: MünchKommAktG, Art. 43 SE-VO Rdnr. 77.

446 *Siems,* in: KölnKommAktG, Anh. Art. 51 SE-VO § 22 SEAG Rdnr. 13.

447 So auch *Bücker,* in: Bergmann/Kiem/Mülbert u.a., 10 Jahre SE, S. 226.

dd) Finanzverantwortung

Die Finanzverantwortung verpflichtet den Verwaltungsrat auf eine vorausblickende Finanzplanung und eine nachgelagerte Finanzkontrolle.[448] Hierzu gehört ebenfalls die Führung von Handelsbüchern, die Ausgestaltung des Rechnungswesens und des internen Kontrollsystems, wobei dessen Anwendung delegiert werden kann.[449] Der Finanzverantwortung des Verwaltungsrats unterfällt auch die Entscheidung über die Ausübung eines genehmigten Kapitals (§§ 22 Abs. 6 SEAG, 202 Abs. 2 und 3, 204 Abs. 1 AktG), über die Ausgabe von Wandelschuldverschreibungen und Genussrechten (§§ 22 Abs. 6 SEAG, 221 Abs. 2 und 3 AktG) sowie über die durch die Satzung angeordnete Zwangseinziehung von Aktien (§§ 22 Abs. 6 SEAG, 237 Abs. 6 AktG).

Die Finanzverantwortung liegt nicht bei den geschäftsführenden Direktoren.[450] Zwar ist festzustellen, dass die geschäftsführenden Direktoren eng mit der Geschäftsführung verbunden sind und aus diesem Grund die Finanzen des Unternehmens detailliert erfassen können. Andererseits sind die geschäftsführenden Direktoren dem Grunde nach nur mit der laufenden Geschäftsführung vertraut und ihre Aufgabenbereiche finden sich nicht in der generellen Unternehmensplanung wieder. Diese Kompetenz kommt vielmehr dem Verwaltungsrat zu, der Finanzentscheidungen auf Grundlage derjenigen Informationen trifft, die ihm die geschäftsführenden Direktoren im Rahmen ihrer Informationspflicht zur Verfügung stellen müssen. Durch diese Pflichten wird dem Risiko begegnet, dass der Verwaltungsrat keine hinreichende Grundlage zur Entscheidungsfindung besitzen könnte. Entzöge man dem Verwaltungsrat den Hauptverantwortungsbereich der Finanzverantwortung, so wäre eine verantwortungsvolle Leitung der Gesellschaft nicht möglich.

ee) Informationsverantwortung

Auch die Informationsverantwortung liegt beim Verwaltungsrat.[451] Zur Informationsverantwortung gehört insbesondere die Sicherstellung eines wirkungsvollen unternehmensinternen Informationsflusses.[452] Dies geschieht mittels eines ordnungsgemäß funktionierenden Informationssystems und Berichtswesens.[453] Abgesehen von diesen unternehmensinternen Informationspflichten ergeben sich

---

448 *Siems,* in: KölnKommAktG, Anh. Art. 51 SE-VO § 22 SEAG Rdnr. 12; *Manz,* in: Manz/Mayer/Schröder, Art. 43 SE-VO Rdnr. 61; *Verse,* in: SE-Recht, § 22 SEAG Rdnr. 7; *Reichert/Brandes,* in: MünchKommAktG, Art. 43 SE-VO Rdnr. 80; a.A.: *Kallmeyer,* ZIP 2003, 1531, 1532.

449 *Siems,* in: KölnKommAktG, Anh. Art. 51 SE-VO § 22 SEAG Rdnr. 12; *Reichert/Brandes,* ZGR 2003, 767, 780.

450 So aber *Kallmeyer,* ZIP 2003, 1531, 1532.

451 *Verse,* in: SE-Recht, § 22 SEAG Rdnr. 7; *Reichert/Brandes,* in: MünchKommAktG, Art. 43 SE-VO Rdnr. 83, i.E. ebenso *Siems,* in: KölnKommAktG, Anh. Art. 51 SE-VO § 22 SEAG Rdnr. 13; ablehnend *Kallmeyer,* ZIP 2003, 1531, 1532.

452 *Siems,* in: KölnKommAktG, Anh. Art. 51 SE-VO § 22 SEAG Rdnr. 13.

453 *Verse,* in: SE-Recht, § 22 SEAG Rdnr. 7.

zahlreiche weitere Pflichten, die den Verwaltungsrat zur Offenlegung gegenüber der Öffentlichkeit oder Dritten verpflichten. Insbesondere seien die Pflicht zur Verlustanzeige gem. §§ 22 Abs. 5 S. 1, 92 Abs. 1 AktG, die Pflicht zur rechtzeitigen Stellung des Insolvenzantrages bei Zahlungsfähigkeit und Überschuldung gem. §§ 22 Abs. 5 S. 2 SEAG, 92 Abs. 2 und 3 AktG sowie die Pflichten zur Offenlegung von Aktienbesitz gem. § 22 Abs. 6 SEAG i. V. m. §§ 20 AktG, 21 WpHG genannt. Nach §§ 22 Abs. 6 SEAG, 21 WpHG ist der Verwaltungsrat weiterhin zur Offenlegung verpflichtet, wenn die Aktiengesellschaft durch Erwerb, Veräußerung oder auf sonstige Weise 3 %, 5 %, 10 %, 15 %, 20 %, 25 %, 30 %, 50 % oder 75 % der Stimmrechte an einer börsennotierten Gesellschaft erreicht, überschreitet oder unterschreitet. Nach §§ 22 Abs. 6 SEAG, 15 Abs. 1 S 1 WpHG hat der Verwaltungsrat einer SE, deren Aktien zum Handel an einer inländischen Börse zugelassen sind, unverzüglich eine neue Tatsache zu veröffentlichen, die in seinem Tätigkeitsbereich eingetreten und nicht öffentlich bekannt ist, wenn sie wegen der Auswirkungen auf die Vermögens- und Finanzlage oder auf den allgemeinen Geschäftslauf der Gesellschaft geeignet ist, den Börsenpreis der Aktien erheblich zu beeinflussen. Gemäß §§ 37v, 37w und 37x WpHG ist der Verwaltungsrat verpflichtet, einen Jahresfinanzbericht, einen Halbjahresfinanzbericht und wenigstens zwei Zwischenmitteilungen zu erstatten. Der Verwaltungsrat einer börsennotierten SE hat einmal jährlich zu erklären, dass den im elektronischen Bundesanzeiger bekannt gemachten Empfehlungen des DCGK entsprochen wurde und wird oder welche Empfehlungen nicht angewendet wurden oder werden (sog. Entsprechenserklärung), vgl. §§ 22 Abs. 6 SEAG, 161 AktG. Die gleiche Pflicht trifft auch eine im Freiverkehr notierte SE, sofern sie an einem organisierten Markt andere Wertpapiere als Aktien (z. B. Schuldverschreibungen oder Genussscheine) emittiert hat.[454]

e) Überwachungspflicht

aa) Horizontale und vertikale Überwachungspflichten

Noch überwiegend als Teil der Sorgfaltspflicht verstanden, verselbstständigt sich die Überwachungspflicht zunehmend. Schon diese Entwicklung beschreibt die erhöhte Aufmerksamkeit, die diesem Verantwortungsbereich mittlerweile zukommt. Für Verwaltungsratsmitglieder ist die Pflicht in § 22 Abs. 1 SEAG ausdrücklich normiert. Dort heißt es, der Verwaltungsrat habe die Umsetzung der Grundlinien der Geschäftstätigkeit zu überwachen. Da die Leitungsaufgaben bereits auch die laufende Kontrolle der Umsetzung erfassen,[455] hat die Nennung der Überwachungsfunktion nur klarstellende Funktion. Die Überwachungspflicht manifestiert sich insbesondere in einer horizontalen Überwachungspflicht, d. h. einer Kontrolle der anderen Verwaltungsratsmitglieder. Daneben besteht eine vertikale Überwachungspflicht

---

454 Näher: *Reichert/Brandes,* in: MünchKommAktG, Art. 43 SE-VO Rdnr. 89.
455 *Siems,* in: KölnKommAktG, Anh. Art. 51 SE-VO § 22 SEAG Rdnr. 8.

gegenüber den nachfolgenden Unternehmensebene, d. h. den geschäftsführenden Direktoren.[456]

bb) Grenzen der Überwachungspflicht

Die Überwachungspflicht wird durch bestimmte Grundsätze beschränkt. So wäre es nicht praktikabel, den Verwaltungsrat auf die umfassende Kontrolle der Tagesgeschäfte sämtlicher Unternehmensebenen zu verpflichten. Vielmehr muss er sich auf Grundlage der zur Verfügung stehenden Informationen einen Überblick verschaffen und nur bei Unstimmigkeiten weitere Nachforschungen anstellen. Die sinnvolle Delegation der Aufgaben auf geschäftsführende Direktoren wäre konterkariert, verlange man eine intensivere Überwachungsaufgabe, da es durch eine umfassende Kontrollpflicht faktisch zu einer Rückübertragung der Aufgaben auf den Verwaltungsrat käme. Die Kontrolle der geschäftsführenden Direktoren ist die „Kehrseite der Strategiefestlegung“[457]. Die Reichweite der Überwachungspflicht ist in personeller Hinsicht grundsätzlich auf die Tätigkeit der geschäftsführenden Direktoren beschränkt, womit eine Überwachungspflicht gegenüber der darauf folgenden Ebene nicht zwingend ist.[458] Im Übrigen wird man die Überwachungsaufgaben des Verwaltungsrats auf diejenigen Themen beschränken können, über die die geschäftsführenden Direktoren gem. § 40 Abs. 6 SEAG im Verwaltungsrat regelmäßig entsprechend § 90 Abs. 1 AktG zu berichten haben, da diese Berichtspflichten einzig einer ordnungsgemäßen Überwachung dienen können.[459] Zwar kann der Verwaltungsrat auf die Informationen der geschäftsführenden Direktoren vertrauen,[460] denn ansonsten würden die Berichtspflichten ohnehin ohne Relevanz sein. Aufgrund des weiterhin verbleibenden Risikos unzureichender Information ist dem Verwaltungsrat jedoch zu raten, sich selbst um Informationen zu bemühen, die er für eine ordnungsgemäße Erfüllung seiner Aufgaben benötigt, auch ggf. unter Zuhilfenahme des Weisungsrechts.[461] Dies ist insbesondere in Zeiten, in welchen ein aktives Krisenmanagement notwendig ist, der Fall. Denn auch bei einer Aufgabendelegation muss der Verwaltungsrat berücksichtigen, dass er letztlich die finale Verantwortung trägt.[462]

---

456 *Verse,* in: SE-Recht, § 39 SEAG Rdnr. 12; ausführlich *Bücker,* in: Bergmann/Kiem/Mülbert u.a., 10 Jahre SE, S. 222 ff.

457 So *Merkt,* ZGR 2003, 650, 672.

458 *Verse,* in: SE-Recht, § 22 SEAG Rdnr. 17.

459 *Reichert/Brandes,* ZGR 2003, 767, 795; *Verse,* in: SE-Recht, § 22 SEAG Rdnr. 16.

460 *Verse,* in: SE-Recht, § 22 SEAG Rdnr. 16; *Reichert/Brandes,* in: MünchKommAktG, Art. 43 SE-VO Rdnr. 95.

461 Ähnlich: *Teichmann,* in: Lutter/Hommelhoff/Teichmann, Anh. Art. 43 SE-VO § 22 SEAG Rdnr. 16.

462 *Siems,* in: KölnKommAktG, Anh. Art. 51 SE-VO § 22 SEAG Rdnr. 14.

cc) Maßstab der Überwachung; Vollzugskontrolle

Der Maßstab der Überwachung ist die Beurteilung der Geschäftsführung auf Rechtmäßigkeit, Ordnungsmäßigkeit, Zweckmäßigkeit und Wirtschaftlichkeit unter der Leitlinie des Unternehmensinteresses.[463] Der Verwaltungsrat hat bei der Überwachung der geschäftsführenden Direktoren die Sorgfalt eines ordentlichen und gewissenhaften Geschäftsleiters anzuwenden. Hierbei ist zunächst ein Widerspruch ersichtlich, wenn Verwaltungsratsmitglieder zugleich geschäftsführende Direktoren sind und sich somit selbst überwachen sollten. Allerdings besteht der Verwaltungsrat mehrheitlich aus nicht-geschäftsführenden Direktoren. Mittels dieser Maßnahme wird das Risiko von Interessenkonflikten zumindest reduziert, wenn auch nicht ausgeräumt. Die nicht-geschäftsführenden Direktoren überwachen die Durchführung von Entscheidungen, an denen sie selbst mitgewirkt haben.[464] In Abgrenzung zu den Überwachungsaufgaben des Aufsichtsrats ist die Überwachung des Verwaltungsrats insofern als Vollzugskontrolle zu qualifizieren, denn der Verwaltungsrat überwacht letztlich die Umsetzung der von ihm vorgegebenen Grundlagen.[465] Dies verlangt jedoch ein hohes Maß an Professionalisierung der Mitglieder des Organs, da sie einerseits die Grundlinien festlegen sollen, andererseits die korrekte Umsetzung im Einzelfall beurteilen müssen und bei Bedarf zum Einschreiten verpflichtet sind. Das verbleibende Defizit einer ordnungsgemäßen *corporate governance* ist offensichtlich.

II. Die duty of care der board-Mitglieder

Auch die *directors* einer *corporation* unterliegen einer Sorgfaltspflicht bzw. dem U.S.-amerikanischen Pendant der *duty of care.*

a) Herleitung der duty of care

Die Mehrzahl der Bundesstaaten haben die Voraussetzungen der *duty of care* kodifiziert.[466] Das häufig gebrauchte Vorbild ist § 8.30 MBCA, welcher besagt: *"(a) Each member of the board of directors, when discharging the duties of a director, shall act: (1) in good faith, and (2) in a manner the director reasonably believes to be in the best interests of the corporation. (b) The members of the board of directors or a committee of the board, when becoming informed in connection with their decision-making function or devoting attention to their oversight function, shall discharge their duties with*

---

463 Zum Aufsichtsrat so BGHZ 114, 127, 129.

464 *Teichmann,* in: Lutter/Hommelhoff/Teichmann, Anh. Art. 43 SE-VO § 22 SEAG Rdnr. 15.

465 *Teichmann,* in: Lutter/Hommelhoff/Teichmann, Anh. Art. 43 SE-VO § 22 SEAG Rdnr. 15; *Velte,* WM 2010, 1635, 1637.

466 Z. B. § 309 Cal.Corp.Code; § 717 N.Y. Bus.Corp.Law; vgl. zur historischen Entwicklungsgeschichte etwa *Buxbaum,* in: Kreuzer, Die Haftung der Leitungsorgane von Kapitalgesellschaften, S. 80 f.

the care that a person in a like position would reasonably believe appropriate under similar circumstances." Delaware hat darauf verzichtet, die *duty of care* gesetzlich festzuhalten, aber auch dort besteht die Pflicht aufgrund Richterrechts.[467] Grundsätzlich kann sich der einzuhaltende Standard zugleich aus Richterrecht als auch aus kodifiziertem Recht ergeben.[468] Zwar weicht die exakte Formulierung der *duty of care* in den Bundesstaaten voneinander ab, allerdings kann davon ausgegangen werden, dass letztlich Inhalt und Ausmaß der Pflicht zumindest vergleichbar sind.[469] Aus dogmatischer Sicht wird die *duty of care* im U.S.-amerikanischen Recht vornehmlich aus der treuhänderischen[470] (*fiduciary*) Stellung des *board* gegenüber der Gesellschaft und der Gesamtheit ihrer *shareholder* hergeleitet, bzw. genauer aus Elementen der *agency* und des *trust*.[471]

b) Ausprägungen der duty of care

Ob ein *director* die *duty of care* hinreichend beachtet hat, ergibt sich auf Basis des Einzelfalls. Bestehendes Richterrecht schreibt nicht abschließend vor, welche Entscheidungen durch einen *director* getroffen werden müssen, um den Standard zu wahren. Deswegen spricht man in den Vereinigten Staaten mehr von einem prozessualen Standard als von einem substantivierten. Auch entsprechende Regelungen, wie etwa § 8.30 MBCA, können nur einen Ausgangspunkt für weitere Konkretisierungen legen. Unabhängig davon, ob die *duty of care* aus Richterrecht oder abweichend formuliertem Gesetzesrecht erwächst, kann die Pflicht in zwei Bereiche unterteilt werden. Zunächst ist die sog. *decisional duty of care* zu nennen, bei welcher das *board* eine Entscheidung getroffen hat, die nachträglich geprüft wird. Hiervon zu unterscheiden ist die sog. *oversight duty of care*,[472] nach der dem

---

467 Vgl. Graham v. Allies-Chalmers MfG. Co., 41 Del. Ch. 78 (1963); In re Caremark International Inc. Derivative Litigation, 698 A.2d 959 (1996); Unocal Corp. v. Mesa Petroleum Co., 493 A.2d 946 (1985); Revlon, Inc. v. MacAndrews & Forbes Holdings, Inc., 506 A.2d 173 (1986).

468 *Knepper/Bailey,* Liability of Corporate Officers and Directors (2002 updated 2014 (LexisNexis)) § 3.03.

469 *Cox/Hazen,* Corporation Law (2012) p. 200; ähnlich: *Choper/Coffee/Gilson,* Cases and Materials on Corporations (2013) p. 69.

470 *Fiduciary* wird in diesem Kontext mit treuhänderisch übersetzt, wobei zu beachten ist, dass im U.S.-amerikanische Recht des *trust* diese Bezeichnung vom deutschen Verständnis der Treuhand abweicht, vgl. *Merkt,* US-amerikanisches Gesellschaftsrecht, S. 468 Fn. 8.

471 Francis v. United Jersey Bank, 432 A.2d 814 (1981); zu den weiteren und genauen Herleitungsmöglichkeiten aus *agency, mandate* und *trust* etwa *Gevurtz,* Corporation Law (2010) p. 273; *Henn/Alexander,* Laws of Corporations and other Business Enterprises (1983) p. 611; *Knepper/Bailey,* Liability of Corporate Officers and Directors (2002 updated 2014 (LexisNexis)) § 3.02; *Horsey,* The Duty of Care Component of the Delaware Business Judgment Rule, 19 Del. J. Corp. L. 971, 973 (1994).

472 Auch *Caremark Cases* genannt, dazu noch 3. Teil § 13 II. b) bb).

board eine Überwachungspflicht für *officer* und nachgeordnete Angestellte erwächst. Um den U.S.-amerikanischen Standard der *duty of care* zu präzisieren, sollen im Folgenden besonders anschauliche Entscheidungen skizziert werden.

aa) Decisional duty of care

Smith v. Van Gorkom[473] kann ohne Zweifel als einer der berühmtesten Fälle des U.S.-amerikanischen Gesellschaftsrechts betrachtet werden. Die Entscheidung schlug große Wellen in Wissenschaft und Praxis, da sie das Bewusstsein der Rechtsanwender für die Beachtung der *duty of care* schärfte. Die Kläger, Alden Smith und John Gosselin erhoben einen *class action suit* gegen die Trans Union Gesellschaft und gegen das *board*, nachdem ebendieses einem umstrittenen *cash-out merger* zugestimmt hatte. Maßgeblich beteiligt an der Vorbereitung war der *CEO* und *chairman oft the board*, Jerom Van Gorkom, welcher die Verhandlungen im Vorfeld praktisch allein geführt hatte und das *board* nur unzulänglich über die genauen Umstände, den Preis und die Evaluierungen informiert hatte.

In den Zeiten vor *Smith v. Van Gorkom* konnte sich das *board* verhältnismäßig sicher sein, keiner Haftung aufgrund eines Verstoßes gegen die *duty of care* ausgesetzt zu werden.[474] Primärer Schutzmechanismus war die *business judgment rule*, die einen umfassenden Schutzschirm über potentiell schädigende Handlungen des *board* spannte.[475] Das Gericht hebelte diesen Mechanismus insoweit aus, als dass es dem *board* vorwarf, sich vor der Abstimmung nicht ausreichend über die Hintergründe informiert zu haben, die notwendig gewesen wären, um eine derart weitreichende Entscheidung zu treffen. So hätten sich die Mitglieder schlicht auf den *CEO* bzw. den *chairman of the board* und seine Darlegungen verlassen. Insbesondere sei das *board* in Hinblick auf eine finanzielle Analyse nicht umfassend informiert gewesen. Auch wäre der Beratungszeitraum zu kurz bemessen gewesen. Es seien zumindest zwei Zusammenkünfte notwendig, zwischen denen ausreichend Bedenkzeit bestehen müsse, um notwendige Informationen zu sichten, damit eine sachliche Entscheidung hätte getroffen werden können. Damit wurde beanstandet, dass eine Entscheidung vorläge, die einer hinreichenden Informationsgrundlage entbehrte.

Das Gericht wurde insbesondere darin kritisiert, die *business judgment rule* leerlaufen zu lassen. *Directors* seien zu allzu vorsichtigem Handeln angehalten, welches letztlich dem Unternehmen schaden würde. Außerdem sei der anzuwendende Standard nicht ausreichend flexibel. Vielmehr würde es zu einem *box ticking* kommen, bei welchem allein formelle Gesichtspunkte eingehalten werden müssten, um einer Verletzung der *duty of care* zu entgehen (sog. *form over substance*).[476] Als Reaktion

---

473 Smith v. Van Gorkom, 488 A.2d 858 (1985).

474 *Brodsky/Adamski,* Law of Corporate Officers and Directors (2014–2015) § 2:1.

475 Dazu noch 5. Teil § 22 II.

476 Kritisch etwa *Fischel,* The Business Judgment Rule and the Trans Union Case, 40 Bus. Law. 1437 (1985); *Herzel/Katz,* The Business of Judging Business Judgment, 41 Bus. Law. 1187, 1189 (1986); *Gelb,* Director Due Care Liability: An Assessment

auf die weitreichende Haftung wurden Regelungen wie z. B. § 102(b)(7) D.G.C.L. geschaffen, die es gestattet, die monetäre Haftung der *directors* für eine Verletzung der *duty of care* einzuschränken.[477] Ebenso wurde die Reihe der Personen erweitert, auf die sich *directors* im Rahmen der Informationsbeschaffung zur Entscheidungsfindung verlassen können.[478]

bb) Oversight duty of care

Die *decisional duty of care* ist von der *oversight duty of care* zu trennen. Die Zurechnung der *oversight*-Funktion in den Teilbereich der *duty of care* vermag im Hinblick auf die Entscheidung *Stone vs. Ritter*[479] verwundern. In der Entscheidung wurden *oversight*-Fälle der *duty of loyalty* zugerechnet. Weil jedoch eine historische Fallbetrachtung vorgenommen wird, ältere Fälle die Überwachungspflicht bei der *duty of care* verankern und das Verhältnis von *duty of loyalty* zu den *oversight*-Fällen noch nicht abschließend geklärt ist, werden sie bereits an dieser Stelle behandelt.[480]

(1) Umfassende Überwachungspflichten

Einer der prominentesten Fälle in dieser Hinsicht ist *In re Caremark International Inc. Derivative Litigation*[481]. Einzelne Mitarbeiter von Caremark wurden beschuldigt gegen Bestimmungen des Gesundheitsrechts verstoßen zu haben, sodass die Gesellschaft letztlich verpflichtet war, Reparationen in Höhe von $ 250 Mio. zu leisten. Die Aktionäre verklagten das *board* mit der Begründung, das *board* habe die Mitarbeiter nicht hinreichend überwacht. Letztlich wurde ein Vergleich geschlossen, der jedoch noch gerichtlich bestätigt werden musste. Das Gericht konkretisierte die Pflicht des *board* sicherzustellen, dass intern ein angemessenes *reporting system* besteht. *Chancellor* Allen führte aus: „*the board should assure that information and reporting systems exist in the organization that are reasonably designed to provide to senior management and to the board itself timely, accurate information sufficient to allow management and the board, each within its scope, to reach informed judgments concerning both the corporation's compliance with law and its business performance*"[482]. Die Entscheidung umfasst mit der Formulierung „*compliance with law and its business*

---

of the New Statutes, 61 Temp. L. Rev. 13, 23 (1988); *Cox/Hazen,* Corporation Law (2012) § 10.4; ebenso bereits die abweichende Entscheidung von Richter *McNeilly* in Smith v. Van Gorkom, 488 A.2d 858 (1985).

477 Dazu noch 5. Teil § 23 II. a).

478 Siehe § 141(e) D.G.C.L.

479 Dazu noch 3. Teil § 13 I. e) bb).

480 Dies folgt der Zuordnung, die *chancellor* Allen – der zuständige Richter im Caremark-Fall – selbst in seinem Textbuch verwendet, wenn er den Caremark als *duty of care* Fall aufzählt, vgl. *Allen/Kraakman/Subramanian,* Commentaries and Cases on the Law of Business Organization (2009) passim.

481 In re Caremark International Inc. Derivative Litigation, 698 A.2d 959 (1996).

482 In re Caremark International Inc. Derivative Litigation, 698 A.2d 959 (1996).

performance" nicht allein die *compliance*-Verantwortung,[483] sondern vielmehr auch die allgemeine Überwachungsverantwortung (beispielsweise bzgl. Geschäftsrisiken) des *board*.[484]

(2) Begrenzung der Überwachungspflicht

Man kann die Äußerungen in der Folgeentscheidung *In re Citigroup Inc. shareholder Derivative Litigation* allerdings als Einschränkung dieser allgemeinen Verpflichtung verstehen. *Chancellor* Chandler kritisiert in diesem Urteil das *second-guessing* von *board*-Entscheidungen mit Geschäftsbezug durch die Gerichte, wenn diese die allgemeine Überwachungspflicht der *board*-Mitglieder prüfen.[485] Hieraus könnte man folgern, dass bzgl. *compliance* und allgemeinen Überwachungsaufgaben divergierende Prüfungsmaßstäbe bestehen. Aber selbst einer der größten Verfechter der Vormachtstellung des *board* – Stephen Bainbridge – gesteht ein, dass *compliance* und allgemeine Überwachung kaum voneinander zu trennen sind und somit letztlich keine voneinander abweichenden Maßstäbe der Überwachungsverpflichtung in *Caremark* und *Citigroup* ersichtlich sind.[486] Es ist nicht davon auszugehen, dass *chancellor* Chandler eine Trennung vornehmen wollte.[487] Das Gericht in *Caremark* selbst schränkte die Überwachungsverantwortung jedoch wiederum an anderer Stelle ein, indem es bezüglich einer möglichen Haftung fortfährt: „*only a sustained or systematic failure of the board to exercise oversight – such as an utter failure to attempt to assure a reasonable information and reporting system exists – will establish the lack of good faith that is a necessary condition to liability*"[488]. Es wurden somit sehr hohe Anforderungen an eine mögliche persönliche Inanspruchnahme gestellt.[489] Das Fehlerverhalten muss demnach, um einen *sustained or systematic failure* zu begründen, nahezu offensichtlich sein. Die Entscheidung *In re Caremark International Inc. Derivative Litigation* und der entwickelte Pflichtenstandard wurde in *Stone vs. Ritter* schließlich bestätigt.[490] Weitere Entscheidungen belegen nach wie vor diese Entwicklung. So wurde eine *derivative suit* gegen die *board*-Mitglieder von JPMorgan Chase & Co. abgewiesen, die sich auf Aufsichtslücken im Rahmen der Zusammenarbeit mit Bernard L. Madoff

483 Dazu noch 3. Teil § 15 II. b).

484 *Hill/McDonnell*, Reconsidering Board Oversight Duties after the Financial Crisis, 2013 U. Ill. L. Rev. 859, 862 (2013).

485 Vgl. In re Citigroup Inc. Shareholder Derivative Litigation, 964 A.2d 106 (2009).

486 Vgl. *Bainbridge*, Caremark and Enterprise Risk Management, 34 J. Corp. L. 967, 981 (2009).

487 *Hill/McDonnell*, Reconsidering Board Oversight Duties after the Financial Crisis, 2013 U. Ill. L. Rev. 859, 862 (2013).

488 In re Caremark International Inc. Derivative Litigation, 698 A.2d 959 (1996).

489 *Miller*, The Board's Duty to Monitor Risk after Citigroup, 12 U. Pa. J. Bus. L. 1153, 1161 (2010); *Hill/McDonnell*, Reconsidering Board Oversight Duties after the Financial Crisis, 2013 U. Ill. L. Rev. 859, 861 (2013).

490 Stone v. Ritter, 911 A.2d 362 (2006), dazu, dass das Gericht nunmehr die Pflichtverletzung der *duty of loyalty* zurechnet noch 3. Teil § 14 II. b).

und seinem *ponzi scheme* stützen sollte.[491] Eine Klage nach *Caremark*-Grundsätzen wurde abermals als *„possibly the most difficult theory in corporation law upon which a plaintiff might hope to win a judgement"*[492] bezeichnet.

Trotz der Zurückhaltung der Gerichte bzgl. der Anerkennung eines Verstoßes gegen die Überwachungspflicht rückte die *oversight duty of care* in den Fokus der Diskussion um mögliche Pflichtverletzungen von *board*-Mitgliedern. So wurde festgestellt: *„the risk oversight function of the board of directors [...] has taken center stage [...] and expectations for board engagement with risk are at all-time highs"*[493]. Denn gerade die Überwachungspflicht des *board* erbringt einen wichtigen Bestandteil zur Etablierung einer guten *corporate governance* in der Gesellschaft.[494] Im Rahmen der Finanzkrise und der einhergehenden Aufsichtslücken wurden die Defizite der Überwachung durch das *board* besonders deutlich.[495] Vor diesem Hintergrund erstaunt es nicht, dass eine strengere Durchsetzung der *oversight duty of care* diskutiert wird.[496] Ebenfalls ist anzumerken, dass die Rechtsprechung Überwachungspflichtverletzungen auch auf *duty of loyalty*-Verstöße gegründet hat. Hierauf ist noch einzugehen.[497]

---

491 Vgl. Central Laborers v. Dimon, No. 14–4516 (2016).

492 Central Laborers v. Dimon, No. 14–4516 (2016) und so schon Stone v. Ritter, 911 A.2d 362 (2006).

493 *Martin Lipton* et al., Risk Management and the board of directors, The Harvard Law School Forum on Corporate Governance and Financial Regulation (Dec. 17, 2009), abrufbar unter https://corpgov.law.harvard.edu/2015/07/28/risk-management-and-the-board-of-directors-3/ (zuletzt abgerufen am 17.02.2017).

494 *Miller,* The Board's Duty to Monitor Risk after Citigroup, 12 U. Pa. J. Bus. L. 1153, 1154 (2010); *Sale,* Monitoring Caremark's Good Faith, 32 DJCL 719, 721 (2007); *Petrin,* Assessing Delaware's Oversight Jurisprudence: A Policy and Theory Perspective, 5 Va. L. & Bus. Rev. 433, 436 (2011); kritisch *Fairfax,* Managing Expectations: Does the Director's Duty to Monitor Promise More Than it Can Deliver?, 10 U. St. Thomas L.J 416, 418 (2014).

495 *Petrin,* Assessing Delaware's Oversight Jurisprudence: A Policy and Theory Perspective, 5 Va. L. & Bus. Rev. 433, 437 (2011); *Hill/McDonnell,* Reconsidering Board Oversight Duties after the Financial Crisis, 2013 U. Ill. L. Rev. 859, 859 (2013).

496 Vgl. z. B. *Pan,* A Board's Duty to Monitor, 54 N.Y. L. Sch. L. Rev. 717, 740 (2010): *„Judges should begin speaking out about the importance of a board's duty to monitor and to back up their exhortations by expanding the scope and application of the duty to monitor in future cases"*; oder *Bainbridge,* Caremark and Enterprise Risk Management, 34 J. Corp. L. 967, 970 (2009); *Hill/McDonnell,* Reconsidering Board Oversight Duties after the Financial Crisis, 2013 U. Ill. L. Rev. 859, 866 (2013); wohl auch *Fairfax,* Managing Expectations: Does the Director's Duty to Monitor Promise More Than it Can Deliver?, 10 U. St. Thomas L.J 416, 427 (2014); kritisch hingegen *Miller,* The Board's Duty to Monitor Risk after Citigroup, 12 U. Pa. J. Bus. L. 1153, 1156 (2010) und *Petrin,* Assessing Delaware's Oversight Jurisprudence: A Policy and Theory Perspective, 5 Va. L. & Bus. Rev. 433, 451 (2011).

497 Siehe noch 3. Teil § 14 II. c) aa).

III. Zwischenergebnis

Sowohl das U.S.-amerikanische Recht als auch das deutsche Recht teilen Verhaltenspflichten in Sorgfalts- und Treuepflichten. Diese Pflichten sind in der U.S.-rechtlichen Praxis erst seit der Entscheidung *Smith v. Van Gorkom*[498] tatsächlichen in den Fokus der Diskussion gerückt. Auch in Deutschland handelt es sich bei der Betrachtung der Verhaltenspflichten von Organmitgliedern um ein verhältnismäßig junges Thema des Gesellschaftsrechts. Die Pflichten dienen jeweils dazu, das *principal-agent*-Problem einzugrenzen und eine ordnungsgemäße *corporate governance* zu gewährleisten.

Die Sorgfaltspflichten selbst teilen sich jeweils wiederum in verschiedene Gruppen auf. Im deutschen Recht werden diese Gruppen (Legalitätspflicht, Sorgfaltspflicht i. e. S., Überwachungspflicht) in zahlreichen Facetten durch die Literatur analysiert und entwickelt. In den USA besteht korrespondierend ein umfangreiches Fallrecht, welches die verschiedenen Konstellationen abzudecken versucht. Die Reichweite der Sorgfaltspflichten stimmt weitestgehend überein. Ein haftungsrelevanter Verstoß gegen die *oversight duty of care* ist jedoch aufgrund der Einschränkung auf *sustained or systematic failure of the board to exercise oversight* schwieriger zu begründen als in Deutschland. Gerade in Delaware besteht eine gesteigerte Skepsis vor rückwirkender Überprüfung von unternehmerischen Entscheidungen. Deutsche Gerichte lassen eine dementsprechende Abneigung nicht *per se* erkennen.

Aufgrund der detaillierten und strengen deutschen Regelungen ist ein Verstoß gegen die Sorgfaltspflichten leicht zu begründen. Hierbei wird jedoch strikt auf der Ebene einer Pflichtverletzung subsumiert. Ob eine mögliche Haftung aufgrund anderer fehlender Tatbestandsmerkmale ausscheidet, ist damit noch nicht gesagt. Im Gegensatz hierzu wird ein Verstoß gegen die *duty of care* von U.S.-amerikanischen Gerichten nur in Ausnahmefällen zugestanden. Auch die Entscheidung in Sachen *Smith vs. Van Gorkom* hat an dieser Praxis letztlich nichts Fundamentales verändert. Dies kann einerseits darauf zurückzuführen sein, dass die Gerichte hohe Anforderungen an einen Verstoß gegen die *duty of care* setzen. Andererseits überschneiden sich in den Gerichtsentscheidungen häufig die Bereiche von Pflichtverletzung und Exkulpationsmöglichkeiten (z. B. die *business judgment rule* oder Enthaftungsvorschriften in den *articles of incorporation*),[499] sodass nicht abschließend beurteilt werden kann, ob der Verhaltensmaßstab als solcher nicht entsprechend streng ausgestaltet ist, oder ob eine Haftung an anderen Voraussetzungen scheitert. Der Grund für die Mischung der verschiedenen Ebenen ist wohl in der Rechtshistorie zu suchen. Formelle Regeln (*law*) und übergreifende Verhaltensprinzipien/Billigkeitsprinzipien (*equity*) stehen in den Vereinigten Staaten nebeneinander, sodass eindeutige Zuordnungen häufig nicht möglich sind. Gerade im Rahmen der

498 Smith v. Van Gorkom, 488 A.2d 858 (1985).

499 Dazu noch 5. Teil.

Organhaftung muss dies zutage treten, da formelle Anforderungen an das Verhalten der Unternehmensorgane gestellt werden, die im Rahmen der tatsächlichen Haftung bei Nichtbeachtung durch praktische Erfordernisse modifiziert werden.[500]

Erstaunlich ist schließlich, dass die Überwachungspflicht im deutschen Recht eindeutig den Sorgfaltspflichten zuzuordnen ist. Das U.S.-amerikanische Recht unterlag einem langjährigen Prozess, die Pflicht genau zu lokalisieren. Jüngere Entscheidungen weisen sie der *duty of loyalty* zu. Dies ist auf die Einschränkung der Sorgfaltspflichtverletzung durch entsprechende Satzungsbestimmungen und/oder die *business judgment rule* zurückzuführen. Deren Anwendung ließe zahlreiche Sorgfaltspflichtverletzungen letztlich leerlaufen. Die Beschränkungen gelten jedoch nicht für die *duty of loyalty*, sodass durch die Berufung auf eine Verletzung der *duty of loyalty* die Hürden einer Pflichtverletzung doch noch genommen werden können.

§ 14 Treuepflichten

Die Organmitglieder treffen neben den Sorgfaltspflichten spezifische Treuepflichten gegenüber der Gesellschaft.

I. Die Treuepflicht der Mitglieder des Verwaltungsrats

a) Herleitung der Treuepflicht

Die Pflichten zu Treue und Loyalty der Verwaltungsratsmitglieder gegenüber der Gesellschaft ergeben sich aus der Stellung als Treuhänder fremden Vermögens.[501] Der Pflichtenbereich wird durch die organschaftliche Stellung begründet.[502] Aus der Einordnung als Treuhänder können jedoch keine weiteren Konkretisierungen erfolgen, weil das deutsche Zivilrecht diese Rechtsposition nicht ausgeformt hat. Die von der Treupflicht umfassten Verpflichtungen sind abstrakt kaum darzulegen. Sie können vage als besondere Loyalität gegenüber der Gesellschaft beschrieben werden, die auch über das von § 242 BGB Bestimmte weit hinausgeht.[503] Hierbei ist es systematisch sinnvoll, zwischen einer negativen und einer positiven Treuepflicht zu unterscheiden. Die negative Treuepflicht besagt, dass sich das Organ nicht von Eigeninteressen, also von dem eigenen, persönlichen Nutzen, leiten lassen soll. Die

500 Ähnlich bereits *Druey*, in: FS Goette, 2011, S. 59.

501 *Reichert/Brandes*, in: MünchKommAktG, Art. 51 SE-VO Rdnr. 28; *Verse*, in: SE-Recht, § 39 SEAG Rdnr. 16; *Metz*, Die Organhaftung bei der monistisch strukturierten Europäischen Aktiengesellschaft mit Sitz in Deutschland, S. 128 f.; *Mauch*, Das monistische Leitungssystem in der Europäischen Aktiengesellschaft, S. 191.

502 *Fleischer*, WM 2003, 1045, 1046.

503 *Hopt/Roth*, in: GroßKommAktG, § 93 Rdnr. 145.

positive Treupflicht verlangt ein Handeln zum Wohle und im Interesse der Gesellschaft.[504]

b) Anpassung der Treuepflicht aufgrund des Nebenamts

Die Treupflicht muss aufgrund der Ausgestaltung des Verwaltungsratmandats als Nebenamt[505] modifiziert werden.[506] Einerseits ist die treuhänderische Verbindung des Verwaltungsrats als Leitungsorgan im Verhältnis zur Gesellschaft besonders stark, dementsprechend ausgeprägt müsste auch die Treuepflicht ausfallen. Andererseits üben Verwaltungsratsmitglieder ihre Tätigkeit – wie Aufsichtsratsmitglieder – oft im Nebenamt aus, womit die Gefahr besteht, dass sie wesentlich häufiger in Interessenkonflikte geraten können als Vorstandsmitglieder (oder geschäftsführende Direktoren), die ihre Tätigkeit hauptberuflich ausüben.[507] Diesem Umstand ist bei der näheren Ausgestaltung der Treuepflicht für den Verwaltungsrat Rechnung zu tragen, wobei Erwägungen des Rechts des Aufsichtsrats greifen können,[508] weil es sich dabei ebenfalls um eine nebenamtliche Tätigkeit handelt. Danach ist zu differenzieren: Innerhalb der Organfunktion hat sich das Verwaltungsratsmitglied allein am Gesellschaftsinteresse zu orientieren.[509] Außerhalb ihrer Organfunktion unterliegen die Verwaltungsratsmitglieder nicht mehr der Pflicht, das Wohl der Gesellschaft aktiv zu fördern.[510] Vielmehr besteht dann nur noch eine allgemeine

---

504 Zu dieser Systematisierung etwa *Bonin,* Die Leitung der Aktiengesellschaft zwischen Shareholder Value und Stakeholder-Interessen, S. 360; *Mertens/Cahn,* in: KölnKommAktG, § 116 AktG Rdnr. 5; ähnlich *Krieger/Sailer-Coceani,* in: K. Schmidt/Lutter, AktG, § 93 AktG Rdnr. 21.

505 Dazu bereits 1. Teil § 4 III. a) aa).

506 So bereits schon *Metz,* Die Organhaftung bei der monistisch strukturierten Europäischen Aktiengesellschaft mit Sitz in Deutschland, S. 127 ff.

507 *Teichmann,* in: Lutter/Hommelhoff/Teichmann, Anh. Art. 43 SE-VO § 39 SEAG Rdnr. 5; *Metz,* Die Organhaftung bei der monistisch strukturierten Europäischen Aktiengesellschaft mit Sitz in Deutschland, S. 129; für den Aufsichtsrat so Hüffer/Koch, AktG, § 116 Rdnr. 7; *Habersack,* in: MünchKommAktG, § 116 Rdnr. 44; *Hambloch-Gesinn/Gesinn,* in: Hölters, AktG, § 116 Rdnr. 32; *Merkt,* ZHR 159 (1995), 423, 432; allein zur nebenamtlichen Tätigkeit des Aufsichtsrats *Mertens/Cahn,* in: KölnKommAktG, § 116 AktG Rdnr. 5; *Witte/Hrubesch,* BB 2004, 725, 726 f.

508 *Verse,* in: SE-Recht, § 39 SEAG Rdnr. 17; *Metz,* Die Organhaftung bei der monistisch strukturierten Europäischen Aktiengesellschaft mit Sitz in Deutschland, S. 129; kritisch *Mauch,* Das monistische Leitungssystem in der Europäischen Aktiengesellschaft, S. 192.

509 Für den Aufsichtsrat so *Habersack,* in: MünchKommAktG, § 116 Rdnr. 44; *Mertens/Cahn,* in: KölnKommAktG, § 116 AktG Rdnr. 25; *Henssler,* in: Henssler/Strohn, GesR, § 116 AktG Rdnr. 8; *Ulmer,* NJW 1980, 1603, 1605.

510 Für den Aufsichtsrat so *Habersack,* in: MünchKommAktG, § 116 Rdnr. 44; *Henssler,* in: Henssler/Strohn, GesR, § 116 AktG Rdnr. 8; *Ulmer,* NJW 1980, 1603, 1606.

Pflicht zur Rücksichtnahme.[511] Außerhalb der Organfunktion bleibt die Pflicht zur Verschwiegenheit bestehen.[512] Wie auch bei den Sorgfaltspflichten kann der Maßstab je nach gesellschaftsrechtlicher Festlegung der Verantwortung abweichen. So etwa, wenn das Verwaltungsratsmandat im Einzelfall doch überwiegend hauptamtlich ausgeübt wird. Es erscheint i. Ü. sinnvoll, die Treuepflicht in verschiedene Fallgruppen zu unterteilen. Hierunter fallen im Einzelnen: Das Verbot zweckwidriger Vermögensverwendung, das Verbot eigennütziger Geschäftschancenverwertung und besondere Pflichten bei bestehendem persönlichen Interesse an Vertragsbeziehungen der Gesellschaft.[513]

c) Insbesondere: Wettbewerbsverbot

Repräsentativ für die Anpassung der Treuepflicht steht das Wettbewerbsverbot des § 88 AktG; wovon das Verwaltungsratsmitglied nicht betroffen ist.[514] Dies ist aus verschiedenen Gründen geboten.

Einer der Schutzzwecke des § 88 AktG besteht in der Bereitstellung der vollen Arbeitskraft und Aufmerksamkeit für die Belange der Gesellschaft.[515] Der Vorstand übt (auch) die Tagesgeschäfte der Gesellschaft aus, der Verwaltungsrat hingegen nicht. Letzterer überwacht die Umsetzung der Tagesgeschäfte durch die geschäftsführenden Direktoren und setzt die Leitlinien der Unternehmensführung fest. Es ist also davon auszugehen, dass die Tätigkeit des Verwaltungsratsmitglieds – unter Vernachlässigung der Ausgestaltung im Einzelfall – einem geringeren Zeitaufwand unterfällt, als die eines Vorstandsmitglieds. Zu einem Wegfall an Arbeitskraft der Mitglieder zum Nachteil der Gesellschaft kommt es aufgrund des gesetzlich vorgesehenen Nebenamtscharakters der Tätigkeit nicht, da gerade nicht verlangt wird, sich allein dieser Beschäftigung zu widmen. Verwaltungsratsmitglieder sind nicht gezwungen ihre gesamte Arbeitskraft der Führung der Gesellschaft opfern, denn die tägliche Geschäftsführung liegt bei den geschäftsführenden Direktoren. Dies geht ebenfalls mit einer geringeren Vergütung für die Verwaltungsratsmitglieder einher.[516] Dann kann im Umkehrschluss nicht erwartet werden, dass das Organmitglied bei Geschäftschancen ausnahmslos der Gesellschaft den Vortritt lässt.[517]

---

511 Für den Aufsichtsrat so *Mertens/Cahn,* in: KölnKommAktG, § 116 AktG Rdnr. 26.

512 Dies folgt bereits aus Art. 49 SE-VO.

513 Zu den Details dieser Fallgruppen: *Metz,* Die Organhaftung bei der monistisch strukturierten Europäischen Aktiengesellschaft mit Sitz in Deutschland, S. 130 f.

514 *Teichmann,* in: Lutter/Hommelhoff/Teichmann, Anh. Art. 43 SE-VO § 39 SEAG Rdnr. 5; *Verse,* in: SE-Recht, § 39 SEAG Rdnr. 16; *Reichert/Brandes,* in: MünchKomm-AktG, Art. 51 SE-VO Rdnr. 29.

515 Hüffer/Koch, AktG, § 88 Rdnr. 1; *Verse,* in: HB Managerhaftung, § 22 Rdnr. 5; *Merkt,* ZHR 159 (1995), 423, 433 f.; *Grigoleit,* ZGR 2010, 662, 666.

516 Zum Nebenamt des Aufsichtsrats so *Ulmer,* NJW 1980, 1603, 1604.

517 So auch die Begründung von *Merkt,* ZHR 159 (1995), 423, 434 zur Anpassung der Treuepflicht des Aufsichtsorgans.

Weiterhin soll § 88 AktG dem Schutz der Gesellschaft vor Wettbewerbshandlungen dienen, die wegen Kenntnis von Geschäftsinterna besonders gefährlich sind.[518] Dieser Zweck kann jedoch auch ohne Heranziehung von § 88 AktG effektiv verfolgt werden. Das Verwaltungsratsmitglied ist im Rahmen seiner allgemeinen Pflichtenbindung ohnehin gehalten, im Rahmen seiner Organtätigkeit das Interesse der Gesellschaft zu verfolgen, in deren Verwaltungsrat es gewählt worden ist. Möchte das Mitglied eine weitere Position in einem anderen Unternehmen wahrnehmen, so muss es zunächst genauestens prüfen, ob eine mögliche Interessenkollision vorliegt. Berücksichtigung erfährt weiterhin die bestehende Verschwiegenheitspflicht, die bereits in Art. 49 SE-VO normiert ist und einer Ausnutzung von Wettbewerbshandlungen entgegentritt. Ein möglicherweise verbleibendes Restrisiko ist hinzunehmen, da dies bei einer Nebentätigkeit nicht vollends auszuschließen ist. Demzufolge ist die Anwendung des § 88 AktG auf das Verwaltungsratsmitglied nicht geboten.

Letztlich ist zu beachten, dass die vorgenannten Erwägungen allein für das nicht-geschäftsführende Verwaltungsratsmitglied gelten. Sofern das Verwaltungsratsmitglied zugleich geschäftsführender Direktor ist, so unterliegt es zusätzlich der entsprechend stärkeren Treuebindung und das Wettbewerbsverbot greift vollumfänglich.[519]

II. Duty of loyalty der Mitglieder des board

a) Herleitung

Als *fiduciaries* treffen auch die *directors* ungeteilte Loyalitäts- bzw. Treuepflichten gegenüber der *corporation*, der sie dienen.[520] Demnach dürfen *directors* ihre Position nicht nutzen, um persönlich und zum Nachteil der Gesellschaft von einer Handlung zu profitieren.[521] Die *duty of loyalty* bezieht sich insbesondere auf die Motive und Zielsetzungen in den Handlungen eines *directors*.[522] Eine präzise Formulierung des Standards erscheint aufgrund der Vielzahl an Ausgestaltungen kaum möglich.[523] Dementsprechend wird in *Guth v. Loft, Inc.* ausgeführt: „*occasions for the determination of honesty, good faith and loyal conduct are many and varied, [...] no hard and fast rule can be formulated*“[524]. Das Gericht fährt fort: “*[...] a corporate officer or director, peremptorily and inexorably, the most scrupulous observance of his duty, not*

518 Hüffer/Koch, AktG, § 88 Rdnr. 1; *Verse*, in: HB Managerhaftung, § 22 Rdnr. 5; *Merkt*, ZHR 159 (1995), 423, 433; *Grigoleit*, ZGR 2010, 662, 665.

519 *Reichert/Brandes*, in: MünchKommAktG, Art. 51 SE-VO Rdnr. 29; *Verse*, in: SE-Recht, § 39 SEAG Rdnr. 16.

520 *Knepper/Bailey*, Liability of Corporate Officers and Directors (2002 updated 2014 (LexisNexis)) § 4.01.

521 Foley v. D'Agnostino, 21 A.D.2d 60 (1964).

522 *Cox/Hazen*, Corporation Law (2012) § 10.9.

523 *Cox/Hazen*, Corporation Law (2012) p. 179 f.

524 Guth v. Loft, Inc., 5 A.2d 503 (1939).

only affirmatively to protect the interests of the corporation committed to his charge, but also to refrain from doing anything that would work injury to the corporation, or to deprive it of profit or advantage which his skills and ability might properly bring to it, or to enable it to make in the reasonable and lawful exercise of its powers"[525]. Die strikte Formulierung deutet auf den hohen Stellenwert der Pflicht hin, ohne allerdings eine umfassende Definition darzulegen. Die Gerichte differenzieren häufig nicht eindeutig zwischen der Verletzung der *duty of loyalty* und der *duty of care*. Dementsprechend erschwert sich eine genaue Erfassung.

b) Inhaltliche Ausprägungen

Dem abstrakten Gebilde der *duty of loyalty* soll sich im Folgenden deshalb mittels besonders relevantem *case law* angenähert werden. Hierdurch wird möglich, den Anwendungsbereich der Pflicht näher einzugrenzen.

aa) Conflicted interest transactions

Einer der wichtigen Anwendungsfälle im Rahmen einer Verletzung der *duty of loyalty* sind sog. *conflicted interest transactions.* Dies sind Fälle, in denen die *directors* entweder unmittelbar mit sich und der Gesellschaft kontraktieren oder zwischen der Gesellschaft und einem Dritten Verträge geschlossen werden, wobei der *director* aufgrund persönlicher Verbindungen ein persönliches Interesse an der Transaktion hat.[526] Nach alter Rechtsprechung waren Verträge, die unter solchen Umständen geschlossen wurden, unmittelbar nichtig[527] und zwar unabhängig davon, ob sie dem Vorteil der Gesellschaft dienten oder durch das *board* bzw. durch die Aktionäre genehmigt wurden. Die Gerichte stellten in diesen Fällen sehr hohe und kaum einzuhaltende Standards an das *board.*[528]

In *Bayer v. Beran*[529] wurde eine Entscheidung überprüft, die vermeintlich im eigenen persönlichen Interesse erfolgte, wobei erstmals ein Standard einer möglichen Pflichtverletzung dargelegt wurde. Die Gesellschaft Celanese zahlte $ 100.000 pro Jahr für Werbemaßnahmen in einer klassischen Radiosendung. Eine der auftretenden Sängerinnen war mit einem *director* der Gesellschaft verheiratet. Ein Aktionär erhob *derivative suit* mit der Begründung, die Ausgaben für die Werbemaßnahmen seien nicht angemessen und der Gesellschaft – bzw. letztlich seinem Anteil – wäre dadurch ein Schaden entstanden. Zur Zeit der Entscheidung war die Differenzierung zwischen der *duty of care* und der *duty of loyalty* noch nicht etabliert, heute würde ein Gericht jedoch eine Verletzung der *duty of loyalty* prüfen. Es wurde ausgeführt:

---

525 Guth v. Loft, Inc., 5 A.2d 503 (1939).

526 *Bainbridge,* Corporate Law (2009) p. 142; vgl. z. B. Chelsea Therapeutics International Ltd. Stockholder Litigation, CA 9640-VCG (Consol.) (2016).

527 Vgl. z. B. Cuthbert v. McNeill, 103 N.J. Eq. 184 (1928).

528 Vgl. etwa. Globe Woolen Co. v. Utica Gas & Electric Co., 121 N.E. 378 (1918).

529 Bayer v. Beran, 49 N.Y.S.2d 2 (1944).

„the fiduciary must subordinate his individual and private interests to his duty to the corporation whenever the two conflict."[530] Hierdurch wird festgehalten, dass das Organmitglied seine eigenen persönlichen Interessen den Interessen der Gesellschaft unterordnen muss. Allerdings wurde letztlich entschieden, dass eine einwandfreie (*fair*) Transaktion vorliege, obwohl diese nicht durch das *board* genehmigt wurde. Im Übrigen sei die Vergütung angemessen gewesen. Solange keine *„negligence, waste or improvidence"*[531] besteht, sei die Entscheidung nicht anzugreifen. Es wurden folglich hohe Hürden an eine Verletzung der *duty of loyalty* gestellt.

Nach § 144 DGCL können Transaktionen auch durch ein unabhängiges *board*, ein *committee* oder durch die Aktionäre ratifiziert werden, wodurch in der Praxis eine Pflichtverletzung (nachträglich) ausgeschlossen werden kann. Ein derartiges Vorgehen ist in vielen Gesellschaften die Regel.[532]

bb) Corporate opportunities

Die *corporate opportunities doctrine* kommt zur Anwendung, wenn eine Gesellschaft ein legitimes Interesse und die finanziell notwendigen Mittel aufweist, ein begünstigendes Geschäft abzuschließen. Sofern ein *director* nun anstelle der Gesellschaft hiervon Gebrauch macht, missachtet er seine *duty of loyalty* gegenüber der Gesellschaft.[533]

Einer der meist zitierten Fälle in dieser Hinsicht ist *Guth v. Loft, Inc.*[534] *Loft Inc.* war Limonadenhersteller unter *president* Guth. Das Unternehmen kaufte den zur Produktion notwendigen Sirup bei einem einzelnen Produzenten ein. Guth entschied jedoch den Versorger zu wechseln, da ihm der vorherige einen Nachlass verwehrte. Der potentielle neue Versorger – Pepsi – meldete Insolvenz an. Guth beschloss die Gesellschaft und ihr Rezept zu kaufen, um den Sirup anschließend an Loft weiter zu veräußern. Guth wurde mit dem Vorwurf konfrontiert, er habe gegen seine Pflichten verstoßen, indem er Loft nicht zuvor angeboten hatte, die insolvente Gesellschaft aufzukaufen. Das Gericht stimmte dieser Auffassung zu. Es folgte bei seiner Entscheidung einem Dreischritt[535] und legte das notwendige Prüfungsschema wie folgt fest: Zunächst müsste ermittelt werden, ob das angestrebte Geschäft eng mit dem derzeitigen oder zukünftigen Kerngeschäft der betroffenen Gesellschaft verbunden ist. In einem zweiten Schritt würde alsdann gefragt, ob die Gesellschaft ein vorrangiges Interesse hat, das Geschäft abzuschließen. Zuletzt müsste positiv

---

530 Bayer v. Beran, 49 N.Y.S.2d 2 (1944).

531 Bayer v. Beran, 49 N.Y.S.2d 2 (1944).

532 Vgl. dazu *Rohrbacher/Zeberkiewwicz/Uebler*, Finding Safe Harbor: Clarifying the Limited Application of Section 144, 33 Del. J. Corp. L. 719, 734 (2008).

533 *Knepper/Bailey*, Liability of Corporate Officers and Directors (2002 updated 2014 (LexisNexis)) § 4.11; *Fletcher*, Cyclopedia of the Law of Corporations (revised 2011 updated 2015) § 8.61.10.

534 Guth v. Loft, Inc., 5 A.2d 503 (1939).

535 Nach Guth v. Loft, Inc., 5 A.2d 503 (1939).

festgestellt werden, dass der *director* von dem Geschäft nicht privat, sondern ausschließlich in der Ausübung seines Amtes als *director* erfahren hat. Sofern diese Voraussetzungen vorliegen, läge eine Verletzung der *duty of loyalty* vor. Durch diese Prüfungsreihenfolge ist es möglich, die nur schwerlich fassbare Prüfung der Verletzung der *duty of loyalty* zumindest teilweise zu systematisieren.

c) Good faith als Haftungsgrundlage

Eine weitere Ausprägung der *duty of loyalty* ist das Prinzip von *good faith*. Durch die möglichen Beschränkungen einer persönlichen Inanspruchnahme, etwa nach § 102(b)(7) D.G.C.L, wonach die Satzungen einen Haftungsausschluss vorsehen können, dem weiten Anwendungsbereich der *business judgment rule* und den allgemein hohen Anforderungen an eine Verletzung von Sorgfaltspflichten, wurden *directors* kaum mit Haftungssituationen aufgrund einer Verletzung der *duty of care* konfrontiert.[536] Daraufhin versuchte man, neue Grundlagen für Ansprüche zu finden und wurde in Form eines möglichen Verstoßes gegen *good faith* fündig. Dieses Prinzip ist vergleichbar, aber nicht identisch, mit einem Verstoß gegen Treu und Glauben im deutschen Recht. Nahezu jeglicher Anspruch kann auf eine Verletzung dieser Pflicht gestützt werden, da das Prinzip unkontuiert und weit verstanden wird.

aa) Überwachungspflichtverstoß als Verletzung der duty of loyalty

Diese Entwicklung mündete schließlich in der Entscheidung *In Re Walt Disney Co. Derivative Litigation*[537]. Michael Ovitz wurde als *president* von Walt Disney Co. eingesetzt, obgleich er kaum Erfahrung im Bereich der Geschäftsführung eines Großunternehmens besaß. Er wurde dementsprechend bereits nach dreizehn Monaten wieder abberufen. Als Entschädigung wurden ihm hierfür von der Gesellschaft $ 150 Mio. gezahlt. Die Aktionäre strebten eine *derivative suit* gegen das *board* an, da dieses zugestimmt habe, einen derart hohen Betrag an Ovitz auszuzahlen. Michael Eisner, der *CEO* zum Einstellungszeitpunkt, traf die Einstellungsentscheidung ohne das *board* hinreichend informiert und insbesondere ohne den Rat einer Dritten Partei eingeholt zu haben. Die Klage der Aktionäre scheiterte jedoch. Das Gericht nahm an, die Entscheidung der Einstellung unterläge dem Schutz der *business judgment rule*. Die Richter nahmen ebenso zu einer möglichen Verletzung von *good faith* Stellung. Hierbei definierte das Gericht die Voraussetzungen nicht positiv, sondern formulierte negativ: „*failure to act in good faith may be shown, for instance, where the fiduciary intentionally acts with a purpose other than that of advancing the best interests of the corporation, where the fiduciary acts with the intent to violate applicable positive law, or where the fiduciary intentionally fails to act in the face of a known duty to act, demonstrating conscious disregard for his duties.*" Zwar erkannte das Gericht damit die Existenz der Pflicht zum Handeln in *good faith* an, legte sich jedoch nicht

536 Siehe dazu bereits 3. Teil § 13 II.; 5. Teil § 22 II. und 5. Teil § 23 II.
537 In re Walt Disney Co. Derivative Litigation, 906 A.2d 27 (2006).

darin fest, ob dies eine eigene Pflicht beschreibt oder nur ein Bestandteil der *duty of care* oder aber der *duty of loyalty* darstellt.

bb) Good faith als Bestandteil der duty of loyalty

Kurz nach der Entscheidung *In Re Walt Disney Co. Derivative Litigation* beleuchtete der *Delaware Supreme Court* die Verhaltenspflichten ein weiteres Mal. Im Fall *Stone v. Ritter*[538] kamen die Mitarbeiter der AmSouth Corporation nicht ihrer Verpflichtung nach, Meldung über verdächtige Aktivitäten in Bankenverkehr zu erstatten. Hierzu waren sie jedoch gesetzlich verpflichtet. Dies führte zu zivilgerichtlichen Verfahren gegen die Bank, in deren Zuge das Institut weitreichenden Zahlungsverpflichtungen nachkommen musste. Die Aktionäre verklagten daraufhin das *board* auf Grundlage mangelnder Einrichtung eines hinreichenden *compliance*-Systems. Der *Delaware Supreme Court* bestätigte zunächst den in Caremark entwickelten Standard zur Einrichtung eines *reporting systems* und zu Überwachungspflichtverletzungen.[539] Weiterhin klärte das Gericht dahingehend auf, der Grundsatz des *good faith* sei keinesfalls eine eigene fiduziarische Pflicht[540] und sei auch nicht wie vielfach angenommen, der *duty of care* zuzuordnen, sondern Bestandteil der *duty of loyalty*.[541] Das Gericht begründet somit eine Überwachungspflichtverletzung als Verstoß gegen die *duty of loyalty*; ganz im Gegensatz zur früheren Allokation der Überwachungspflichtverletzung i. S. eines Verstoßes gegen die *duty of care*.

Es ist nicht abschließend feststellbar, wo die Grenze zwischen *good faith* und der *duty of loyalty* gezogen wird.[542] Vielmehr ist *good faith* bereits ein essentieller Bestandteil der *duty of loyalty*.[543] Eine Haftung aufgrund der Verletzung der *duty of care* kommt selten vor, da die Gesellschaftsstatuten in der Regel einen Ausschlusstatbestand beinhalten. Auch der bereits[544] beschriebene Standard der *duty of loyalty* umfasst nur ganz bestimmte Situationen. Insofern ist es nicht verwunderlich, dass Haftungsklagen häufig auf *good faith* gestützt werden, da in diesem Fall die Haftungsbefreiung qua Statutenbestimmung verwehrt und die *business judgment rule* nicht anwendbar ist. Gleichzeitig ist der Anspruch jedoch ausreichend flexibel, um

---

538 Stone v. Ritter, 911 A.2d 362 (2006).

539 Siehe dazu bereits 3. Teil § 13 II. b).

540 So aber z.B: *Eisenberg*, The Duty of Good Faith in Corporate Law, 31 Del. J. Corp. L. 1 (2006).

541 Grundlegend hierzu *Hill/McDonnell*, Stone v. Ritter and the Expanding Duty of Loyalty, 76 Fordham L. Rev. 1769 (2007).

542 *Strine, Jr./Hamermesh/Balotti*, Loyalty's Core Demand: The Defining Role of Good Faith in Corporation Law, 98 Geo. L.J. 629, 644 (2010) mit weiteren Nachweisen aus dem Fallrecht, wobei eine eigenständige *duty of good faith* in der Regel ablehnt wird.

543 *Fletcher*, Cyclopedia of the Law of Corporations (revised 2011 updated 2015) § 837.60.

544 Siehe 3. Teil § 14 II. b).

im Einzelfall angepasst zu werden.[545] Dies kann jedoch nur als Versuch angesehen werden, weitere Ansprüche zu konstruieren, die nicht unter die hergebrachten Ausschlussmöglichkeiten fallen können.

Zu begrüßen ist insofern zumindest, dass das Gericht in *Stone v. Ritter*[546] eine deutliche Grenze bezüglich einer möglichen Verletzung von *good faith* gezogen hat, sodass einer ausufernden und rechtsunsicheren Berufung hierauf begegnet wird. So genüge grobe Fahrlässigkeit nicht, um einen Verstoß gegen *good faith* zu begründen. Vielmehr sei dann allein ein Verstoß gegen die *duty of care* (inklusive möglicher Haftungsfreistellungen) möglich. Die vermeintlich alleinstehende und nicht unter die *duty of loyalty* fallende Pflicht des *good faith* führte vor *Stone v. Ritter* zu *"an opportunity to plaintiffs' lawyers and others who opposed section 102(b)(7) to find a way to hold directors without a conflicting financial interest liable for a transaction that they believed to be less than optimal*"[547]. *Good faith* sollte letztlich nur als Ergänzung dienen und nicht eigenständig einen Anspruch begründen können. Die *duty of loyalty* und ihre gefestigten Standards müssen als Ausgangspunkt weiterhin bestehen bleiben, um einen ausufernden Tatbestand zu verhindern. Treffend formuliert *Stone v. Ritter*: *„restored that concept (good faith) to its historically critical role in helping to define, and therefore to enforce, the most critical fiduciary duty: the duty of loyalty*"[548].

III. Zwischenergebnis

Die Treuepflichten sind in beiden Rechtsordnungen eine wichtige Komponente zur Begegnung des *principal-agent*-Problems und zur Etablierung einer konstruktiven *corporate governance* für Leitungsorgane. Im U.S.-amerikanischen Recht besteht umfangreiches Fallmaterial, welches zahlreiche Einzelfälle der Treuepflichten konkretisiert und ausführt. Das deutsche System kann hierauf nicht im gleichen Maße zurückgreifen. Es bestehen einzelne gesetzliche Kodifikationen (wie z. B. § 88 AktG) und der allgemeine Verhaltensmaßstab des Aktienrechts. Erst in jüngerer Zeit ist eine umfassende Behandlung dieses Themenkomplexes zu verzeichnen. Insoweit erscheint eine Heranziehung der im U.S.-Recht entwickelten Fallgruppen – zumindest in spezifischer Anpassung an das deutsche Recht – möglich. Dies muss insbesondere für den Verwaltungsrat der monistischen SE und einer Treuepflichtkonkretisierung der Mitglieder gelten. Es wurde dargelegt, dass die Treuepflichten in der monistischen SE aufgrund des Nebenamtscharakters gegenüber dem dualistischen System modifiziert werden müssen. Die Situation ist mit dem U.S.-amerikanischen *board*-System vergleichbar. Dort werden ebenfalls Leitungsaufgaben

545 *Hill/McDonnell,* Stone v. Ritter and the Expanding Duty of Loyalty, 76 Fordham L. Rev. 1769, 1773 (2007).

546 Stone v. Ritter, 911 A.2d 362 (2006).

547 *Strine, Jr./Hamermesh/Balotti,* Loyalty's Core Demand: The Defining Role of Good Faith in Corporation Law, 98 Geo. L.J. 629, 692 (2010).

548 *Strine, Jr./Hamermesh/Balotti,* Loyalty's Core Demand: The Defining Role of Good Faith in Corporation Law, 98 Geo. L.J. 629, 696 (2010).

durch ein Organ wahrgenommen, welches grundsätzlich nur in Nebentätigkeit agiert. Als Beispiel kann insoweit das Wettbewerbsverbot dienen. In der monistischen SE ist § 88 AktG nicht auf den Verwaltungsrat anwendbar.[549] Eine gewisse Beschränkung der zulässigen Tätigkeit des Verwaltungsratsmitglieds ist jedoch auch dort geboten, da eine nebenamtliche Beschäftigung ebenso erhebliche Konflikte mit dem Interesse der Gesellschaft auslösen kann. Der Dreischritt des U.S.-amerikanischen Rechts im Rahmen der *corporate opportunities doctrine* kann insoweit eine ausgeglichene Prüfung vorgeben und sollte deutschen Gerichten zumindest einen Anhaltspunkt liefern können, um eine mögliche Treuepflichtverletzung zu prüfen. Die im deutschen Recht etablierten Grundzüge können somit insbesondere in der monistischen SE aufgrund ihrer Strukturähnlichkeit durch die U.S.-amerikanischen Detailvorgaben ergänzt werden. Geschehen muss dies jedoch selbstverständlich immer auf der Basis des Einzelfalls.

Keinen Vorbildcharakter kann das U.S.-amerikanische Recht jedoch in Bezug auf die grundsätzlich breite Anwendung von *good faith* entfalten. Ein Überspringen der Überwachungspflicht aus der Sorgfaltspflicht hin zur Treuepflicht ist in Deutschland kaum dogmatisch begründbar. In den Vereinigten Staaten ist die Berufung auf das Prinzip von *good faith* rechtstatsächlichen Umständen zu schulden. Aufgrund der zahlreichen und extensiven Beschränkungen der *duty of care* wurden neue Wege gesucht und entwickelt, um eine Pflichtverletzung zu begründen. Fündig wurde man letztlich in *good faith* und der Verletzung der *duty of loyalty*. Eine derartige Ausbildung ist in Deutschland aufgrund der drohenden Rechtsunsicherheit keineswegs begrüßenswert.

§ 15 Einzelne Sonderpflichten

Im Folgenden werden einzelne Sonderpflichten näher beleuchtet, die von besonderer Relevanz für die Praxis sind. Es wird geprüft, ob den Verwaltungsrat und das *board* insofern vergleichbare Pflichten treffen.

I. Verpflichtung zur Verfolgung von Haftungsansprüchen

Dem Verwaltungsrat und dem *board* könnte jeweils die Pflicht zukommen, Ansprüche gegen die eigenen Organmitglieder oder die nachfolgende Unternehmensebenen zu verfolgen. Eine derartige Pflicht würde die verhaltenssteuernde Wirkung der Haftung erhöhen, weil eine Inanspruchnahme wahrscheinlicher ist, wenn das Ausbleiben der Verfolgung selbst eine Pflichtverletzung darstellt.

549 Siehe dazu bereits 3. Teil § 14 I. c).

a) Deutschland

aa) Ansprüche gegen die geschäftsführenden Direktoren

Gemäß der ARAG/Garmenbeck-Entscheidung des Bundesgerichtshofs[550] besteht für den Aufsichtsrat die Pflicht, eigenverantwortlich das Bestehen von Schadensersatzansprüchen der Gesellschaft gegenüber Vorstandsmitgliedern aus ihrer organschaftlichen Tätigkeit zu prüfen und, soweit die gesetzlichen Voraussetzungen dafür vorliegen, solche unter Beachtung des Gesetzes- und Satzungsrechts und der von ihm vorgegebenen Maßstäbe zu verfolgen. Diese Verpflichtung ergibt sich zum einen aus der Aufgabe des Aufsichtsrats, die Geschäftsführung des Vorstands zu überwachen, und zum anderen daraus, dass der Aufsichtsrat die Gesellschaft gegenüber Vorstandsmitgliedern gerichtlich und außergerichtlich vertritt.[551] Ob diese Grundsätze auf den Verwaltungsrat übertragbar sind und eine Verfolgungspflicht von Schadensersatzansprüchen gegenüber den geschäftsführenden Direktoren bejaht werden muss, ist zu klären.

Die erste Voraussetzung die der Bundesgerichtshof verlangt hat, namentlich die Überwachungspflicht, ist gegeben. Der Verwaltungsrat hat die geschäftsführenden Direktoren zu überwachen. Dies ähnelt der Pflicht des Aufsichtsrats, den Vorstand zu überwachen.[552] Das Gericht fußt seine Erwägungen darüber hinaus auf die zusätzliche Voraussetzung der gerichtlichen und außergerichtlichen Vertretungsmacht des Aufsichtsrats. In einer monistischen SE vertreten jedoch die geschäftsführenden Direktoren die Gesellschaft gerichtlich und außergerichtlich, vgl. § 41 Abs. 1 S. 1 SEAG. Man könnte somit das Vorliegen diese Voraussetzung verneinen, womit eine Übertragung der ARAG/Garmenbeck-Grundsätze auf das Verhältnis Verwaltungsrat/geschäftsführende Direktoren scheitern müsste. Allerdings erfasst § 41 Abs. 1 S. 1 SEAG nur die reguläre Vertretung gegenüber Dritten. Auch dem Aufsichtsrat steht eine derartige Vertretung nicht zu. Vielmehr vertritt er die Gesellschaft nur in Bezug auf Ansprüche gegen den Vorstand oder seiner nächsten Angehörigen.[553] Dem Vorstand steht die reguläre Vertretung gegenüber Dritten zu. Entsprechend gestaltet sich die Situation in der monistischen SE. Die geschäftsführenden Direktoren vertreten die Gesellschaft in der Regel nur gegenüber Dritten, im Falle potentieller Ansprüche der Gesellschaft gegen ihre geschäftsführenden Direktoren übernimmt der Verwaltungsrat die gerichtliche und außergerichtliche Vertretung, vgl. § 41 Abs. 5 SEAG. Auf eine solche Situation stellt jedoch auch der Bundesgerichtshof ab, wenn er formuliert, dass der Aufsichtsrat die Gesellschaft *gegenüber* Vorstandsmitgliedern gerichtlich und außergerichtlich vertritt. Mithin sind die Voraussetzungen, die der Bundesgerichtshof für die Verpflichtung des Aufsichtsrats formuliert, entsprechend auf die Situation in einer monistischen SE anwendbar. Dem Verwaltungsrat obliegt

---

550 BGH, NJW 1997, 1926, 1927 – *Arag/Garmenbeck.*

551 BGH, NJW 1997, 1926, 1927 – *Arag/Garmenbeck.*

552 Dazu bereits 3. Teil § 13 I. e).

553 Vgl nur *Spindler,* in: Spindler/Stilz AktG, § 112 AktG Rdnr. 7.

die Pflicht, gegebenenfalls bestehende Haftungsansprüche der Gesellschaft gegen die geschäftsführenden Direktoren zu verfolgen.

Der Verwaltungsrat darf – entsprechend der ARAG/Garmenbeck-Doktrin – von der Durchsetzung nur ausnahmsweise bei mindestens gleichwertigen entgegenstehenden Belangen der Gesellschaft von der Anspruchsverfolgung absehen.[554] Freilich bleibt es wie im dualistischen System fraglich, ob der Verwaltungsrat in der Praxis tatsächlich seiner Verfolgungsverantwortung entspricht, da er bereits verpflichtet war, das Verhalten der geschäftsführenden Direktoren im Vorhinein zu überwachen und er somit mittelbar ein Defizit dieser Überwachungspflicht bei sich selbst eingestünde.[555] Hinzu kommen eine erfolgreiche Zusammenarbeit in der Vergangenheit und die Sorge um das künftige Miteinander.[556] In der monistischen SE ist diese Problematik noch verschärft, da dem Verwaltungsrat nicht nur weitreichendere Überwachungs- und Kontrollmöglichkeiten, z. B. anhand des Weisungsrechts, zustehen, sondern der Verwaltungsrat selbst den Rahmen der Tätigkeit der geschäftsführenden Direktoren mittels seiner Kompetenz zur Festsetzung der Grundlinien der Gesellschaft bestimmt hat. Ihn trifft somit eine gesteigerte Verantwortung in Bezug auf das mögliche Fehlverhalten seines verlängerten Arms. Auch ist zu fragen, ob der Verwaltungsrat Ansprüche gegen geschäftsführende Direktoren durchsetzt, die gleichzeitig ein Verwaltungsratsmandat bekleiden. Insofern ist die im dualistischen System bekannte Beißhemmung noch verstärkt.

bb) Ansprüche gegen Verwaltungsratsmitglieder

Vom Vorgenannten zu unterscheiden ist die Frage, ob der Verwaltungsrat auch verpflichtet ist, Haftungsansprüche gegen Mitglieder des Verwaltungsrats zu verfolgen. Dem Grunde nach kann auf die Grundsätze des ARAG/Garmenbeck-Urteil auch in dieser Richtung zurückgegriffen werden.[557] Im Sinne einer wertenden Betrachtung ergibt sich insoweit kein Unterschied zwischen den Pflichten in der monistischen SE und der dualistisch strukturierten AG. In der monistischen SE haben die Verwaltungsratsmitglieder eine Überwachungspflicht gegenüber dem eigenen Organ, zumindest in Bezug auf diejenigen Aufgaben, die der Verwaltungsrat tatsächlich ausübt.[558] Zwar handelt es sich insofern um eine Vollzugskontrolle über diejenigen Maßnahmen, die vom Organ selbst getroffen wurden. Diese Vollzugskontrolle manifestiert sich

554 *Metz,* Die Organhaftung bei der monistisch strukturierten Europäischen Aktiengesellschaft mit Sitz in Deutschland, S. 167.

555 Im dualistischen System bekannt unter dem Phänomen „Bisshemmung“ oder „Beißhemmung“ des Aufsichtsrats, vgl. nur *Bayer,* NJW 2014, 2546; *Bieder,* NZG 2015, 1178, 1179; *Fehrenbach,* AG 2015, 761, 763; *Wagner,* ZHR 178 (2014), 227, 239 f.; *Habersack,* ZHR 177 (2013), 782, 785 f.; *Ulmer,* in: FS Canaris, Bd. II, 2007, S. 451 f und bereits *Peltzer,* WM 1981, 346, 348 f.

556 Zum Vorstand so *Bieder,* NZG 2015, 1178, 1179.

557 *Verse,* in: SE-Recht, § 39 SEAG Rdnr. 26.

558 Zu den verschiedenen Überwachungspflichten bereits 3. Teil § 13 I. e).

letztlich aber in einer ureigenen Überwachungstätigkeit und entspricht insoweit den Voraussetzungen des ARAG/Garmenbeck-Urteils. Die Überwachungstätigkeit erstreckt sich auf die laufende Kontrolle der Tätigkeit des Verwaltungsrats und jedes seiner Mitglieder, um sie bei Missständen in Anspruch zu nehmen.[559] Mit der Überwachungsverpflichtung einher geht die Verpflichtung zur Verfolgung von möglichen Schadensersatzansprüchen.

Allerdings wäre es auch denkbar, diese Verfolgungspflicht nach § 41 Abs. 1 SEAG und § 40 Abs. 8 SEAG den geschäftsführenden Direktoren zuzuweisen.[560] Dafür könnte sprechen, dass der Verwaltungsrat die Verfolgung nicht wirkungsvoll ausübt, weil die Mitglieder ihresgleichen in Anspruch nehmen müssten. Weiterhin erscheint es nur konsequent, den prozessualen Vertretungsberechtigten auch die Verpflichtung aufzuerlegen, die zugrundeliegenden Ansprüche zu verfolgen. Ferner zieht das ARAG/Garmenbeck-Urteil die Vertretungsverhältnisse zur Begründung der Verfolgungspflicht heran. Man könnte daraus schließen, der Verwaltungsrat solle grundsätzlich nicht über die Inanspruchnahme von Verwaltungsratsmitgliedern entscheiden, da er damit zum Richter in eigener Sache würde. Dafür spricht auch die dem § 112 AktG – der im dualistischen System die Vertretungsmacht gerade für den Fall von Ansprüchen zwischen den Organen umkehrt – immanente Besorgnis, dass der Vorstand als regelmäßiges Vertretungsorgan die erforderliche Unbefangenheit nicht aufbringt, wenn einzelne seiner Mitglieder an dem fraglichen Rechtsverhältnis selbst beteiligt sind.[561]

Im Fall einer Verfolgungsverpflichtung der geschäftsführenden Direktoren würde man sich allerdings in einem kaum auflösbaren Kompetenzkonflikt befinden. Der Verwaltungsrat ist das übergeordnete Organ in der monistischen SE. Er hat ein umfassendes Weisungsrecht.[562] Die Verfolgungspflicht ergibt sich bereits aus der Organstellung des Verwaltungsrats und seiner Überwachungsaufgabe aus § 22 Abs. 1 SEAG.[563] Die Geltendmachung von Schadensersatzansprüchen gegenüber Verwaltungsratsmitgliedern ist dabei eine der mit der Gesamtverantwortung einhergehenden Überwachungspflicht korrelierende Leitungsaufgabe, für die dem Verwaltungsrat – ebenso wie bei allen anderen Geschäftsführungsmaßnahmen – das Letztentscheidungsrecht zusteht.[564] Aus diesem Grund kann der Verwaltungsrat den

---

559 So die Kategorisierung der Überwachungspflicht des Aufsichtsrats gegenüber dem Vorstand bei *Spindler,* in: MünchKommAktG, § 93 AktG Rdnr. 149.

560 Für eine Verfolgungspflicht der geschäftsführenden Direktoren etwa *Ihrig,* in: Bachmann/Casper/Schäfer/Veil, Steuerungsfunktion Haftungsrechts, S. 26 f.; *Ihrig,* ZGR 2008, 809, 822.

561 Vgl. zum Sinn und Zweck von § 112 AktG nur BGH, NJW 1988, 1384; Hüffer/Koch, AktG, § 112 Rdnr. 1; *Spindler,* in: Spindler/Stilz AktG, § 112 AktG Rdnr. 1.

562 Siehe dazu bereits 1. Teil § 4 II. a) bb) (2).

563 Zu § 111 AktG im Rahmen der Verfolgungspflicht des Aufsichtsrats so *Bieder,* NZG 2015, 1178, 1179.

564 *Reichert/Brandes,* in: MünchKommAktG, Art. 51 SE-VO Rdnr. 35; *Verse,* in: FS Hoffmann-Becking, 2013, S. 1283.

geschäftsführenden Direktoren auch dahingehend Weisungen erteilen, dass Verwaltungsratsmitglieder in Anspruch genommen werden oder nicht. Die von der Beschlussfassung betroffenen Verwaltungsratsmitglieder sollten dann aber nach § 34 BGB vom Stimmrecht ausgeschlossen werden.[565] Auf diese Weise wird sichergestellt, dass das Mitglied nicht in eigener Sache entscheiden kann. Im Übrigen könnten die geschäftsführenden Direktoren ohnehin jederzeit durch den Verwaltungsrat abberufen werden, was daran zweifeln lässt, ob sie zur Durchsetzung von Haftungsansprüchen tatsächlich besser geeignet wären.[566] Eine Ausnahme mag gelten, wenn sämtliche Verwaltungsratsmitglieder von einer persönlichen Inanspruchnahme betroffen wären. In diesem Fall kann man ihnen ein Notgeschäftsführungsrecht zugestehen.[567] Mangels eindeutiger Normgebung wäre für eine zweifelsfreie Behandlung ein Eingreifen des Gesetzgebers zu begrüßen.

b) USA

Die Entscheidung, ob die Gesellschaft Klage erhebt, liegt bei dem *board of directors* selbst, denn nach der gesetzlichen Ausgangslage führen die *directors* die Geschäfte der Gesellschaft.[568] Die *officer* sind in den Vereinigten Staaten lediglich Angestellte und es kommt ihnen keine Organqualität zu. Das *board* ist ohnehin vertretungsberechtigt und alle Kompetenzen der *officer* leiten sich allein vom *board* ab. Schwierigkeiten wie im deutschen Recht ergeben sich somit nicht und das *board* wird nach allgemeinen Grundsätzen im Rahmen seiner Führungsentscheidung dafür Sorge tragen müssen, dass schädigende Handlungen der *officer* zum Nachteil der Gesellschaft verfolgt werden.

Ein entsprechendes Bild ergibt sich bei Betrachtung der Verfolgungsverantwortung gegenüber *board*-Mitgliedern. *Directors* müssen, wenn sie nicht in ihrer Gesamtheit handeln, die Aufgabenerfüllung der anderen Mitglieder des *board* überwachen. Dies ist insbesondere im Falle der Bildung von *committees* von Relevanz. Die anderen Mitglieder werden von ihrer Verantwortung nicht frei und müssen mögliche Ansprüche auch verfolgen.

Eine Diskussion wie in Deutschland im Rahmen der ARAG/Garmenbeck-Entscheidung konnte in den USA nicht stattfinden. Denn auch im deutschen Rechtsraum besteht eine Überwachungsverantwortung der anderen Mitglieder innerhalb eines Organs bereits aufgrund der bestehenden Gesamtverantwortung. Die in dem Urteil entwickelte Pflicht zur Verfolgung von Ansprüchen wurde jedoch allein deswegen relevant, da zwischen Aufsichtsrat und Vorstand gerade keine Gesamtverantwortung besteht. In den USA besteht seit jeher nur ein Organ. Die problematischen

565 *Reichert/Brandes*, in: MünchKommAktG, Art. 51 SE-VO Rdnr. 36; *Drinhausen*, in: SE-Recht, Art. 51 SE-VO Rdnr. 20.

566 *Verse*, in: FS Hoffmann-Becking, 2013, S. 1283.

567 *Verse*, in: SE-Recht, § 39 SEAG Rdnr. 25.

568 Vgl. etwa In re Citigroup Inc. Shareholder Derivative Litigation, 964 A.2d 106 (2009).

Anwendungsfälle einer solchen Pflicht sind in den Vereinigten Staaten somit sehr gering. Vorstellbar sind beispielsweise Pflichtverletzungen eines *executive committee* die von den übrigen *directors* verfolgt werden sollten. Mögliche *duty of care*-Verletzungen werden jedoch in der Regel bereits durch die *business judgment rule* ausgeschlossen, sodass sich die Überwachungseingreifspflicht in der Regel auf *duty of loyalty* Pflichtverletzungen beziehen müsste. Allerdings besteht, z. B. im Falle einer treuwidrigen Handlung bei einer Transaktion, die (nachträgliche) Möglichkeit der Ratifizierung des Verhaltens. Wenn für eine solche Ratifikation nunmehr zusätzlich ein unabhängiges *committee* gebildet wird, wobei hierfür sogar schlichtweg neue *directors* berufen werden können, so offenbart sich die Unerheblichkeit einer solchen Klage in der Praxis.[569]

Weiterhin erscheint es unwahrscheinlich, dass *board* Member gegen andere *board* Mitglieder vorgehen, die im Rahmen einer speziellen Aufgabenverteilung gerade in ihrem Fachgebiet tätig wurden. Die Anforderungen an eine Verletzung der Überwachungspflicht sind derart hoch, dass eine hierauf basierende Klage selten Erfolg haben wird.[570]

c) Zwischenergebnis

Beiden Rechtsordnungen ist zunächst gemein, dass das Führungsorgan der Gesellschaft dazu verpflichtet ist, Haftungsansprüche der Gesellschaft gegen die nachfolgende Entscheidungsebene zu verfolgen. Dies ergibt sich bereits aus der allgemeinen Überwachungspflicht. Auch die Pflicht zur Verfolgung von Ersatzansprüchen gegenüber den Mitgliedern des Führungsorgans steht dem Führungsorgan selbst zu. Die in Deutschland aufgekommene Frage nach der möglichen Verfolgung durch die geschäftsführenden Direktoren, konnte in den USA nicht entstehen. Hier sind die *officer* nur angestellt und der gesetzlichen Konzeption nach ohne Kompetenzen. Ihre starke Stellung erhalten sie allein durch die gesellschaftsinterne Ausgestaltung. Diese Überlegungen sind zwar nicht unmittelbar auf das deutsche Verständnis übertragbar, da den geschäftsführenden Direktoren gesetzlich festgelegte Befugnisse zustehen. Allerdings kann der Grundgedanke des monistischen Systems übertragen werden. Dieser besagt, dass das Führungsorgan dem Grunde nach in jegliche Aufgabenbereiche zumindest eingreifen kann. Danach ist auch die Verfolgung von Ersatzansprüchen gegen eigene Organmitglieder eine maßgebliche Führungsaufgabe, die allein dem Leitungsorgan zusteht.

Das hierbei zutage tretende Überwachungsdefizit ist dem monistischen System immanent, da insofern kein weiteres Organ besteht, das dem übergreifenden

569 Siehe zu den hohen Hürden einer *derivative suit*, die die Ratifizierung einer Transaktion in Frage stellen soll bereits *Buxbaum*, Conflict-of-Interests Statutes and the Need for a Demand on Directors in Derivative Actions, 68 Cal. L. Rev. 1122, 1130 (1980).

570 Vgl. In re Citigroup Inc. Shareholder Derivative Litigation, 964 A.2d 106 (2009); In re Caremark International Inc. Derivative Litigation, 698 A.2d 959 (1996).

Leitungsanspruch des Führungsorgans entgegenstehen könnte. Mit der Besetzung des Führungsorgans, z. B. durch unabhängige Direktoren, wird versucht, diesem entgegenzuwirken. Dies kann nur partiell erfolgreich sein, da auch in diesem Fall die unabhängigen Direktoren selbst vorherige Überwachungsdefizite eingestehen müssten und folglich i. d. R. eine Pflichtverletzung begangen haben. Psychologisch betrachtet wird kein Mitglied Haftungsansprüche gegen andere Mitglieder verfolgen, wenn sie zu befürchten haben, selbst in Anspruch genommen zu werden, da sie ihrer Überwachungspflicht nicht hinreichend nachgekommen sind. Weiterhin bestehen mitunter persönliche Beziehungen zwischen den Mitgliedern, die einer Durchsetzung praktisch im Wege stehen werden. Schon im dualistischen System ist diese Beißhemmung nachweisbar. Im monistischen System ist dies aufgrund des fehlenden Aufsichtsrats weiter verstärkt. Möglicherweise kann hier nur ein zusätzlicher Mechanismus – beispielsweise die Stärkung der Aktionärsrechte – eine effektive Haftungsverfolgung gewährleisten und korrektiv eingreifen.[571] Ein Blick auf die USA zeigt zumindest, dass die Pflicht zur Verfolgung von Haftungsansprüchen gegen andere *board*-Mitglieder praktisch keine Relevanz hat. Entsprechende Haftungsansprüche werden allein mittels einer Aktionärsklage verwirklicht.

II. Compliance-Verantwortung

Als weitere Sonderpflicht wird im folgenden Abschnitt die *compliance*-Verantwortung in den Gesellschaften skizziert.

a) Deutschland

Compliance bezeichnet heute in der Regel die Gesamtheit aller Maßnahmen, die erforderlich sind, um ein rechtmäßiges Verhalten des Unternehmens, seiner Organmitglieder und Mitarbeiter hinsichtlich der gesetzlichen Ge- und Verbote zu gewährleisten.[572] Die Einrichtung einer ordnungsgemäßen *compliance*-Organisation ist in den vergangenen Jahren tief in das Bewusstsein der Entscheidungsträger in Unternehmen gedrungen. Es wurde zum Thema zahlreicher fachlicher Diskussionen, wobei sich insbesondere die Ausgestaltung im Einzelfall nach wie vor als schwierig und kaum generalisierbar darstellen lässt.

aa) Herleitung der compliance-Verantwortung

Den vorläufigen Höhepunkt der richterlichen Entwicklung markiert das „Siemens/Neubürger“ Urteil des LG München I.[573] Das Gericht legte einen „praktischen

571 Dazu noch 6. Teil § 32.

572 *Harbarth*, ZHR 179 (2015), 136, 138.

573 LG München I, NZG 2014, 345 – *Siemens/Neubürger*; das Urteil ist nicht rechtskräftig, die Berufung ist anhängig beim OLG München unter Az. 7 U 113/14. Bei der Siemens AG hatte sich ein System schwarzer Kassen gebildet, das durch Scheinberaterverträge ersetzt wurde. Trotz wiederholter Kenntnisnahme ergriffen

Prüfstein"[574] für die organisatorische Implementierung der *compliance*-Verantwortung dar. Hierbei blieb jedoch offen, woher diese Verantwortung herzuleiten ist. Teilweise wird sie mit einem Einzelverweis bzw. einer Einzelanalogie zu § 91 Abs. 2 AktG[575] gestützt, teilweise erfolgt eine Gesamtanalogie[576] zu verstreuten Regelungen (z. B. § 130 OWiG oder § 52 a Abs. 2 BImSchG, § 14 GeldwäscheG). Andere betrachten sie als unmittelbare Ausprägung der allgemeinen Leitungssorgfalt, insbesondere der Legalitätspflicht.[577] Für den Verwaltungsrat der SE ist diese – grundsätzlich rein akademische Frage – von Relevanz. Es muss nämlich festgestellt werden, ob dieses Organ eine entsprechende Verantwortung überhaupt trifft.

Für die monistische SE würde sich, vom Ergebnis gedacht, der Verweis auf § 91 Abs. 2 AktG anbieten. Die in § 22 Abs. 3 SEAG genannten Pflichten entsprechen wortlautgetreu dem § 91 Abs. 2 AktG. Insofern könnte die *compliance*-Verantwortung des Verwaltungsrats aus § 22 Abs. 3 SEAG (ggf. analog) hergeleitet werden. Schwieriger gestaltet sich die Gesamtanalogie zu einzelnen *compliance*-Vorschriften, da im Einzelfall geprüft werden müsste, ob die Verweisungstechnik der Verordnung eine Heranziehung der Normen zuließe. Die dargelegten Ansätze sind jedoch verfehlt. Die aktienrechtliche *compliance*-Verantwortung ist bereits aus der allgemeinen Leitungssorgfalt, insbesondere der Legalitätspflicht, herzuleiten. Diese verpflichtet ein Organmitglied, im Außenverhältnis sämtliche Rechtsvorschriften einzuhalten, die das Unternehmen als Rechtssubjekt treffen.[578] Hierbei erschöpft sich die Legalitätspflicht nicht in eigener Rechtstreue, sondern schließt eine Legalitätskontrolle anderer Personen ein. Die Aufgabe kommt in einer monistischen SE dem Verwaltungsrat als oberstes Leitungsorgan und nicht den geschäftsführenden Direktoren zu, denn die *compliance*-Verantwortung ist zentrale Aufgabe der Unternehmensleitung.[579] Auch in

---

die Vorstandsmitglieder keine weiteren Maßnahmen. Letztlich forderte der Aufsichtsrat der Siemens AG von den Vorstandsmitgliedern Schadensersatz aufgrund einer Verletzung von *compliance*-Pflichten.

574 *Fleischer,* NZG 2014, 321.

575 So etwa *Berg,* AG 2007, 271, 271 ff.; *Spindler,* WM 2008, 905, 908; *Schaupensteiner,* NZA-Beil 2011, 8, 10; *Schwintowski,* NZG 2005, 200, 201; *Melot de Beauregard/Gleich,* NJW 2013, 824, 825; *Passarge,* NZI 2009, 89, 89 f.; *Dreher,* ZGR 2010, 469, 519; *Dreher,* in: FS Hüffer, 2010, S. 171.

576 Vgl. *Schneider,* ZIP 2003, 645, 648 f.; *Eisele/Faust,* in: Schimansky/Bunte/Lwowski, BankR HB, § 109 Rdnr. 95a.

577 *Mertens/Cahn,* in: KölnKommAktG, § 91 AktG Rdnr. 35; *Krieger/Sailer-Coceani,* in: K. Schmidt/Lutter, AktG, § 93 AktG Rdnr. 10; *Rieder/Falge,* in: Inderst/Bannenberg/Poppe, Compliance, 2. Kapitel Rdnr. 7; *Bürkle,* BB 2005, 565, 567; *Immenga,* in: FS Schwark, 2009, S. 202; *Fleischer,* NZG 2014, 321, 322; *Merkt,* DB 2014, 2271, 2271; *Verse,* ZHR 175 (2011), 401, 404; *Goette,* ZHR 175 (2011), 388, 392; *Harbarth,* ZHR 179 (2015), 136, 151; *Bürgers,* ZHR 179 (2015), 173, 175; *Merkt,* ZIP 2014, 1705, 1707; *Busekist/Hein,* CCZ 2012, 41, 43.

578 Dazu bereits 3. Teil § 13 I. c).

579 *Fleischer,* CCZ 2008, 1, 3; *Lösler,* WM 2007, 676, 679; *Schneider,* ZIP 2003, 645, 647.

der SE monistischer Verwaltung gilt der verbandsrechtliche Grundgedanken: Wer im Verband Leitungsverantwortung trägt, den treffen entsprechende Sorgfaltspflichten.[580]

bb) Ausprägung der compliance-Verantwortung

(1) Ermessen bzgl. Ausgestaltung der compliance-Organisation

Dass die *compliance*-Pflicht erfüllt wird, steht nicht im Ermessen des Verwaltungsrats. Ein Ermessen bezüglich des „ob" existiert nicht. Anerkannt ist hingegen, dass der Geschäftsleitung bei der konkreten Ausgestaltung („wie") der *compliance*-Organisation ein Entscheidungsspielraum zusteht.[581] Dies muss auch für den Verwaltungsrat gelten. Verfehlt ist es daher, ohne Rücksicht auf die individuelle Situation des Unternehmens, bestimmte Organisationsanforderungen, wie etwa die Berufung eines *compliance*-Beauftragten oder die Aufstellung und Kommunikation von unternehmenseigenen *compliance*-Standards zwingend zu verlangen.[582]

(2) Delegation der Verantwortung

Als zentrale Aufgabe der Unternehmensleitung ist die *compliance*-Verantwortung dem Gesamtverwaltungsrat zugewiesen und somit delegationsfeindlich. Für eine *compliance*-Organisation gilt dementsprechend, dass der Verwaltungsrat alle grundlegenden Entscheidungen über die Einrichtung selbst treffen und kontrollieren muss.[583] Daraus folgt aber nicht, dass der Verwaltungsrat sämtliche Einzelmaßnahmen selbst treffen muss, denn gerade bei großen Unternehmen wäre dann eine ordnungsgemäße Pflichtenerfüllung nicht mehr möglich. Eine Ressortaufteilung ist hingegen unschädlich und ggf. sogar notwendig. Nur so kann gewährleistet werden, dass sich zumindest das ressortzuständige Mitglied umfassend mit dieser Aufgabe beschäftigt. Insbesondere in großen Unternehmen, die weltweit tätig werden und eine Vielzahl an Mitarbeitern beschäftigen, ist eine umfassende *compliance*-Organisation existenziell. Die Pflicht der anderen Organmitglieder wandelt sich im Falle einer Ressortaufteilung in eine Überwachungspflicht. Sofern sich Zweifel an der ordnungsgemäßen Pflichterfüllung des zuständigen Mitglieds offenbaren, kann sich hieraus jedoch wiederum eine Pflicht zur Intervention ergeben. Die Einrichtung einer *compliance*-Organisation, bei der verschiedene Personen auf diversen Hierarchieebenen *compliance*-Verantwortung tragen, kann in großen Unternehmen ebenso zur Notwendigkeit erwachsen.

---

580 So im Allgemeinen *Merkt,* DB 2014, 2271, 2272; *Merkt,* ZIP 2014, 1705, 1707 f.

581 Vgl. nur *Mertens/Cahn,* in: KölnKommAktG, § 91 AktG Rdnr. 36; *Spindler,* in: MünchKommAktG, § 91 AktG S. 66; *Merkt,* ZIP 2014, 1705, 1711; *Kort,* NZG 2008, 81, 84; *Fleischer,* NZG 2014, 321, 324; *Bachmann,* BB 2015, 771, 773; *Kremer/Klahold,* ZGR 2010, 113, 120 f.; *Goette,* ZHR 175 (2011), 388, 396 f.; *Hemeling,* ZHR 175 (2011), 368, 386; *Casper,* in: Liber Amicorum Martin Winter, 2011, S. 86 f.

582 Anders insoweit nur *Schneider,* ZIP 2003, 645, 649 f.

583 Zum Vorstand so *Bürkle,* in: Hauschka, Corporate Compliance, § 8 Rdnr. 12.

(3) Konkrete Anhaltspunkte zur Ausgestaltung

Verbindliche Leitlinien zur Ausgestaltung der *compliance*-Organisation sind angesichts der Vielgestaltigkeit und Komplexität an Aufgaben in Unternehmen kaum ausmachbar.[584] Einen gesetzlichen Anhaltspunkt geben beispielsweise die Spezialvorschriften für beaufsichtigte Unternehmen. Genannt seien hier nur § 25a KWG, § 64a VAG, § 33 WpHG und § 28 KAGB und die dazu ergänzend ergangenen aufsichtsbehördlichen Richtlinien. Gleiches kann ebenso der Prüfungsstandard 980 IDW liefern.[585] Allerdings ist diesbezüglich zu beachten, dass es sich um eine betriebswirtschaftlich konzipierte Systemprüfung handelt, die Rechtsrisiken kaum sachkundig beurteilen und situationsspezifische Organpflichten erst recht nicht erfassen kann.[586] Das LG München I stellte fest, dass es für die Ausgestaltung der *compliance*-Organisation auf Art, Größe und Organisation des Unternehmens, die zu beachtenden Vorschriften, geografische Präsenz und Verdachtsfälle in der Vergangenheit ankomme.[587]

Für die allgemeinen *compliance*-Pflichten bietet sich – bei entsprechender Anwendung auf den Verwaltungsrat – nach dem „Siemens/Neubürger"-Urteil folgende Systematisierung[588] an: Der Verwaltungsrat unterliegt zunächst Einrichtungs- und Ausgestaltungspflichten. D. h. das Organ muss bei entsprechender Gefährdungslage auf Grundlage einer spezifischen Risikoanalyse *compliance*-Richtlinien ausarbeiten (lassen) und bekanntmachen. Diese müssen ein klares Bekenntnis zur Rechtstreue enthalten und alle Unternehmensangehörigen zur Einhaltung der Vorgaben anweisen. Damit dies tatsächlich der täglichen Praxis entspricht, sind funktionsfähige Organisationsstrukturen einschließlich einer klaren Zuordnung der Verantwortlichkeiten und eine angemessene Ressourcenausstattung notwendig. Außerdem muss der Verwaltungsrat für die Einrichtung einer regelmäßigen und anlassbezogenen *compliance*-Berichterstattung sorgen. Weiterhin bestehen spezifische Verhaltenspflichten bei Verdachtsmomenten und Verstößen. Ergeben sich Anhaltspunkte für Regelverstöße, so muss der Verwaltungsrat unverzüglich einschreiten und eine unternehmensinterne Untersuchung einleiten. Dabei müssen die Untersuchungen eine hinreichende Tiefe aufweisen, weil sich nur so etwaige Überwachungsdefizite aufspüren und alsdann zukünftig vermeiden lassen. Hinsichtlich der Aufklärungsmittel besteht jedoch ein Gestaltungsspielraum. Hierbei kann nach pflichtgemäßem Ermessen auf interne Unterstützung durch die *compliance*-Abteilung oder die Interne Revision zurückgegriffen werden. Externe Sachverständige können ebenso

---

584 *Harbarth,* ZHR 179 (2015), 136, 153 ff. mit Aufzählung möglicher praxisrelevanter Maßnahmen; ausführlich auch *Nietsch,* ZGR 2015, 631, 658 ff.

585 Kritisch beleuchtet von *Merkt,* DB 2014, 2331, 2331 ff.; i. Ü. *Nietsch,* ZGR 2015, 631, 660.

586 *Fleischer,* NZG 2014, 321, 325.

587 LG München I, NZG 2014, 345 – *Siemens/Neubürger.*

588 Nach *Fleischer,* NZG 2014, 321, 326; ähnlich *Bürgers,* ZHR 179 (2015), 173, 176 ff. und *Nietsch,* ZGR 2015, 631, 658 ff.

eingeschaltet werden. Letztlich unterliegt der Verwaltungsrat Systemprüfungs- und Nachjustierungspflichten. Die *compliance*-Pflichten erschöpfen sich nicht in der einmaligen Einrichtung einer *compliance*-Organisation, sondern fordern eine kontinuierliche Anpassung, Fortentwicklung, Überwachung und Kontrolle.

b) USA

Auch das *board* unterliegt im U.S.-amerikanischen Recht der *compliance*-Verantwortung.

aa) Grundlegendes Fallrecht zur compliance-Verantwortung

Die *compliance*-Pflicht des *board* ist maßgeblich auf die Entscheidungen *In re Caremark International Inc. Derivative Litigation*[589] sowie auf *Stone v. Ritter*[590] zurückzuführen. Letztere hat die Maßstäbe konkretisiert und die Pflicht dogmatisch verortet.[591]

Nach der Entscheidung *In re Caremark International Inc. Derivative Litigation* besteht eine Verantwortung des *board* zur Einrichtung eines Überwachungssystems, um Rechtsverstöße aufzudecken.[592] Das *board* kann keinesfalls uneingeschränkt davon ausgehen, dass die Gesellschaft bzw. die Angestellten in Übereinstimmung mit rechtlichen Vorschriften handeln. Vielmehr hat das *board* "*the duty to attempt in good faith to assure that a corporate information and reporting system, which the board concludes is adequate, exists, and that failure to do so under some circumstances may, in theory at least, render a director liable for losses caused by non-compliance with applicable legal standards.*"[593] Die Entscheidung konkretisiert zwar einerseits die Pflicht zur Überwachung der Gesellschaft, andererseits werden an eine Verletzung der Verantwortlichkeit hohe Hürden gesetzt. Das Gericht führt aus, dass das Board seine Überwachungsaufgabe in einer "*sustained or systematic*"[594] Art missachten muss um einen Pflichtverstoß zu begründen. Hinsichtlich der Pflicht sicherzustellen, dass ein angemessenes Informationssystem besteht, beinhaltet dies ein vollkommenes Versagen der Verantwortlichen.

Dieser Standard wurde in *Stone v. Ritter* weiter ausgebaut. Demnach ist eine Haftung des *board* bzgl. *compliance*-Verstößen aus zwei Gesichtspunkten möglich: Das *board* muss entweder vollkommen (*utterly*) darin versagt haben, irgendeine Art von Report- oder Informationssystem zu implementieren. Ein Verstoß wird weiterhin bejaht, wenn das *board* im Falle der Installation eines entsprechenden

---

589 In re Caremark International Inc. Derivative Litigation, 698 A.2d 959 (1996).

590 Stone v. Ritter, 911 A.2d 362 (2006).

591 Dazu bereits 3. Teil § 13 II. b) bb)und 3. Teil § 14 II. c).

592 Die Entscheidung hat daneben auch die allgemeine Überwachungsaufgabe des *board* zum Gegenstand, siehe dazu bereits 3. Teil § 13 II. b) bb).

593 In re Caremark International Inc. Derivative Litigation, 698 A.2d 959 (1996).

594 In re Caremark International Inc. Derivative Litigation, 698 A.2d 959 (1996).

Systems bewusst (*consciously*) darin versagt hat, dieses System zu überwachen.[595] Dabei wird eine strenge subjektive Komponente verlangt. Entsprechend führt das Gericht aus: "*imposition of liability requires a showing that the directors knew that they were not discharging their fiduciary obligations*"[596]. Mithin wird zur Begründung einer Haftung positive Kenntnis der Pflichtverletzung verlangt. Letztlich wurden mit dieser Entscheidung die Überwachungsstandards für *board*-Mitglieder jedoch weiter untergraben. Die Formulierungen „*utterly failing*", also vollkommenes Versagen, und „*consicoulsy failing*", d.h. bewusstes Versagen, zeichnen ein eindeutiges Bild der Zurückhaltung bzgl. der Feststellung eines Pflichtenverstoßes im Bereich der *compliance*-Verantwortung. Die *compliance*-Pflicht ist somit zwar anerkannt, aber an einen Verstoß gegen die Pflicht und eine darauffolgende Haftung werden hohe Anforderungen gestellt.[597]

Die Überwachungspflicht im Sinne der *compliance*-Verantwortung wurde in *Re Citigroup, Inc. Shareholder Litigation*[598] bestätigt. Citigroup erwuchsen erhebliche Verluste aufgrund verschiedener *subprime*-Geschäfte im Rahmen der Finanzkrise. Die Aktionäre verklagten *CEO* Chuck Prince, da er darin versagt habe, das Risikoprofil der Bank hinreichend zu überwachen. Außerdem habe er das Risikomanagement der Bank nicht genügend gesteuert. Das Gericht wies die Ansprüche zurück. Die Richter bestätigten aber, dass das *board* ein Überwachungssystem einrichten müsse, das die Aktivitäten des Unternehmens hinsichtlich eines illegalen Verhaltens überwacht.[599] Gleichzeitig wird in der Entscheidung deutlich, dass die Judikative Delawares der Überwachungspflicht enge Grenzen setzt und dem *board of directors* einen erheblichen Ermessensspielraum zugesteht.[600] Diese Entwicklung mag – insbesondere im Hinblick auf die Erfahrungen in der Finanzkrise –verwundern. Es bleibt abzuwarten, ob die Gerichte in Zukunft andere Standards setzen werden.

bb) Kodifizierte Konkretisierungen der compliance-Verantwortung

Ergänzend zum bestehenden Richterrecht verlangt der *Sarbanes-Oxley Act of 2002*, dass Jahres- und Quartalsberichte von öffentlich gehandelten Gesellschaften einen

595 Stone v. Ritter, 911 A.2d 362 (2006).

596 Stone v. Ritter, 911 A.2d 362 (2006).

597 *Pan*, A Board's Duty to Monitor, 54 N.Y. L. Sch. L. Rev. 717, 733 (2010); ähnlich *Bainbridge*, Caremark and Enterprise Risk Management, 34 J. Corp. L. 967, 978 (2009). Allerdings wurde ebenso befürchtet, dass es zu einer größeren Anzahl von Haftungsfällen kommen könnte, da ein Anspruch, der sich auf eine Verletzung von *good faith* stützt, die Klagemöglichkeiten erweitert und auch die *business judgment rule* nicht greift. Zu diesen Befürchtungen: *Petrin*, Assessing Delaware's Oversight Jurisprudence: A Policy and Theory Perspective, 5 Va. L. & Bus. Rev. 433, 448 (2011).

598 In re Citigroup Inc. Shareholder Derivative Litigation, 964 A.2d 106 (2009).

599 In re Citigroup Inc. Shareholder Derivative Litigation, 964 A.2d 106 (2009).

600 So auch die Fälle In re Dow Chemical Co. Derivative Litigation, 2010 WL 66769 (2010); In re American International Group, Inc, 965 A.2d 763 (2009).

internen Kontrollreport enthalten müssen, der die verantwortlichen Führungspositionen zur Einrichtung und Unterhalten eines angemessenen internen Kontrollsystems nennt und auch zur Effektivität des Systems Stellung nimmt.[601] Den genauen Umfang und die tatsächliche Ausgestaltung eines *compliance*-System geben jedoch weder Richterrecht noch der *Sarbanes-Oxley Act of 2002* vor. Dies erscheint aufgrund der individuellen Eigenarten und Ausgestaltungen von Unternehmen auch kaum möglich. Vor diesem Hintergrund hat das Gericht im Einzelfall festzustellen, ob das System für die einzelne *corporation* angemessen war.

Konkretere Anhaltspunkte kann das *Corporate Director's Guidebook*[602] liefern, um zumindest Eckpunkte festzulegen, die von einer Gesellschaft bei der Einrichtung eines solchen Systems in Betracht gezogen werden müssen. Es wird angeregt, dass ein Unternehmen ein schriftlich festgehaltenes Regelwerk besitzt, welches den Prozess und den Umfang des *compliance*-Systems vorschreibt. Dieses Regelwerk müsse vom *board* regelmäßig auf Effektivität, inklusive einer Einschätzung des Umfangs und der Tiefe des Regelwerks, überprüft werden. Gleiches gilt für eine ordnungsgemäße Mitarbeiterschulung. In Hinblick auf besonders regulierte Unternehmen sollte diese Überprüfung durch das *board* entsprechend intensiver stattfinden. Die Aufgabe der Überwachung kommt hierbei häufig dem *audit committee* einem *risk committee* oder aber einem besonders zu gründendem *legal affairs committee* zu. Diese treffen sich regelmäßig mit den Verantwortlichen, um über mögliche *compliance*-Verstöße oder Klagen aufgeklärt zu werden. Weiterhin muss das *board* sicherstellen, dass die Angestellten informiert und regelmäßig hinsichtlich des Regelwerks geschult werden. Hiermit geht ein Training über Verhaltens- und Ethikregeln, Antidiskriminierungs- und Arbeitsrecht, Umwelt- und Gesundheitsrecht, Antikorruptionsrecht, Wettbewerbs- und Kartellrecht, Wertpapierrecht und Insidertrading sowie über sonstige Gesetze, die im Einzelfall anwendbar sein könnten, einher. Ein *compliance*-System soll regelmäßige Kontrollen beinhalten, Informationshotlines zur Verfügung stellen und ebenfalls eine Möglichkeit zum *whistle blowing* vorsehen. Weiterhin wird ein genaues Procedere festgelegt, welches einem möglichen Rechtsverstoß nachfolgt. Sämtlichen Personen, die mit möglichen compliance-Thematiken in Kontakt kommen, muss es jederzeit ermöglicht werden, den Chefsyndikus zu kontaktieren. Vorteilhaft wäre eine direkte Verbindungsmöglichkeit zum *board* oder zumindest zu dessen Ausschüssen.[603]

c) Zwischenergebnis

Die *compliance*-Pflicht trifft jeweils das Führungsorgan in den Gesellschaften. Als eine der essentiellen Pflichten zur Unternehmensleitung steht sie in den Vereinigten Staaten und in Deutschland keinem anderen Entscheidungsträger im Unternehmen

---

601 §404(a) Sarbanes-Oxley Act.

602 *Corporate Laws Committee,* Corporate Director's Guidebook (2011) p. 36.

603 Zu alledem: *Corporate Laws Committee,* Corporate Director's Guidebook (2011) p. 36.

zu. Eine Delegation einzelner Aufgaben an nachfolgende Ebenen ist möglich und auch sinnvoll. Beide Rechtsordnungen scheuen jedoch davor zurück, die Ausgestaltung eines ordnungsgemäßen *compliance*-Systems festzuschreiben. Aufgrund der zahlreichen Gestaltungsmöglichkeiten im Einzelfall wäre eine solch starre Systematisierung kaum möglich.

Die Skandale um Siemens haben die *compliance*-Verantwortung in den Fokus der deutschen Diskussion gerückt. In der Praxis werden zahlreiche Maßnahmen ergriffen um ihr nachzukommen. Dies ist nicht zuletzt auf das Risiko einer Inanspruchnahme der Verantwortlichen zurückzuführen. In den Vereinigten Staaten besteht grundsätzlich eine ähnliche Entwicklung. Allerdings zeigen sich insbesondere die Gerichte von Delaware abermals äußerst zurückhaltend gegenüber einer etwaigen Haftung der *board*-Mitglieder. Die Voraussetzungen einer Verletzung der *compliance*-Pflicht sind hoch und eine Haftung somit schwer zu konstruieren. Insoweit kann das U.S.-amerikanische Recht nicht als Vorbild für die deutsche Ausprägung dienen. Denn Pflichten können nur mithilfe einer effektiv präventiv wirkenden Haftungsandrohung durchgesetzt werden. Diese darf nicht durch allzu hohe Anforderungen untergraben werden. Sinnvoll erscheint jedoch die Einrichtung spezifischer Ausschüsse im Verwaltungsrat, welche sich ausschließlich mit *compliance* Thematiken auseinandersetzen und in der U.S.-Praxis bereits bestehen.

Im Hinblick auf das eingliedrige Führungssystem in Deutschland ist schließlich das Verhältnis von *compliance* Pflicht und Mitbestimmung konfliktreich. Bzgl. des dualen Systems wird von U.S-amerikanischer Seite eingeworfen, dass Arbeitnehmer mittels ihrer Beteiligung am Aufsichtsrat letztlich durch die eigenen Interessensvertreter überwacht werden.[604] Im dualen System hinkt diese Annahme unter dem Gesichtspunkt, dass der Vorstand unmittelbar verantwortlich für eine *compliance*-Struktur ist und damit eine zusätzliche Ebene zwischen den Interessensvertretern und den überwachten Arbeitnehmer gezogen wird. Im monistischen System ist dieses Problem jedoch gegeben, wenn tatsächlich eine unmittelbare Mitbestimmung im Verwaltungsrat stattfindet. In diesem Fall ist nämlich der Verwaltungsrat unmittelbar *compliance*-verantwortlich und enthält Interessensvertreter der Arbeitnehmer, die letztlich überwacht werden sollen.

III. Insolvenzantragspflicht

a) Deutschland

Gemäß § 22 Abs. 5 S. 2 SEAG hat der Verwaltungsrat bei Zahlungsunfähigkeit oder Überschuldung der Gesellschaft Insolvenzantrag nach § 15a Abs. 1 der Insolvenzordnung zu stellen.[605] Dort heißt es: „Wird eine juristische Person zahlungsunfähig oder überschuldet, haben die Mitglieder des Vertretungsorgans oder die Abwickler

604 *Elson/Ferrere/Goossen,* The Bug at Volkswagen: Lessons in Co-Determination, Ownership, and Board Structure, 27 J. Appl. Corp. Finance 4, 11 (2015).

605 Im Übrigen kommt § 92 Abs. 2 AktG entsprechend zur Anwendung.

ohne schuldhaftes Zögern, spätestens aber drei Wochen nach Eintritt der Zahlungsunfähigkeit oder Überschuldung, einen Eröffnungsantrag zu stellen." Der Wortlaut von § 15a Abs. 1 InsO stellt allerdings auf die Mitglieder des Vertretungsorgans ab. Vertreter der SE sind jedoch eigentlich die geschäftsführenden Direktoren. § 22 Abs. 5 S. 2 SEAG verweist andererseits explizit auf den Verwaltungsrat. Vom Verwaltungsrat wird faktisch etwas verlangt, was für ihn unmöglich ist.

Denkbar wäre dies insoweit, dass der Verwaltungsrat nicht unmittelbar persönlich verpflichtet wird den Insolvenzantrag zu stellen, sondern lediglich im Sinne einer Organisationspflicht dafür Sorge zu tragen hat, dass die geschäftsführenden Direktoren den Insolvenzantrag stellen, was er insbesondere mittels seines Weisungsrechts erreichen kann.[606] Diese Auslegung ist jedoch mit den Änderungen im Rahmen des MoMiG[607] unvereinbar. In Art. 18 wurde explizit nach dem Wort „Gesellschaft" die Formulierung „hat der Verwaltungsrat den Insolvenzantrag nach § 15a Abs. 1 der Insolvenzordnung zu stellen" eingefügt.[608] Diese Formulierung lässt keinen Spielraum für eine einfache Organisationspflicht des Verwaltungsrats zu. Die ausdrückliche Nennung der Insolvenzantragspflicht in § 22 Abs. 5 S. 2 ist allein erforderlich, um die Antragspflicht dem Verwaltungsrat zuzuweisen.[609] Der Verwaltungsrat ist somit zur Stellung des Insolvenzantrags verpflichtet, wenn die Gesellschaft zahlungsunfähig oder überschuldet ist.[610] Hierbei wird entgegen der unpräzisen Wortwahl jedes einzelne Verwaltungsratsmitglied erfasst. Dies entspricht dem Grundsatz der §§ 15 f InsO, die ebenfalls nicht auf das Gesamtorgan abzielen, sondern den Einzelnen verpflichten.[611] Bei einer börsennotierten Gesellschaft ist die Einreichung des Eröffnungsantrages grundsätzlich nach § 15 WpHG bekannt zu machen. Die Insolvenzantragspflicht führt dazu, dass der Verwaltungsrat gehalten ist, die wirtschaftliche Situation der Gesellschaft fortlaufend zu überprüfen.[612]

b) USA

Das U.S.-amerikanische Recht kennt keine Insolvenzantragspflicht, sondern nur ein Antragsrecht. Insbesondere der Schuldner muss zur Stellung eines Insolvenzantrages keine Insolvenzreifegründe darlegen. Vielmehr basiert die Entscheidung zur Eröffnung des Verfahrens auf einer freiwilligen Initiative. Zwar ist auch ein

---

606 *Schmidt,* NZI 2006, 627, 629; kritisierend auch *Teichmann,* in: Lutter/Hommelhoff/Teichmann, Anh. Art. 43 SE-VO § 22 SEAG Rdnr. 36.

607 Gesetz zur Modernisierung des GmbH-Rechts und zur Bekämpfung von Missbräuchen, BGBl. I S. 2026.

608 RegE MoMiG BT-Drucks 16/6140 S 19.

609 RegE MoMiG BT-Drucks 16/6140 S 59.

610 Zur alten Rechtslage i. E. ebenso Schwarz, SE-VO, Anh. Art. 43 Rdnr. 71; *Ihrig,* ZGR 2008, 809, 817; *Oechsler,* NZG 2005, 449, 452.

611 *Verse,* in: SE-Recht, § 22 SEAG Rdnr. 38.

612 Zum Vorstand so *Krieger/Sailer-Coceani,* in: K. Schmidt/Lutter, AktG, § 93 AktG Rdnr. 10.

Antrag der Gläubiger möglich, allerdings wird dieses Mittel in der Praxis nur in Ausnahmefällen gewählt. Der Grund liegt darin, dass sich Gläubiger gegenüber dem Schuldner schadensersatzpflichtig machen können, sofern ihre Antragsstellung letztlich unbegründet ist. In wenigen Ausnahmefällen könnte sich die Pflicht zur Stellung eines Antrags der *board*-Mitglieder aufgrund der *duty of loyalty* gegenüber der Gesellschaft ergeben.

Diskutiert wird allein die Frage, ob die allgemeinen Pflichten der *directors* im Falle der drohenden Insolvenz modifiziert werden müssen. Noch vor einiger Zeit ging man davon aus, dass die *directors* im Falle der drohenden Insolvenz nicht allein das Unternehmenswohl, sondern auch die Interessen anderer Betroffener, wie Aktionäre, Kreditgeber oder Angestellte in den Entscheidungsprozess einbeziehen müssen.[613] Jüngst wird jedoch wieder zunehmend darauf hingewiesen, dass allein das Unternehmenswohl zu beachten ist.[614]

c) *Zwischenergebnis*

Den Verwaltungsrat der monistischen SE trifft eine Insolvenzantragspflicht. Das U.S.-amerikanische Recht kennt eine solche Verpflichtung nicht, vielmehr besteht beim *board* allein ein Antragsrecht. Die Antragspflicht des deutschen Rechts dient primär dem Schutz der Gläubiger und der Allgemeinheit.[615] Das U.S.-amerikanische Insolvenzrecht beruht auf dem Grundsatz, dass es in vielen Konstellationen betriebs- und volkswirtschaftlich vorzugswürdig erscheint, ein finanziell angeschlagenes Unternehmen nicht zu zerschlagen, sondern in seiner Ganzheit fortzuführen und seine Schulden unter Beteiligung aller Gläubiger zu restrukturieren.[616] Das sog. Chapter 11 Verfahren, später teilweise als Vorbild zum deutschen Insolvenzplanverfahren verwendet, zeugt von dieser Grundidee, da es sich als Alternative zur Schuldnerliquidation großer Beliebtheit erfreut.[617] In dieser Hinsicht unterscheiden sich die Organpflichten aufgrund der abweichenden Grundkonzeption der Insolvenzrechte fundamental.

---

613 Zu dieser Entwicklung etwa *Silberglied,* Litigating Fiduciary Duty Claims in Bankruptcy Court and Beyond: Theory and Practical Considerations in an Evolving Environment, 10 J. Bus. & Tech. L. 181, 189 (2015).

614 So etwa *Lockwood,* Law of Corporate Officers and Directors (2014–2015) § 1:41.

615 Vgl. nur *Klöhn,* in: MünchKommInsO, § 15a Rdnr. 8 m.w.N.

616 Letztlich dient das allgemeine *bankruptcy law* zwei Zielen: Der möglichen Weiterführung des in finanzielle Schwierigkeiten geratenen Unternehmens und der Verständigung mit den Gläubigern, vgl. *Jackson,* The Logic and Limits of Bankruptcy Law (1986) p. 7 ff.

617 *Dickerson,* The Many Faces of Chapter 11: A Reply to Professor Baird, 12 Abi. L. Rev. 109, 114 (2004).

§ 16 Fazit zum 2. Teil

Die an die Organmitglieder gestellten Verhaltenspflichten zur Rückbindung der Interessen der Mitglieder des Leitungsorgans an die Interessen der Gesellschaft, aufgeteilt in Sorgfalts- und Treuepflichten, verlaufen in den Vereinigten Staaten und Deutschland weitestgehend parallel. Dies ist zwar bereits auf Ebene des dualistischen Systems feststellbar, im monistischen System jedoch noch offensichtlicher. Da sich die Gesellschaftsstrukturen insoweit ähneln, wird dem *principal-agent*-Problem mit vergleichbaren Anforderungen an das Verhalten der Führungsorgane begegnet. Die verbleibenden Unterschiede (z. B. umfangreiche Fallgruppenbildung im U.S.-amerikanischen Recht, Reichweite der Überwachungspflicht, Insolvenzantragspflicht in Deutschland etc.) sind auf die Besonderheiten und Unterschiede zwischen *common-law* und *civil-law* sowie abweichende Konzeptionen, beispielsweise des Zivilprozessrechts und des Insolvenzrechts, zurückzuführen. Weiterhin ist ersichtlich geworden, dass sich U.S.-amerikanische Gerichte zurückhaltend äußern, eine Pflichtverletzung festzustellen, da die Eigenverantwortung der Unternehmensführung als besonders schützenswert gilt.

4. Teil Materiell-rechtliche Voraussetzungen der Innenhaftung

Der 4. Teil der Arbeit widmet sich der Ausgestaltung der Innenhaftung und insbesondere den weiteren materiell-rechtlichen Voraussetzungen, die neben eine Pflichtverletzung treten. Es ist zu untersuchen, ob die Rechtsordnungen jeweils vergleichbare Voraussetzungen verlangen, um eine persönliche Haftung zu begründen.

§ 17 Innenhaftung der Mitglieder des Verwaltungsrats

Zunächst wird die Innenhaftung der Verwaltungsratsmitglieder gegenüber der Gesellschaft betrachtet.

I. Entwicklung der Innenhaftung in der SE

Die Entwürfe zu einem Statut für die SE von 1989 und 1991 enthielten noch gemeinschaftseinheitliche Vorgaben für die Organhaftung.[618] Das Konzept von 1991 sah in Art. 77 Abs. 2 eine zwingende gesamtschuldnerische Haftung aller Organmitglieder für eigenes und fremdes Fehlverhalten vor. Eine Beschränkung auf die Innenhaftung existierte nicht. Von dieser Konzeption wurde in der finalen Fassung Abstand genommen. Die Organhaftung ist eng mit dem allgemeinen Zivilrecht verbunden, sodass eine übergreifende Kodifikation zwischen den Staaten kaum konsensfähig war.[619] Dies hätte zu weiteren Verzögerungen im Gesetzgebungsverfahren geführt. Letztlich traf die ursprüngliche Konzeption auch auf Kritik in der Literatur, da keine Differenzierung zwischen den Funktionen und Aufgabenteilung innerhalb der Organe vorgesehen war.[620]

Bestimmungen hinsichtlich der Organhaftung finden sich heute in Art. 51 SE-VO. § 39 SEAG konkretisiert dies im deutschen Ausführungsgesetz. Art. 51 SE-VO verweist bzgl. der Innenhaftung der Organe für Schäden gegenüber der Gesellschaft durch eine Verletzung der ihnen bei der Ausübung ihres Amtes obliegenden gesetzlichen, satzungsgemäßen oder sonstigen Pflichten auf nationales Recht. § 39 SEAG

---

618 Art 77 Vorschlag für eine Verordnung (EWG) des Rates über das Statut der Europäischen Aktiengesellschaft, in: KOM (89) 268 endg.- SYN 218 = ABl. EG Nr. C 263/41 dazu *Hommelhoff,* AG 1990, 422, 428; Art. 77 Geänderter Vorschlag für eine Verordnung (EWG) des Rates über das Statut der Europäischen Aktiengesellschaft, in: KOM (91) 174 endg. – SYN 218 = ABl. EG Nr. C 176.

619 *Drinhausen,* in: Drinhausen/van Hulle/Maul, HB Europäische Gesellschaft, 5. Abschnitt § 3 Rdnr. 5; *Teichmann,* in: Lutter/Hommelhoff/Teichmann, Art. 51 SE-VO Rdnr. 5.

620 Vgl. etwa *Hommelhoff,* AG 2001, 279, 283 f.; *Hommelhoff,* AG 1990, 422, 428; *Schwarz,* ZIP 2001, 1847, 1856.

übernimmt diese Vorgabe, indem die Vorschrift für Sorgfaltspflichten und Verantwortlichkeit der Verwaltungsratsmitglieder § 93 AktG für anwendbar erklärt.[621]

II. Rechtsquellen der Innenhaftung

Art. 51 SE-VO bestimmt, dass die Mitglieder des Leitungs-, Aufsichts- oder Verwaltungsorgans gemäß den im Sitzstaat der SE für Aktiengesellschaften maßgeblichen Rechtsvorschriften für den Schaden, welcher der SE durch eine Verletzung der ihnen bei der Ausübung ihres Amtes obliegenden gesetzlichen, satzungsmäßigen oder sonstigen Pflichten entsteht, haften. Dem Wortlaut nach verweist die Bestimmung somit auf das dualistische wie auch auf das monistische Leitungssystem, da die Norm die Organe beider Systeme erwähnt. Bei Art. 51 SE-VO handelt es sich um eine Spezialverweisung,[622] die auf die haftungsrechtlichen Vorschriften des Rechts des Sitzstaates verweist.[623] Hiermit wird auf den gesamten Rechtsbereich der Organhaftung verwiesen und nicht auf bloße Teilgebiete.[624] Es liegt eine dynamische Verweisung vor, die sich auf das mitgliedsstaatliche Recht in seiner jeweils gültigen Fassung einschließlich des Richterrechts bezieht.[625]

Art. 51 SE-VO enthält als Verweisungstatbestand Ausprägungsmerkmale der Haftung selbst. So wird der Tatbestand inklusive Adressat, Schaden, Kausalität und Pflichtverletzung sowie die Rechtsfolge der Haftung aufgeführt. Detailliertere inhaltliche Vorgaben trifft die Bestimmung jedoch nicht. Vielmehr soll die Haftung dem einzelnen Mitgliedsstaat überlassen bleiben. Der nationale Gesetzgeber hat einen weiten Spielraum zur Ausgestaltung der Haftung.[626] Dessen Grenze liegt im europäischen Grundsatz des *effet utile*[627] und in den wenigen Vorgaben des Art. 51 SE-VO. Anspruchsgrundlage der Gesellschaft gegen die Mitglieder des Verwaltungsrats ist § 93 Abs. 1 S. 1, Abs. 2 S. 1 AktG, nicht etwa Art. 51 SE-VO. Da die Verweisung des Art. 51 SE-VO mangels monistischen Systems in Deutschland ins Leere gelaufen wäre, war der deutsche Gesetzgeber gezwungen, § 39 SEAG zu schaffen, der bzgl. der Haftung der Verwaltungsratsmitglieder auf § 93 AktG Bezug nimmt.[628] Das Haftungsregime der SE soll sich am bestehenden Haftungsregime der

---

621 Für die geschäftsführenden Direktoren, siehe § 40 Abs. 8 SEAG.

622 Art. 51 SE-VO geht als Spezialverweisung der Generalverweisung des Art. 9 Abs. 1 lit. c vor, vgl. *Reichert/Brandes,* in: MünchKommAktG, Art. 51 SE-VO Rdnr. 2.

623 *Eberspächer,* in: Spindler/Stilz AktG, Art. 51 SE-VO Rdnr. 1; *Teichmann,* in: Lutter/Hommelhoff/Teichmann, Art. 51 SE-VO Rdnr. 5; *Hommelhoff,* AG 2001, 279, 283; *Hirte,* NZG 2002, 1, 5; *Lutter,* BB 2002, 1, 5.

624 *Reichert/Brandes,* in: MünchKommAktG, Art. 51 SE-VO Rdnr. 2.

625 *Drinhausen,* in: SE-Recht, Art. 51 SE-VO Rdnr. 1; *Brandt/Scheifele,* DStR 2002, 547, 553; *Hirte,* NZG 2002, 1, 2; *Teichmann,* ZGR 2002, 383, 398 f.

626 *Siems,* in: KölnKommAktG, Anh. Art. 51 SE-VO § 39 SEAG Rdnr. 1.

627 *Siems,* in: KölnKommAktG, Art. 51 SE-VO Rdnr. 9.

628 *Teichmann,* in: HB Managerhaftung, § 5 Rdnr. 13; *Teichmann,* in: Lutter/Hommelhoff/Teichmann, Art. 51 SE-VO Rdnr. 18.

Mitgliedsländer orientieren.[629] Die entsprechende Anwendung von § 93 AktG nach § 39 SEAG stimmt inhaltlich mit dem Verständnis von „sinngemäß" im Rahmen des Verweises der Haftung des Aufsichtsrats in § 116 AktG überein.[630]

III. Voraussetzungen des Innenhaftungsanspruchs nach § 39 SEAG i. V. m. § 93 AktG

Anspruchsgrundlage für die Innenhaftung der Verwaltungsratsmitglieder gegenüber der Gesellschaft ist § 39 SEAG i. V. m. § 93 Abs. 1 S. 1, Abs. 2 S. 1 AktG. Die Voraussetzungen lauten demnach: Pflichtverletzung, Verschulden, Schaden, kein Ausschluss des Anspruchs und keine Verjährung. Daneben müssen Aktiv- und Passivlegitimation vorliegen. Haben mehrere Verwaltungsratsmitglieder ihre Pflichten verletzt, haften sie als Gesamtschuldner.[631] Die Gesellschaft kann also ein einzelnes Mitglied auf den Ersatz des gesamten Schadens in Anspruch nehmen. Ein etwaiger Ausgleich erfolgt dann im Verhältnis zwischen den Verwaltungsratsmitgliedern.

Ist in der regulären Aktiengesellschaft streitig, ob die Mitglieder des Vorstands die Sorgfalt eines ordentlichen und gewissenhaften Geschäftsleiters angewandt haben, so trifft sie die Beweislast gemäß § 93 Abs. 2 S. 2 AktG. Diese Beweislastverteilung gilt auch für Verwaltungsratsmitglieder.[632] Hierin liegt eine Abkehr von der allgemeinen zivilprozessualen Beweislastverteilung. Dieses Vorgehen beruht auf dem Gedanken der Sachnähe: Das betreffende Organmitglied soll die Umstände seines Handelns und die Gesichtspunkte, die für ein pflichtgemäßes Verhalten sprechen, besser überblicken können als die Gesellschaft, die häufig in Beweisnot geriete. Im Übrigen können Ermessensentscheidungen regelmäßig nur dann auf ihre Pflichtgemäßheit überprüft werden, wenn die Organmitglieder darlegen, welche Überlegungen im Einzelfall für sie maßgeblich waren.[633]

a) Aktiv- und Passivlegitimation

Die Gesellschaft ist hinsichtlich des Haftungsanspruchs gegen das Organmitglied aktivlegitimiert. Der Anspruchsgegner muss Verwaltungsratsmitglied sein. Die Haftung beginnt mit dem Verwaltungsratsamt, da § 93 Abs. 2 S. 1 AktG an der

---

629 *Messow,* Die Anwendbarkeit des Deutschen Corporate Governance Kodex auf die Societas Europaea (SE), S. 160.

630 RegE SEEG, BT-Drucks. 15/3405, S. 39.

631 *Reichert/Brandes,* in: MünchKommAktG, Art. 51 SE-VO Rdnr. 11; vgl. zum Vorstand *Krieger/Sailer-Coceani,* in: K. Schmidt/Lutter, AktG, § 93 AktG Rdnr. 30; Hüffer/Koch, AktG, § 93 Rdnr. 57.

632 *Reichert/Brandes,* in: MünchKommAktG, Art. 51 SE-VO Rdnr. 11; *Eberspächer,* in: Spindler/Stilz AktG, Art. 51 SE-VO Rdnr. 5.

633 Gründe nach *Fleischer,* in: Spindler/Stilz AktG, § 93 AktG Rdnr. 220; ähnlich: *Spindler,* in: MünchKommAktG, § 93 AktG Rdnr. 180; *Dauner-Lieb,* in: Henssler/Strohn, GesR, § 93 AktG Rdnr. 36.

organschaftlichen Stellung anknüpft.[634] Damit endet im Umkehrschluss die Haftung mit wirksamer Beendigung des Amtes. Die Fehlerhaftigkeit der Bestellung steht einem Haftungsanspruch nicht entgegen.[635] Auch das Verwaltungsratsmitglied, welches trotz fehlerhaften Bestellungsaktes wie ein Verwaltungsratsmitglied auftritt, kann persönlich in Anspruch genommen werden.[636] Das Mitglied treffen aber auch nach offizieller und tatsächlicher Beendigung des Amtes noch nachwirkende Pflichten. Hierunter fallen etwa die Verschwiegenheits- bzw. die Treuepflicht.

b) Pflichtverletzung und Vertretenmüssen

aa) Pflichtverletzung

§ 93 Abs. 2 S. 1 AktG verlangt zunächst das Vorliegen einer Pflichtverletzung. Hierunter fällt der Verstoß gegen eine Verhaltenspflicht die auf Gesetz, Satzung oder Geschäftsordnung beruht.[637] Umfasst sind nur solche Pflichten, die den Organmitgliedern *gegenüber der Gesellschaft* zufallen. Dies ergibt sich aus dem Schutzzweck der einzelnen Norm.[638] Als Pflichtverletzungen gelten somit insbesondere die Verstöße der bereits dargestellten Verhaltenspflichten, namentlich Sorgfalts- und Treuepflichten. Pflichten, die dem Verwaltungsrat gegenüber anderen Organen auferlegt sind, z. B. gegenüber der Hauptversammlung, sind grundsätzlich auch Pflichten, die dem Verwaltungsrat gegenüber der Gesellschaft obliegen.[639] Eine Konkretisierung der Pflichten erfolgt anhand der *business judgment rule* des § 93 Abs. 1 S. 2 AktG.[640] Mangels Anstellungsvertrages[641] – zumindest für die nicht-geschäftsführenden Direktoren im Verwaltungsrat – können hieraus auch keine weiterführenden Verantwortungsbereiche abgeleitet werden. Eine Haftung wird nur bei Verletzung solcher Pflichten ausgelöst, die Organmitglieder bei der Ausübung ihres Amtes treffen.

---

634 Zum Vorstand so *Krieger/Sailer-Coceani,* in: K. Schmidt/Lutter, AktG, § 93 AktG Rdnr. 2; *Hopt/Roth,* in: GroßKommAktG, § 93 Rdnr. 351; zum Aufsichtsrat *Habersack,* in: MünchKommAktG, § 116 Rdnr. 14.

635 Zum Vorstand *Krieger/Sailer-Coceani,* in: K. Schmidt/Lutter, AktG, § 93 AktG Rdnr. 3; zum Aufsichtsrat *Habersack,* in: MünchKommAktG, § 116 Rdnr. 14; *Hopt/Roth,* in: GroßKommAktG, § 93 Rdnr. 362; *Spindler,* in: MünchKommAktG, § 93 AktG Rdnr. 18.

636 Ausführlich zu diesem Streitpunkt im Vorstandsrecht etwa *Hopt/Roth,* in: GroßKommAktG, § 93 Rdnr. 362; *Spindler,* in: MünchKommAktG, § 93 AktG Rdnr. 18, ablehnend *Mertens/Cahn,* in: KölnKommAktG, § 93 AktG Rdnr. 43.

637 Art. 51 SE-VO zählt insofern gesetzliche, satzungsmäßige und sonstige Pflichten auf.

638 Vgl. zum Vorstand nur *Spindler,* in: MünchKommAktG, § 93 AktG Rdnr. 145.

639 Zum Vorstand so *Spindler,* in: MünchKommAktG, § 93 AktG Rdnr. 145.

640 Dazu noch 5. Teil § 22 I.

641 Dazu bereits 1. Teil § 4 II. b).

Schäden, die die Mitglieder der Gesellschaft nur bei Gelegenheit der Amtsführung zufügen, zählen nicht dazu.[642]

Im Rahmen der Pflichtverletzung sind insbesondere die umfassende Verantwortung für Leitungsaufgaben und die Überwachungspflicht im Falle einer Geschäftsverteilung zu berücksichtigen.[643] Schließlich sind Besonderheiten bei Mehrheitsbeschlüssen zu beachten. Sofern ein Verwaltungsratsmitglied bei einem pflichtverletzenden Beschluss überstimmt wird, entfällt hierdurch nicht die Verantwortlichkeit des Einzelnen. Vielmehr muss das betroffene Mitglied zumutbare Schritte einleiten, um die Ausführung des Beschlusses zu verhindern.[644] Im Vorstandsrecht werden diesbezüglich z. B. die Aufklärung innerhalb des Organs und die Information des Aufsichtsrats genannt.[645] Da im monistischen System kein Aufsichtsrat besteht, kann dort nur die Klärung innerhalb des Organs ein zumutbares Mittel sein. Es sollten insoweit keine überzogenen Anforderungen an das Mitglied gestellt werden, denn aufgrund der Verschwiegenheitspflicht dürfen interne Informationen nicht nach Außen weitergegeben werden.[646] Hierdurch bleiben die Handlungsvarianten für das überstimmte Mitglied allerdings gering.

bb) Vertretenmüssen

Im unmittelbaren Anwendungsbereich des § 91 Abs. 1 AktG ist anerkannt, dass die Vorschrift eine Doppelfunktion ausübt, denn sie beschreibt nicht nur generalklauselartig objektive Verhaltenspflichten der Adressaten, sondern statuiert gleichsam einen Verschuldensmaßstab.[647] Nichts Anderes gilt für die Anwendung der Vorschrift im Rahmen des Verwaltungsrats. Voraussetzung für einen Schadensersatzanspruch ist somit eine vorsätzliche oder fahrlässige Verletzung der geschuldeten Sorgfalt eines ordentlichen und gewissenhaften Geschäftsleiters. Es handelt sich um eine Haftung für eigenes Verschulden, das für das Verwaltungsratsmitglied auch in einem Auswahl- oder Überwachungsverschulden bestehen kann.[648] Dieses wird gemäß § 93 Abs. 2 S. 2 AktG vermutet. Aufgrund der typisierten Betrachtung ist bei der Feststellung eines objektiven Sorgfaltspflichtverstoßes regelmäßig auch

642 *Drinhausen,* in: SE-Recht, Art. 51 SE-VO Rdnr. 11; *Siems,* in: KölnKommAktG, Art. 51 SE-VO Rdnr. 4.

643 Dazu bereits 3. Teil § 13 I. d) und 3. Teil § 13 I. e).

644 *Hopt/Roth,* in: GroßKommAktG, § 93 Rdnr. 370; *Hölters,* in: Hölters, AktG, § 93 AktG Rdnr. 241.

645 Vgl. *Krieger/Sailer-Coceani,* in: K. Schmidt/Lutter, AktG, § 93 AktG Rdnr. 33; *Spindler,* in: MünchKommAktG, § 93 AktG Rdnr. 167; *Hölters,* in: Hölters, AktG, § 93 AktG Rdnr. 251.

646 *Krieger/Sailer-Coceani,* in: K. Schmidt/Lutter, AktG, § 93 AktG Rdnr. 33; *Hopt/Roth,* in: GroßKommAktG, § 93 Rdnr. 372.

647 Hüffer/Koch, AktG, § 93 Rdnr. 5; *Hopt/Roth,* in: GroßKommAktG, § 93 Rdnr. 43; *Spindler,* in: MünchKommAktG, § 93 AktG Rdnr. 21; *Krieger/Sailer-Coceani,* in: K. Schmidt/Lutter, AktG, § 93 AktG Rdnr. 6; *Hopt,* in: FS Mestmäcker, 1996, S. 916.

648 *Verse,* in: SE-Recht, § 39 SEAG Rdnr. 20.

von der subjektive Pflichtwidrigkeit auszugehen.[649] Die Vorwerfbarkeit ist dann bereits Bestandteil der Pflichtverletzung.[650] Auf der Ebene des Verschuldens bleibt somit die Prüfung möglicher subjektiver Ausschlussgründe, die trotz Vorliegen des objektiven Maßstabs aus § 93 Abs. 1 S. 1 AktG noch weiter bestehen können.[651] Hierzu zählen individuelle Entschuldigungsgründe wie unvermeidbare Irrtümer[652] und die Verschuldensfähigkeit.[653] Der typisierte Verschuldensmaßstab stellt somit Anforderungen an die Fähigkeiten und Kenntnisse der Mitglieder des Verwaltungsrats. Persönliche Unfähigkeit oder Unkenntnis können das Verschulden nicht entfallen lassen.[654] Eine Zurechnung des Verschuldens von anderen Organmitgliedern, Angestellten der Gesellschaft oder anderen Beratern, etwa nach den §§ 278, 831 BGB, findet nicht statt.[655] Dies gilt insbesondere auch für ein Fehlverhalten der geschäftsführenden Direktoren.[656] Ein Mitverschulden der Gesellschaft nach § 254 BGB kommt grundsätzlich bei Fällen in Betracht, in denen die Gesellschaft nach Ausscheiden des Mitglieds versäumt hat, den Schaden zu mindern.[657]

c) Schaden und Kausalität

Auch in der monistischen SE kommen im Rahmen der Organhaftung die Grundsätze über Kausalität und Schaden zur Anwendung. Für die Ermittlung des Schadens geschieht dies primär über die §§ 249 ff. BGB.[658] Hierbei muss die Minderung des Wertes des Vermögens der Gesellschaft gegenüber der Vermögenssituation, die ohne das pflichtwidrige Handeln bestünde, ermittelt werden.[659] Erfasst wird insbesondere auch der entgangen Gewinn gemäß § 252 BGB, der bei regelmäßigen Umständen

---

649 *Hopt,* in: FS Mestmäcker, 1996, S. 916.

650 *Frodermann,* in: Jannott/Frodermann, HB der Europäischen Aktiengesellschaft, 5. Kapitel Rdnr. 297.

651 Für den Vorstand: *Grigoleit/Tomasic,* in: Grigoleit, AktG, § 93 AktG Rdnr. 60.

652 Zu Rechtsirrtümern bei unklarer Rechtslage 5. Teil § 22 I. a) aa).

653 *Metz,* Die Organhaftung bei der monistisch strukturierten Europäischen Aktiengesellschaft mit Sitz in Deutschland, S. 229.

654 Zum Vorstand: BGHZ 95, 1295; i. Ü. *Krieger/Sailer-Coceani,* in: K. Schmidt/Lutter, AktG, § 93 AktG Rdnr. 34.

655 *Verse,* in: SE-Recht, § 39 SEAG Rdnr. 20; zum Vorstand Hüffer/Koch, AktG, § 93 Rdnr. 46; *Spindler,* in: MünchKommAktG, § 93 AktG Rdnr. 179.

656 *Eberspächer,* in: Spindler/Stilz AktG, Art. 51 SE-VO Rdnr. 8.

657 Vgl. zum Geschäftsführer OLG Oldenburg, NZG 2007, 434, 438 f.; zum Vorstand entsprechend *Hopt/Roth,* in: GroßKommAktG, § 93 Rdnr. 404.

658 *Drinhausen,* in: SE-Recht, Art. 51 SE-VO Rdnr. 17; Schwarz, SE-VO, Art. 51 Rdnr. 18.

659 Damit ist der allgemeine Schadensbegriff im Rahmen des § 93 Abs. 2 AktG anwendbar, vgl. *Hopt/Roth,* in: GroßKommAktG, § 93 Rdnr. 408; Hüffer/Koch, AktG, § 93 Rdnr. 47; *Spindler,* in: MünchKommAktG, § 93 AktG Rdnr. 173; *Fleischer,* in: Spindler/Stilz AktG, § 93 AktG Rdnr. 213; *Krieger/Sailer-Coceani,* in: K. Schmidt/Lutter, AktG, § 93 AktG Rdnr. 30.

zu erwarten gewesen wäre.[660] Vorteile, die aus dem schadensstiftenden Ereignis erwachsen sind, muss sich die Gesellschaft aber ebenfalls anrechnen lassen.[661] Bereits der Verordnung ist in Art. 51 SE-VO zu entnehmen, dass der Begriff des Schadens grundsätzlichen in einem weiten Sinne zu verstehen ist und jeden Vermögensnachteil erfasst, insbesondere also mittelbare, unmittelbare, wirtschaftliche und immaterielle Schäden.[662] Das Erfordernis der haftungsausfüllenden Kausalität ergeht ebenso bereits aus der SE-VO.[663] Die Prüfung der Kausalität, insbesondere im Sinne der Äquivalenztheorie, richtet sich nach nationalem Recht.[664]

IV. Besondere Personengruppen

Zu klären ist, ob bestimmte Personengruppen innerhalb des Organs gesonderte Haftungsmaßstäbe treffen, die von denen der anderen Mitglieder abweichen.

a) Arbeitnehmervertreter

Arbeitnehmervertreter sind vollwertige Mitglieder des Verwaltungsrats. Ihnen erwachsen einerseits die identischen Rechte, aber spiegelbildlich auch die identischen Pflichten wie den übrigen Mitgliedern des Organs.[665] Man könnte hiergegen einwenden, dass im Verwaltungsrat – im Gegensatz zum (mitbestimmten) Aufsichtsrat – Leitungsaufgaben wahrgenommen werden und Arbeitnehmervertreter i. d. R. nicht über die entsprechenden Erfahrungssätze und Fähigkeiten verfügen. Insofern könnte man ihnen aufgrund des vermeintlich gesteigerten Haftungsrisikos Entlastungen zusprechen. Das an die übrigen Verwaltungsratsmitglieder angepasste Haftungsrisiko ist jedoch die „Kehrseite der Medaille"[666] der Wahrnehmung von Führungsaufgaben in einem Leitungsorgan.[667] Häufig wird Arbeitnehmervertretern ohnehin nur eine

---

660 Zum Vorstand *Hopt/Roth,* in: GroßKommAktG, § 93 Rdnr. 409.

661 Zum Vorstand BGH, NZG 2013, 293, 295 f. – *Corealcredit Bank; Hopt/Roth,* in: GroßKommAktG, § 93 Rdnr. 410; Hüffer/Koch, AktG, § 93 Rdnr. 49; *Grigoleit/Tomasic,* in: Grigoleit, AktG, § 93 AktG Rdnr. 65; *Bayer,* in: FS K. Schmidt, 2009, S. 93 ff.

662 *Siems,* in: KölnKommAktG, Art. 51 SE-VO Rdnr. 4; *Drinhausen,* in: SE-Recht, Art. 51 SE-VO Rdnr. 17; *Teichmann,* in: Lutter/Hommelhoff/Teichmann, Art. 51 SE-VO Rdnr. 10.

663 *Drinhausen,* in: SE-Recht, Art. 51 SE-VO Rdnr. 17.

664 *Siems,* in: KölnKommAktG, Art. 51 SE-VO Rdnr. 4; *Drinhausen,* in: SE-Recht, Art. 51 SE-VO Rdnr. 17.

665 *Teichmann,* in: Lutter/Hommelhoff/Teichmann, Anh. Art. 43 SE-VO § 39 SEAG Rdnr. 4; *Reichert/Brandes,* in: MünchKommAktG, Art. 51 SE-VO Rdnr. 14; *Siems,* in: KölnKommAktG, Anh. Art. 51 SE-VO § 39 SEAG Rdnr. 39.

666 *Siems,* in: KölnKommAktG, Anh. Art. 51 SE-VO § 39 SEAG Rdnr. 22.

667 *Verse,* in: SE-Recht, § 39 SEAG Rdnr. 4; *Siems,* in: KölnKommAktG, Anh. Art. 51 SE-VO § 39 SEAG Rdnr. 22; *Reichert/Brandes,* in: MünchKommAktG, Art. 51 SE-VO Rdnr. 14; *Mauch,* Das monistische Leitungssystem in der Europäischen Aktiengesellschaft, S. 193; *Gruber/Weller,* NZG 2003, 297, 299 f.

Überwachungspflichtverletzung gegenüber anderen Organmitgliedern vorgeworfen werden, da zu erwarten ist, dass Arbeitnehmervertreter tendenziell als nicht-geschäftsführende Direktoren in den Verwaltungsrat entsandt werden. Sofern ein derartiges Haftungsrisiko nicht gewünscht ist, bietet sich im Vorhinein die Vereinbarung eines abweichenden Mitbestimmungssystems an.[668]

b) Geschäftsführende und nicht-geschäftsführende Direktoren

Bezüglich der Unterscheidung von geschäftsführenden und nicht-geschäftsführenden Direktoren im Verwaltungsrat ist der Pflichtenmaßstab anhand der bereits erläuterten Modifizierung der Gesamtverantwortung zu bestimmen.[669] Nicht-geschäftsführenden Direktoren kommt demnach häufig nur eine Überwachungsfunktion zu, wenn spezifische Aufgaben an andere Mitglieder des Verwaltungsrats übertragen wurden. Soweit die Verwaltungsratsmitgliedschaft und das Amt als geschäftsführender Direktor zusammenfallen sind Besonderheiten zu beachten. Im Rahmen der Geschäftsführung (hier: der Aufgabe nach § 40 Abs. 2 SEAG) haften die geschäftsführenden Direktoren dann nach § 40 Abs. 8 SEAG i. V. m. § 93 AktG und nicht über den Verweis nach § 39 SEAG. Im Einzelfall ist somit zu ermitteln, worin die Pflichtverletzung genau liegt. Soweit den nicht-geschäftsführenden Direktoren im Rahmen ihrer Überwachungstätigkeit kein Pflichtverletzungsvorwurf gemacht werden kann, sind sie auch nicht mitverantwortlich für das Verhalten der geschäftsführenden Direktoren.[670]

Die Situation ist problematisch, wenn sich geschäftsführende Direktoren im Zuständigkeitsbereich des Verwaltungsrats fehlverhalten. In diesem Fall könnten sich nicht-geschäftsführende Direktoren mit den Argumenten entlasten, dass den geschäftsführenden Direktoren ein besserer Informationszufluss zur Verfügung steht und sie selbst ohnehin aus Zeitgründen und mangelnder Sachkenntnis einem anderen Haftungsmaßstab unterworfen werden müssen, als die geschäftsführenden Direktoren.[671] Zwar ist gegen ein solches Vorbringen einzuwenden, dass gerade im Verwaltungsrat die Überwachungstätigkeit der anderen Mitglieder besonders stark ausgeprägt sein muss, um Kontrolldefiziten zu begegnen. Die Anforderungen an die nicht-geschäftsführenden Direktoren sollten aber auch nicht überspannt werden, um einem risikoaversen Verhalten zu begegnen.[672]

668 Zu den Vorschlägen bereits 1. Teil § 4 II. e).

669 *Siems*, in: KölnKommAktG, Anh. Art. 51 SE-VO § 39 SEAG Rdnr. 23; vgl. i. Ü. bereits 3. Teil § 12 I.

670 *Siems*, in: KölnKommAktG, Anh. Art. 51 SE-VO § 39 SEAG Rdnr. 16.

671 *Siems*, in: KölnKommAktG, Anh. Art. 51 SE-VO § 39 SEAG Rdnr. 17.

672 So *Siems*, in: KölnKommAktG, Anh. Art. 51 SE-VO § 39 SEAG Rdnr. 18.

V. Sondertatbestände nach § 93 Abs. 3 AktG

§ 93 Abs. 3 AktG beinhaltet neun Einzelfälle von möglichen Verstößen, die die Kapitalgrundlage der Gesellschaft reduzieren. Die Vorschrift ist auf den Verwaltungsrat der monistischen SE anzuwenden.[673] Sie beinhaltet einen echten Schadensersatzanspruch und nicht lediglich einen verschuldensunabhängigen Folgenbeseitigungsanspruch.[674] Insoweit bestehen keine Besonderheiten zum regulären Aktienrecht. Allgemein handelt es sich um Verstöße die so schwer sind, dass in jedem Fall, also auch ohne das Eingreifen der *business judgment rule*, eine Pflichtverletzung begründet wird.[675] § 93 Abs. 3 AktG weicht jedoch vom Schadensbegriff der §§ 249 ff BGB ab.[676] Der Schaden liegt bereits in der Minderung des zur Verfügung stehenden Vermögens der Gesellschaft, nämlich im Abfluss von Mitteln oder in ihrer Vorenthaltung.[677] Hierbei werden mögliche Ansprüche auf Rückgewähr oder Leistung der Einlage nicht berücksichtigt. Der Schaden der Gesellschaft wird außerdem vermutet.[678]

§ 18 Innenhaftung des board of directors

Im Folgenden werden die Grundlagen und die Voraussetzungen der Haftung des *board* gegenüber der *corporation* behandelt.

I. Rechtsquellen

Directors können nach Bundes- und Landesrecht persönlich haften. Eine Haftung kann sowohl deliktisch und vertraglich als auch gesetzlich und nach *common-law* Grundsätzen entstehen.[679] Die Untersuchung beschränkt sich auf die Haftung der *directors* gegenüber der Gesellschaft, insbesondere im Wege der *derivative suit*,[680] aufgrund einer Verletzung der *duty of loyalty* und *duty of care*. Ein ausdrücklicher gesetzlicher Tatbestand mit Rechtsfolgen nach deutschem Verständnis existiert

673 *Siems*, in: KölnKommAktG, Anh. Art. 51 SE-VO § 39 SEAG Rdnr. 9; *Verse*, in: SE-Recht, § 39 SEAG Rdnr. 22.
674 Hüffer/Koch, AktG, § 93 Rdnr. 68; *Krieger/Sailer-Coceani*, in: K. Schmidt/Lutter, AktG, § 93 AktG Rdnr. 57.
675 *Hopt/Roth*, in: GroßKommAktG, § 93 Rdnr. 326.
676 Hüffer/Koch, AktG, § 93 Rdnr. 68.
677 *Hopt/Roth*, in: GroßKommAktG, § 93 Rdnr. 339.
678 *Krieger/Sailer-Coceani*, in: K. Schmidt/Lutter, AktG, § 93 AktG Rdnr. 57.
679 *Merkt*, US-amerikanisches Gesellschaftsrecht, S. 486.
680 Dazu noch 6. Teil § 30 II.

nicht.[681] Für vereinzelte Sonderpflichten besteht allerdings konkrete Normgebung.[682] In der Regel werden allein die Pflichten, nicht aber die Rechtsfolgen beschrieben. Im Übrigen gilt der Haftungsgrundsatz des *common-law*. Eine Inanspruchnahme aufgrund gesetzlicher Tatbestände schließt eine Haftung nach *common-law* Grundsätzen dabei nicht aus.[683]

II. Persönlichen Haftung aufgrund Verstoßes gegen fiduciary duties

Eine Betrachtung der materiell-rechtlichen Voraussetzungen des U.S.-amerikanischen Rechts umfasst gleichzeitig die Berücksichtigung prozessualer Elemente. Insbesondere die Rechtsprechung differenziert zwischen diesen Ebenen häufig nicht, sodass im Folgenden bereits auch verfahrensrechtliche Erwägungen angeführt werden. Der Grund für dieses Vorgehen der Gerichte ist in den Unterschieden zwischen *law* und *equity* zu finden.[684]

a) Gesamtschuldnerische Haftung

Die Mitglieder des *board* haften gesamtschuldnerisch (*jointly and severally*).[685] Eine derartige Haftung liegt vor, wenn jedem der in Anspruch genommenen *board*-Mitgliedern eine Pflichtverletzung zugerechnet werden kann. Diese wird entweder unmittelbar in dem angegriffenen Fehlverhalten oder in dessen Billigung zu sehen sein. Sofern eines der Mitglieder in Anspruch genommen wird, ist ein Regress bei den anderen betroffenen *board*-Mitgliedern möglich. Wenn aber ein Mitglied die Entscheidung des gesamten *board* abgelehnt hat, so wird es von einer Haftung befreit.[686] Der *director* kann dabei nicht lediglich darauf hinweisen, die übrigen, sorgfaltswidrig handelnden *board*-Mitglieder hätten ihn selbst bei pflichtgemäßem Handeln überstimmt, denn jeder *director*, der pflichtwidrig handelt, hat eine konkurrierende Ursache gesetzt.[687] Um festzustellen, ob ein Innenhaftungsanspruch

---

681 § 7.18 der *ALI Principles of Corporate Governance* enthält jedoch z. B. die Voraussetzungen eines Haftungstatbestands nach deutschem Verständnis, ist jedoch nicht verbindlich.

682 Vgl. z. B. das Vorbild des § 8.33 MBCA für die Verteilung unrechtmäßiger Dividenden.

683 *Fletcher*, Cyclopedia of the Law of Corporations (revised 2011 updated 2015) § 993.

684 Dazu bereits 3. Teil § 13 III.

685 Chambers v. Blickle Ford Sales, Inc., 313 F.2d 252 (1963); *Knepper/Bailey*, Liability of Corporate Officers and Directors (2002 updated 2014 (LexisNexis)) § 3:15; *Buxbaum*, in: Kreuzer, Die Haftung der Leitungsorgane von Kapitalgesellschaften, S. 85.

686 *Buxbaum*, in: Kreuzer, Die Haftung der Leitungsorgane von Kapitalgesellschaften, S. 85.

687 *Merkt*, US-amerikanisches Gesellschaftsrecht, S. 481 f.

besteht, wird ein Gericht prüfen, ob eine Pflichtverletzung vorliegt, ein Verschulden begründet wurde und ob Schaden und Kausalität zu bejahen sind.

b) *Pflichtverletzung*

Erste Voraussetzung der Innenhaftung ist das Vorliegen einer Pflichtverletzung gegenüber der Gesellschaft.

aa) *Differenzierung zwischen standard of conduct und standard of judicial review*

In Teil 3[688] wurden die Verhaltensanforderungen (*standard of conduct*) des *board* erläutert. Dies bedeutet jedoch nicht, dass ohne weiteres eine Pflichtverletzung oder gar unmittelbar eine Haftung bejaht wird, sobald das *board*-Mitglied diesen Anforderungen nicht entspricht. Vielmehr ist in einem zweiten Schritt ein justizieller Prüfungsmaßstab (*standard of judicial review*) anzuwenden, der von den Verhaltensanforderungen abweichen kann. Hiermit wird geprüft, ob der Verhaltensstandard tatsächlich eingehalten wurde.[689] Die Unterscheidung von Verhaltensanforderungen einerseits und Prüfungsstandard andererseits, ist sowohl im Rahmen eines möglichen Verstoßes gegen die *duty of care* als auch eines möglichen Verstoßes gegen die *duty of loyalty* zu treffen.[690]

Es ist möglich, dass Verhaltensmaßstab und justizieller Prüfungsmaßstab übereinstimmen. Beide können jedoch auch voneinander abweichen. Eine mögliche Divergenz der beiden Standards ist der besonderen Situation der Organhaftung geschuldet. Eine klassische Haftungssituation besteht beispielsweise im Straßenverkehr. Dort besagt der *standard of conduct* für Teilnehmer des Straßenverkehrs, Fahrer sollten vorsichtig fahren.[691] Der *standard of review* bei möglichen Ansprüchen gegen den Fahrer fragt danach, ob der Fahrer vorsichtig gefahren ist. Die Standards weichen in diesem Fall nicht voneinander ab. Der Grund für einen zusätzlichen justiziellen Prüfungsstandard im Organhaftungsrecht liegt darin, dass

---

688 3. Teil § 13 II. und 3. Teil § 14 II.

689 Mit einer entsprechenden Unterscheidung z. B. *Cox/Hazen*, Corporation Law (2012) p. 160; *Eisenberg*, The Divergence of Standards of Conduct and Standards of Review in Corporate Law, 62 Fordham L. Rev. 437 (1993); *Allen/Strine*, Function over Form: A Reassessment of Standards of Review in Delaware Corporation Law, 26 Del. J. Corp. L. 859, 867 (2001); *McMillan*, The Business Judgment Rule as an Immunity Doctrine, 4 Wm. & Mary Bus. L. Rev. 521, 529 (2013); aus der Rechtsprechung etwa Chen v. Howard-Anderson, 87 A.3d 648 (2014); In re Trados Inc. Shareholder Litigation, 73 A.3d 17 (2013); In re Rural Metro Corp, 88 A.3d 54, decision clarified on denial of reargument, 2014 WL 1094173 (2014).

690 *Eisenberg*, The Divergence of Standards of Conduct and Standards of Review in Corporate Law, 62 Fordham L. Rev. 437, 438 (1993).

691 Beispiel nach *Eisenberg*, The Divergence of Standards of Conduct and Standards of Review in Corporate Law, 62 Fordham L. Rev. 437, 437 (1993).

qualifizierte Personen nicht davon zurückschrecken sollen, die Position eines *directors* zu besetzen.[692] Ein Betroffener kann nicht zu jeder Zeit dem bestmöglichen Verhaltensmaßstab entsprechen. Bei Führungsentscheidungen ist etwa evident, dass unternehmerische Entscheidungen in Situationen getroffen werden müssen, in denen kein „richtiger" Lösungsweg vorhanden ist. Eine ausufernde Haftung führt jedoch zu einer abschreckenden Wirkung hinsichtlich einer Anstellung als Führungsperson. Die möglichen Haftungsansprüche überschreiten das Vermögen des *directors* häufig, oder belasten es zumindest stark. Letztlich soll sich ein eingesetzter *director* auch nicht überwiegend risikoavers verhalten, da mit Risiko behaftete Entscheidungen dem Unternehmen ggf. einen erheblichen Gewinn erbringen können. Dies entspricht dem angestrebten Prinzip der Vermögensmaximierung in der Gesellschaft bzw. der Aktionäre.[693]

bb) Justizielle Prüfungsmaßstäbe in Delaware

Das Recht des Staates Delaware kennt grundsätzlich drei verschiedene justizielle Prüfungsmaßstäbe, um die Entscheidungen eines *directors* zu untersuchen. Abhängig vom Sachverhalt wird jeweils einer der Maßstäbe verwendet.[694]

Die *business judgment rule* ist der Standardfall der justiziellen Prüfungsmaßstäbe. Sofern die *directors* insbesondere an der Entscheidung und ihren Folgen in persönlicher Hinsicht unbefangen (*disinterested*) und gleichzeitig unabhängig (*independent*) waren, greift die *business judgment rule.*[695] Bei Vorliegen aller Voraussetzungen liegt die Beweislast dann bei dem Kläger und nicht mehr bei den *directors.* Die Entscheidung wird der richterlichen Kontrolle entzogen und es kommt zu keiner weiteren Prüfung.[696]

Im Falle möglicher Interessenkonflikte wird aufgrund mutmaßlicher Entscheidungsdynamiken ein strengerer Maßstab angelegt (sog. *enhanced scrutiny*). Dies gilt insbesondere für das Verhalten der *board*-Mitglieder einer Zielgesellschaft in Übernahmesituationen. Es handelt sich um einen zweistufigen Test: Das *board* des Zielunternehmens muss zeigen, dass "*reasonable grounds for believing that a danger to corporate policy and effectiveness*"[697] bestanden. In einem zweiten Schritt muss es

---

692 Folgende Gründe aufführend *Eisenberg,* Der Konzern 2004, 386, 389 f.; i. Ü. *Eisenberg,* The Divergence of Standards of Conduct and Standards of Review in Corporate Law, 62 Fordham L. Rev. 437, 437 (1993); *Allen/Strine,* Function over Form: A Reassessment of Standards of Review in Delaware Corporation Law, 26 Del. J. Corp. L. 859, 868 (2001).

693 Dazu bereits 2. Teil § 9 I.

694 Folgendes nach Reis v. Hazelett Strip-Casting Corp., 28 A.3d 442 (2011); In re Novell, Inc. Shareholder Litigation, 2014 WL 6686785(2014, unpublished opinion).

695 Dazu noch 5. Teil § 22 II.

696 *Allen/Strine,* Function over Form: A Reassessment of Standards of Review in Delaware Corporation Law, 26 Del. J. Corp. L. 859, 868 (2001); ähnlich *Corporate Laws Committee,* Corporate Director's Guidebook (2011) p. 27.

697 Unocal Corp. v. Mesa Petroleum Co., 493 A.2d 946 (1985).

darlegen, dass seine Handlungen "*reasonable in relation to the threat posed*"[698] und nicht "*draconian and inappropriate in response to the threat*"[699] waren. Insofern tragen die *directors* die Beweislast. Es kommt somit zu einer beschränkten richterlichen Kontrolle, da das Gericht die *business judgment rule* erst bei Vorliegen der genannten Voraussetzungen anwenden wird. *Board*-Mitglieder sollen somit nicht vollständig in den Genuss der *business judgment rule* kommen, wenn zu befürchten ist, ihr Handeln erfolge in eigenem Interesse. Ein solches Interesse besteht etwa, wenn die *board*-Mitglieder ihre Stellung auch im Hinblick einer (feindlichen) Übernahme zu behalten wünschen.

Letztlich wird absolute Billigkeit (sog. *entire fairness*) im Falle unmittelbarer Interessenkonflikten verlangt.[700] Dies ist etwa gegeben, wenn es nicht zu einer unabhängigen *board*-Entscheidung kam. Das *board* trifft dann die Beweislast und eröffnet dem Gericht eine umfängliche Kontrolle. Der Prüfungsmaßstab kann zusätzlich variieren, je nachdem ob die *directors* weitere Schritte eingeleitet haben, um potentiellen oder bereits bestehenden Konflikten zu begegnen. Dies kann beispielsweise mittels unabhängiger *committees* geschehen. Der Prüfungsstandard wird somit im Falle eines möglichen Verstoßes gegen die *duty of loyalty* jeweils angepasst und gegebenenfalls stark verschärft. Für die entsprechende Situation bzgl. eines möglichen Verstoßes gegen die *duty of care* ist noch ungeklärt, ob es zu einer solchen Anhebung des Prüfungsstandards kommt.[701]

c) Verschulden und Expertenrat

Um eine Haftung zu begründen, bedarf es neben dem Vorliegen einer Pflichtverletzung eines Verschuldens des Organmitglieds. Der Betroffene muss mindestens fahrlässig handeln oder fahrlässig eine Pflicht nicht ausüben.[702] Eine allgemeingültige präzise Formulierung des Verschuldensmaßstabes gestaltet sich schwierig. Dies liegt einerseits daran, dass sich das Recht der Bundesstaaten in diesem Aspekt teilweise erheblich unterscheidet, andererseits auch daran, dass die Gerichte häufig nicht sauber zwischen Pflichtverletzung und Verschulden differenzieren bzw. abweichende Formulierungen wählen.[703] Dem Grunde nach ist der Standard für das Verschulden

---

698 Unocal Corp. v. Mesa Petroleum Co., 493 A.2d 946 (1985).

699 Unocal Corp. v. Mesa Petroleum Co., 493 A.2d 946 (1985).

700 Vgl. Weinberger v. UOP, Inc., 457 A.2d 701 (1983).

701 Dagegen *Chief Justice Strine* in Goodwin v. Live Entm't, Inc, 1999 WL 64265 (1999, unpublished opinion); offensichtlich dafür Cede & Co. v. Technicolor, Inc, 634 A.2d 345 (1993).

702 *Henn/Alexander*, Laws of Corporations and other Business Enterprises (1983) p. 621.

703 Einige bundesstaatliche Rechte (wie Lousiana) kannten das Konzept verschiedener Fahrlässigkeitsstandards z. B. gar nicht, siehe dazu *Knepper/Bailey*, Liability of Corporate Officers and Directors (2002 updated 2014 (LexisNexis)) § 3.04. Auch führte die Formulierung des § 8.30 MBCA a.F. zu Verwirrung, da in der Formulierung

einfache Fahrlässigkeit (*simple negligence*),[704] d. h. es wird danach gefragt, wie eine durchschnittlich verständige Person in derselben Position unter den gleichen Umständen handeln würde.[705] Trotz teilweise abweichender Formulierungen der Gerichte und Statuten der einzelnen Staaten ist dieser Standard in den Bundesstaaten in seiner Anwendung weitestgehend vergleichbar.

aa) Delaware: Grobe Fahrlässigkeit

Die Gerichte Delawares verlangen im Falle einer *duty of care*-Verletzung grobe Fahrlässigkeit und stellen somit höhere Anforderungen an das Verschulden.[706] Dies resultiert aus dem Zusammenspiel zwischen dem *duty of care*-Standard und der *business judgment rule*.[707] Grobe Fahrlässigkeit wird in diesem Zusammenhang als rücksichtlose Gleichgültigkeit, oder mutwillige Missachtung gegenüber der Gesamtheit der Aktionäre, oder als Verhaltensweise die über das Zumutbare hinausgeht, verstanden.[708] Mitglieder des *board* sollen möglichst frei entscheiden können und nicht wegen der Befürchtung, justiziell vollumfänglich geprüft zu werden, vor Handlungen zurückweichen.[709] Ihnen wird mithin ein breiter Handlungsspielraum eingeräumt werden. Die Prüfung der Fahrlässigkeit erfolgt unter Würdigung sämtlicher Umstände des Einzelfalls. Hierfür werden insbesondere die Bedeutung der zu treffenden Entscheidung für das Unternehmen, die zur Verfügung stehende Zeit für die Einholung von Informationen und die Kosten der Informationsbeschaffung herangezogen.[710] Maßgeblich ist ebenso das schutzwürdige Vertrauen der *directors* in die Personen, die den betreffenden Entscheidungsvorschlag präsentiert haben, sowie die Erfahrung und die Funktion der einzelnen *directors*.[711]

---

des *standard of care* („*director shall discharge his duties with the care an ordinarily prudent person in a like position would exercise under similar circumstances*") zugleich ein Fahrlässigkeitsmaßstab zu sehen wäre, was jedoch nicht die Intention der Verfasser war, dazu *Fletcher*, Cyclopedia of the Law of Corporations (revised 2011 updated 2015) § 1032; *Brodsky/Adamski*, Law of Corporate Officers and Directors (2014–2015) 2:13.

704 *Knepper/Bailey*, Liability of Corporate Officers and Directors (2002 updated 2014 (LexisNexis)) § 3.04.

705 Graham v. Allis-Chalmers Mfg. Co., 188 A.2d 125, 1963.

706 So z. B. Smith v. Van Gorkom, 488 A.2d 858 (1985); Aronson v. Lewis, 473 A.2d 805 (1984); In re Lear Corp. Shareholder Litigation, 967 A.2d 640 (2008).

707 Vgl. etwa. Smith v. Van Gorkom, 488 A.2d 858 (1985); i. Ü. *Buxbaum*, in: Kreuzer, Die Haftung der Leitungsorgane von Kapitalgesellschaften, S. 81.

708 Tomczak v. Morton Thiokol, Inc, 1990 Del. Ch. Lexis 47 (1990).

709 Solash v. Telex Corp., Fed. Sec. L. Rep. (CCH) P 93608 (1988).

710 Solash v. Telex Corp., Fed. Sec. L. Rep. (CCH) P 93608 (1988).

711 *Knepper/Bailey*, Liability of Corporate Officers and Directors (2002 updated 2014 (LexisNexis)) § 3.04.

bb) Exkulpation

Ein *director* kann sich exkulpieren, wenn er einen Expertenrat eingeholt hat und hierauf aufbauend eine Entscheidung trifft. Bundesstaatliche Gesetze lassen es in der Regel zu, dass *directors* auf bestimmte, besonders kompetente und qualifizierte Personen und ihre Einschätzungen vertrauen können. Hierzu zählen z. B. Rechtsbeistände, Wirtschaftsprüfer, *officer* oder *committee*-Mitglieder.[712] Dies gilt allerdings nur für Gebiete, in denen ein *director* in vernünftiger Weise davon ausgehen kann, dass sie im professionellen Kompetenzrahmen des Befragten liegen. Das kalifornische Recht konkretisiert dies weiter. Es wird ausgeführt: "*the director acts in good faith, after reasonable inquiry, when the need therefore is indicated by the circumstances*"[713]. Durch das Einholen eines Expertenrates wird der *director* nicht *per se* exkulpiert, er muss weiterhin im Sinne von *good faith* handeln.[714] Ein *director* kann sich somit auf andere Personen, insbesondere auf *officer* und *committee*[715] und ihre Informationen, grundsätzlich verlassen.[716] Er muss jedoch angemessene Maßnahmen ergreifen und ggf. nachforschen, wenn Anhaltspunkte bestehen, dass dieses Vertrauen nicht gerechtfertigt ist.[717]

d) Kausalität

Die Pflichtverletzung muss kausal zu einem Schaden führen.[718] Um diese Kausalität zu begründen, wurde überwiegend auf die Grundsätze des *tort law* zurückgegriffen.[719] Demnach ist zu prüfen, ob der Schaden auch entständen wäre, wenn der Betroffene ordnungsgemäß gehandelt hätte.[720] Der Kläger trägt dabei die Beweislast. In *Barnes v. Andrews*[721] verneint das Gericht beispielsweise eine Haftung des *board*-Mitglieds aufgrund eines Verstoßes gegen die *duty of care*: Der Kläger konnte nicht

---

712 Vgl. N.Y. Bus. Corp. Law § 717; Cal. Corp. Code § 309(b); Del. Code Ann. Tit. 8, § 141(e).

713 Cal. Corp. Code § 309(a)(b).

714 Siehe z. B. N.Y. Bus. Corp. Law § 717(a).

715 Dazu insbesondere DGCL § 141(e).

716 *Henn/Alexander,* Laws of Corporations and other Business Enterprises (1983) p. 623.

717 *Brodsky/Adamski,* Law of Corporate Officers and Directors (2014–2015) § 2:16; MCG Capital Corp. v. Maginn, 2010 WL 1782271 (2010).

718 *Gevurtz,* Corporation Law (2010) p. 311; *Henn/Alexander,* Laws of Corporations and other Business Enterprises (1983) p. 624; In re Rural Metro Corp, 88 A.3d 54, decision clarified on denial of reargument, 2014 WL 1094173 (2014); F.D.I.C. v. Bierman, 2 F.3d 1424 (1993); siehe im Übrigen § 8.31(b) MBCA; *American Law Institute,* Principles of Corporate Governance: Analysis and Recommendations (1994) § 7.18(a).

719 *Rhee,* The Tort Foundation of Duty of Care and Business Judgment, 88 Notre Dame L. Rev. 1139, 1195 (2013).

720 Francis v. United Jersey Bank, 432 A.2d 814 (1981).

721 Barnes v. Andrews, 298 F. 614 (1924).

darlegen, dass es der in die Insolvenz geratenen Gesellschaft besser ergangen wäre, wenn das *board*-Mitglied den vorhandenen Problemen der Gesellschaft in anderer Art und Weise begegnet wäre. In einer hiervon abweichenden Entscheidung ging der *Delaware Supreme Court*[722] davon aus, es bestünde ein Anscheinsbeweis hinsichtlich einer möglichen Haftung, wenn der Kläger zuvor beweisen konnte, dass ein Pflichtenverstoß vorliegt. Dies gälte unabhängig davon, ob Kausalität oder Schaden dargelegt worden sind. Die Grundsätze in *Barnes v. Andrews* würden fälschlicherweise einen *tort law* Standard zugrunde legen, der hier jedoch verfehlt sei, da die maßgebliche Lösung in der Ratio der *business judgment rule* zu suchen sei. Durch eine andere Betrachtungsweise würde dieses Prinzip umgangen. Es verpflichtet nämlich den Kläger darzulegen, dass die *business judgment rule* nicht greift.

Die Entscheidung des *Delaware Supreme Court* wurde stark kritisiert. Insbesondere enthalte die *business judgment rule* keine Kausalitätsregelung und eine solche sei aus ihr auch nicht ableitbar.[723] Vor diesem Hintergrund wurde der MBCA angepasst. Nunmehr ist eindeutig bestimmt, dass das Verhalten des *directors proximate cause* des Schadens sein muss und der Kläger dies zu beweisen hat.[724]

e) Schaden

Der auszugleichende Schaden ist derjenige, welcher der Gesellschaft durch das Fehlverhalten der *directors* entstanden ist.[725] Eine Reduktion des Schadens, der sich auf einen etwaigen Anteil des *directors* an der Gesellschaft oder die steuerlichen Auswirkungen von Verlusten bezieht, findet nicht statt.[726] In einigen Jurisdiktionen ist es grundsätzlich möglich, dass auch *punitive damages* im Rahmen einer Binnenhaftungsklage geltend gemacht werden können.[727] Teilweise wird dann jedoch verlangt, dass ein betrügerisches oder heimtückisches Verhalten bewiesen werden muss.[728] Im Übrigen richtet sich die Höhe des zu ersetzenden Schadens nach dem Einzelfall. Hierbei ist zu berücksichtigen, dass die Reichweite des Schadensbegriffes im

---

722 Cede & Co. v. Technicolor, Inc, 634 A.2d 345 (1993).

723 So und mit weiteren Gründen etwa *Gevurtz,* Corporation Law (2010) p. 312; *Bishop,* Directorial Abdication and the Taxonomic Role of Good Faith in Delaware Corporate Law, 2007 Mich. St. L. Rev. 905, 919 (2007); *Strine, Jr./Hamermesh/Balotti,* Loyalty's Core Demand: The Defining Role of Good Faith in Corporation Law, 98 Geo. L.J. 629, 684 (2010).

724 § 8.31(b)(1) MBCA.

725 Barnes v. Andrews, 298 F. 614 (1924); *Henn/Alexander,* Laws of Corporations and other Business Enterprises (1983) p. 624; *Knepper/Bailey,* Liability of Corporate Officers and Directors (2002 updated 2014 (LexisNexis)) § 3:15.

726 So zumindest die Vorschläge in *American Law Institute,* Principles of Corporate Governance: Analysis and Recommendations (1994) Comment to § 7.18.

727 Dazu *Fletcher,* Cyclopedia of the Law of Corporations (revised 2011 updated 2015) § 1343; *Knepper/Bailey,* Liability of Corporate Officers and Directors (2002 updated 2014 (LexisNexis)) § 3.15.

728 Giblin v. Murphy, 73 N.Y.2d 769 (1988).

Gesellschaftsrecht in Delaware variabel ist.[729] Das Gericht hat insoweit einen breiten Entscheidungsspielraum, um die Höhe des tatsächlichen Schadens festzusetzen. In Fällen von *duty of loyalty* Verstößen wurde entsprechend entschieden, ein Gericht könnte "*any form of equitable and monetary relief as may be appropriate*"[730] festlegen.

III. Besondere Personengruppen

a) Arbeitnehmervertreter

Mangels gesetzlicher Verpflichtung zur Beteiligung von Arbeitnehmervertretern im *board* bestehen keine Regelungen oder Entscheidungen zur besonderen Behandlung von Arbeitnehmervertretern für den Haftungsfall. Denkbar sind jedoch Gestaltungen, in denen die Arbeitnehmer (freiwillig) in eine Fondsstruktur integriert sind, die unmittelbar Anteile an der Gesellschaft hält (z. B. sog. *employee stock ownership plan trust*).[731] Vertreter dieser Fonds könnten in das *board* entsandt werden. Dann gelten für diese Personen jedoch die gleichen Maßstäbe wie für die anderen *board*-Mitglieder. Eine gesetzlich verankerte Sonderstellung kommt ihnen nicht zu.[732]

b) Outside directors

Die Behandlung von *outside directors* unterscheidet sich nicht grundlegend von der anderer *board*-Mitglieder. Aufgrund der verschiedenartigen Aufgabenverteilung zwischen den Organmitgliedern richtet sich der Pflichtwidrigkeitsvorwurf allerdings in der Regel auf andersgeartete Pflichtenverletzungen. Die im Raum stehende Pflichtverletzung wird sich etwa nicht auf die Grundsätze der *conflicted interest transactions*[733] stützen, da *outside directors* regelmäßig keinen hinreichenden Einfluss auf die Führung der Gesellschaft haben, die einen solchen Pflichtenverstoß begründen könnte.[734] Zum Teil handelt es sich allerdings um Fälle, in denen ein *outside director* einen beherrschenden Aktionär unrechtmäßig über Minderheitsaktionäre hinweg favorisiert hat. Hier wird es jedoch in aller Regel zu keiner gerichtlichen Auseinandersetzung kommen, da der Mehrheitsaktionär als treibende Kraft von einer *derivative suit* absehen wird, um nicht selbst in die Gefahr einer Inanspruchnahme zu geraten, weil er der Profiteur bzw. Auslöser der Problematik war.[735] In

---

729 Thorpe v. CERBCO, Inc., 676 A.2d 436 (1996).

730 Weinberger v. UOP, Inc., 457 A.2d 701 (1983).

731 Die Arbeitnehmer erhalten die Anteile jedoch erst mit Beendigung des Anstellungsverhältnisses.

732 Als *trustees* können den Vertretern des *ESOP* jedoch diesem Vehikel gegenüber gesonderte Pflichten treffen.

733 Dazu bereits 3. Teil § 14 II. b) aa).

734 *Black/Cheffins/Klausner,* Outside Director Liability: A Policy Analysis, JITE, 1 (2006).

735 *Black/Cheffins/Klausner,* Outside Director Liability, 58 Stan. L. Rev. 1055, 1090 (2006).

der Mehrheit der Fälle handelt es sich um einen möglichen Verstoß gegen die Überwachungspflicht der *outside directors.* Problematisch sind beispielsweise Situationen, in denen ein Mitglied des *board* bestimmten Informationen nähersteht als andere Mitglieder und diese sich mit Hinweis auf diesen Sachverhalt exkulpieren wollen. Allgemeine Lösungsansätze sind an dieser Stelle jedoch nicht zu ermitteln, da die Struktur und tatsächliche Aktivität des *board* im Einzelfall berücksichtigt werden muss.[736] Ein von den anderen Mitgliedern grundsätzlich abweichender Standard wird den *outside directors* nicht gewährt. Dies gilt erst Recht für elementare Entscheidungen, beispielsweise die Zustimmung zu einem Zusammenschluss mit einer anderen Gesellschaft, bei denen sie nicht bevorzugt werden und sich an den Maßstäben messen lassen müssen, die auch für die anderen *board*-Mitglieder gelten.[737]

§ 19 Zwischenergebnis

I. Vergleichbare Haftungsvoraussetzungen

Offensichtlichster Unterschied der Innenhaftungsanprüche ist die Kodifikation des deutschen Rechts selbst. Das U.S.-amerikanische Recht kennt dies nur für vereinzelte Sondertatbestände. Die Voraussetzungen an eine Innenhaftung von *board* bzw. Verwaltungsrat gegenüber der Gesellschaft sind grundsätzlich vergleichbar. So müssen jeweils Pflichtverletzung, Verschulden, Schaden und Kausalität vorliegen. Unterschiede bestehen aber im Detail. Insbesondere die Prüfung einer möglichen Haftung verläuft in den Vereinigten Staaten anders als in Deutschland. So ist dem deutschen Recht die Trennung zwischen *standard of conduct* und *standard of judicial review* gesetzlich nicht zu entnehmen und auch nicht übertragbar.[738] Der Wortlaut des § 93 AktG enthält hierfür keine Anhaltspunkte, auch die SE-VO und das SEAG schweigen hierzu. Eine gerichtlich nicht überprüfbare Pflichtverletzung kann nach deutschem Verständnis nicht bestehen.[739] Die *business judgment rule* ist allein eine Konkretisierung der objektiven Verhaltenspflichten.[740]

Übereinstimmend besteht in beiden Rechtsordnungen eine gesamtschuldnerische Haftung der Mitglieder des Führungsorgans. Ein U.S-amerikanisches Gericht wird ein *board*-Mitglied nicht verurteilen, wenn der *director* bei der in Frage stehenden Entscheidung in der Versammlung des *board* seine Ablehnung bekundet hat. Nach deutschem Recht muss das Mitglied weitere Maßnahmen ergreifen, um einer Haftung zu entgehen. Gerade im Verwaltungsrat bleibt unklar, wie weitere wirkungsvolle Maßnahmen aussehen könnten. Im dualistischen System kann etwa

736 I. Ü. die Hinweise bei *Buxbaum,* in: Kreuzer, Die Haftung der Leitungsorgane von Kapitalgesellschaften, S. 86.
737 Vgl. die gleiche Behandlung aller *board*-Mitglieder in Smith v. Van Gorkom, 488 A.2d 858 (1985).
738 A.A. *Jungmann,* in: FS K. Schmidt, 2009, S. 833.
739 *Hopt/Roth,* in: GroßKommAktG, § 93 Rdnr. 22.
740 Dazu noch 5. Teil § 22 II.

die Information des Aufsichtsrats erfolgen. Im monistischen System bestehen derartige Möglichkeiten nicht, wobei dieses Defizit auch nicht durch andere Institute ausgeglichen werden kann. Im Falle einer protokollierten Ablehnung der Entscheidung sollte das deutsche Recht dem U.S.-amerikanischen Vorgehen folgen und eine Haftung des Mitglieds verneinen.

II. Verschulden, Schaden und Beweislast

Bezüglich des Verschuldensmaßstabs verlangt das deutsche Recht Vorsatz oder jegliche Form der Fahrlässigkeit. Dem folgt im Grundsatz auch das U.S.-amerikanische Recht. Im Hinblick auf eine Verletzung der *duty of care* haben jedoch insbesondere die Gerichte Delawares eine andere Praxis entwickelt. Aus dem Zusammenspiel der *business judgment rule*[741] und der *duty of care* ergäbe sich als Maßstab grobe Fahrlässigkeit. Insofern gestehen die Gerichte den *board*-Mitgliedern einen erheblichen Handlungsspielraum zu. Aber auch im deutschen Recht haften Organmitglieder im Falle des Eingreifens der *business judgment rule* nur für grobe Fehler, d. h. sie werden im Rahmen des § 93 Abs. 1 S. 2 AktG praktisch nur für grobe Fahrlässigkeit in Anspruch genommen.[742] Die Kausalitätsfeststellung verläuft in den Rechtsordnungen weitestgehend parallel. Das deutsche Schadensrecht ist allerdings verhältnismäßig streng. Dessen verbindliche Grundsätze begrenzen einen möglichen Schaden. Das U.S.-amerikanische Recht zeigt sich hierbei offener. Die Schadensfeststellung liegt zu großen Teilen im Ermessen des Gerichtes.

Unterschiede bestehen in der Beweislastverteilung. Diese ist jedoch mit anderen Rahmenbedingungen, beispielsweise dem *discovery*-Verfahren, in den Vereinigten Staaten zu erklären. Die deutsche Beweislastumkehr wird mit dem Gedanken der Beweisnot beim Kläger begründet.[743] Um der besonderen Sachnähe des Organwalters entgegenzutreten, wird deswegen die Beweislast beim Betroffenen verortet. Im U.S.-amerikanischen Recht steht zur Beweisfindung das vorprozessuale *discovery*-Verfahren zur Verfügung. Im Rahmen dessen kann der Kläger seine zur Klage notwendigen Informationen erhalten. Ein entsprechendes Instrument steht im deutschen Recht nicht zur Verfügung. Mithin sollte die U.S.-amerikanische Beweislastverteilung auch nicht in das deutsche Recht übernommen werden.

III. Besondere Personengruppen

Es bestehen im Verwaltungsrat und im *board* zwar besondere Personengruppen, allerdings werden diese nicht grundsätzlich anders behandelt als die restlichen Mitglieder des Organs. Hier greifen allenfalls die allgemeinen Grundsätze zur

---

741 Dazu noch 5. Teil § 22 II.

742 *Koch*, in: Liber Amicorum Martin Winter, 2011, S. 346; *Bachmann*, Reform der Organhaftung? – Gutachten E zum 70. Deutschen Juristentag, S. 46.

743 Siehe bereits 4. Teil § 17 III.

unterschiedlichen Aufgabenverteilung und die entsprechenden Folgerungen für die Pflichtbereiche.[744]

Bzgl. der Unterscheidung der Haftungsmaßstäbe zwischen geschäftsführenden Direktoren und nicht-geschäftsführenden Direktoren ist Folgendes anzumerken: Auch das U.S.-amerikanische Recht gewährt den *outside/independent directors* nicht automatisch einen abgeschwächten Haftungsmaßstab im Rahmen ihrer Überwachungstätigkeit gegenüber den anderen *directors.* Zwar kann bei ihnen eine geringere Informationsdichte vorliegen, aber gerade bei grundlegenden Entscheidungen, wie z. B. den Zusammenschluss mit einem anderen Unternehmen, gilt auch hier ein strenger Maßstab.[745] Entsprechendes ist im Verwaltungsrat zu befürworten. Letztlich handelt es sich um Mitglieder eines Organs. Auch die Reputation der nicht-geschäftsführenden Mitglieder steht und fällt mit den Handlungen der geschäftsführenden Mitglieder. Dann sollten sie auch einer ausgeprägten Überwachungsverantwortung unterliegen.[746]

§ 20 Fazit zum 4. Teil

Die materiellen Voraussetzungen der Haftung in den Vereinigten Staaten und in Deutschland verlaufen weitestgehend parallel. Um eine hinreichende Steuerungsfunktion im Sinne einer effizienten Unternehmensführung herbeizuführen, verlangen beide Rechtsordnungen ähnliche Standards und Institute. Zur Erreichung des gleichen legitimen Ziels (z. B. Bekämpfung des Informationsdefizits) werden einzelne Besonderheiten, wie beispielsweise die abweichende Beweislastverteilung, in der Regel durch andere Mechanismen (z. B. *discovery*-Verfahren) ausgeglichen. Die verbleibenden Unterschiede sind mit den Eigenheiten des jeweiligen Rechtskreises zu erklären. Dies gilt beispielsweise für die dem deutschen Recht unbekannte Unterscheidung zwischen dem *standard of conduct* und dem *standard of judicial review,* der die dem U.S.-amerikanischen Recht immanente Flexibilität gewährleisten soll. Weitreichende Folgerungen für das Haftungsregime bzw. die Rezeption von Instituten können hieraus jedoch nicht geschlossen werden. In der Regel werden letztlich ähnliche Ergebnisse erreicht.

---

744 Siehe bereits 3. Teil § 12.

745 Vgl. allein Smith v. Van Gorkom, 488 A.2d 858 (1985).

746 Zum U.S. Recht: *Bainbridge,* Unocal at 20: Director Primacy in Corporate Takeovers, 31 Del. J. Corp. L. 769, 826 (2006): "*The tenure and reputation of outside board members are determined by the performance of the top inside managers, which gives independent directors further incentives to be vigilant in overseeing management's conduct*".

5. Teil Haftungsbeschränkungen

Das Recht der Organhaftung ist mit anderen Haftungskonstellationen kaum vergleichbar. So bestimmen einerseits Führungspersonen über das Vermögen anderer und sollen daher etwa mittels des Instrumentariums der Haftung an eine ordnungsgemäße Pflichtenerfüllung rückgebunden werden. Aufgrund der unternehmerischen Notwendigkeit, gewissen Geschäftsrisiken einzugehen, darf andererseits eine Haftung nicht unverhältnismäßig streng ausfallen. Wenn die Voraussetzungen einer persönlichen Inanspruchnahme vorliegen, haften Organmitglieder jedoch grundsätzlich vollumfänglich. Sowohl in den USA als auch in Deutschland wird eine solche Haftung als unbillig empfunden und durch verschiedene Mechanismen eingeschränkt. Um ihren jeweiligen Einfluss auf das Haftungsregime zu bewerten, sollen diese Mechanismen näher betrachtet und analysiert werden.

§ 21 Haftungsbeschränkungen vs. Verhaltenssteuerung

Im deutschen Schrifttum wird als wesentlicher Grund für eine notwendige Beschränkung der persönlichen Inanspruchnahme überwiegend auf das existenzbedrohende Haftungsrisiko verwiesen. Sind bei der Gesellschaft durch ein pflichtwidriges Verhalten des Organmitglieds Schäden eingetreten, muss das einzelne Mitglied diese Schäden grundsätzlich vollumfänglich tragen.[747] Handelt das Organ für die Gesellschaft und verfügt über entsprechend hohe Summen, so ist offensichtlich, dass sich die Schadensposten auf hunderte Millionen oder gar Milliarden Euro belaufen können. Im Regelfall wird das Organmitglied diese Kosten nicht persönlich tragen können. Um dem entgegenzuwirken wurden Instrumente geschaffen, die die Haftung begrenzen sollen.

Die Funktion der persönlichen Inanspruchnahme von Organmitgliedern steht einer möglichen Beschränkung der Haftung dabei nicht vollends im Weg. Der Präventionsgedanke ist zwar das treibende Element der Organhaftung.[748] Es könnte geschlossen werden, die verhaltenssteuernde Wirkung der Haftung ginge durch mögliche Haftungsbeschränkungen gänzlich verloren, weil sich das Organmitglied keiner vollumfänglichen persönlichen Inanspruchnahme ausgesetzt sieht. Schon ein spürbares Haftungsrisiko gewährleistet allerdings die Einhaltung der gebotenen Sorgfalt, da das Mitglied des Leitungsorgans nicht von einer Reduktion der Vorsorgekosten profitiert.[749] Die Gesellschaft trägt ohnehin die Kosten für Aufwendungen

747 Vgl. *Koch,* AG 2012, 429, 429 f.; *Spindler,* AG 2013, 889, 894 f.; *Fleischer,* ZIP 2014, 1305, 1305; *Wagner,* ZHR 178 (2014), 227, 247 ff.; *Hoffmann,* NJW 2012, 1393, 1393; *Dauner-Lieb,* Board 2014, 182, 182 f.; i. Ü. 7. Empfehlung von *Bachmann,* Reform der Organhaftung? – Gutachten E zum 70. Deutschen Juristentag, S. 123.

748 Siehe dazu bereits 2. Teil § 8 II.

749 *Bayer/Scholz,* NZG 2014, 926, 927.

zur Schadensvorsorge, so dass das Leitungsorgan durch eine Begrenzung der Haftung nicht dazu angehalten würde, das Sorgfaltsniveau herabzusetzen.[750] Die Präventionsfunktion erfordert daher keine unbeschränkte Haftung. Weil sich die Funktion der Haftung überwiegend auf die verhaltenssteuernde Wirkung beschränkt, ist die Vermeidung risikoaversen Verhaltens im Blick zu halten.[751] Unbeschränkte Haftung führt zu einer Präferenz für risikoarme, doch wenig gewinnträchtige Projekte. Im Falle des Fehlschlages einer Investition haftet das Organmitglied vollumfänglich. Im Erfolgsfall partizipiert es aber allenfalls geringfügig am Gewinn.[752] Daneben rückt der Umstand, dass die Androhung persönlicher Haftung hohe *compliance*-Kosten auslöst, zumal die Organmitglieder mittels dieses Instrumentariums versuchen werden, die eigene Haftung zu vermeiden.[753] Die Instrumente der Haftungsbegrenzung müssen dabei einen Ausgleich zwischen einer Beschränkung der Haftung im Sinne der Vermeidung eines risikoaversen Verhaltens und dem notwendigen Erhalt der Präventionsfunktion finden.

§ 22 Die business judgment rule

I. Deutschland

Die in § 93 Abs. 1 S. 2 AktG niedergelegte Haftungsprivilegierung der *business judgment rule* ist über die Verweisung des § 39 SEAG auf den Verwaltungsrat der monistischen SE entsprechend anwendbar.[754] Demnach liegt keine Pflichtverletzung vor, wenn ein Verwaltungsratsmitglied bei einer unternehmerischen Entscheidung vernünftigerweise annehmen durfte, auf der Grundlage angemessener Information zum Wohle der Gesellschaft zu handeln. Aktionäre haben ein Interesse daran, das Risiko unternehmerischer Fehlentscheidungen (innerhalb der von der *business judgment rule* vorgegebenen Grenzen) selbst zu tragen, denn derartige Entscheidungen beinhalten gleichzeitig das Potential, besonders gewinnträchtig zu sein. Als Kapitalerbringer sind sie dazu auch besser befähigt als das leitende Organ, da ihnen die Diversifizierung als Mittel zur Risikosenkung zur Verfügung steht.[755]

---

750 *Bayer/Scholz,* NZG 2014, 926, 927.

751 *Bayer/Scholz,* NZG 2014, 926, 929.

752 *Bayer/Scholz,* NZG 2014, 926, 927; *Brommer,* AG 2013, 121, 123; *Thole,* ZHR 173 (2009), 504, 530; *Wagner,* ZHR 178 (2014), 227, 278 ff.

753 *Bayer/Scholz,* NZG 2014, 926, 927; *Koch,* AG 2012, 429, 434; *Koch,* NZG 2014, 934, 522; gegen diese Thesen aus ökonomischer Sicht *Fehrenbach,* AG 2015, 761, 772 ff.

754 *Verse,* in: SE-Recht, § 39 SEAG Rdnr. 7; *Reichert/Brandes,* in: MünchKommAktG, Art. 51 SE-VO Rdnr. 11; *Eberspächer,* in: Spindler/Stilz AktG, Art. 51 SE-VO Rdnr. 5; *Teichmann,* in: Lutter/Hommelhoff/Teichmann, Anh. Art. 43 SE-VO § 39 SEAG Rdnr. 6; *Ihrig,* in: Bachmann/Casper/Schäfer/Veil, Steuerungsfunktion Haftungsrechts, S. 23; *Oechsler,* NZG 2005, 449, 453; differenzierend *Merkt,* ZGR 2003, 650, 671 f.

755 *Meckbach,* NZG 2015, 580, 580; siehe im Übrigen schon 2. Teil passim.

Für die Organmitglieder besteht keine entsprechende Möglichkeit. Unternehmen werden bedacht sein, dass Geschäftsleiter nicht aus Sorge vor persönlicher Haftung lukrative aber (angemessene) riskante Geschäftschancen ausschlagen. Der Zweck der *business judgment rule* besteht mithin darin, den leitenden Organmitgliedern den nötigen Handlungs- und Haftungsfreiraum zu geben, den sie unter wirtschaftlichen Gesichtspunkten benötigen.[756]

Die Beweislast für die Darlegung der Voraussetzungen des § 93 Abs. 1 S. 2 AktG liegt bei dem jeweiligen Organmitglied, denn § 93 Abs. 2 S. 2 AktG verweist auch auf § 93 Abs. 1 S. 2 AktG.[757] Dogmatisch ist die *business judgment rule* in Deutschland als Konkretisierung der objektiven Verhaltenspflichten der Organmitglieder zu verstehen.[758] Die Kodifizierung des Enthaftungsinstrumentes der *business judgment rule* wirft im Tatbestand zahlreiche Einzelfragen auf.[759] Im Folgenden soll sich auf das Verhältnis zu Legalitäts- und Treuepflicht im Rahmen des Tatbestandmerkmals der unternehmerischen Entscheidung und insbesondere auf die Anwendung im Falle der Pflicht zur Geltendmachung von Ersatzansprüchen beschränkt werden. Des Weiteren ist auf einen möglichen Ausschluss der Anwendbarkeit der *business judgment rule* bei Interessenkonflikten einzugehen.

a) Weites Verständnis der unternehmerischen Entscheidung

Es werden Zweifel laut, ob die *business judgment rule* die ihr zugedachte Funktion – einen sicheren Hafen für das Handeln der Unternehmensführung zu bieten – hinreichend erfüllt.[760] Kritisiert wird beispielsweise die Einschränkung

---

756 *Hopt/Roth,* in: GroßKommAktG, § 93 Rdnr. 61; *Spindler,* in: MünchKommAktG, § 93 AktG Rdnr. 36; *Fleischer,* in: Spindler/Stilz AktG, § 93 AktG Rdnr. 60; *Koch,* ZGR 2006, 769, 782; *Fleischer,* in: FS Wiedemann, 2002, S. 830.

757 *Hopt/Roth,* in: GroßKommAktG, § 93 Rdnr. 438; *Mertens/Cahn,* in: KölnKommAktG, § 93 AktG Rdnr. 36; Hüffer/Koch, AktG, § 93 Rdnr. 54; *Fleischer,* in: Spindler/Stilz AktG, § 93 AktG Rdnr. 77; *Druey,* in: FS Goette, 2011, S. 67; *Fest,* NZG 2011, 540, 541.

758 *Hopt/Roth,* in: GroßKommAktG, § 93 Rdnr. 67; *Spindler,* in: MünchKommAktG, § 93 AktG Rdnr. 39; *Brömmelmeyer,* WM 2005, 2065, 2068; *Hoffmann-Becking,* NZG 2006, 127, 128; a.A. *Dauner-Lieb,* in: Henssler/Strohn, GesR, § 93 AktG Rdnr. 19 („Tatbestandsausschlussgrund"); Hüffer/Koch, AktG, § 93 Rdnr. 14 („unwiderlegliche Rechtsvermutung"); offen *Krieger/Sailer-Coceani,* in: K. Schmidt/Lutter, AktG, § 93 AktG Rdnr. 14.

759 Siehe im Einzelnen etwa *Ihrig,* WM 2004, 2098, 2098 ff.; *Koch,* ZGR 2006, 769, 782 ff.; *Spindler,* AG 2013, 889, 890 ff.; *Freitag/Korch,* ZIP 2012, 2281, 2282 ff.; *Brömmelmeyer,* WM 2005, 2065, 2066 ff.; ebenso die Nachweise bei *Mertens/Cahn,* in: KölnKommAktG, § 93 AktG Rdnr. 17.

760 Vgl. etwa die Diskussionen bei *Druey,* in: FS Goette, 2011, S. 70f; *Bachmann,* ZHR 177 (2013), 1, 1 ff.; *Cahn,* WM 2013, 1293, 1294 ff. und auch bei *Bachmann,* Reform der Organhaftung? – Gutachten E zum 70. Deutschen Juristentag, S. 43 ff.

der Anwendbarkeit auf eine unternehmerische Entscheidung.[761] Nach der Gesetzesbegründung soll es sich um Entscheidungen handeln, die aufgrund ihrer Zukunftsbezogenheit durch Prognosen und nicht justiziable Einschätzungen geprägt sind.[762] Diese stehe im Gegensatz zu rechtlich gebundenen Entscheidungen, zu denen insbesondere die Beachtung gesetzlicher, satzungsmäßiger oder anstellungsvertraglicher Pflichten gehöre.[763] Ausgeklammert werden somit Bereiche, in denen das Handeln „durch rechtliche Vorschriften oder durch die Treuepflicht determiniert ist“[764].[765] Dies erscheint problematisch, da auch in diesen Bereichen Konstellationen bestehen können, in denen das Organ unter Unsicherheit entscheiden muss.[766] Häufig verbinden sich beispielsweise eine rechtliche und eine betriebswirtschaftlich/tatsächliche Analyse.[767] Aus haftungsrechtlicher Sicht befindet sich der Betroffene aber in einer vergleichbaren Lage wie im unmittelbaren Anwendungsbereich der *business judgment rule.*[768]

aa) Unsichere Rechtslage

(1) Problemaufriss

Zu denken ist etwa an die Fälle einer unsicheren Rechtslage. Hierbei können vielfach auch nach der Heranziehung von Rechtsgutachten und der Einholung behördlichen Rates keine zwingend determinierten Handlungsschritte ermittelt werden.[769] Eine unsichere bzw. unklare Rechtslage kann beispielsweise in Bezug auf die Ad-hoc-Publizitätspflicht des § 15 Abs. 1 WpHG entstehen. Nach §§ 22 Abs. 6 SEAG, 15 Abs. 1 Satz 1 WpHG hat der Verwaltungsrat einer SE, deren Aktien zum Handel an einer inländischen Börse zugelassen sind, *unverzüglich* eine neue Tatsache *zu veröffentlichen,* die in seinem Tätigkeitsbereich eingetreten und nicht

---

761 Z. B. *Mertens/Cahn,* in: KölnKommAktG, § 93 AktG Rdnr. 17; *Bachmann,* ZHR 177 (2013), 1, 8 f.; *Bachmann,* Reform der Organhaftung? – Gutachten E zum 70. Deutschen Juristentag, S. 43 ff.; *Hopt,* in: Ständige Deputation des Deutschen Juristentages, Sitzungsberichte zum 70. Deutschen Juristentag, S. N 77.

762 BT-Drucks. 15/5092, S. 11.

763 BT-Drucks. 15/5092, S. 11.

764 *Bachmann,* Reform der Organhaftung? – Gutachten E zum 70. Deutschen Juristentag, S. 43.

765 Vgl. i. Ü. *Hopt/Roth,* in: GroßKommAktG, § 93 Rdnr. 73; *Spindler,* in: MünchKommAktG, § 93 AktG Rdnr. 45; *Säcker,* NJW 2008, 3313, 3316; *Falkenhausen,* NZG 2012, 644, 645.

766 *Cahn,* WM 2013, 1293, 1294.

767 *Nietsch,* ZGR 2015, 631, 654.

768 Entsprechend kritisch in Bezug auf den Vorstand *Kocher,* CCZ 2009, 215, 215 f.; *Spindler,* AG 2013, 889, 893; *Bachmann,* ZHR 177 (2013), 1, 8; *Mertens/Cahn,* in: KölnKommAktG, § 93 AktG Rdnr. 19; *Holle,* AG 2016, 270, 271; ebenso die Einschätzung bei *Bachmann,* Reform der Organhaftung? – Gutachten E zum 70. Deutschen Juristentag, S. 43 f.

769 *Raiser/Veil,* Recht der Kapitalgesellschaften, § 14 Rdnr. 69.

öffentlich bekannt ist, wenn sie wegen der Auswirkungen auf die Vermögens- und Finanzlage oder auf den allgemeinen Geschäftslauf der Gesellschaft geeignet ist, den Börsenpreis der Aktien erheblich zu beeinflussen. Aufgrund des normativen Charakters einzelner Tatbestandsmerkmale der Norm hat der Verpflichtete eine eigene rechtliche Wertung vorzunehmen, bzw. Expertenrat einzuholen, sofern er nicht die nötige Sachkunde aufweist.[770]

Für die Verwaltungsratsmitglieder offenbart sich schon auf der ersten Ebene – der Informationserlangung – ein Problem: Es sind durchaus Situationen vorstellbar, in denen die mit der täglichen Geschäftsführung konfrontierten geschäftsführenden Direktoren bereits veröffentlichungsnotwendige Erkenntnisse haben, die dem Verwaltungsrat noch nicht vorliegen.[771] Unter Umständen kann der Verwaltungsrat mangels tiefer Sachkenntnisse über die täglichen Geschäfte deren Tragweite nicht exakt einschätzen. Noch schwieriger gestaltet sich der notwendige Zeitpunkt einer Veröffentlichungspflicht. Dieser ist möglicherweise allein mithilfe eines Experten zu bestimmen.[772] Gerade die Konstruktion des monistischen Systems in Deutschland hat und wird noch zahlreiche Rechtsprobleme aufweisen. Dementsprechend sind vielfältige Situationen denkbar, in denen sich die Verwaltungsratsmitglieder mit in einer unklaren Rechtslage konfrontiert sehen, insbesondere bei unbestimmten Rechtsbegriffen. Wenn mehrere Handlungsvarianten bestehen, kann jedoch keine rechtlich gebundene Entscheidung vorliegen, die aus dem Anwendungsbereich der *business judgment rule* herausfällt. Eine solche Entscheidung würde nämlich voraussetzen, dass es etwa nur ein einziges zutreffendes rechtliches Auslegungsergebnis gäbe. Dies ist aber gerade nicht der Fall.[773]

(2) Lösungsvorschläge

Für die Lösung des Konflikts werden in der dualistischen Aktiengesellschaft mehrere Wege vorgeschlagen. Ob es zur Klärung einer *legal judgment rule* bedarf, ist jedoch zweifelhaft.[774] Teilweise wird deswegen auf die allgemeinen Beurteilungs- und

770 *Hopt/Roth,* in: GroßKommAktG, § 93 Rdnr. 109; *Maier-Reimer/Webering,* WM 2002, 1857, 1859; *Nietsch,* BB 2005, 785, 787 f.; zu den entlastenden Anforderungen an einen Rechtsrat insbesondere BGH, ZIP 2011, 2097, 2099 – *ISION*; dazu *Strohn,* ZHR 176 (2012), 137, 137 ff.; *Strohn,* CCZ 2013, 177, 177 ff.; *Holle,* AG 2016, 270, 272; zur Anwendung auf den Verwaltungsrat *Teichmann,* in: Lutter/Hommelhoff/Teichmann, Anh. Art. 43 SE-VO § 39 SEAG Rdnr. 10.

771 Sofern sich die Verwaltungsratsmitgliedschaft mit der Mandatierung als geschäftsführender Direktor überschneidet, gilt dies zumindest für die (Mehrzahl) der nichtgeschäftsführenden Verwaltungsratsmitglieder.

772 Zu weiteren Konstellationen einer unklaren Rechtslage *Buck-Heeb,* BB 2013, 2247, 249.

773 *Buck-Heeb,* BB 2013, 2247, 2252 f.

774 Zum Versicherungsaufsichtsrecht so aber etwa *Bürkle,* VersR 2013, 792, 793 ff.; mit Verweis auf *Bürkle* im Rahmen des 30. Münsterischen Versicherungstages 2012:

Ermessenspielräume außerhalb des § 93 Abs. 1 S. 2 AktG verwiesen.[775] Daneben könnte auch auf die Grundsätze des Rechtsirrtums abgestellt werden, wonach der Schuldner schon dann das Risiko eines Rechtsirrtums zu tragen hat, wenn er nur mit der Möglichkeit einer von seinem Rechtsstandpunkt abweichenden Entscheidung des zuständigen Gerichts rechnen muss.[776] Andere wollen § 93 Abs. 1 S. 2 AktG unmittelbar anwenden, da ein typisches Entscheidungsdilemma vorliege, dem die *business judgment rule* Rechnung tragen soll.[777] Außerdem wird vorgetragen, § 93 Abs. 1 S. 2 AktG nur entsprechend anzuwenden, da der dargelegte Sachverhalt nicht unter den unmittelbaren Anwendungsbereich der Vorschrift fallen kann, aber im Übrigen vergleichbar sei.[778]

(3) Stellungnahme

Das unternehmerische Ermessen des Organs ist nicht auf den Bereich des 93 Abs. 1 S. 2 AktG zu beschränken. Auch wenn die *business judgment rule* nicht greift, so kann dem Organmitglied ein unternehmerisches Ermessen zugutekommen.[779] Entscheidungssituationen, die im Falle von Pflichtaufgaben auch eine Ermessenskomponente aufweisen, sollten jedoch den unmittelbaren Schutz der *business judgment rule* erfahren. Eine analoge Anwendung, die Schaffung einer neuen Vorschrift oder der Verweis auf allgemeine Spielräume, ist nicht notwendig. Denn die Frage, ob die dargelegte Situation von der *business judgment rule* erfasst wird, ist bereits durch eine Würdigung der Gesetzesbegründung zu beantworten. So muss berücksichtigt werden, dass das oberste Ziel war, keinen sicheren Hafen für illegales Verhalten zu bieten.[780] Ein solch illegales Verhalten ist allerdings ebenso wenig gegeben, wenn mehrere Möglichkeiten bestehen die gesetzliche Pflicht zu befolgen. Der Begriff

---

Böhmer, VersR 2013, 162, 163; im Grundsatz wohl auch zustimmend *Thole,* ZHR 173 (2009), 504, 523 f.

775 Hüffer/Koch, AktG, § 93 Rdnr. 10, 16; *Holle,* AG 2011, 778, 785; *Habersack,* in: Lorenz, Karlsruher Forum 2009, S. 14 ff.; *Harbarth,* in: FS Hommelhoff, 2012, S. 339 f.

776 Vgl. BGH, ZIP 2011, 2097 – *ISION*; *Holle,* AG 2016, 270, 276 ff.

777 So *Hopt/Roth,* in: GroßKommAktG, § 93 Rdnr. 75 *Mertens/Cahn,* in: KölnKomm-AktG, § 93 AktG Rdnr. 19; *Raiser/Veil,* Recht der Kapitalgesellschaften, § 14 Rdnr. 69; *Bachmann,* ZHR 177 (2013), 1, 8; *Bachmann,* ZIP 2014, 579, 580; *Kocher,* CCZ 2009, 215, 217; *Falkenhausen,* NZG 2012, 644, 647; wohl auch *Nietsch,* ZGR 2015, 631, 656.

778 So etwa *Spindler,* in: FS Canaris, Bd. II, 2007, S. 414 f., 427 f.; ähnlich *Cahn,* WM 2013, 1293, 1295. Es bleibt unklar, ob sich insofern wiederum auf einen von § 93 Abs. 1 S. 2 AktG unabhängigen Ermessens- bzw. Beurteilungsspielraum bezogen wird, oder ob eine echte analoge Anwendung der Vorschrift befürwortet wird.

779 *Hopt/Roth,* in: GroßKommAktG, § 93 Rdnr. 116; *Spindler,* in: MünchKommAktG, § 93 AktG Rdnr. 40; *Jungmann,* NZI 2009, 80, 81; *Böttcher,* NZG 2009, 1047, 1048; *Schäfer,* ZIP 2005, 1253, 1255; *Jungmann,* in: FS K. Schmidt, 2009, S. 833; *Koch,* in: FS Säcker, 2011, S. 407; i. Ü. auch BegrRegE UMAG, BT-Drucks. 15/5092, S. 12.

780 BT-Drucks. 15/5092, S. 11.

unternehmerische Entscheidung ist lediglich als Gegenbegriff zur gebundenen Entscheidung zu sehen.[781] Damit modifiziert die Gesetzbegründung den allgemeinen Sprachgebrauch des Begriffes „unternehmerisch" in spezifischer Weise, der ansonsten etwa wie „wirtschaftlich"[782] zu deuten wäre. Somit kommt es zu einer weiten Auslegung dieses Begriffes.[783] Es lässt sich daher die Situation einer unsicheren Rechtslage und mehreren gleichwertigen Handlungsvarianten unter den Begriff fassen.

Dafür spricht ebenfalls, dass die Regierungsbegründung auf die Zukunftsbezogenheit und den Prognosecharakter der in Frage stehenden Entscheidung abstellt.[784] Genau eine solche Sachlage liegt jedoch auch in Bezug auf eine unklare Rechtslage vor und ist deswegen zu schützen.[785] Zahlreiche Entscheidungen im Wirtschaftsleben sind in irgendeiner Hinsicht gesetzesgebunden.[786] Treten nun zukunftsbezogene und prognoseabhängige Elemente hinzu, so muss auch hinsichtlich dieser Art von Entscheidungen ein sicherer Hafen unter der *business judgment rule* eröffnet werden.[787] Nach Sinn und Zweck der *business judgment rule* kommt es nicht darauf an, ob das Organ überhaupt tätig werden muss, sondern ob die zur Pflichtenerfüllung erforderlichen Schritte *ex ante* determiniert sind.[788] Die Unternehmensleitung schuldet auch bei einer rechtlichen Bewertung keinen Erfolg, sondern lediglich das sorgfältige Bemühen um deren Wahrnehmung.[789] Daher muss das Organ auch nicht als „Versicherung"[790] des jeweiligen Vorhabens bei unklarer Rechtslage in der Weise herhalten, dass jeder Rechtsirrtum zu seinen Lasten geht.[791]

Auch der Verwaltungsrat einer monistischen SE wird mit einer solchen Entscheidungssituation konfrontiert. Den Organmitgliedern sollte folglich die Privilegierung des *business judgment rule* bei unklaren Rechtssituationen zugutekommen.

---

781 BT-Drucks. 15/5092, S. 11.

782 Prägnant: „[...] Tendenz zur Verengung des Begriffs, der [...] „unternehmerischen Entscheidung", auf rein betriebswirtschaftliche Maßnahmen", *Nietsch,* ZGR 2015, 631, 665.

783 Ebenso *Hopt,* in: FS W.H. Roth, 2015, S. 230.

784 BT-Drucks. 15/5092, S. 11.

785 Ablehnend *Scholl,* Vorstandshaftung und Vorstandsermessen, S. 197 f.

786 *Nietsch* spricht insofern von „einer allgemein zunehmenden Verrechtlichung unternehmerischen Handels", *Nietsch,* ZGR 2015, 631, 632.

787 Ähnlich *Mertens/Cahn,* in: KölnKommAktG, § 93 AktG Rdnr. 19.

788 *Bachmann,* ZIP 2014, 579, 580.

789 *Nietsch,* ZGR 2015, 631, 655; ähnlich *Paefgen,* Unternehmerische Entscheidungen und Rechtsbindung der Organe in der AG, S. 175 ff.

790 So *Thole,* ZHR 173 (2009), 504, 522.

791 *Nietsch,* ZGR 2015, 631, 655.

bb) Verfolgungspflicht von Ersatzansprüchen

Aufbauend auf dem soeben erwähnten Problemkreis, ist nicht geklärt, ob die Verfolgung von Ersatzansprüchen durch den Verwaltungsrat gegenüber den geschäftsführenden Direktoren sowie gegenüber den von der möglichen Pflichtverletzung nicht betroffenen Verwaltungsratsmitgliedern, der *business judgment rule* unterliegt. Bei der Verfolgungspflicht des Aufsichtsrats gegenüber dem Vorstand wird dies teilweise abgelehnt.[792] Überwiegend wir dem Aufsichtsrat in der Literatur insofern ein Beurteilungs- bzw. Ermessenspielraum eingeräumt, dessen dogmatische Herkunft jedoch häufig im Unklaren bleibt.[793] Die insoweit vertretenen Meinungsstände sind unübersichtlich, und verweisen untereinander auf zuvor abgelehnte Gegenmeinungen, um im Endeffekt doch zu identischen Ergebnissen zu gelangen.[794]

Es erscheint sachgerecht, auch bei der Verfolgungspflicht des Verwaltungsrats von der Anwendbarkeit der *business judgment rule* auszugehen. Der Bundesgerichtshof hat zwar eine grundsätzliche Verfolgungspflicht zur Geltendmachung von Ersatzansprüchen gegen Vorstandsmitglieder postuliert.[795] Ausnahmen bestehen jedoch, wenn gewichtige Interessen und Belange der Gesellschaft dafürsprechen, den der Gesellschaft entstandenen Schaden ersatzlos hinzunehmen.[796] Die Anwendung der *business judgment rule* auf Verfolgungspflichten steht letztlich im Einklang mit der Rechtsprechung des Bundesgerichtshofs. Zwar wird im einschlägigen ARAG/Garmenbeck-Urteil auf einer ersten Stufe das Bestehen eines unternehmerischen Ermessensspielraums hinsichtlich der Frage, ob der Aufsichtsrat von einer Verfolgung des Ersatzanspruches absehen darf, abgelehnt.[797] Hieraus wird aber allein abgeleitet, dass der Aufsichtsrat den Anspruch grundsätzlich geltend machen muss.[798] Auf der zweiten Stufe wird ausdrücklich ein Entscheidungsspielraum für Ausnahmen vom Grundsatz der Verfolgungspflicht aufgrund gewichtiger Interessen und Belange

792 So z. B. Hüffer/Koch, AktG, § 116 Rdnr. 5; *Koch,* NZG 2014, 934, 937 ff.; *Scholl,* Vorstandshaftung und Vorstandsermessen, S. 203 ff.; wohl auch *Bachmann,* BB 2015, 771, 773 mit Verweis auf BGH, NJW 1997, 1926 – *Arag/Garmenbeck.*

793 Vgl. etwa aus der neueren Literatur *Habersack,* in: MünchKommAktG, § 111 Rdnr. 38; *Bieder,* NZG 2015, 1178, 1182 ff.; *Bachmann,* Reform der Organhaftung? – Gutachten E zum 70. Deutschen Juristentag, S. 80; *Lutter,* in: FS Hoffmann-Becking, 2013, S. 753; *Casper,* ZHR 176 (2012), 617, 636; *Cahn,* WM 2013, 1293, 1296 f.; *Paefgen* unterwirft die Entscheidung des Aufsichtsrats vollständig der *business judgment rule,* vgl. *Paefgen,* AG 2008, 761, 762 ff.; dem folgend *Fehrenbach,* AG 2015, 761, 764 f.; *Bieder,* NZG 2015, 1178, 1184; vgl. ebenfalls *Mertens/Cahn,* in: KölnKommAktG, § 93 AktG Rdnr. 20; *Goette,* ZHR 176 (2012), 588, 595 und *Reichert,* ZHR 177 (2013), 756, 767 f.

794 Zu dieser Kritik insbesondere *Koch,* NZG 2014, 934, 935.

795 BGH, NJW 1997, 1926, 1927 – *Arag/Garmenbeck.*

796 BGH, NJW 1997, 1926, 1928 – *Arag/Garmenbeck.*

797 BGH, NJW 1997, 1926, 1928 – *Arag/Garmenbeck.*

798 BGH, NJW 1997, 1926, 1928 – *Arag/Garmenbeck.*

der Gesellschaft anerkannt.[799] Zumindest die Entscheidung auf dieser zweiten Stufe stellt insoweit eine unternehmerische Entscheidung dar.[800] Zur Schaffung einer angemessenen Informationsgrundlage steht dem vorausgeschaltet eine rechtlich gebundene Sachverhaltsermittlung unter Berücksichtigung[801] des Einzelfalls.[802]

Zentraler Gesichtspunkt im Rahmen der Bewertung ist eine Abwägung in Bezug auf die Vermögensinteressen der Gesellschaft; d. h. eine am Unternehmenswohl auszurichtende Ermessensentscheidung.[803] Die Gründe, die bestimmen sollen, ob die Geltendmachung eher geeignet ist der Gesellschaft zu schaden oder ihr zu nützen, weisen prognostische und zukunftsbezogene Elemente auf.[804] Schließlich müssen auch hier hypothetische Handlungsvarianten und die folgenden Ergebnisse herausgearbeitet und analysiert werden. Häufig handelt es sich um Gesichtspunkte, die beispielsweise das Ansehen des Unternehmens, etwaige Auswirkungen auf das Betriebsklima oder mögliche Kosten eines langwierigen Schadensersatzprozesses betreffen. Ebendiese unternehmerischen Fragen können von dem zuständigen Organ aber weit besser erfasst werden als durch ein Gericht.[805]

Für den Verwaltungsrat gilt dies umso mehr, da er im Gegensatz zum Aufsichtsrat auch eine Leitungsfunktion wahrnimmt. Dem Aufsichtsrat kommt zwar im dualistischen System eine Vermögensverantwortung zu.[806] Beim Verwaltungsrat ist diese Pflicht allerdings noch stärker ausgeprägt, da bei ihm die umfassenden Kompetenzen von Vorstand und Aufsichtsrat zusammenfallen. Der Verwaltungsrat hat in der monistischen SE die wesentliche Vermögensverantwortung. Entscheidend muss letztlich immer die – häufig nur aufgrund unternehmerischer Erwägungen zu beantwortende – Frage sein, ob eine Geltendmachung von Ansprüchen der Gesellschaft eher nutzen oder schaden würde.[807] Ist Letzteres der Fall, so ist der Verwaltungsrat nicht nur berechtigt, sondern sogar verpflichtet, von einer aussichtsreichen Anspruchsverfolgung gegenüber anderen Verwaltungsratsmitgliedern oder gegenüber den geschäftsführenden Direktoren abzusehen. Im Übrigen würde ein Verwaltungsrat ohne solch sicheren Hafen den geschäftsführenden Direktoren einen geringeren Handlungsspielraum zukommen lassen und die Aufgaben unmittelbar selbst wahrnehmen, weil er Gefahr läuft, sich einer persönlichen Haftung ausgesetzt zu sehen. Im Gegensatz zur strengen Kompetenzverteilung zwischen Aufsichtsrat und Vorstand wäre eine solches Vorgehen in der monistischen SE

---

799 BGH, NJW 1997, 1926, 1928 – *Arag/Garmenbeck.*

800 *Reichert,* ZIP 2016, 1189, 1195.

801 Z. B. in Hiblick auf die ggf. größere Sachnähe der geschäftsführenden Direktoren in der SE.

802 *Fehrenbach,* AG 2015, 761, 765; *Reichert,* ZIP 2016, 1189, 1194 f.

803 *Bieder,* NZG 2015, 1178, 1182 der hieraus eine umfassende Ermessensausübung ohne Beschränkungen stützt.

804 *Paefgen,* AG 2008, 761, 763; *Bieder,* NZG 2015, 1178, 1184.

805 *Reichert,* ZHR 177 (2013), 756, 768.

806 Vgl. *Cahn,* WM 2013, 1293, 1296.

807 *Cahn,* WM 2013, 1293; *Fehrenbach,* AG 2015, 761, 765.

möglich. Dies widerspräche aber letztendlich der Effektivität der Unternehmensleitung, da zu befürchten ist, der Verwaltungsrat verlöre sich in Aufgaben, die eigentlich den geschäftsführenden Direktoren zukommen.

Es bleibt festzuhalten, dass der Verwaltungsrat im Rahmen der Verpflichtung zur Geltendmachung von Ersatzansprüchen gegenüber eigenen potentiell pflichtwidrig handelnden Mitgliedern und gegenüber geschäftsführenden Direktoren, auf den Schutz des *business judgment rule* zurückgreifen kann. Es ist letztlich unangemessen, dass dem Verwaltungsrat eine Verhaltensweise aufgezwungen wird, die nicht dem Unternehmenswohl entspricht.[808]

b) Interessenkonflikte

Die Anwendung der *business judgment rule* setzt außerdem voraus, dass sich das Organmitglied bei seiner Entscheidung in keinem Interessenkonflikt befindet.[809] Diese Voraussetzung ist dem Tatbestand zwar nicht unmittelbar zu entnehmen, folgt aber aus der Gesetzesbegründung.[810] Ein die Anwendung des § 93 Abs. 1 S. 2 AktG ausschließender, Interessenkonflikt ist jedenfalls dann gegeben, wenn der Betroffene zum konkreten eigenen Nutzen oder zum Nutzen von ihm nahestehenden Personen oder Gesellschaften handelt.[811] Der Voraussetzung steht aber nicht im Wege, dass das Organmitglied als Teil seiner Vergütung etwa *stock options* erhält, da hier das persönliche Interesse mit demjenigen der Gesellschaft verknüpft wird.[812] Der Ausschluss der *business judgment rule* in den Fällen von Interessenkonflikten erwächst bereits aus der Treuepflicht[813] und ist geradezu selbstverständlich. Die *business judgment rule* soll allein Sorgfaltspflichtverletzungen einschränken, um dadurch die sinnvolle Übernahme unternehmerischer Risiken zu fördern. Bei Interessenkonflikten besteht hingegen immer ein erhebliches schadensgeneigtes Risiko der Gesellschaft, dem begegnet werden soll.

Interessenkonflikte bestehen insbesondere bei Geschäften zwischen den Organmitgliedern und der Gesellschaft. Im dualistischen System ist bei Geschäften zwischen Vorstand und Gesellschaft der Aufsichtsrat nach § 112 AktG vertretungsberechtigt, womit sich die Problematik von vorneherein nicht stellt. Diese Voraussetzung gilt aber ebenso im Verwaltungsrat der monistischen SE.[814] Anders als in

---

808 So auch die *conclusio* von *Grunewald* in Bezug auf den Aufsichtsrat, *Grunewald,* AG 2013, 813, 814.

809 *Hopt/Roth,* in: GroßKommAktG, § 93 Rdnr. 90; *Mertens/Cahn,* in: KölnKommAktG, § 93 AktG Rdnr. 25; *Spindler,* in: MünchKommAktG, § 93 AktG Rdnr. 60; *Habersack,* in: Lorenz, Karlsruher Forum 2009, S. 21 ff.; *Lutter,* in: FS Canaris, Bd. II, 2007, S. 248 ff.; *Bachmann,* BB 2015, 771, 772.

810 Vgl. BT-Drucks. 15/5092, S. 11.

811 *Dauner-Lieb,* in: Henssler/Strohn, GesR, § 93 AktG Rdnr. 24.

812 *Spindler,* in: MünchKommAktG, § 93 AktG Rdnr. 60.

813 *Hopt/Roth,* in: GroßKommAktG, § 93 Rdnr. 90.

814 *Verse,* in: SE-Recht, § 39 SEAG Rdnr. 8.

der klassischen Aktiengesellschaft sind Interessenkonflikte in der monistischen SE durchaus vermehrt relevant, denn geschäftsführende Direktoren können auch Verwaltungsratsmitglieder sein. Außerdem steht dem Verwaltungsrat ein umfassendes Weisungsrecht zu. Auch der Nebenamtscharakter des Verwaltungsratsmandats kann dazu beitragen, dass die Thematik der Interessenkonflikte in der monistischen SE in den Fokus der Praxis gerät.[815] Vielfach werden die Mitglieder weiteren gesellschaftsfremden Interessen unterliegen und somit schnell in den Verdacht geraten, Fremdeinflüssen ausgesetzt zu sein. Wann genau ein Interessenkonflikt vorliegt, kann freilich nur im Einzelfall entschieden werden.

II. USA

Das wohl wichtigste Instrument, welches – neben der Möglichkeit zur Haftungsbeschränkung qua Satzungsvereinbarung – zu einer Entlastung des *board* in der *corporation* gegenüber Haftungsansprüchen führt, ist die *business judgment rule.* Dieses Prinzip enthält Vorgaben für die gerichtliche Kontrolle einer beanstandeten Entscheidung.[816] Damit die *business judgment rule* greifen kann, müssen vier Voraussetzungen gegeben sein: Es muss eine unternehmerische Entscheidung vorliegen, der betroffene *director* muss auf Grundlage einer angemessener Informationsbasis gehandelt haben, der *director* muss gutgläubig gewesen sein, mit seiner Entscheidung das Wohl der Gesellschaft zu fördern und letztlich dürfen keine Interessenkonflikte bestehen, die an der Integrität der Entscheidung zweifeln lassen könnten.[817] Die Formulierung der *business judgment rule* weicht zwischen den Gesetzen den

815 *Verse,* in: SE-Recht, § 39 SEAG Rdnr. 8.

816 Omnicare, Inc. v. NCS Healthcare, Inc, 818 A.2d 914 (2003); Cede & Co. v. Technicolor, Inc, 634 A.2d 345 (1993); *Eisenberg,* The Divergence of Standards of Conduct and Standards of Review in Corporate Law, 62 Fordham L. Rev. 437, 444 (1993); *Eisenberg,* Der Konzern 2004, 386, 390; *Smith,* The Modern Business Judgment Rule, BYU Law Research Paper Series No. 15–09 1, 3 (2015); *Corporate Laws Committee,* Corporate Director's Guidebook (2011) p. 27; vorsichtiger bereits *Allen/Strine,* Function over Form: A Reassessment of Standards of Review in Delaware Corporation Law, 26 Del. J. Corp. L. 859, 870 (2001) („*policy of non-review*"); noch enger: *Bainbridge,* The Business Judgment Rule as Abstention Doctrine, 57 Vand. L. Rev. 57, 83 (2004) ("*abstention doctrine*"); wieder anders *McMillan,* The Business Judgment Rule as an Immunity Doctrine, 4 Wm. & Mary Bus. L. Rev. 521, 524 (2013) ("*type of immunity*"); offen gelassen von *Branson,* The Rule That Isn't a Rule – the Business Judgment Rule, 36 Val. U. L. Rev. 631, 631 (2002).

817 Vgl. Aronson v. Lewis, 473 A.2d 805 (1984); In re Walt Disney Co. Derivative Litigation, 906 A.2d 27 (2006); *Branson,* The Rule That Isn't a Rule – the Business Judgment Rule, 36 Val. U. L. Rev. 631, 639 (2002); *Eisenberg,* The Divergence of Standards of Conduct and Standards of Review in Corporate Law, 62 Fordham L. Rev. 437, 441 (1993); *Eisenberg,* Der Konzern 2004, 386, 390.

Bundesstaaten voneinander ab. Dies ist darauf zurückzuführen ist, dass die Regelung auf Richterrecht beruht.[818]

In den Vereinigten Staaten bestehen zahlreiche Ansätze zur Legitimierung der *business judgment rule.*[819] Allgemein anerkannt ist, dass *directors* aufgrund ihrer Erfahrung und aufgrund ihres Zuganges zu Informationen besser dazu geeignet sein sollen, unternehmerische Entscheidungen zu treffen als Gerichte.[820] Rückwirkend soll eine unternehmerische Entscheidung durch erfahrene Experten nicht hinterfragt werden, auch wenn das Ergebnis nicht immer zum Vorteil der Gesellschaft ausfällt. Schließlich werden *directors* dazu angehalten, Risiken einzugehen, die der Gesellschaft Nutzen bringen.[821] Im Falle von Missmanagement übernehme primär der Markt eine regulative Kontrolle über das Verhalten. Es soll der Unternehmergeist der Entscheidungsträger geschützt werden.[822] Die Anleger können sich vor Verlusten selbst absichern, indem sie ihr Portfolio diversifizieren.[823] Sie haben somit ein Interesse daran, dass sich der einzelne Entscheidungsträger potentiell gewinnbringend verhält und nicht vor entsprechenden Entscheidungen aufgrund des Haftungsrisikos zurückschreckt.[824]

Bei Eingreifen der Beschränkung kann die Entscheidung eines *directors* letztlich dahingehend geprüft werden, ob dieser die zu einer Entscheidungsfindung

---

818 Eine mögliche Variante enthält jedoch z. B. *American Law Institute,* Principles of Corporate Governance: Analysis and Recommendations (1994) § 4.01(c): "*A director or officer who makes a business judgment in good faith fullfills the duty of care if the director or officer: (1) is not interested in the subject of the business judgment; (2) is informed with respect to the subject of the business judgment to the extent the director or officer reasonably believes to be appropriate under the circumstances; and (3) rationally believes that the business judgment is in the best interests of the corporation.*" Zu den Unterschieden dieser nicht bindenden Formulierung gegenüber den im Richterrecht bestehenden Standard etwa *Branson,* The Rule That Isn't a Rule – the Business Judgment Rule, 36 Val. U. L. Rev. 631, 634 (2002).

819 Übersicht etwa bei *Gevurtz,* Corporation Law (2010) 297 ff. m.w.N.

820 J.P. Stevens & Co. Shareholder Litigation, 542 A.2d 770 (1988); *Knepper/Bailey,* Liability of Corporate Officers and Directors (2002 updated 2014 (LexisNexis)) § 2.02; International Ins. Co. v. Johns, 874 F.2d 1447 (1989); *Fischel,* The Business Judgment Rule and the Trans Union Case, 40 Bus. Law. 1437, 1441 (1985); *Bainbridge,* Corporate Law (2009) p. 103. Freilich ist dieser Ansatz nicht zwingend überzeugend, den in anderen Lebensbereichen werden schlichtweg Sachverständige hinzugezogen, dazu etwa *Davis,* Once more, the Business Judgment Rule, Wis. L. Rev. 573, 581 (2000).

821 *Bainbridge,* Corporate Law (2009) p. 105.

822 *Telman,* The Business Judgment Rule, Disclosure, and Executive Compensation, 81 Tul. L. Rev. 829, 844 (2007).

823 Dazu insbesondere *Gevurtz,* Corporation Law (2010) p. 298 f.

824 *Bainbridge,* The Business Judgment Rule as Abstention Doctrine, 57 Vand. L. Rev. 57, 110 (2004).

notwendigen Prozesse beachtet hat.[825] Die *business judgment rule* ist mithin ein vorgeschalteter Eingangstest. Den Kläger trifft die Beweislast, die Anwendung der *business judgment rule* zur entkräften.[826] Die *business judgment rule* greift nicht bei einer Verletzung der *duty of loyalty*.[827] Der umfassende Schutz der *business judgment rule* hat dazu geführt, dass Klagen gegen Organmitglieder in der Regel nicht erfolgreich sind,[828] wobei einzelne Ausnahmen[829] die Regel bestätigen.

a) Weites Verständnis des business judgment

aa) Flexibler Anwendungsbereich

Auch in den Vereinigten Staaten wird zunächst das Vorliegen einer unternehmerischen Entscheidung (*business decision*) verlangt. Diesem Merkmal kommt jedoch weder in der Rechtsprechung, noch in der Literatur größere Aufmerksamkeit zu. Allenfalls wird darauf hingewiesen, dass mit dem Begriffspaar ein Schutz des Unterlassens ausgeschlossen werden soll.[830] Aber auch eine Entscheidung, keine Entscheidung zu treffen, fällt unter den Anwendungsbereich der *business judgment rule*.[831] *Board*-Entscheidungen, die gegen gesetzliche Verbote verstoßen, sind ebenso nicht vom Schutz der *business judgment rule* erfasst.[832] Die Frage, ob ein Vertrag rechtswidrig ist, stellt keine unternehmerische Entscheidung dar.[833] In der Rechtsprechung heißt es etwa, dass eine unternehmerische Entscheidung nicht aufgrund der Anwendung eines Gesetzes oder von *bylaws* vorliegen kann.[834]

bb) Beispiel: Zahlung der Dividende

Anhand eines Beispiels soll im Folgenden die Reichweite des Begriffs „*business judgment*" näher analysiert werden.

---

825 *Knepper/Bailey,* Liability of Corporate Officers and Directors (2002 updated 2014 (LexisNexis)) § 2.01.

826 Aronson v. Lewis, 473 A.2d 805 (1984); Cede & Co. v. Technicolor, Inc, 634 A.2d 345 (1993).

827 So etwa ausdrücklich *Corporate Laws Committee,* Corporate Director's Guidebook (2011) p. 28.

828 *Fairfax,* Spare the Rod, Spoil the Director? Revitalizing Directors' Fiduciary Duty through Legal Liability, 42 Hou. L. Rev. 393, 410 (2005); *Stuart,* Demise of the Director's Duty of Care: Judicial Avoidance of Standards and Sanctions through the Business Judgment Rule, 62 Tex. L. Rev. 591, 594 (1983); *Hein,* Die Rezeption US-amerikanischen Gesellschaftsrechts in Deutschland, S. 919.

829 Beispielsweise im Falle Smith v. Van Gorkom, 488 A.2d 858 (1985).

830 Aronson v. Lewis, 473 A.2d 805 (1984); *Bainbridge,* Corporate Law (2009) p. 110.

831 *Branson,* The Rule That Isn't a Rule – the Business Judgment Rule, 36 Val. U. L. Rev. 631, 639 (2002).

832 Miller v. American Telephone and Telegraph Co., 507 F.2d 759 (1974).

833 Z. B. Grimes v. Donald, 1995 Del. Ch. LEXIS 3 (1995).

834 Z. B. Mueller v. Zimmer, 124 P.3d 340 (2005).

Die Befugnis über die Ausschüttung einer Dividende liegt in der *corporation* beim *board*.[835] In Delaware ist dies unmittelbar in § 170 DGCL festgehalten und wird auch im Übrigen durch die Rechtsprechung anerkannt.[836] Die Entscheidung wird hierbei von der *business judgment rule* geschützt.[837] Das *board* unterliegt allerdings bestimmten Restriktionen. Die Grenze liegt jedenfalls im Bereich von „*fraud or gross abuse of discretion*"[838]. Zwar haben die Aktionäre grundsätzlich keinen Anspruch auf eine Ausschüttung einer Dividende. Allerdings können auch hier Ausnahmen greifen, z. B. wenn die Geschäftslage keine Rücklage der Gewinne erfordert.[839] Auch § 170 ff. DGCL enthält weitere Bestimmungen, die das *board* im Rahmen einer Auszahlungsentscheidung berücksichtigen muss. So können im *certificate of incorporation* individuelle Vereinbarungen hinsichtlich der Dividendenzahlung vereinbart werden. Dividenden können ebenfalls nur aus dem *surplus* oder dem *net profit* erfolgen, wobei der DGCL Definitionen für diese Begriffe enthält. Das *board* kann sich jedoch wiederum grundsätzlich auf die Informationen, die ihn zur Bestimmung dieser Werte zur Verfügung gestellt werden, verlassen.[840] Die Letztentscheidung liegt alleine beim *board*.

Die Berechnung der einzelnen Werte, die Analyse der wirtschaftlichen Situation des Unternehmens und die potentielle Möglichkeit der Auszahlung der Dividende sind unternehmerisch geprägt. Die mit verschiedenen Restriktionen bestehenden Regelungen die das *board* zu beachten hat, sind jedoch ebenfalls juristischer Natur und bedürfen einer individuellen Bewertung, um eine ordnungsgemäße Entscheidung treffen zu können. Dies gilt insbesondere für die Auslegung des *certificate of incorporation*, sofern dieses Dokument genauere Bestimmung hinsichtlich einer Dividendenzahlung enthält. Trotz vieler Rechtsfragen wenden die Gerichte im Rahmen der Dividendenauszahlung so gut wie uneingeschränkt die *business judgment rule* an. Man kann also davon ausgehen, dass die Gerichte die Voraussetzung des *business judgment* als flexibel und weit betrachten. Im Allgemeinen wird ein Gericht nicht starr mögliche Merkmale der *business judgment rule* durchgehen und sie

---

835 § 174 DGCL enthält für eine Verletzung der Bestimmungen hinsichtich der Dividendenzahlung eine eigene Haftungsgrundlage.

836 Vgl. etwa In re American International Group, Inc. Derivative Litig., 700 F Supp 2d 419 (2010); Barnes v. State Farm Mut. Auto. Ins. Co., 16 Cal App 4th 365 (1993); City Bank Farmers' Trust Co. v. Hewitt Realty Co, 257 N.Y. 62 (1931).

837 Gabelli & Co. v. Liggett Group, Inc., 479 A.2d 276 (1984); In re American International Group, Inc. Derivative Litig., 700 F Supp 2d 419 (2010); Barnes v. State Farm Mut. Auto. Ins. Co., 16 Cal App 4th 365 (1993); *Fletcher*, Cyclopedia of the Law of Corporations (revised 2011 updated 2015) § 1041.20; *Henn/Alexander*, Laws of Corporations and other Business Enterprises (1983) p. 913; *Israel*, The Business Judgment Rule and the Declaration of Corporate Dividends, 4 Hofstra L. Rev. 73, 73 (1975).

838 Gabelli & Co. v. Liggett Group, Inc., 479 A.2d 276 (1984).

839 Dazu etwa *Clark*, Corporate Law (1986) p. 602.

840 § 172 DGCL.

einzeln prüfen, sondern vielmehr danach fragen, ob das *board of directors* grundsätzlich besser geeignet ist, eine Entscheidung zu bewerten als das Gericht, und es hierbei keine eklatanten Grundsätze missachtet hat. Sofern das *board* als sinnvollerer Entscheidungsträger betrachtet wird, wird ein Gericht die *business judgment rule* anwenden, und zwar ohne positivistisch am Wortlaut festzuhalten. Auf den Punkt gebracht: "*The modern business judgment rule is not a one-size-fits-all doctrine, but rather a movable boundary, marking the shifting line between judicial scrutiny and judicial deference.*"[841] Außerhalb der dargestellten Schranken ist der mögliche Anwendungsbereich der *business judgment rule* also grundsätzlich sehr breit. Damit ist letztlich aber die Einordnung als *rule* irreführend. Eine *rule* weist üblicherweise eine konkrete Regelung auf, die befolgt werden muss, wenn die Voraussetzungen erfüllt sind.[842] Die *business judgment rule* ist also vielmehr ein Standard, der ein ausreichendes Maß an flexibler Handhabung beinhaltet.[843]

b) Verfolgung von Ersatzansprüchen

Bereits an anderer Stelle wurde darauf hingewiesen, dass der *business judgment rule* im Rahmen einer möglichen Pflichtverletzung bei der Verfolgung von Ansprüchen gegen andere Organmitglieder nur eine geringe praktische Bedeutung zukommt und auch nicht im Fokus der derzeitigen Diskussion in den Vereinigten Staaten steht.[844] Dem Thema kommt hingegen in Deutschland besondere Aufmerksamkeit zu, da die Trennung zwischen Aufsichtsrat und Vorstand und die Überwachungsfunktion des Aufsichtsrats ein Spannungsverhältnis zwischen den Organen entstehen lässt, das im Einzelorgan des *board* nicht unmittelbar auftritt. Dort kann dieses Verhältnis aber dann relevant werden, wenn es zu einer faktischen Trennung innerhalb des Organs kommt.

Ein solcher Fall kann z. B. im Rahmen einer *derivative suit* eintreten, also im Fall einer Klage der Aktionäre aus abgeleitetem Recht der Gesellschaft. Auf die individuellen Voraussetzungen dieses Klageinstruments ist noch an anderer Stelle einzugehen.[845] Hier sei angemerkt, dass die Klage gegen die *directors* abzuweisen ist, wenn das *board* beschließt, die Aufrechterhaltung der Klage liege nicht im besten Interesse der Gesellschaft.[846] Diese Feststellung kommt in der Regel einem speziell ernannten *special litigation committee* zu, welches (ggf. erst nach dem pflichtwidrigen

---

841 *Smith*, The Modern Business Judgment Rule, BYU Law Research Paper Series No. 15–09 1, 4 (2015).

842 Dazu *Fon/Parisi*, Codifications and the Optimal Specificity of Legal Rules, George Mason University School of Law Law and Economics Research Paper No. 04–32 1, 3 (2007).

843 *Branson*, The Rule That Isn't a Rule – the Business Judgment Rule, 36 Val. U. L. Rev. 631, 631 (2002).

844 Siehe dazu bereits 3. Teil § 15 I. b).

845 Siehe dazu noch 6. Teil § 30.

846 Vgl. etwa § 7.44(a) MBCA.

Ereignis) mit *independent directors* besetzt wird. Dieses *committee* entscheidet letztlich über die Aussicht einer Klage gegen andere *board*-Mitglieder und kann ein Vorgehen der Aktionäre regelmäßig unterbinden. Die Entscheidung zur Weiterverfolgung des Anspruchs gegen die *directors* unterliegt dabei dem Schutz der *business judgment rule*.[847] Maßgeblich hierfür ist, dass das mutmaßliche Interesse der Gesellschaft im Vordergrund steht und es in der Verantwortung des *board* liegt, Rechte der Gesellschaft durchzusetzen.[848] Teilweise, so wurde entschieden,[849] kommt es sogar dann zur Anwendung der *business judgment rule*, wenn die letztlich angegriffene Entscheidung vermeintlich gegen ein Gesetz verstoßen hat. Denn die Entscheidung über die Verfolgung des Ersatzanspruches wird hiervon nicht unmittelbar berührt und es kann durchaus im Interesse der Gesellschaft liegen, den Anspruch trotzdem nicht zu verfolgen.[850]

c) Interessenkonflikte

Einer der Schwerpunkte in der Prüfung der *business judgment rule* ist das (Nicht-) bestehen von Interessenkonflikten. Es existiert eine umfangreiche Sammlung von Präzedenzfällen, die sich jeweils mit problematischen Einzelfragen auseinandersetzen.[851] Zentral ist dabei die Frage, ob ein persönlicher Konflikt des *directors* besteht, der so schwerwiegend ist, dass der *director* seine Entscheidung nicht unabhängig und allein zum Wohle der Gesellschaft trifft, oder ob der Konflikt so unwesentlich

847 Gall v. Exxon Corp., 418 F.Supp. 508 (1976); United Copper Securities Co. v. Amalgamated Copper Co., 244 U.S. 261 (1917); Aronson v. Lewis, 473 A.2d 805 (1984); Levine v. Smith, 591 A.2d 194 (1991); Auerbach v. Bennett, 47 NY2d 619 (1979); In Re Oracle Corp Derivative Litigation, 824 A.2d 917 (2003); aus der Literatur *Underberg,* Business Judgment Rule in Derivative Suits Against Directors, 65 Cornell L. Rev. 600, 600 (1980); *Duesenberg,* The Business Judgment Rule and Shareholders Derivative Suits: A View from the Inside, 60 Wash. U. L. Q. 311, 317 (1982); *Lopatto,* Hasan v. Clevetrust Realty Investors: The Business Judgement Rule and Procedural Review of the Special Litigation Committee, 34 Cath. U. L. Rev. 791, 792 (1985); einschränkender Zapata Corp. v. Maldonado, 430 A.2d 779 (1981) allerdings dabei auf einen Fall beziehend, bei dem die Aufforderung der Aktionäre an das *board* die Klage zu verfolgen aus anderen Gründen entbehrlich sei.

848 Gall v. Exxon Corp., 418 F.Supp. 508 (1976).

849 Zu möglichen Unterschieden in New York und Delaware etwa *Bainbridge,* Corporate Law (2009) p. 212 ff.

850 Vgl. Gall v. Exxon Corp., 418 F.Supp. 508 (1976); Auerbach v. Bennett, 47 NY2d 619 (1979).

851 Vgl. nur Lewis v. S. L. & E., Inc., 629 F.2d 764 (1980); Seminaris v. Landa, 662 A.2d 1350 (1995); Bayer v. Beran, 49 N.Y.S.2d 2 (1944); Globe Woolen Co. v. Utica Gas & Electric Co., 121 N.E. 378 (1918); Rales v. Blasbend, 634 A.ed 927 (1963); In re Walt Disney Co. Derivative Litigation, 906 A.2d 27 (2006); dazu i. Ü. *Clark,* Corporate Law (1986) p. 138; *Bainbridge,* Corporate Law (2009) p. 110.

ist, dass er einen Ausschluss des Schutzes durch die *business judgment rule* nicht begründen kann.

Auslöser von Interessenkonflikten sind u. a. unmittelbare finanzielle Interessen des *directors*, der Familie oder der sonst mit dem *director* eng verbundener Personen.[852] Beispielsweise führen der Erhalt und die Festsetzung regulärer Gehälter der *directors* durch das *board* nicht zwingend zum Ausschluss.[853] Eine unveröffentlichte Vermittlungsgebühr wurde jedoch als Interessenskonflikt gewertet.[854] Bereits der Anschein eines persönlichen Interesses kann dazu führen, dass der Schutzschirm der *business judgment rule* nicht eröffnet wird. In diesen Bereichen können kaum abschließende Prinzipien festgelegt werden. Die Neigung von *board*-Mitgliedern, ihresgleichen zu präferieren, sei es zum Beispiel im Rahmen der Entscheidung der Verfolgung von Ersatzansprüchen gegen *directors* mittels vom *board* selbst besetzten *litigation committees*,[855] wird von den Gerichten aber in der Regel nicht per se als Interessenskonflikt klassifiziert.[856] Ein weiterer Grundsatz lautet, dass ein einzelner Entscheidungsträger, der den Schutz der *business judgment rule* ersucht, über jeden Zweifel erhaben sein muss.[857] Die Gerichte respektieren insbesondere Entscheidungen eines *board* und wenden die *business judgment rule* an, wenn das *board* überwiegend mit den bereits definierten *independent directors* besetzt wird.[858]

III. Zwischenergebnis

Die Voraussetzungen für die Anwendung der *business judgment rule* stimmen in beiden Rechtsordnungen weitestgehend überein. Dies überrascht kaum, da die deutsche Regelung maßgeblich auf das U.S.-amerikanische Vorbild zurückgeht.[859] Allerdings sind auch einige Eigenarten in den jeweiligen Rechtsordnungen festzustellen.

a) Interessenkonflikte

Eine maßgebliche Überschneidung gilt für den Ausschluss von Treuepflichtverletzungen bzw. Interessenkonflikten. Für letzteres kann das U.S.-amerikanische Recht als umfassende Erfahrungsgrundlage herangezogen werden, denn es besteht

852 *Branson,* The Rule That Isn't a Rule – the Business Judgment Rule, 36 Val. U. L. Rev. 631, 641 (2002).

853 Marx v. Akers, 666 N.E.2d 1034 (1996).

854 Cede & Co. v. Technicolor, Inc, 634 A.2d 345 (1993).

855 Dazu noch 6. Teil § 30 II. b) und bereits 1. Teil § 5 I. d).

856 Zu dieser Analyse kommt etwa *Branson,* The Rule That Isn't a Rule – the Business Judgment Rule, 36 Val. U. L. Rev. 631, 641 (2002).

857 *Branson,* The Rule That Isn't a Rule – the Business Judgment Rule, 36 Val. U. L. Rev. 631, 642 (2002).

858 Vgl. z. B. Kahn v. M&F Worldwide Corp., 88 A.3d 635 (2014), Ivanhoe P'ship v. Newmont Mining Co, 535 A.2d 1334 (1987).

859 *Fest,* in: Kreutz/Renftle/Faber u.a., Jahrbuch Junger Zivilrechtswissenschaftler 2011, S. 145 f.; *Meckbach,* NZG 2015, 580, 581.

zahlreiches Fallrecht – insbesondere im Rahmen von Unternehmenstransaktionen – welches Anschauungsmaterial liefern kann. In Deutschland befindet sich die Diskussion noch in den Anfängen.

Dies gilt beispielsweise für die Frage, ob sich im Falle des Vorliegens von Interessenkonflikten *eines* Organmitglieds, für dieses Mitglied ein Haftungsfreiraum begründen lässt und – soweit man dies verneint –, auch die Anwendbarkeit der Regel zugunsten der unbefangenen Organmitgliedern zu hinterfragen ist.[860] Man könnte für die zunächst vermeintlich unbefangenen Organmitglieder das Vorliegen von Interessenkonflikten verneinen und zwar insbesondere dann, wenn einstimmig oder nahezu einstimmig entschieden wurde und mithin eine Mehrheit unbelasteter Organmitglieder die Entscheidung getroffen hat.[861] U.S.-Gerichte schließen in diesem Fall einen Schutz der *business judgment rule* nicht kategorisch aus.[862] Allerdings ist auch dort anerkannt, dass der Interessenkonflikt des einzelnen *board*-Mitgliedes Einfluss auf die Entscheidung des gesamten *board* haben kann, womit ein Haftungsfreiraum durch die *business judgment rule* ausgeschlossen wäre.[863] Die Gerichte neigen vermehrt dazu, einen Interessenkonflikt des einzelnen auf die anderen, grundsätzlich unabhängigen Mitglieder durchschlagen zu lassen, insbesondere wenn nachgewiesen werden kann, dass der betroffene *director* die anderen Mitglieder beeinflusst hat.[864] Entsprechende Erwägungen sind auch in Deutschland anzustellen. Bei einer Entscheidung durch das gesamte Organ lässt sich nicht feststellen, welchen Einfluss die Argumente der vom Interessenkonflikt betroffenen Person auf die anderen Mitglieder hatten. Dies gilt gerade dann, wenn diese Mitglieder von dem Interessenskonflikt nichts wussten.[865] Dann darf aber auch ein Schutz durch die *business judgment rule* nicht bestehen.

b) Kodifikation

Offensichtlichste Abweichung ist die Kodifikation der *business judgment rule* im deutschen Recht, obgleich auch in den Vereinigten Staaten einige Bundesstaaten dazu übergegangen sind, die Grundsätze in Gesetzesform zu bringen. Gerade Delaware folgt dem jedoch nicht. Sinnvoller wäre wohl eine einheitliche Abfassung der *business judgment rule* in allen Bundesstaaten der USA. So würde verhindert, dass durch zahlreiche abweichende Formulierungen Diskrepanzen entstehen, die nicht auf substantiellen Unterschieden, sondern allein auf abweichenden Wortlauten beruhen. Zwar benötigt die Rechtswissenschaft keine gesetzliche Regelung, wenn die Gerichte hinreichend konkrete Entscheidungen vorgeben, allerdings erscheint eine

---

860 Dazu *Lutter,* in: FS Canaris, Bd. II, 2007, S. 248 ff.; *Blasche,* AG 2010, 141, 692 ff.

861 *Lutter,* in: FS Canaris, Bd. II, 2007, S. 248.

862 Vgl. Cede & Co. v. Technicolor, Inc, 634 A.2d 345 (1993).

863 *Palmiter,* Corporations (2009) p. 255.

864 Vgl. etwa New Jersey Carpenters Pension Fund v. Info GROUP, Inc., 2011 Del. Ch. LEXIS 147 (2011).

865 So auch *Lutter,* in: FS Canaris, Bd. II, 2007, S. 248.

Kodifikation zumindest sinnvoll, um in der Praxis für die Organmitglieder eine verlässliche Grundlage zu schaffen. In Deutschland hat die Kodifikation einen Schlussstrich unter die Diskussion zum Thema einer möglichen gesetzlichen Fixierung der bisherigen Rechtsprechung gezogen.[866]

c) *Justizieller Prüfungsmaßstab*

Das deutsche Recht kennt keine explizite Unterscheidung zwischen dem *standard of conduct* und *standard of review*, womit auf das Konstrukt einer gerichtlich nicht kontrollierbaren Pflichtverletzung verzichtet wird.[867] Vielmehr wird überwiegend davon ausgegangen, dass die *business judgment rule* den Pflichtenmaßstab modifiziert.[868] Insofern ist in beiden Ländern festzustellen, dass jeweils weitere dogmatische Herleitungen existieren. Im Rahmen eines Schadensersatzprozesses sind diese Herleitungsunterschiede jedoch nicht gravierend, da bei Eingreifen der *business judgment rule* die Klage letztlich abgewiesen wird.[869] Das amerikanische Recht beinhaltet aber eine Beweislastregel,[870] die dazu führt, dass die Kläger die Vermutung pflichtgemäßen Handels nicht widerlegen können. Im deutschen Recht ist die *business judgment rule* materiell-rechtlicher Natur. Zu unterschiedlichen Ergebnissen führt diese Eigenart der dogmatischen Allokation in den Rechtsordnungen nicht.

d) *Beweislastverteilung*

Die Beweislastverteilung ist ein wesentlicher Unterschied zwischen den Rechtssystemen in Bezug auf die *business judgment rule.* In Deutschland müssen die Organmitglieder darlegen und beweisen, dass die Voraussetzungen des § 93 Abs. 1 S. 2 AktG vorliegen, wohingegen die *board*-Mitglieder durch eine Vermutung pflichtgemäßen Handels geschützt sind. Obwohl die U.S.-amerikanische Vorschrift als Vorlage für die deutsche Umsetzung diente, wurde die entsprechende Beweislastregelung nicht übernommen. In der Regierungsbegründung wird lediglich darauf verwiesen, dass die Vorschrift einen Haftungsfreiraum schaffe, der als Ausnahme und Einschränkung gegenüber § 93 Abs. 1 S. 1 AktG formuliert sei.[871] Die Rechtsprechung begründet die Beweislastverteilung mit der Erwägung, das jeweilige Organmitglied könne die Umstände seines Verhaltens und damit auch die

---

866 Ausführliche Darstellung dieser Diskussion bei *Fest,* in: Kreutz/Renftle/Faber u.a., Jahrbuch Junger Zivilrechtswissenschaftler 2011, S. 126.

867 *Hopt/Roth,* in: GroßKommAktG, § 93 Rdnr. 22.

868 Siehe dazu bereits 5. Teil § 22 I. a).

869 *Hein,* Die Rezeption US-amerikanischen Gesellschaftsrechts in Deutschland, S. 920.

870 Freilich enthält die U.S.-amerikanische *business judgment rule* auch eine – zusätzliche – materiell-rechtliche Komponente, vgl. Citron v. Fairchild Camera & Instrument Corp., 569 A.2d 53 (1989) („*The business judgment rule operates as both a procedural guide for litigants and a substantive rule of law.*").

871 BT-Drucks. 15/5092, S. 12.

Gesichtspunkte überschauen, die für die Beurteilung der Pflichtmäßigkeit seines Verhaltens sprächen, während die von ihm verwaltete Gesellschaft in diesem Punkt in der Beweisnot ist.[872] Gerade nach dem Ausscheiden eines Mitglieds aus dem Organ und einem darauffolgenden Schadensersatzprozess erscheint diese Regelung jedoch problematisch. Im Gegensatz zur Auffassung der Rechtsprechung ist der Beklagte nunmehr in der Beweisnot, der er kaum zu folgen vermag, wenn er der Gesellschaft nicht mehr angehört.[873] Vielmehr müssen die Organmitglieder bei ihrem Ausscheiden die in ihrem Besitz befindlichen Unterlagen nach §§ 675, 667 BGB herausgeben,[874] was die Beweisführung weiter erschwert. Die Beweislastverteilung führt somit in Deutschland zu einer erheblichen Haftungsverschärfung gegenüber dem U.S.-amerikanischen Vorbild.

Als Rechtfertigung könnte die mit der Einführung der *business judgment rule* einhergehende Stärkung der Aktionärsklage dienen. Die Aktionärsklage in Deutschland bleibt in der praktischen Anwendung aufgrund ihrer prozessualen Ausgestaltung hinter ihrem U.S.-amerikanischen Vorbild weit zurück.[875] Im Sinne eines Gleichgewichts, so ließe sich argumentieren, müsse die *business judgment rule* dann auch nicht einen entsprechend hohen Haftungsfreiraum zum Schutz der Organmitglieder schaffen, denn die Gefahr einer persönlichen Inanspruchnahme auf Grundlage der Aktionärsklage wäre gering und nicht entsprechend bedeutend ausgeprägt wie in den USA.[876] Ob die praktische Handhabung der Aktionärsklage jedoch bereits im Rahmen der Formulierungsentwürfe und Gesetzesinitiative absehbar war, bleibt jedoch stark zu bezweifeln.

Allerdings könnten Unterschiede im allgemeinen Zivilprozessrecht die abweichende Beweislastverteilung begründen. Im U.S-amerikanischen Recht besteht die Möglichkeit zum *discovery*-Verfahren.[877] Der Kläger kann den Beklagten oder die Gesellschaft effektiv zur Herausgabe belastender Dokumente oder anderer Beweismittel zwingen, wohingegen ein ähnliches Verfahren üblicherweise nicht vom deutschen Zivilprozessrecht abgedeckt sein wird.[878] Demnach könnte die unterschiedliche Beweislastverteilung als Assimilation der *business judgment rule* an die abweichenden prozessualen Umstände gedeutet werden.[879]

Schließlich wurde bereits erörtert, dass der umfassende Schutz der *business judgment rule* mit der Möglichkeit zur Diversifikation des Aktienportfolios und,

---

872 BGH, NJW 2003, 358, 358.

873 *Koch*, AG 2012, 429, 429; *Habersack*, ZHR 177 (2013), 782, 805; *Hopt*, ZIP 2013, 1793, 1799 f.

874 *Fleischer*, in: Spindler/Stilz AktG, § 84 AktG Rdnr. 81; *Spindler*, in: MünchKomm-AktG, § 84 AktG Rdnr. 110; *Meckbach*, NZG 2015, 580, 582.

875 Dazu noch 6. Teil.

876 *Hein*, Die Rezeption US-amerikanischen Gesellschaftsrechts in Deutschland, S. 923.

877 Dazu bereits 4. Teil § 19 II.

878 *Hein*, Die Rezeption US-amerikanischen Gesellschaftsrechts in Deutschland, S. 923 f.

879 *Hein*, Die Rezeption US-amerikanischen Gesellschaftsrechts in Deutschland, S. 924.

insbesondere in den USA, mit der hinreichenden Kontrolle des Marktes begründet wird. Deutsche Leitungsorgane – auch der Verwaltungsrat in der monistischen SE – müssen pluralistische Interessen verfolgen. Hierbei kann in Deutschland auch (noch) nicht auf einen Markt verwiesen werden, der eine effektive Kontrolle der Organtätigkeit gewährleistet.[880] Die höhere Kontrolldichte im deutschen Recht ist demnach ein Ausgleich dafür, dass das Leitungsorgan weitere Interessen in seine Entscheidungsfindung einbeziehen kann, als der U.S.-amerikanische *director*, der die Aktionärsinteressen in den Vordergrund stellt.[881] Nach alledem erscheint eine Einschränkung des § 93 Abs. 1 S. 2 AktG im Vergleich zu seinem U.S.-amerikanischen Äquivalent zumindest vertretbar.

e) Reichweite der unternehmerischen Entscheidung

Es wurde aufgezeigt, dass das U.S.-amerikanische Recht die unternehmerische Entscheidung einer weiten Begriffsbestimmung unterwirft. Insofern verfolgen die Gerichte nur für bestimmte Bereiche einen Ausschluss der Anwendung, etwa in Bezug auf Gesetzesverstöße. Im Übrigen werten die Gerichte im konkreten Einzelfall, ob es zu einer Heranziehung der Haftungserleichterung kommt. Dies geschieht unter Berücksichtigung der Frage, ob das Gericht in Bezug auf die gegenständliche Materie in der Lage ist, die getroffene Entscheidung rückwirkend zu beurteilen oder ob die Entscheidung dem weiten Beurteilungsspielraum des *board*-Mitglieds unterfallen sollte. Der unternehmerische Spielraum wird besonders betont: "*[...] whether a judge [...] believes a decision substantively wrong, or degrees of wrong extending through 'stupid' or 'egregious' or 'irrational', provides no ground for director liability so long as the court determines that the process employed was either rational or employed in a good faith effort to advance corporate interests. To employ a different rule – one that permitted an 'objective' evaluation of the decision – would expose directors to substantive second-guessing by ill-equipped judges or juries, which would, in the long-run, be injurious to investor interests.*"[882]

Dieses Vorgehen ist kritikwürdig, da keine hinreichende Rechtsicherheit darüber besteht, welche Bereiche dem Schutz der *business judgment rule* unterstellt sind und welche nicht, andererseits wird eine flexible Handhabung ermöglicht. Problemen, wie die Entscheidung, ob es sich tatsächlich um eine unternehmerische Entscheidung i. S. v. § 93 Abs. 1 S. 2 AktG handelt, wird somit aus dem Weg gegangen. Vielmehr kann sachgerecht entschieden werden, dass die Entscheidung trotz ihrer rechtlichen Komponente noch unter den Schutzschirm der *business judgment rule* fallen soll, wenn sie maßgeblich unternehmerische Aspekte oder vergleichbare Voraussetzungen aufweist. Diese Prüfung entspricht aber bereits dem Grundgedanken des *common-law*, faktenbasiert und konkret an den Interessen ausgerichtete

880 *Hein*, Die Rezeption US-amerikanischen Gesellschaftsrechts in Deutschland, S. 924 f.
881 *Hein*, Die Rezeption US-amerikanischen Gesellschaftsrechts in Deutschland, S. 925.
882 In re Caremark International Inc. Derivative Litigation, 698 A.2d 959 (1996).

Entscheidungen zu treffen, und kann deswegen nicht unmittelbar im deutschen Recht etabliert werden.

Die Flexibilität des U.S.-amerikanischen Rechts ist aber gerade im Hinblick auf die Verfolgungsentscheidung von Ersatzansprüchen vorteilhaft. Den deutschen Rechtsanwender mag es als auf den ersten Blick verwundern, dass das einzig vorhandene Unternehmensorgan in Bezug auf die Verfolgung von Haftungsansprüchen gegen Mitglieder des eigenen Organs vollständig den Schutz der *business judgment rule* genießen soll. Ob und wie eine effektive Kontrolle noch stattfinden soll, ist offen. Allerdings ist ein entsprechendes Vorgehen gerade in Bezug auf den Verwaltungsrat einer SE zu begrüßen. Dieser ist zur Verfolgung von Ersatzansprüchen gegen eigene Mitglieder verantwortlich. Die Rechtsform der monistischen SE wurde i. d. R. bewusst gewählt, um ein umfassend und verhältnismäßig frei handelndes Leitungsorgan zu schaffen. Ansonsten hätte auch auf das bekannte dualistische System zurückgegriffen werden können. Gerade im Falle der Verfolgung von Ersatzansprüchen gegen Organmitgliedern können Sachverhalte vorliegen, die im Sinne des Unternehmenswohls einer Verfolgung im Wege stehen. Genau dies bezweckt jedoch das U.S.-amerikanische Recht, wenn das *board* im Rahmen der Anspruchsverfolgung die *business judgment rule* anwendet. Das Interesse des Unternehmens wird hierdurch eindringlich gestärkt. Besonderes Augenmerk kommt dann aber der Zusammensetzung der Entscheidungsträger zu. Hierbei sollte es sich überwiegend um von der Entscheidung nicht betroffene Mitglieder handeln.

Es bleibt festzuhalten, dass § 93 Abs. 1 S. 2 AktG keine, dem U.S.-amerikanischen Pendant entsprechende, umfassende Schutzwirkung aufweist. Gerade in Bezug auf die Beweislastverteilung erscheint dieser geringere Schutzumfang verständlich. In anderen Bereichen, etwa der Einschränkung auf unternehmerische Entscheidungen, ist in Deutschland eine vorsichtige Entfernung vom starren Wortlaut geboten, um den Sinn und Zweck der *business judgment rule* – einen sicheren Hafen zu bieten – entsprechen können. Zwar stimmen die Ziele, leitende Organmitglieder vor risikoaversem Verhalten zu schützen, in beiden Ländern überein. Doch gerade in Delaware kommt der *business judgment rule* „überragende Bedeutung"[883] zu. Dies zeugt von der außerordentlich hohen Managerfreundlichkeit der dortigen Gerichte, was so in Deutschland rechtspolitisch wohl nicht gewollt ist. Gerade in der monistischen SE ist jedoch ein großer Handlungsspielraum des Verwaltungsrats bereits durch die Rechtsformwahl gewünscht und sollte demnach auch umfassend realisiert werden können.

§ 23 Individuelle Haftungsvereinbarungen

Als weiteres Mittel zur Beschränkung der persönlichen Haftung von Organmitgliedern dienen individuelle Vereinbarungen zwischen den Führungsorganen und den Gesellschaften.

---

883 So *Fleischer*, RIW 2010, 337, 340.

I. Haftungsvereinbarungen zwischen Verwaltungsrat und Gesellschaft

a) Bestehende Rechtslage

Teilweise wird vertreten § 93 Abs. 2 AktG sei mittels individueller Gestaltung *de lege lata* abdingbar.[884] Begründet wird dies etwa damit, dass § 93 Abs. 4 AktG keine Aussage enthalten soll, in welchem Umfang der Schaden durch den Vorstand zu ersetzen ist, womit zumindest satzungsmäßige Haftungshöchstsummen vereinbart werden könnten.[885] Auch sei die eigenverantwortliche Organstellung eine „Worthülse“[886] und könne der Abdingbarkeit nicht im Wege stehen. Die Organmitgliedschaft sei keine Situation, die mit einer Haftungsmilderung grundsätzlich unvereinbar wäre.[887]

Dem ist jedoch nicht zu folgen.[888] Der Wortlaut von § 93 Abs. 4 AktG bietet weder Platz für Ergänzungen, noch lässt das Aktiengesetz hier explizit Abweichungen zu.[889] Im Übrigen steht die aktienrechtliche Satzungsstrenge des § 23 Abs. 5 AktG einer Haftungserleichterung qua Satzungsvereinbarung entgegen.[890] § 23 Abs. 5 S. 2 AktG ermöglicht ergänzende Bestimmungen in der Satzung nur, wenn das Aktiengesetz keine abschließende Regelung enthält. § 93 Abs. 2 AktG enthält aber gerade eine Regelung bezüglich der Organhaftung. Um eine ergänzende Regelung i. S. v. zulassen zu können, müsste § 93 Abs. 2 AktG eine Regelunglücke aufweisen, die der Vorschrift nicht zu entnehmen ist. Auch in Bezug auf § 276 Abs. 1 S. 1 BGB kann nicht „ein anderes bestimmt werden“, weil die Vorschrift nur auf Zweipersonenverhältnisse passt.[891]

Auf die gesetzliche Herabsetzung des Sorgfaltsmaßstabes und den hiermit einhergehenden Problemen im allgemeinen Zivilrecht soll nicht eingegangen werden.[892]

---

884 Etwa *Hoffmann,* NJW 2012, 1393, 1395 ff. („vertraglich“); *Grunewald,* AG 2013, 813, 815 ff. („Satzungsvereinbarung“).

885 *Grunewald,* AG 2013, 813, 815.

886 *Hoffmann,* NJW 2012, 1393, 1395.

887 *Hoffmann,* NJW 2012, 1393, 1395.

888 Ablehnend auch *Hopt/Roth,* in: GroßKommAktG, § 93 Rdnr. 47; *Frodermann,* in: Jannott/Frodermann, HB der Europäischen Aktiengesellschaft, 5. Kapitel Rdnr. 279; *Habersack,* ZHR 177 (2013), 782, 794.

889 *Ihlas,* Organhaftung und Haftpflichtversicherung, S. 180; *Spindler,* AG 2013, 889, 890 (dort Fn. 11).

890 *Fleischer,* in: Spindler/Stilz AktG, § 93 AktG Rdnr. 3; *Hölters,* in: Hölters, AktG, § 93 AktG Rdnr. 11; *Hopt,* ZIP 2013, 1793, 1800; *Fleischer,* ZIP 2014, 1305, 1305.

891 So, zugleich kritisierend, *Hopt/Roth,* in: GroßKommAktG, § 93 Rdnr. 47.

892 Vgl. dazu nur die ablehende Haltung von *Habersack,* ZHR 177 (2013), 782, 803; *Fleischer,* ZIP 2014, 1305, 1311; *Bachmann,* Reform der Organhaftung? – Gutachten E zum 70. Deutschen Juristentag, S. 29 f.; *Peltzer,* in: FS Hadding, 2004, S. 598.

b) Erwägungen de lege ferenda

De lege ferenda wird jedoch vielfach vorgeschlagen, eine Haftungsbegrenzung mittels Satzungsbestimmung zu ermöglichen.[893] Der Grund für eine notwendige Änderung des strengen materiellen Haftungssystems ist im Schutz vor einer ausufernden Inanspruchnahme, insbesondere einer existenzvernichtenden Haftung, zu finden.[894] Im Rahmen der Diskussion wird deswegen entweder eine Modifizierung des Verschuldensgrades empfohlen,[895] und/oder eine summenmäßige Haftungshöchstgrenze[896] befürwortet. Gegen diese Vorschläge wird allerdings üblicherweise die Treuhänderstellung des Vorstands vorgebracht.[897] Diese besondere Position verbiete es, die Haftung qua Satzungsbestimmung zu reduzieren. Dies vermag jedoch nicht zu überzeugen. Dem Treugeber steht es grundsätzlich frei, dem Treuhänder größere Spielräume zu verschaffen, denn die Haftungsbeschränkung beruht auf rechtsgeschäftlicher Grundlage, es greift nicht etwa die strenge Haftung eines Beauftragten.[898] Vergleichbare Institute, wie der Vormund nach § 1833 BGB oder der Testamentsvollstrecker nach §§ 2219 f. BGB, sind hiermit ebenso wenig vergleichbar, da sich das Organ nicht etwa in der Wehrlosigkeit von Mündel bzw. Erbe wiederfindet.[899] Es wurde bereits darauf eingegangen, dass die besonders wichtige Präventionswirkung der Haftung auch im Falle einer entsprechenden Haftungsbegrenzung

---

893 Vgl. nur *Hopt/Roth,* in: GroßKommAktG, § 93 Rdnr. 401; *Spindler,* AG 2013, 889, 896; *Peltzer,* in: FS Hoffmann-Becking, 2013, S. 865; *Bachmann,* Reform der Organhaftung? – Gutachten E zum 70. Deutschen Juristentag, S. 61; *Habersack,* ZHR 177 (2013), 782, 803 ff.; *Reichert,* ZHR 177 (2013), 756, 780; *Fleischer,* ZIP 2014, 1305, 1311 f.; *Seibt/Cziupka,* DB 2014, 766, 1602; *Lücke,* NJW-aktuell 35/2010, 12; *Hopt,* in: Ständige Deputation des Deutschen Juristentages, Sitzungsberichte zum 70. Deutschen Juristentag, S. N 79.

894 *Mertens/Cahn,* in: KölnKommAktG, § 93 AktG Rdnr. 38; *Fleischer,* ZIP 2014, 1305, 1305; *Spindler,* AG 2013, 889, 889; *Koch,* AG 2012, 429, 429 f.; *Bachmann,* Reform der Organhaftung? – Gutachten E zum 70. Deutschen Juristentag, S. 59.

895 So z. B. *Hopt/Roth,* in: GroßKommAktG, § 93 Rdnr. 401; *Habersack,* ZHR 177 (2013), 782, 803 ff.; *Bachmann,* Reform der Organhaftung? – Gutachten E zum 70. Deutschen Juristentag, S. 58 ff.; *Spindler,* AG 2013, 889, 895 f.

896 So etwa schon *de lege lata Grunewald,* AG 2013, 813, 815 f.; i. Ü. *Hopt/Roth,* in: GroßKommAktG, § 93 Rdnr. 401; *Peltzer,* in: FS Hadding, 2004, S. 599; *Wagner,* ZHR 178 (2014), 227, 275 ff.; *Reichert,* ZHR 177 (2013), 756, 778 ff. („Regelung im Vorstandsvertrag)"; *Fleischer,* ZIP 2014, 1305, 1312 ff. („vorzugswürdig"); *Spindler,* AG 2013, 889, 795 f.; *Bachmann,* Reform der Organhaftung? – Gutachten E zum 70. Deutschen Juristentag, S. 62 ff.

897 Etwa *Hopt,* ZIP 2013, 1793, 1803; *Fleischer,* WM 2005, 909, 914 ff.; kritisch zumindest auch *Fleischer,* ZIP 2014, 1305, 1312. Viele der Einwände richten sich allerdings gegen die Einführung einer gesetzlichen Begrenzung der Haftung.

898 *Bachmann,* Reform der Organhaftung? – Gutachten E zum 70. Deutschen Juristentag, S. 59.

899 *Spindler,* AG 2013, 889, 896.

bestehen bliebe.[900] So ist z. B. auch der Selbstbehalt der *D&O* Versicherung, trotz Reduzierung der faktischen Inanspruchnahme durch die *D&O* Versicherung, als wirksames Steuerungsmittel anerkannt.[901] Wirtschaftlich betrachtet, wird der Schaden im Rahmen einer *D&O* Versicherung ohnehin von der Gesellschaft getragen, da diese in der Regel die Versicherung zahlt.[902] Nichts anderes gilt, wenn eine Satzungsregelung die Haftung des Organs einschränkt, da auch dann die Gesellschaft letztlich die Einbuße zu tragen hat.

Fraglich bleibt, ob die Möglichkeit einer Satzungsregelung, die etwa die Haftung auf grobe Fahrlässigkeit reduziert, nicht leerlaufen würde, da diese Fälle bereits von der *business judgment rule* erfasst würden.[903] Die *business judgment rule* kann einen effektiven Schutz jedoch nur so lange gewährleisten, wie die Gerichte keine Rückschaufehler begehen.[904] Die Richter werden nicht uneingeschränkt in der Lage sein, die Entscheidung allein aus der Sicht der früheren Umstände zu bewerten, ohne die Resultate der Entscheidung in ihre Bewertung einfließen zu lassen. Genau diese Situation ist jedoch aus psychologischen Gesichtspunkten teilweise unvermeidbar. Die Diskussion um die Anwendbarkeit der *business judgment rule* bei unsicheren Rechtslagen hat ohnehin gezeigt, dass zahlreiche Situationen bestehen, in denen Unsicherheit besteht, ob die *business judgment rule* anwendbar ist. Im Sinne des Rechtsfriedens und um eine Gefahr der Haftung einschätzen zu können, wäre eine eindeutige Satzungsregelung daher begrüßenswert.

Die Aktionäre werden bei Einsatz einer Satzungsbestimmung dazu angehalten, sich nachhaltig über Themen der *corporate governance* zu informieren und darüber zu entscheiden, schließlich müssen die Aktionäre die Satzungsregelung selbst verabschieden. Dies kann jedoch nur als sinnvoll erachtet werden, da die Aktionäre letztlich die wirtschaftlichen Konsequenzen einer Entscheidung der Unternehmensführung zu tragen haben und somit ihr Handeln auch regulieren sollten. Im Übrigen kann davon ausgegangen werden, dass eine allzu weitgehende Inanspruchnahme der Satzungsfreistellung vom Kapitalmarkt, den Geschäftspartnern und den Investoren missbilligt würde und somit faktische Grenzen bestünden.[905] Den Gläubigern wird ohnehin schon heute nur bei grobem Fehlverhalten der Vorrang vor der Verzichtsfreiheit der Aktionäre eingeräumt (vgl. § 93 Abs. 5 S. 2 AktG).[906]

---

900 5. Teil § 21 und *Grunewald,* AG 2013, 813, 816; *Spindler,* AG 2013, 889, 896.

901 Vgl. BT-Drucks. 16/13433, S. 11; *Mertens/Cahn,* in: KölnKommAktG, § 93 AktG Rdnr. 248; *Spindler,* AG 2013, 889, 897; *Melot de Beauregard/Gleich,* NJW 2013, 824, 828.

902 *Bachmann,* Reform der Organhaftung? – Gutachten E zum 70. Deutschen Juristentag, S. 59.

903 So etwa *Arnold,* Die Steuerung des Vorstandshandelns, S. 180.

904 *Bachmann,* Reform der Organhaftung? – Gutachten E zum 70. Deutschen Juristentag, S. 59.

905 *Habersack,* ZHR 177 (2013), 782, 804.

906 So *Bachmann,* Reform der Organhaftung? – Gutachten E zum 70. Deutschen Juristentag, S. 60.

c) Besonderheiten in der monistischen SE

In der monistischen SE ist § 93 AktG entsprechend anwendbar, ebenso gilt die aktienrechtliche Satzungsstrenge.[907] Die Satzungsstrenge des Art. 9 Abs. 1 a) SE-VO steht einer Haftungsbegrenzung nicht entgegen. Die Bestimmung greift nur soweit die SE-VO selbst Regelungen enthält.[908] In Bezug auf die Innenhaftung ist dies nach Art. 51 SE-VO jedoch gerade nicht der Fall.

Dem Vorschlag, *de lege ferenda* eine Haftungsbeschränkung qua Satzungsbestimmung einzuführen, stehen auch sonst keine SE-spezifischen Besonderheiten, insbesondere keine Eigenheiten des monistischen Systems, im Wege. Aufgrund der Leitungsverantwortung des Verwaltungsrats ist zu erwarten, dass diesen ein vergleichbares Haftungsrisiko entsprechend dem Vorstand einer Aktiengesellschaft trifft. Hinzu kommt seine umfassende Überwachungsverpflichtung, infolgedessen zahlreiche Haftungssituationen denkbar sind und sein Haftungsrisiko entsprechend ausgeprägt ist. Vor diesem Hintergrund ist einer ausufernden Haftung entgegenzutreten.

Gerade in der monistischen SE kann die Erwägung, Aktionäre seien vor sich selbst zu schützen und sollten deshalb nicht mittels Satzungsautonomie über eine Haftungsbeschränkung beschließen, nicht greifen. In der monistischen SE besteht kein unabhängiges Aufsichtsorgan im Sinne des Aufsichtsrats. Um eine ordnungsgemäßen *corporate governance* zu gewährleisten, kommt den Aktionären vor diesem Hintergrund ein gesteigerter Überwachungsauftrag zu. Es ist also notwendig, die Stellung der Aktionäre im bisherigen Gesellschaftsgefüge zu überdenken. Als Anteilseigner und unmittelbar Betroffene sollten ihr Einfluss und damit ihre Verantwortung – etwa im Rahmen der Kontrolle – innerhalb der Gesellschaft (wieder) anwachsen. Schließlich sind auch sie es, die etwaige Verluste letztlich tragen oder von Gewinnen profitieren. Aktionäre bringen Vermögen in eine Gesellschaftsstruktur ein, über die ein Dritter fremdbestimmt. Folglich sind sie aber auch nicht vor sich selbst zu schützen, da sie diese Vermögensentscheidung bewusst getroffen haben. Dies muss erst Recht gelten, wenn sie eine Gesellschaftsverfassung wählen, in welcher kein Aufsichtsrat existiert.

d) Grenzen der Satzungsbestimmung

Folgt man den genannten Erwägungen und befürwortet eine (zukünftige) Möglichkeit zur Beschränkung der Haftung qua Satzung, stellt sich die Frage, wie diese im Detail aussehen könnte.

Zunächst sollte eine Beschränkung der Haftung für Treuepflichtverletzungen ausscheiden. Treuepflichtverletzungen sind in der Regel so schwerwiegend, dass insofern eine Enthaftung nicht anzuraten ist. Diesbezügliche Pflichtverstöße können auch bei leichter Fahrlässigkeit das Vertrauensverhältnis nachhaltig zerstören.

---

907 Dazu bereits 1. Teil § 4 IV. a) aa).

908 *Schürnbrand,* in: SE-Recht, Art. 9 SE-VO Rdnr. 51.

Treueverstöße sind dem Organmitglied häufig auch bewusst, da es unmittelbar von derartigen Verstößen profitiert. Im Übrigen sind für die Gerichte Treuepflichtverstöße im Allgemeinen leichter zu subsumieren als Sorgfaltspflichtverstöße.[909]

Auch ein Verstoß gegen die in § 93 Abs. 3 AktG genannten Kardinalspflichten stellt das Gesetz heute bereits als besonders schwerwiegend heraus. Da die Kapitalerhaltungsvorschriften drittschützende Wirkung aufweisen, sollten diese ebenso aus der Enthaftungsmöglichkeit herausfallen.[910] Im Übrigen empfiehlt sich eine Modifizierung des Verschuldensmaßstabes, etwa die Möglichkeit des Ausschlusses für Pflichtenverletzungen aufgrund leichter Fahrlässigkeit.[911] Im Sinne der Erhaltung der verhaltenssteuernden Wirkung der Organhaftung sind der Ausschluss grober Fahrlässigkeit oder gar Vorsatz nicht zu empfehlen.[912] Weiterhin muss beachtet werden, dass zwar den Aktionären die Verantwortung bzgl. einer Enthaftungsmöglichkeit zugestanden werden soll. Hiermit müssen jedoch Regelungen einhergehen, die gewährleisten, dass sich die Aktionäre mit der Thematik auseinandergesetzt haben und dies in regelmäßigen Abständen wiederholen. Dies könnte etwa mittels der besonderen Information der Aktionäre und der zeitlichen Beschränkung der Satzungsregelung erreicht werden.

Die Möglichkeit der Schaffung von Haftungshöchstsummen ist ebenso begrüßenswert. Dies ist insbesondere mit der Vorstellung vereinbar, dass die Verhaltenssteuerung überwiegender Zweck der Organhaftung ist. Eine vollständige Kompensation einer, den Festbetrag übersteigenden Summe, ist von Anfang an ausgeschlossen.[913] Der Präventionszweck wird hierbei nicht beeinträchtigt. Vielmehr wird das betroffene Mitglied nicht vollständig von einer Haftung befreit, sondern muss sich gerade aufgrund der Deckelung mit einer erhöhten Gefahr der Inanspruchnahme konfrontiert sehen und wird deswegen besonders sorgsam handeln.[914] Realisierbar wäre z. B. eine Beschränkung der Haftung auf das fünffache Jahresgehalt.[915] Noch einschneidender wäre allerdings, die Haftung insgesamt auf den Betrag zu begrenzen, der den Selbstbehalt in der *D&O* entspricht, wobei dies, um einen hinreichenden Steuerungseffekt zu erhalten, mit einem Ausschluss der Versicherbarkeit des Selbstbehaltes einhergehen müsste.[916] Faktisch existiert eine Haftung dann also nur in Höhe variabler Vergütungsbestandteile vorheriger Gehaltsperioden oder eines Gesamtgehalts. Da auf diese Weise eine nachhaltige

---

909 *Fleischer,* ZIP 2014, 1305, 1311.

910 *Habersack,* ZHR 177 (2013), 782, 804.

911 *Habersack,* ZHR 177 (2013), 782, 804.

912 *Habersack,* ZHR 177 (2013), 782, 804.

913 Gegen summenmäßige Haftungshöchstgrenzen aber etwa *Hopt,* in: FS W.H. Roth, 2015, S. 229.

914 *Grunewald,* AG 2013, 813, 816.

915 *Grunewald,* AG 2013, 813, 817.

916 Zu dieser Lösung ausführlich *Wagner,* ZHR 178 (2014), 227, 278 ff.; *Scholl,* Vorstandshaftung und Vorstandsermessen, S. 482 ff.; zustimmend wohl *Mayer,* NZG 2014, 1208, 1211.

Verhaltenssteuerung gewährleistet wäre, die dem Grundgedanken der Organhaftung entspricht, ist diese radikale Lösung besonders attraktiv. Eine weitergehende *D&O*-Versicherung wäre obsolet, wenn der Höchstbetrag auch eine Haftung aufgrund grobe Fahrlässigkeit erfasst.[917]

Letztlich ist Autonomie bezüglich der Wahl eines Modells zur Haftungsreduzierung in der Satzung ratsam. Jedes Unternehmen könnte individuell angepasste Lösung entwickeln und auf Dauer würden sich Standards bilden, die sich als besonders effizient erwiesen haben.

II. Haftungsvereinbarungen in der corporation

a) Haftungsbefreiungen in den certificates of incorporation

Vor der Entscheidung *Smith v. Van Gorkum*[918] existierten praktisch keine Organhaftungsfälle, die zu einer Verurteilung geführt hätten. Im Nachgang zu diesem Urteil wurden Befürchtungen laut, es werde zu einer ausufernden Klagewelle gegen *directors* kommen und diese könnten dementsprechend hohen Haftungssummen ausgesetzt sein. Die *business judgment rule* würde keinen hinreichenden Schutzmechanismus mehr gewähren.[919] Dementsprechend sei durch die Entscheidung die Risikobereitschaft der *directors* gelähmt worden und potentielle Kandidaten wären abgeschreckt, dieses Amt noch zu bekleiden. Als Reaktion implementierten die Bundessstaaten Normen, die es ermöglichen, unter bestimmten Voraussetzungen die Haftung der *directors*, insbesondere in den *certificates of incorporation*, individuell einzuschränken.[920]

---

917 *Bachmann*, Reform der Organhaftung? – Gutachten E zum 70. Deutschen Juristentag, S. 65 f.

918 Siehe dazu schon 3. Teil § 13 II. b) aa).

919 Vgl. etwa *Fischel*, The Business Judgment Rule and the Trans Union Case, 40 Bus. Law. 1437, 1455 (1985); *Herzel/Katz*, The Business of Judging Business Judgment, 41 Bus. Law. 1187 (1986); *Manning*, Reflections and Practical Tips on Life in the Boardroom After Van Gorkom, 41 Bus. Law. 1 (1985); zu dieser Entwicklung *Knepper/Bailey*, Liability of Corporate Officers and Directors (2002 updated 2014 (LexisNexis)) § 16.01; *Lockwood*, Law of Corporate Officers and Directors (2014–2015) § 2:26.

920 In einigen Staaten wurde das Erfordernis zur Schaffung einer entsprechenden Bestimmung in den *certificates of incorporation* sogar ganz beseitigt und teilweise noch mit der Möglichkeit eines *opt-out* in Bezug auf diesen staatlichen Schutz versehen, siehe z. B. Fla. Stat. Ann. § 607.0831; Ind. Code Ann. § 23-1-35-1(a); Ohio Rev. Code Ann. § 1701.59(D). Zu den verschiedenen Arten der statutatorischen Haftungsbefreiungen etwa *Brodsky/Adamski*, Law of Corporate Officers and Directors (2014–2015) § 2:9.

aa) Insbesondere: § 102(b)(7) DGCL

Die wohl prominenteste Formulierung und Vorbild für viele ähnliche Bestimmungen ist § 102(b)(7) DGCL:

„*[...] in addition to the matters required to be set forth in the certificate of incorporation by subsection (a) of this section, the certificate of incorporation may also contain any or all of the following matters: [...] (7) A provision eliminating or limiting the personal liability of a director to the corporation or its stockholders for monetary damages for breach of fiduciary duty as a director, provided that such provision shall not eliminate or limit the liability of a director: (i) For any breach of the director's duty of loyalty to the corporation or its stockholders; (ii) for acts or omissions not in good faith or which involve intentional misconduct or a knowing violation of law; (iii) under § 174 of this title; or (iv) for any transaction from which the director derived an improper personal benefit. No such provision shall eliminate or limit the liability of a director for any act or omission occurring prior to the date when such provision becomes effective.*"

Die Einführung dieser Vorschrift stützt sich argumentativ darauf, dass Aktionäre wissentlich Teile ihres Vermögens in die Hände anderer gegeben haben und es ihnen entsprechend zugestanden sein muss, über die Haftung der über ihr hergegebenes Vermögen bestimmenden Personen zu disponieren.[921] Ebenfalls sollen gerade *outside directors* geschützt werden, die aus Haftungsbefürchtungen davor zurückschrecken, dieses Amt zu übernehmen.[922] Die Mehrzahl der in Delaware inkorporierten Gesellschaften machen von dieser Art der Haftungsbefreiung Gebrauch.[923]

bb) Einschränkungen der Haftungsbefreiung

Eine derartige Haftungsbefreiung ist in Delaware an verschiedene Restriktionen gebunden. So muss eine entsprechende Vorschrift erstens in den *certificates of incorporation* verankert werden, d. h. zumindest in Delaware ist eine Formulierung in den *bylaws* nicht ausreichend. Zweites besteht die Haftungsbefreiung nur für *directors* und nicht etwa für *officer.*[924] Im Einzelfall ist es jedoch oft kaum bestimmbar, ob die betroffene Person gerade als *director* oder *officer* handelt, zumal sich

921 Emeral Partners v. Berlin, 787 A.2d 85 (2001).

922 *Lockwood,* Law of Corporate Officers and Directors (2014–2015) § 2:11.

923 Vgl. die Nachweise bei *Nowicki,* Director Inattention and Director Protection under Delaware General Corporation Law Section 102(b)(7): A Proposal for Legislative Reform, 33 Del. J. Corp. L. 695, 708 (2008) und die Aufstellung bei *Knepper/Bailey,* Liability of Corporate Officers and Directors (2002 updated 2014 (LexisNexis)) Appendix B Statutes Limiting Director Liability (as of July 2014).

924 McPadden v. Sidhu, 964 A.2d 1262 (2008) und die Aufstellung bei *Knepper/Bailey,* Liability of Corporate Officers and Directors (2002 updated 2014 (LexisNexis)) Appendix B Statutes Limiting Director Liability (as of July 2014). Andere Bundesstaaten haben jedoch entsprechende Bestimmungen für *officer* (z. B. Luisina, Maryland oder Utah).

die Aufgabengebiete überschneiden können und die Ämter häufig personengleich sind. Drittens wird die Haftungsbefreiung gesetzlich nur für die Fälle gewährt, bei denen eine Aktionärsklage bzw. Klagen durch oder im Namen der Gesellschaft vorliegen.[925] Viertens greift die Haftungsbefreiung nicht im Falle von *duty of loyalty*-Verletzungen, Handlungen oder Unterlassungen die nicht in Treu und Glauben geschehen, bei unangemessenen Ausschüttungen in Verletzung der Statuten oder im Rahmen von Geschäften, bei denen der *director* einen unangemessenen persönlichen Nutzen gezogen hat.[926] Fahrlässiges Missmanagement ist insoweit minder schwer zu bewerten als die Gefahr, dass sich das *board* gegenüber den Aktionären nicht fair verhält.[927]

Besonders relevant erscheint die Einschränkung, dass sich ein *director* nur aufgrund eines Verstoßes gegen die *duty of care*, nicht jedoch aufgrund eines Verstoßes gegen die *duty of loyalty*, exkulpieren kann. Dementsprechend wird die Klägerseite häufig versuchen, eine Pflichtverletzung einerseits auf einen Verstoß gegen die *duty of care* und andererseits auf die *duty of loyalty* zu stützen, um die Erfolgsaussichten der Klage zu steigern.[928] Bei der Abgrenzung dieser Pflichten wird vielfach keine scharfe Trennlinie gezogen, wobei eben diese Unterscheidung im Falle einer potentiellen Haftungsbefreiung von großer Relevanz ist.[929] Besonders offensichtlich wird die teilweise schwierige Unterscheidung bei der Differenzierung zwischen *bad faith* und *gross negligence*. Ein Handeln in *bad faith*, stellt einen Verstoß gegen die *duty of loyalty* dar. *Gross negligence* – ein Minus zu *bad faith* – kann noch unter die *duty of care* gefasst werden.[930] *Bad faith*, der die Haftungsbefreiung ausschließt, liegt z. B. bei einem bewussten Verstoß gegen die einem *director* obliegenden Pflichten vor.[931] Grobe Fahrlässigkeit in Bezug auf einen Verstoß gegen die *duty of care*, schließt das Eingreifen der Haftungsbefreiung in Delaware hingegen gerade nicht aus.[932]

---

925 Vgl. aber auch The Litigation Trust of MDIP, Inc. v. Rapoport, 2004 WL 3101575 (2004).

926 *Brodsky/Adamski*, Law of Corporate Officers and Directors (2014–2015) § 2:9.

927 *Posner*, Economic Analysis of Law (2011) p. 557.

928 *Brodsky/Adamski*, Law of Corporate Officers and Directors (2014–2015) § 2:9; *Lockwood*, Law of Corporate Officers and Directors (2014–2015) § 2:26.

929 So betont von In re Lear Corp. Shareholder Litigation, 967 A.2d 640 (2008).

930 So herausgearbeitet bei McPadden v. Sidhu, 964 A.2d 1262 (2008): "*Though what must be shown for bad faith conduct has not yet been completely defined, it is quite clearly established that gross negligence, alone, cannot constitute bad faith. Thus, a board of directors may act "badly" without acting in bad faith. This sometimes fine distinction between a breach of care (through gross negligence) and a breach of loyalty (through bad faith) is one illustrated by the actions of the board in this case.*"

931 In re Citigroup Inc. Shareholder Derivative Litigation, 964 A.2d 106 (2009).

932 *Knepper/Bailey*, Liability of Corporate Officers and Directors (2002 updated 2014 (LexisNexis)) § 13.06.

Die Abgrenzung kann im Einzelfall äußerst schwierig sein. In Kalifornien ist ein Ausschluss der Haftung im Falle grober Fahrlässigkeit nicht möglich.[933]

b) Summenmäßige Haftungshöchstgrenzen

Die meisten Staaten haben Enthaftungsbestimmungen implementiert, die weitestgehend dem Vorbild Delawares entsprechen. Der Bundesstaat Virginia schlug einen anderen Weg ein. Da das Recht Virginias keinen Schwerpunkt dieser Arbeit darstellt, soll hierauf nur verkürzt eingegangen werden.[934] Nach § 13.1-692.1 VA Cod. Ann. besteht vorrangig eine Haftungshöchstsumme, die die Gesellschaft selbst in ihren *articles of incorporation* oder *bylaws* bestimmen kann. Im Übrigen beträgt die Haftungshöchstsumme $ 100.000 oder den Betrag, den der *director* in den zwölf Monaten vor seiner schädigenden Handlung oder seines schädigenden Unterlassens als Entgelt erhielt. Im Falle vorsätzlichen Verhaltens greift diese Begrenzung jedoch nicht.

Dieser sogenannte *cap on damages* führt ein Schattendasein in den Vereinigten Staaten. So wurde gegen diese Art der Haftungsbeschränkung vorgebracht, sie sei willkürlich und würde das Fehlverhalten im Einzelfall außer Acht lassen.[935] Auch die Verfassungsmäßigkeit dieser Art der Beschränkung wurde in Frage gestellt, wobei diese Einschätzung aufgrund der Vergleichsfälle in anderen Rechtsgebieten,[936] welche auch *caps on damages* zulassen, als unwahrscheinlich gelten kann.[937]

III. Zwischenergebnis

a) Besonderheiten der U.S.-amerikanischen Regelungsgeschichte

In Deutschland sind Satzungsbestimmungen, die die Haftung des Organmitglieds einschränken *de lege lata* nicht möglich. Dies gilt ebenso für den Verwaltungsrat einer monistischen SE. Teilweise wurde sich für Einführung eines derartigen Enthaftungsinstrumentes ausgesprochen, womit der Situation in den Vereinigten

---

933 § 204(a)(10)(iv) Cal. Corp. Code lässt einen derartigen Haftungsausschluss nicht zu *„for acts or omissions that show a reckless disregard for the director's duty to the corporation or its shareholders in circumstances in which the director was aware, or should have been aware, in the ordinary course of performing a director's duties, of a risk of serious injury to the corporation or its shareholders [...]"*.

934 Ausführlicher beispielsweise *Romano*, Corporate Governance in the Aftermath of the Insurance Crisis, 39 Emory L.J. 1025, 1160 (1990). Auch die *ALI Principles of Corporate Governance* folgen nicht exakt dem Model Delawares, vgl. *American Law Institute*, Principles of Corporate Governance: Analysis and Recommendations (1994) § 7.19.

935 Mit Verweis auf die bundesstaatlichen Begründungen *Knepper/Bailey*, Liability of Corporate Officers and Directors (2002 updated 2014 (LexisNexis)) § 2:16.

936 Beispielsweise im Medizinrecht.

937 So entscheiden in Etheridge v. Medical Center Hospitals, 237 Va. 87 (1989).

Staaten gefolgt würde. Eine Rezeption muss jedoch insbesondere den U.S.-rechtlichen Hintergrund berücksichtigen. Vor Einführung der Möglichkeit, Enthaftungsklauseln in die Satzung einzufügen, übte die *business judgment rule* lange Zeit einen umfassenden Schutz für die *board*-Mitglieder aus. Dementsprechend waren Haftungsfälle selten. Erst im Zuge von *Smith v. Van Gorkom* wurde diese Entwicklung kurzfristig gestoppt, da Organmitglieder in erheblichem Umfang zur Haftung herangezogen wurden. Daraufhin kam es zur Schaffung entsprechender Enthaftungsmöglichkeit qua Implementierung in die *certificates of incorporation*. Faktisches Ziel war es, den Zustand vor *Smith v. Van Gorkom*, also das Ausbleiben von Haftungsfällen, herbeizuführen. Ein solcher Ausschluss kann für Deutschland nicht gewünscht sein. Andere Kontrollmechanismen für Organmitglieder, z. B. die Kontrollfähigkeit des Marktes, bestehen in Deutschland in diesem Maße nicht. Die Haftung muss in Deutschland eines der maßgeblichen Kontrollinstrumente gegenüber dem Management bleiben, auch wenn eine allzu strenge Haftung wiederum nicht geboten ist. Somit ist nur eine vorsichtige Heranziehung der Grundsätze des U.S.-amerikanischen Rechts möglich.

b) Vergleichbarer Zielgedanke

De lege ferenda sollte eine Enthaftungsmöglichkeit in der Satzung vorgesehen werden können. Das Gegenargument, die treuhänderische Stellung des Organmitglieds schließe ein solches Vorgehen aus, kann durch Betrachtung der U.S.-rechtlichen Situation allerdings nicht weiter konterkariert werden als bereits geschehen. Rechtsvergleichende Betrachtungen führen hier nicht weiter, da in der U.S.-amerikanischen Diskussion die Bestandteile des treuhänderischen Verhältnisses nicht abschließend geklärt sind. Es bleibt bei der Feststellung, dass es dem Treugeber grundsätzlich freisteht, dem Treuhänder größere Spielräume zu verschaffen. Die Haftungsbeschränkung beruht auf rechtsgeschäftlicher Grundlage und es greift nicht etwa die strenge Haftung eines Beauftragten.

Ebenfalls ist die präventionseinschränkende Wirkung einer satzungsmäßigen Haftungsbefreiung auch in den Vereinigten Staaten erkannt worden. Diese ist jedoch hinzunehmen, da die Wirkung nicht gänzlich aufgehoben, sondern lediglich reduziert wird. Ohnehin wird eine Inanspruchnahme sogar gefördert, weil eine umfassende Haftung als unbillig durch den klagenden Aktionär empfunden würde. Bei einer begrenzten Haftung besteht nicht das Risiko der Existenzvernichtung der Organmitglieder, mit Ausnahme von Fällen grober Pflichtverletzungen. Starke Unterstützung erfährt das Argument, es läge in der Verantwortung der Aktionäre über den Umfang der Organhaftung zu entscheiden, da sie es letztlich sind, die von den Handlungen und Entscheidungen des Organs betroffen sind. In den Vereinigten Staaten wird die weitgehende Strukturoffenheit der *corporation* betont, die im Grundverständnis des Gesellschaftsrechts tief verankert ist. Gerade in der monistischen SE kann dieser Gedanke aufgrund der Satzungsstrenge des Aktienrechts zwar nicht vollständig für das deutsche Aktienrecht bemüht werden. Aber auch im deutschen Recht kann davon ausgegangen werden, dass den Aktionären letztlich eine derartige Entscheidungsprärogative zustehen sollte. In der monistischen SE gilt dies umso mehr, da mangels Aufsichtsrats den Aktionären als Kontrollinstanz der Unternehmensführung eine besondere Aufgabe zukommt. Sie müssen – soweit mag vorgegriffen werden – auch überwiegend für die prozessuale Durchsetzung etwaiger Ansprüche verantwortlich sein.[938] Es ist konsequent, ihnen die Möglichkeit einzuräumen, bestimmte Ansprüche von vorneherein auszuschließen.

c) Rechtsvergleichende Überlegungen zu den Grenzen der Beschränkung

Die Grenzen für die skizzierte Haftungsbeschränkung können in Anlehnung an das U.S.-amerikanische Recht gefunden werden. Hierbei muss vermieden werden, einen entsprechend ausufernden Haftungsausschluss herbeizuführen.

Begrüßenswert ist zunächst die Beschränkung der Enthaftung auf Sorgfaltspflichtverletzungen. Treuepflichtverletzungen, wenngleich ggf. nur leicht fahrlässig, sind nicht mit leichten Sorgfaltspflichtverletzungen auf eine Ebene zu stellen. Hierbei profitieren die Akteure unmittelbar von ihrem eigenen Handeln und können das Vertrauensverhältnis mit den Aktionären schnell zerstören. Insbesondere sind sich die Organmitglieder häufig bewusst, dass sie sich im Bereich einer Treupflichtverletzung befinden, wohingegen bei risikogeneigten Geschäften im Rahmen der Sorgfaltspflicht nicht zwingend ersichtlich sein muss, bereits eine pflichtverletzende Handlung zu begehen. Haftungshöchstsummen konnten sich in den Bundesstaaten der USA nicht durchsetzen. Der mögliche Ausschluss wird in den USA vielmehr mittels der Modifikation des Verschuldenserfordernisses qua Satzung betrieben. Die Dominanz letzteren Vorgehens ist wohl auf den Wunsch zurückzuführen, nach *Smith v. Van Gorkom* eine umfassende Enthaftungsmöglichkeit vorzusehen und somit die kritischen Stimmen verstummen zu lassen, die eine ausufernden Klagewelle prophezeiten. Hiermit unvereinbar wären Haftungshöchstsummen gewesen, die eine Haftung nicht vollständig ausschließen. Diese Erwägungen sind auf Deutschland jedoch nicht übertragbar, sodass hierzulande Haftungshöchstsummen ein probates Mittel sein könnten die Haftung zu begrenzen. Ein vollkommener Haftungsausschluss ist in Deutschland gerade nicht intendiert.

Im amerikanischen Recht ist die Abgrenzung zwischen einem Verstoß gegen *good faith* und *gross negligence* problematisch. Im deutschen Recht könnte eine entsprechende Problematik nicht auftreten, da sich die Haftungsfreistellung nicht auf grobe Fahrlässigkeit beziehen dürfte. Dies würde die Organmitglieder in ihrem Handeln einer Kontrolle weitgehend entziehen und könnte letztlich dazu führen, dass kaum mehr eine persönliche Inanspruchnahme befürchtet werden muss. Die Möglichkeit des Ausschlusses für leicht fahrlässiges Verhalten würde insofern einen vernünftigen Ausgleich darstellen. Letztlich bietet es sich an, es dem Satzungsgeber zu überlassen, ob er Haftungshöchstsummen oder eine Modifikation des

938 Dazu noch 6. Teil § 32.

Verschuldensmaßstabes bevorzugt. Dies würde den individuellen Erfordernissen und Umständen gerecht werden.

Gerade in der monistischen SE sind jedoch Abgrenzungsschwierigkeiten im Bereich der Unterscheidung zwischen der Tätigkeit von Verwaltungsratsmitgliedern und der Tätigkeit von geschäftsführenden Direktoren zu befürchten, vor allem, wenn letztere zugleich Ämter im Verwaltungsrat innehaben. Diese Problematik taucht regelmäßig im U.S.-amerikanischen Fallrecht auf. Auch in Deutschland würde sich die Haftungsbeschränkung qua Satzung im Falle der monistischen SE wohl zunächst auf den Verwaltungsrat beziehen, da dies das letztverantwortliche Organ ist und – mit Ausnahme der Hauptversammlung – allen anderen übergeordnet ist. Ob geschäftsführende Direktoren hierauf zurückgreifen können, kann nicht abschließende beurteilt werden. Zwar kommt ihnen m. E. Organqualität zu,[939] andererseits sind sie den *officers* in den Vereinigten Staaten stark angenähert. Diese können zumindest in Delaware im Rahmen ihrer regulären Anstellung nicht auf die Privilegierung zurückgreifen.

§ 24 Entgegenstehende Pflichten der Gesellschaft

Die persönliche Inanspruchnahme von Mitgliedern der Leitungsorgane könnte bereits durch entgegenstehende Pflichten, beispielsweise Treuepflichten der Gesellschaft, beschränkbar sein. Diese Lösung erscheint attraktiv, da keine Änderung der gesetzlichen Vorschriften erforderlich wäre, um eine Haftungsbeschränkungen zu begründen.

I. Einschränkung über die Treuepflicht der Gesellschaft?

a) Keine Anwendung der Grundsätze über die betrieblich veranlasste Tätigkeit

Es wäre denkbar, entsprechend dem jeweiligen Grad des Vertretenmüssens, eine Reduzierung der persönlichen Haftung der Verwaltungsratsmitglieder nach den Grundsätzen der betrieblich veranlassten Tätigkeit anzunehmen.[940] Bisher wurden diese Grundsätze von der Rechtsprechung nicht auf Organe von Gesellschaften[941] angewandt. Auch die Literatur sieht von einer Heranziehung dieser Grundsätze

---

939 Siehe bereits Fn. 103.

940 Literatur und Rechtsprechung sind uneins, worin die rechtsdogmatische Begründung für die Haftungsmodifikation liegt. Dem Grunde nach wird entweder eine Modifikation der haftungsbegründenden Voraussetzungen vorgenommen, oder es kommt zu einer Korrektur auf Rechtsfolgenseite, zusammenfassend *Richardi/Fischinger*, in: Staudinger/Richardi/Fischinger, BGB, § 619a Rdnr. 46 ff.

941 BGH, WM 1975, 467, 469 (Genossenschaft); OLG Düsseldorf, AG 1995, 416, 420 (AG).

ab.[942] Obgleich eine allgemeine Haftungsbeschränkung sinnvoll erscheint, kann eine unmittelbare Anwendung *de lege lata* nicht angenommen werden, da § 93 AktG die Haftung insoweit abschließend regelt.[943] Auch ist die Situation eines Arbeitnehmers nicht mit der eines Organmitglieds vergleichbar. Jüngst zeigen sich jedoch einige Autoren durchaus offen über eine vorsichtige bzw. entsprechende Heranziehung dieses Instruments für Vorstandsmitglieder.[944] Diese Befürworter weisen jedoch darauf hin, dass keine vollständige Übertragung der Rechtsfigur stattfinden kann. Vielmehr wird ein Ansatzpunkt in der Treupflicht der Gesellschaft gesucht. Auf dieser Basis wird dann etwa ein Wertungstransfer der Grundsätze der betrieblich veranlassten Tätigkeit vorgenommen.[945]

b) Einfluss der Treuepflicht der Gesellschaft auf die Haftung eines Organmitglieds

Organmitglieder unterliegen einer Treuepflicht gegenüber der Gesellschaft. Aber auch die Gesellschaft trifft spiegelbildlich eine Treuepflicht gegenüber ihrem Leitungsorgan, da dessen Mitglieder Risiken eingehen, um für die Gesellschaft unternehmerisch zu handeln und ihr Vermögen zu mehren.[946] Die Gesellschaft hat eine aus der Treuepflicht resultierende Rücksichtnahmepflicht gegenüber den Vorstandsmitgliedern, was eine vollumfängliche Durchsetzung von hohen Schadensersatzforderungen einschränken könnte.[947] Freilich bleibt das Verhältnis zu § 93 AktG zu klären. So schiebt die gesetzlich verankerte Haftungsvorschrift des § 93 AktG

---

942 *Hopt/Roth*, in: GroßKommAktG, § 93 Rdnr. 395; *Spindler*, in: MünchKommAktG, § 84 AktG Rdnr. 64; *Mertens/Cahn*, in: KölnKommAktG, § 93 AktG Rdnr. 37; *Krieger/Sailer-Coceani*, in: K. Schmidt/Lutter, AktG, § 93 AktG Rdnr. 39; *Fleck*, in: FS Hilger/Stumpf, 1983, S. 216; *Bachmann*, Reform der Organhaftung? – Gutachten E zum 70. Deutschen Juristentag, S. 57 f.; *Grunewald*, AG 2013, 813, 814 f.; *Schöne/Petersen*, AG 2012, 700, 704; *Joussen*, RDA 2006, 129, 133 ff.; *Reese*, DStR 1995, 532, 534.

943 *Spindler*, in: MünchKommAktG, § 84 AktG Rdnr. 64; *Reese*, DStR 1995, 532, 534.

944 Vgl. *Koch*, AG 2012, 429, 436; *Koch*, in: Liber Amicorum Martin Winter, 2011, S. 339 ff.; i. Ü. *Bayer*, in: FS K. Schmidt, 2009, S. 96 f.; *Casper*, ZHR 176 (2012), 617, 638 f.; *Reichert*, ZHR 177 (2013), 756, 776 ff.; *Thole*, ZHR 173 (2009), 504, 539; *Hopt*, ZIP 2013, 1793, 1804; *Hoffmann*, NJW 2012, 1393, 1396 f.; *Spindler*, AG 2013, 889, 894 f.; kritisch hierzu etwa *Grunewald*, AG 2013, 813, 814 f.; *Schöne/Petersen*, AG 2012, 700, 700 ff.

945 So *Koch*, in: Liber Amicorum Martin Winter, 2011, S. 339 ff.; *Koch*, AG 2012, 429, 435 ff.; zumindest eine Heranziehung der Treuepflicht befürwortend *Hopt*, in: Ständige Deputation des Deutschen Juristentages, Sitzungsberichte zum 70. Deutschen Juristentag, S. N 79.

946 *Casper*, ZHR 176 (2012), 617, 637 f.; *Reichert*, ZHR 177 (2013), 756, 776.

947 *Hopt/Roth*, in: GroßKommAktG, § 93 Rdnr. 398; *Bayer*, in: FS K. Schmidt, 2009, S. 96 f.; *Koch*, in: Liber Amicorum Martin Winter, 2011, S. 338 ff.; *Casper*, ZHR 176 (2012), 617, 638 f.; *Hopt*, ZIP 2013, 1793, 1794.

einer vollständigen Haftungsbefreiung bei leichter Fahrlässigkeit „einen Riegel vor“[948]. Eine derartige Rechtsfortbildung würde andernfalls zu einer Nichtbeachtung der gesetzlichen Haftung führen. § 93 Abs. 2 AktG beinhaltet aber keine absolute „Sperrwirkung“,[949] sondern lässt wie jede Haftungsnorm durchaus Modifikationen zu. Es geht dabei nicht um eine pauschale Kürzung des Schadensersatzanspruchs, sondern um eine Reduzierung in Einzelfällen, da eine vollständige Abwälzung des eingetretenen Schadens treuwidrig wäre.[950] Wie zahlreiche andere Normen kann auch § 93 AktG durch Rechtsfortbildung aufgrund besonderer Wertung beeinflusst werden, solange der Regelungsgehalt der Norm nicht leerläuft. Insbesondere die Treuepflicht überlagert sämtliche Vorschriften unserer Rechtsordnung.[951] Der Unterschied zu Satzungsregelungen liegt darin, dass für eine Satzungsbestimmung die Sondernorm des § 23 Abs. 5 AktG besteht. Die Treuepflicht der Gesellschaft kann somit grundsätzlich einer unverhältnismäßigen Inanspruchnahme von Organmitgliedern Einhalt gebieten.

c) Mangelnde Bemessungsgrundlage

Ist ein derartiger Einfluss der Treuepflicht der Gesellschaft gegenüber den Mitgliedern ihres Leitungsorgans grundsätzlich denkbar, bleibt zu klären, wie die Modifikation der Haftung praxistauglich gestaltet werden könnte.[952] Es bietet sich an, einen Wertungstransfer der Grundsätze über die betrieblich veranlasste Tätigkeit vorzunehmen.[953] Die Haftungsbeschränkung für Arbeitnehmer im Rahmen dieser Lehre stützt sich darauf, den Arbeitnehmer in die organisatorische Einheit des Betriebs einzugliedern, um damit den arbeitstechnischen Zweck des Betriebes durch weisungsgebundene Tätigkeiten zu verwirklichen.[954]

Gerade der Vorstand leitet aber gemäß § 76 Abs. 1 AktG die Gesellschaft unter eigener Verantwortung, wobei er selbst den Betrieb organisiert und die betriebsinternen Prozesse steuert.[955] Entsprechendes gilt für den Verwaltungsrat einer SE, da ihm Leitungskompetenzen zustehen und er mittels seines Weisungsrechtes die nachfolgende Unternehmensebene kontrollieren kann. Somit ist aber auch eine Zurechnung des Betriebsrisikos im Verhältnis Gesellschaft und Vorstand nicht möglich;

---

948 *Koch,* AG 2012, 429, 436.

949 So aber *Fleischer,* ZIP 2014, 1305, 1306.

950 *Hopt/Roth,* in: GroßKommAktG, § 93 Rdnr. 398; *Casper,* ZHR 176 (2012), 617, 639.

951 *Reichert,* ZHR 177 (2013), 756, 777.

952 Kritischer Üblick über die hier anknüpfenden Möglichkeiten zu Haftungsbeschränkungen bei *Fehrenbach,* AG 2015, 761, 770 ff.

953 So etwa Hüffer/Koch, AktG, § 93 Rdnr. 51 f.; *Bayer,* in: FS K. Schmidt, 2009, S. 97; *Koch,* in: Liber Amicorum Martin Winter, 2011, S. 336 ff.; *Koch,* AG 2012, 429, 435; *Koch,* NZG 2014, 934, 514.

954 *Henssler,* in: MünchKommBGB, § 619a Rdnr. 9; *Preis,* in: ErfKArR, § 619a BGB Rdnr. 12.

955 *Paefgen,* AG 2014, 554, 568.

ebenso wenig im Verhältnis Gesellschaft und Verwaltungsrat. Die Überlegung, einen Wertungstransfer der Grundsätze über die betrieblich veranlasste Tätigkeit vorzunehmen beruht allerdings maßgeblich darauf, dass den Mitgliedern des Vorstands ein hohes unternehmerisches Risiko auferlegt wird, dieses Risiko nicht im Verhältnis zu ihrer Vergütung stünde und dem Vorstand aufgrund des Handels für fremde Interessen eine Privilegierung zukäme.[956] Dem kann jedoch nicht gefolgt werden. Vorstand und Verwaltungsrat haben jeweils kein unternehmerisches Risiko. Das unternehmerische Risiko eines Wertverlustes liegt allein bei den Aktionären.[957] Vorstand und Verwaltungsrat setzten grundsätzlich kein eigenes Kapital ein, sondern verwalten treuhänderisch das Kapital der Aktionäre. Sie laufen allein Gefahr, einer Sekundärhaftung ausgesetzt zu sein. Dies ist jedoch nicht vergleichbar mit dem unternehmerischen Risiko des Wertverlustes, das ausschließlich seitens der Aktionäre getragen wird.[958] Zum Schutze des Leitungsorgans im Rahmen der Entscheidung über die fremde Kapitalmasse greift dann jedoch die *business judgment rule*, die einem risikoaversen Verhalten entgegentreten soll. Somit scheitert ein Wertungstransfer der arbeitsrechtlichen Grundsätze.

Es bleibt dann die Frage, wie die Reduzierung von Regressansprüchen aufgrund der Treuepflicht der Gesellschaft überhaupt praxistauglich umgesetzt werden kann, ohne eine Situation von hoher Rechtsunsicherheit zu schaffen. Dienliche Methoden sind kaum ersichtlich, dies gilt insbesondere für konturlose Billigkeitserwägungen.[959] Rechtsfrieden könnte insofern die Gewährung von Satzungsfreiheit[960] schaffen. In diesem Zugeständnis an Haftungsfreiraum spiegelt sich letztlich – neben der Gestattung durch die Aktionäre – auch die Rücksichtnahmepflicht als Teil der Treuepflicht der Gesellschaft gegenüber den Organmitgliedern wieder. Diese erfährt *ex ante* durch die entsprechende Satzungsgestaltung Bedeutung. Die Aktionäre prägen damit die Treuepflicht der Gesellschaft gegenüber dem Verwaltungsrat. Die erscheint legitim, da die Gemeinschaft der Aktionäre letztlich die Gesellschaft bildet und ohnehin in der monistischen Verfassung der SE kein anderes Organ besteht, welches eine Konkretisierung bzw. der Ausprägung der Treuepflicht gestalten könnte.

II. Einschränkung über die duty of loyalty?

Das U.S-amerikanische Recht kennt keine Haftungsbeschränkung für Arbeitnehmer in Form der betrieblich veranlassten Tätigkeit. Es ist im Grundsatz liberaler als das deutsche Arbeitsrecht und schützt den Arbeitnehmer nicht entsprechend

---

956 Siehe die Nachweise bei Fn. 953.

957 *Paul-Otto,* NZG 2015, 501, 504.

958 So *Fehrenbach,* AG 2015, 761, 770.

959 Einen Überblick geben insoweit *Hopt/Roth,* in: GroßKommAktG, § 93 Rdnr. 400; *Fehrenbach,* AG 2015, 761, 771 ff.

960 Dazu bereits 5. Teil § 23 I.

deutscher Maßstäbe.[961] Als Grundlage für eine Haftungsbeschränkung könnte auch hier der Gedanke dienen, dass auch die *corporation* gegenüber den *board*-Mitgliedern einer *duty of loyalty* unterliegt und sich hieraus eine Einschränkung für mögliche Haftungsansprüche ergeben könnte. Derartige Erwägungen scheitern in den Vereinigten Staaten jedoch bereits daran, dass nicht abschließend geklärt ist, worin die dogmatische Grundlage der Pflichten des *board* gegenüber der *corporation* liegt. In Betracht kommen insoweit Analogien und Parallelen zur *agency*, *mandate*, *trust* oder *partnership*.[962] Damit steht aber weder der Umfang dieser Treuepflicht in spiegelbildlicher Sicht, also eine etwaige Pflicht der *corporation*, fest, noch der Nachweis ihrer Existenz überhaupt. Sofern dies jedoch nicht gegeben ist, muss die Herleitung einer Haftungsbeschränkung über die *duty of loyalty* scheitern. Ohnehin liegen hinreichende Haftungsbeschränkungen vor, die einen Rückgriff auf eine Einschränkung über die *duty of loyalty* der Gesellschaft entbehren. Es ist anzunehmen, dass etwaige Fälle bereits von der *business judgment rule* und den Enthaftungsvorschriften in den *certificates of incorporation* abgedeckt wären.

III. Zwischenergebnis

Eine Einschränkung der persönlichen Inanspruchnahme der Verwaltungsratsmitglieder mittels der Treuepflicht der Gesellschaft erscheint prinzipiell möglich. Als Bemessungsgrundlage können jedoch nicht die Grundsätze der betrieblich veranlassten Tätigkeiten herangezogen werden. Dies gilt auch für einen Wertungstransfer. Andere Grundlagen sind kaum ersichtlich. Allerdings könnten entsprechende Bestimmungen in der Satzung, die eine Reduzierung oder Beschränkung der Haftung der Organmitglieder vorsehen, als Ausprägung der Treuepflicht der Gesellschaft betrachtet werden.

Das U.S.-amerikanische Recht hat bereits Schwierigkeiten, die Treuepflicht der Gesellschaft dogmatisch genau zu positionieren. Auch deren Reichweite wird unterschiedlich betrachtet. Teilweise wird auf das Recht des *trust*, der *agency* oder des *mandate* verwiesen oder es wird von einem Verhältnis *sui generis* gesprochen. Insgesamt bleibt aber unklar, in welche Richtung die jeweiligen Treuepflichten zwischen den Akteuren verlaufen und welchen genauen Umfang die Treuepflicht für sich in Anspruch nehmen kann. In den USA bestehen zahlreiche andere Möglichkeiten die Haftung zu beschränken, wodurch ein derartiges Enthaftungsinstrument keine Rolle spielt.

961 Dauz *Reimann*, Einführung in das US-amerikanische Privatrecht, S. 287 ff.
962 Dazu *Merkt*, US-amerikanisches Gesellschaftsrecht, S. 468 ff.

§ 25 Verzichtsmöglichkeit der Aktionäre

Als weitere Beschränkung der persönlichen Inanspruchnahme der Führungsorgane wird im Folgenden die individuelle Möglichkeit eines Verzichts der Aktionäre auf einen Haftungsanspruch erörtert.

I. Individueller Verzicht der Aktionäre der SE

Im deutschen Recht tritt die Ersatzpflicht gegenüber der Gesellschaft nicht ein, wenn die beanstandete Handlung auf einem gesetzmäßigen Beschluss der Hauptversammlung beruht.[963] Gemäß § 93 Abs. 4 S. 3 AktG kann die Gesellschaft i. Ü. erst drei Jahre nach der Entstehung des Anspruchs und nur dann auf Ersatzansprüche verzichten oder sich über sie vergleichen, wenn die Hauptversammlung zustimmt und nicht eine Minderheit, deren Anteile zusammen den zehnten Teil des Grundkapitals erreichen, zur Niederschrift Widerspruch erhebt. Diese Bestimmungen sind auf die monistische SE entsprechend anwendbar.[964] Es ergeben sich insoweit keine Besonderheiten.

Neben weiteren Kritikpunkten[965] wird im Rahmen dieser Enthaftungsmöglichkeit insbesondere die dreijährige Sperrfrist angegriffen, weil sie der zügigen Erledigung des Haftpflichtfalls entgegenstünde.[966] Demnach sei problematisch, dass ein Verzicht oder Vergleich nötig sei, um die Mithilfe des Betroffenen in einem gegen die Gesellschaft geführten Bußgeldverfahren zu erreichen bzw. um ein Ausscheiden des Betroffenen zu ermöglichen.[967] Die Sperrfrist behindere diese Möglichkeiten. Ohnehin gefährde der ausgelöste Schwebezustand den Rechtsfrieden.[968] Des Weiteren schiebt die Sperrfrist in einigen Fällen einen gewollten und wirtschaftlich sinnvollen Vergleichsschluss unnötig auf.[969] Hiergegen wird eingewandt, das einzelne Organmitglied sei gemäß § 93 Abs. 1 AktG ohnehin zur Kooperation verpflichtet und, um eine Bußgeldminderung zu erfahren, sei eine solche Kooperation sinnvollerweise

---

963 § 93 Abs. 4 S. 1 AktG.

964 *Verse,* in: SE-Recht, § 39 SEAG Rdnr. 23; *Siems,* in: KölnKommAktG, Anh. Art. 51 SE-VO § 39 SEAG Rdnr. 9.

965 Dazu *Bachmann,* Reform der Organhaftung? – Gutachten E zum 70. Deutschen Juristentag, S. 48 ff.

966 Zu dieser Kritik etwa *Mertens/Cahn,* in: KölnKommAktG, § 93 AktG Rdnr. 164; *Hölters,* in: Hölters, AktG, § 93 AktG Rdnr. 307; *DAV-Handelsrechtsausschuss,* NZG 2010, 897, 897 f.; *DAV-Handelsrechtsausschuss,* NZG 2011, 217, 221; *DAV-Handelsrechtsausschuss,* NZG 2012, 380, 383; *Fleischer,* WM 2005, 909, 918 f.; *Dietz-Vellmer,* NZG 2011, 248, 249.

967 Dazu *Bachmann,* Reform der Organhaftung? – Gutachten E zum 70. Deutschen Juristentag, S. 49 m.w.N.

968 *Hopt/Roth,* in: GroßKommAktG, § 93 Rdnr. 505; *Mertens/Cahn,* in: KölnKommAktG, § 93 AktG Rdnr. 164.

969 *Dietz-Vellmer,* NZG 2011, 248, 249; *Hopt,* in: Ständige Deputation des Deutschen Juristentages, Sitzungsberichte zum 70. Deutschen Juristentag, S. N 78.

anzustreben.[970] Daneben soll die Sperre verhindern, dass die Verwaltung gezwungen ist, die eigene Verfehlung nicht vorschnell unter den Tisch zu räumen.

Allerdings überwiegen rechtspolitisch die Gründe, die für eine Abschaffung der dreijährigen Sperrfrist sprechen, denn sie ist zu unflexibel.[971] Schon aus Gründen der Systemstimmigkeit ist hier eine Gesetzesänderung notwendig, da die Gesellschaft die Frist ohnehin durch Veräußerung der Forderung gegen das Organmitglied an Dritte umgehen kann, ohne dass ein solches Vorgehen als Umgehung gewertet wird.[972] Den Aktionären muss die Möglichkeit eingeräumt werden, über eine persönliche Inanspruchnahme zu entscheiden, da diese letztlich den Schaden tragen. Im Übrigen hat die alljährliche Entlastung des Verwaltungsrats nach § 120 Abs. 2 S. 2 AktG keine Verzichtswirkung in Bezug auf etwaige Ersatzansprüche.[973]

II. Individueller Aktionärsbeschluss zur Haftungsbefreiung in der corporation

Nach U.S.-amerikanischem Recht können die Aktionäre Handlungen der *directors* im Nachhinein genehmigen.[974] Einschränkungen für derartige Maßnahmen sind jedoch beispielsweise bei betrügerischem Verhalten oder der Verschwendung des Gesellschaftsvermögens (*waste*) zu ziehen. In diesen Fällen kann die Mehrheit das Verhalten nicht nachträglich ratifizieren, es ist Einstimmigkeit vonnöten.[975] Eine hinreichend informierte Mehrheit von Aktionären kann eine Klage aufgrund eines Verstoßes gegen die *duty of care* beseitigen.[976] Notwendig für eine hinreichende Informationsbasis ist die vollständige Offenlegung der Sachlage.[977] Die Möglichkeit der Aktionäre, eine Handlung – wie etwa eine Transaktion mit persönlichem Interesse der *board*-Mitglieder – zu genehmigen, ist jedoch von der Ratifikation einer Verletzung der *duty of loyalty* zu trennen. Auch wenn eine solche Transaktion genehmigt wurde, so schließt dies nicht automatisch eine Genehmigung sämtliche Entscheidungen ein, die mit dieser Transaktion in Verbindung stehen.[978]

---

970 *Säcker,* WuW 2009, 362, 372; *Bachmann,* Reform der Organhaftung? – Gutachten E zum 70. Deutschen Juristentag, S. 50.

971 *Hopt,* in: FS W.H. Roth, 2015, S. 229.

972 *Hopt,* ZIP 2013, 1793, 1803.

973 Die Vorschrift des § 120 AktG findet auf die monistische SE Anwendung, vgl. nur *Eberspächer,* in: Spindler/Stilz AktG, Art. 52 SE-VO Rdnr. 10.

974 In re Wheelabrator Technologies, Inc. Shareholder Litigation (1995); *Radin/Block/Barton,* The Business Judgment Rule (2009) p. 672.

975 Vgl. Michelson v. Duncan, 407 A.2d 211 (1979).

976 In re Wheelabrator Technologies, Inc. Shareholder Litigation (1995); *Bainbridge,* Corporate Law (2009) p. 131.

977 Robert A. Wachsler, Inc. v. Florafax Int'l, Inc., 778 F.2d 547 (1985).

978 Dazu etwa *Cox/Hazen,* Corporation Law (2012) p. 192 und die Nachweise bei *Radin/Block/Barton,* The Business Judgment Rule (2009) p. 672 ff.

Aufgrund der besonderen Pflichtwidrigkeit einer Treuepflichtverletzung sind die Anforderungen für eine Enthaftung hier höher.

III. Zwischenergebnis

Beide Rechtsordnungen sehen die Möglichkeit vor, mittels Zustimmung der Aktionäre von einer Anspruchsverfolgung abzusehen. Allerdings sind die deutschen Regelungen als Einschränkung formuliert. Auf Ersatzansprüche gegen Verwaltungsratsmitglieder kann nur verzichtet werden, wenn die vorherige Zustimmung der Hauptversammlung vorliegt. Das U.S.-amerikanische Recht schränkt die Verzichtsmöglichkeiten der Aktionäre nur geringfügig ein und überlässt den Aktionären die Definition eines pflichtwidrigen und schadensersatzauslösenden Ereignisses. Das deutsche Recht enthält in § 93 Abs. 4 S. 3 AktG eine Sperrfrist, die das U.S.-amerikanische Recht nicht kennt. Die Sperrfrist des deutschen Aktienrechts verhindert demnach eine zeitnahe Bereinigung, die im Interesse aller Akteure liegt. Ihr praktischer Nutzen ist aufgrund bestehender Umgehungstaktiken ohnehin in Frage zu stellen.

§ 26 Verjährung

Verjährungsregelungen sind im weitesten Sinne ebenfalls als Haftungsbeschränkungen zu verstehen und müssen bei etwaigen Haftungsansprüchen berücksichtigt werden. Eine Berufung der Organmitglieder auf dieses Mittel verwehrt eine erfolgreiche Inanspruchnahme.

I. Verjährung der Organhaftungsansprüche in der SE

Die Verjährungsregelung des § 93 Abs. 6 AktG ist auf Organhaftungsansprüche gegen Verwaltungsratsmitglieder der monistischen SE anzuwenden.[979] Danach verjähren die Ansprüche bei Gesellschaften, die zum Zeitpunkt der Pflichtverletzung börsennotiert sind, binnen zehn Jahren, im Übrigen in fünf Jahren. Der Grund für die lange Verjährungsfrist bei börsennotierten Gesellschaften ist mit einem in aller Regel erhöhtem Prüfungsumfang und der besseren Dokumentation bei einer börsennotierten Gesellschaft begründet worden.[980] Die Verjährung beginnt gemäß § 200 BGB mit Entstehung des Anspruchs.[981] Da § 200 BGB objektiv anknüpft, sind für den Beginn der Verjährung die subjektive Kenntnis des Anspruches oder Kennenmüssen nicht maßgeblich.[982] Die Hemmung der Verjährung richtet sich nach den §§ 203 ff

979 *Verse,* in: SE-Recht, § 39 SEAG Rdnr. 23.
980 BT-Drucks. 17/3024, S. 82.
981 OLG Stuttgart, ZIP 2009, 2386, 2391; *Hopt/Roth,* in: GroßKommAktG, § 93 Rdnr. 586; *Mertens/Cahn,* in: KölnKommAktG, § 93 AktG Rdnr. 200.
982 *Hopt/Roth,* in: GroßKommAktG, § 93 Rdnr. 587; *Spindler,* in: MünchKommAktG, § 93 AktG Rdnr. 291.

BGB.[983] Kritisiert wird vielfach die Verlängerung der Verjährung auf zehn Jahre für die börsennotierte Gesellschaft im Jahre 2010.[984] Eine pauschale Frist von 10 Jahren erscheint zu lang und zu starr, da beispielsweise ausgeschiedene Mitglieder den ihnen obliegenden Entlastungsbeweis nach einer solcher Zeitspanne nicht mehr zu führen vermögen.[985]

II. Verjährung im U.S.-amerikanischen Recht

Kläger können auch im U.S.-amerikanischen Recht ihre Ansprüche nicht zeitlich unbegrenzt verfolgen. Vielmehr bestehen sowohl gesetzliche Vorschriften, als auch *common-law* Grundsätze, die diese Möglichkeit beschränken.[986] Ansprüche der Gesellschaft gegenüber den *directors* erfahren hierbei die gleiche Behandlung wie die Ansprüche im Rahmen einer *derivative suit*.[987] Historisch betrachtet, handelt es sich nämlich um zwei Klagen: "*The plaintiff (1) brought a suit in equity against the corporation seeking an order compelling it (2) to bring a suit for damages or other relief against some third person*"[988]. Sofern einer der beiden Ansprüche limitiert wird, erleidet der andere Anspruch dasselbe Schicksal, da es sich bei einem *derivative suit* lediglich um einen abgeleiteten Anspruch handelt.

Die allgemeinen Regeln der Verjährung und die entsprechenden Fristen hängen stark vom Einzelfall ab. Hierbei kommt es einerseits darauf an, ob der *director* gegenüber der Gesellschaft tatsächlich vom Gericht als *trustee* klassifiziert wird; andererseits wird die Rechtsnatur des Anspruchs, beispielsweise die Differenzierung zwischen *equity* und *law*, von den Gerichten berücksichtigt.[989] Erschwert wird eine genauere Festlegung durch den Umstand, dass sich die Verjährungsregelungen nach dem jeweiligen Forum richten, denn die Verjährung wird in der Regel prozessual qualifiziert.[990] Es kann also nicht davon ausgegangen werden, dass regelmäßig das Recht des Staates Delaware maßgebend ist, obwohl die betroffene Gesellschaft in

---

983 *Hopt/Roth*, in: GroßKommAktG, § 93 Rdnr. 598; *Spindler*, in: MünchKommAktG, § 93 AktG Rdnr. 294.

984 Vgl. Art. 6 des Restrukturierungsgesetzes v. 9. Dezember 2010, BGBl. I S. 1900.

985 *Baums*, ZHR 174 (2010), 593, 607 f.; *Hopt*, in: FS W.H. Roth, 2015, S. 235; *DAV-Handelsrechtsausschuss*, NZG 2010, 897, 897; *Hopt*, in: Ständige Deputation des Deutschen Juristentages, Sitzungsberichte zum 70. Deutschen Juristentag, S. N 78 siehe i. Ü. *Bachmann*, Reform der Organhaftung? – Gutachten E zum 70. Deutschen Juristentag, S. 54 ff.

986 Siehe hierzu ausführlich *Oler*, Statute of Limitations in Stockholder's Derivative Suit against Directors or Officers, 123 A.L.R. 346 (originally published in 1939).

987 *Fletcher*, Cyclopedia of the Law of Corporations (revised 2011 updated 2015) § 1304.

988 *Clark*, Corporate Law (1986) p. 639.

989 Vgl. mit weiteren Unterscheidungen *Oler*, Statute of Limitations in Stockholder's Derivative Suit against Directors or Officers, 123 A.L.R. 346 (originally published in 1939).

990 Vgl. zu den neueren Meinungsständen in Bezug auf den rechtlichen Charakter der Verjährung etwa *Lambert*, Focusing on Fulfilling the Goals: Rethinking How

diesem Bundessstaat gegründet wurde. Häufig kommt es letztlich zur Anwendung einer zwei- bis siebenjährigen Frist.[991] Die Frist beginnt grundsätzlich zum Zeitpunkt der angegriffenen Handlung oder deren Unterlassen.[992] Es bestehen jedoch Ausnahmen, beispielsweise fängt die Frist im Falle des Verschleierns der Handlung erst mit der Entdeckung der Handlung an zu laufen.[993]

III. Zwischenergebnis

Die Verjährungsfristen von fünf bzw. zehn Jahren nach § 93 Abs. 6 AktG erscheinen zu lang und sind auch international unüblich.[994] Nach einer derartigen Zeitspanne wird das ausgeschiedene Organmitglied den Entlastungsbeweis nicht mehr führen können, was insbesondere aufgrund der Beweislastverteilung zuungunsten des Mitglieds problematisch ist.[995] Das U.S-amerikanische Recht kann allerdings nicht als Vorlage dienen, da die Verjährungsfrist je nach Kategorisierung des Anspruchs und des Forums erheblich variieren kann. Eine Anpassung der organhaftlichen Verjährungsfrist in Deutschland an die regelmäßige Verjährungsfrist der §§ 195, 199 BGB erscheint sachgerecht. Dies gilt mit der Maßgabe, die Frist spätestens mit Ausscheiden des Organmitglieds beginnen zu lassen und für den Fall der Sonderprüfung oder einer aufsichtsrechtlichen Prüfung eine Verjährungshemmung einzuführen.[996] Eine derartige Fassung würde dem Zweck entsprechen, dass Verjährungsfristen auch dem Ziel dienen, einen nur mutmaßlichen Schuldner vor unbegründeten Klagen zu schützen.

§ 27 D&O Versicherungen und Kostenerstattung

Eine Versicherung für Organhaftungsfälle ist heute ein alltägliches und grenzüberschreitendes Mittel zur Limitierung der persönlichen Haftung von Führungspersonal. Einerseits wird hiermit der Steuerungseffekt einer möglichen Haftung

---

Choice-of-Law Regimes Approach Statutes of Limitation, 65 Syracuse L. Rev. 491, 522 (2015).

991 Siehe die Nachweise bei *Oler,* Statute of Limitations in Stockholder's Derivative Suit against Directors or Officers, 123 A.L.R. 346 (originally published in 1939); *Fletcher,* Cyclopedia of the Law of Corporations (revised 2011 updated 2015) § 1304; *Lockwood,* Law of Corporate Officers and Directors (2014–2015) § 2:8.

992 *Lockwood,* Law of Corporate Officers and Directors (2014–2015) § 2:7; *Fletcher,* Cyclopedia of the Law of Corporations (revised 2011 updated 2015) § 1306.

993 Vgl. für diesen und weitere Fälle *Fletcher,* Cyclopedia of the Law of Corporations (revised 2011 updated 2015) § 1306.

994 Vgl. *Hopt/Roth,* in: GroßKommAktG, § 93 Rdnr. 579.

995 *Baums,* ZHR 174 (2010), 593, 595; *Bachmann,* Reform der Organhaftung? – Gutachten E zum 70. Deutschen Juristentag, S. 55.

996 *Hopt/Roth,* in: GroßKommAktG, § 93 Rdnr. 579; *Baums,* ZHR 174 (2010), 593, 608 ff.; *Bachmann,* Reform der Organhaftung? – Gutachten E zum 70. Deutschen Juristentag, S. 55.

beeinflusst, da die Gefahr einer umfänglichen persönlichen Inanspruchnahme abgemildert wird. Andererseits „schafft Versicherung Haftung“,[997] da dem Gläubiger nunmehr ein unbestritten solventer Schuldner gegenübersteht, der ohne ausuferndes Verlustrisiko in Anspruch genommen werden kann.

I. D&O Versicherungen und Aufwendungsersatz für den Verwaltungsrat

a) Ausgestaltung der Versicherung

Eine D&O-Versicherung ist mittlerweile auch in Deutschland eine gängige Methode um das Haftungsrisiko von Entscheidungsträgern in Unternehmen abzufangen.[998] Die Versicherung wird in der Regel nicht von den Organmitgliedern selbst, sondern von der Gesellschaft für diese abgeschlossen.[999] Es handelt sich um eine Versicherung für fremde Rechnung im Sinne von §§ 100, 43 ff VVG.[1000] Die Gesellschaft trägt zumeist die Prämie.[1001] In Deutschland werden *side A*, d. h. Versicherungen i. S. der eigentlichen *D&O*-Versicherung des Managements, *side B* Versicherungen zur Unternehmensenthaftung und *side C* Versicherungen zum Schutz der Gesellschaft im Zusammenhang mit anderen Ansprüchen unterschieden.[1002] Gemäß Nr. 4.3 der Allgemeine Versicherungsbedingungen für die Vermögensschaden-Haftpflichtversicherungen von Aufsichtsräten, Vorständen und Geschäftsführer (AVB-AVG) ist der Umfang der Leistung des Versicherers auf die im Versicherungsschein angegebene Versicherungssumme beschränkt. Außerdem werden während der Vertragslaufzeit geltend gemachte Schadensersatzansprüche zu einem einzigen Versicherungsfall zusammengefasst, sofern sie auf einer einheitlichen Pflichtverletzung beruhen oder auf mehreren Pflichtverletzungen, die jedoch demselben Sachverhalt zuzuordnen sind und miteinander in rechtlichem, wirtschaftlichem oder zeitlichem Zusammenhang stehen.[1003] Die Versicherung umfasst Vermögensschäden, also insbesondere Ansprüche der Gesellschaft gegen die Organmitglieder sowie gerichtliche und außergerichtliche Verteidigungskosten gegen unbegründete Inanspruchnahme.[1004]

---

997 *Schmitt,* Organhaftung und D&O-Versicherung, S. 100.

998 Grundlegend *Scholl,* Vorstandshaftung und Vorstandsermessen, S. 483 ff.

999 *Fleischer,* in: Spindler/Stilz AktG, § 93 AktG Rdnr. 225; *Peltzer,* in: FS Hoffmann-Becking, 2013, S. 862.

1000 *Hopt/Roth,* in: GroßKommAktG, § 93 Rdnr. 451; *Fleischer,* in: Spindler/Stilz AktG, § 93 AktG Rdnr. 230; *Mertens/Cahn,* in: KölnKommAktG, § 93 AktG Rdnr. 241.

1001 *Hopt/Roth,* in: GroßKommAktG, § 93 Rdnr. 453; *Mertens/Cahn,* in: KölnKommAktG, § 93 AktG Rdnr. 241; *Fleischer,* in: Spindler/Stilz AktG, § 93 AktG Rdnr. 225; *Spindler,* AG 2013, 889, 896.

1002 Ausführlich *Ihlas,* D&O, S. 322 ff.

1003 Nr. 4.6. AVB-AVG.

1004 *Hopt/Roth,* in: GroßKommAktG, § 93 Rdnr. 451; *Hemeling,* in: FS Hoffmann-Becking, 2013, S. 501.

In der Praxis zeigt sich, dass die versicherte Summe im Sicherungsfall teilweise überschritten wird und das Organmitglied unmittelbar die darüber hinausgehenden Schadenkosten persönlich tragen muss.[1005] Mitunter versagt der Versicherungsschutz vollkommen; so im Falle von wissentlichen oder bedingt-vorsätzlichen Gesetzesverstößen.[1006]

b) Selbstbehalt

§ 93 Abs. 2 S. 3 AktG verpflichtet die Gesellschaft, die eine *D&O* Versicherung für Vorstandsmitglieder abschließt, zur Vereinbarung eines Selbstbehaltes in Höhe von mindestens 10 % des Schadens bis mindestens zur Höhe des 1,5-fachen der festen jährlichen Vergütung des Vorstandsmitglieds.[1007]

aa) Verpflichtung zum Selbstbehalt in der monistischen SE?

Nach § 39 SEAG müsste der Selbstbehalt auch für den Verwaltungsrat der monistischen deutschen SE Anwendung finden.[1008] Dem Verweis auf § 93 AktG über § 39 SEAG ist grundsätzlich zuzustimmen. Damit käme auch die Vorschrift zum verpflichteten Selbstbehalt uneingeschränkt zur Anwendung. Im Aufsichtsrat wird jedoch über § 116 S. 1 AktG diese Art der Verpflichtung ausgeschlossen. In Anlehnung hieran wird teilweise vorgeschlagen, § 116 S. 1 und 3 AktG, für nicht-geschäftsführende Direktoren im Verwaltungsrat analog anzuwenden, da § 39 SEAG § 116 AktG a.F. nachgebildet und die Verpflichtung zum Selbstbehalt erst nach Schaffung des SEAG eingeführt[1009] wurde, ohne gleichzeitig § 39 SEAG abzuändern.[1010]

Zu klären ist daher, ob ein Analogieschluss zu § 116 S. 1 und 3 AktG gezogen werden kann. Voraussetzungen hierfür wären die Analogiefähigkeit der Norm, das Vorliegen einer planwidrigen Regelungslücke sowie eine vergleichbare Interessenslage. Der Annahme der Analogiefähigkeit des § 116 S. 1, 3 AktG stehen keine Gründe entgegen. Anhand des Gesetzgebungsverlaufes ist nicht ersichtlich, dass der Gesetzgeber bei der Änderung von § 116 AktG die Auswirkungen in der monistischen SE bedacht hat. Dies wäre allerdings zu erwarten, da das bislang unbekannte Organ Verwaltungsrat in der Praxis erhebliche Rechtsfragen aufwirft, die im Rahmen des herkömmlichen Organrechts nicht erörtert wurden. Es kann also nicht von einem

---

1005 *Peltzer,* in: FS Hoffmann-Becking, 2013, S. 862.

1006 Vgl. Nr. 5. AVB-AVG.

1007 Kritisch zur Vorgängerregelung, die allerdings alleine in Ziffer 3.8 DCGK verankert war *Ihlas,* D&O, S. 422 ff.

1008 So zur monistischen SE explizit *Spindler,* in: MünchKommAktG, § 93 AktG Rdnr. 219; *Scholl,* Vorstandshaftung und Vorstandsermessen, S. 524; *Koch,* AG 2009, 637, 640; *Franz,* DB 2009, 2764, 2766; wohl auch *Kerst,* WM 2010, 594, 598.

1009 Der Ausschluss des verpflichtenden Selbstbehaltes für Aufsichtsratsmitglieder wurde durch das VorstAG 2009 eingefügt, vgl. BGBl. I S. 2509.

1010 So *Verse,* in: SE-Recht, § 39 SEAG Rdnr. 21; *Teichmann,* in: Lutter/Hommelhoff/Teichmann, Anh. Art. 43 SE-VO § 39 SEAG Rdnr. 11; *Forst,* ZIP 2010, 1786, 1788.

bewussten Schweigen des Gesetzgebers ausgegangen werden. Außerdem sind Haftungsrecht und auch die Regelung des Selbstbehalts im Rahmen einer *D&O*-Versicherung nach § 116 AktG maßgebliche Bestandteile des Organrechts. Dies muss auch für den Verwaltungsrat gelten. Damit liegt die Behandlung des Selbstbehaltes für Verwaltungsratsmitglieder noch im Telos der Norm. Es muss somit von einer planwidrigen Regelungslücke ausgegangen werden.

Eine vergleichbare Interessenlage ist jedoch abzulehnen. Die Rechtstellung der Aufsichtsratsmitglieder und der nicht-geschäftsführenden Direktoren ist insofern nicht vergleichbar. Richtig ist, dass den nicht-geschäftsführenden Direktoren überwiegend eine Überwachungsfunktion zukommt und sie Aufsichtsratsmitgliedern ähneln. Nicht-geschäftsführende Direktoren sind jedoch Mitglieder des Verwaltungsrats. Dem Verwaltungsrat kommen Leitungsaufgaben zu. Unabhängig von der abgestuften Verantwortung innerhalb des Grundsatzes der Gesamtverantwortung sind auch nicht-geschäftsführende Direktoren in Leitungsaufgaben involviert. Der Gesetzgeber verknüpft jedoch in der Gesetzesbegründung die Verpflichtung zum Selbstbehalt über § 76 Abs. 1 AktG mit der Ausübung von Leitungsaufgaben.[1011] Die Vorschrift ist zwar nicht unmittelbar auf die SE Anwendung anwendbar, allerdings überschneidet sich der Begriff der Leitung im allgemeinen Aktienrecht und dem Recht der SE.[1012] Der Gesetzgeber führt aus: „Die Neuregelung flankiert die in § 76 Absatz 1 AktG normierte persönliche Verpflichtung und Verantwortung des Vorstands, das Unternehmen mit der Sorgfalt eines ordentlichen und gewissenhaften Geschäftsleiters zu leiten."[1013] Eine solche Leitungsverpflichtung ist im gesamten Verwaltungsrat, nicht aber im Aufsichtsrat vorzufinden. Aufgrund der Leitungsverantwortung des Verwaltungsrats im Vergleich zum Aufsichtsrats liegt somit keine dem § 116 AktG entsprechende Interessenslage vor und ein Analogieschluss scheitert. Für sämtliche Verwaltungsratsmitglieder besteht somit ein verpflichtender Selbstbehalt.

bb) Kritik am Selbstbehalt

Die Einführung eines obligatorischen Selbstbehaltes erscheint auf den ersten Blick sinnreich: Das Organmitglied soll trotz bestehender *D&O*-Versicherung einen Teil des entstandenen Schadens selbst tragen und sich einer finanziellen Verantwortung nicht vollständig entziehen können. Hiermit soll letztlich die Steuerungsfunktion der Organhaftung erhalten bleiben, da zumindest in Höhe des Selbstbehaltes eine Einbuße eintreten kann und das Mitglied gehalten sein wird, dies zu vermeiden.[1014] Ob diese gewünschte Steuerungsfunktion jedoch eintreten kann ist fragwürdig,

1011 Vgl. BT-Drucks. 16/13433, S. 11.
1012 Dazu bereits 3. Teil § 13 I. d) aa).
1013 BT-Drucks. 16/13433, S. 11.
1014 Die verhaltenssteuernde Wirkung des Selbstbehaltes betont auch der Gesetzgeber, vgl. BT-Drucks. 16/13433, S. 11.

wenn die Betroffenen diesen Selbstbehalt wiederum versichern.[1015] Ein solches Vorgehen ist zulässig,[1016] allerdings muss das Mitglied die Versicherung für die Deckung des Selbstbehaltes privat tragen, da eine Prämienzahlung durch die Gesellschaft eine Umgehung der Regelung darstellen würde.[1017] In der Praxis wird das Organmitglied die Zahlung für eine solche Zusatzversicherung in seine Gehaltsansprüche einpreisen.[1018] Effektivste Maßnahme gegen eine solche Zusatzversicherung wäre ein entsprechendes gesetzliches Verbot.[1019] Hiergegen liegen jedoch schon verfassungsrechtliche Bedenken vor.[1020] Eine derartige gesetzliche Regelung müsste ohnehin mit den Regelungen vergleichbarer Berufsgruppen wie Wirtschaftsprüfern, Ärzten oder Rechtsanwälten verglichen werden, da ein Versicherungsverbot speziell für eine Berufsgruppe einer besonderen Rechtfertigung bedarf.[1021] So lässt es der Gesetzgeber im Rahmen der Partnerschaftsgesellschaft zu, die persönliche Haftung des Partners durch Abschluss einer Vermögenshaftpflichtversicherung auszuschließen,[1022] obwohl auch hier besondere Pflichtenlagen bestehen.[1023] Auch nimmt es das Gesetz hin, dass der Gesellschafter von der persönlichen Haftung nach § 128 HGB freigestellt wird, obwohl die Vorschrift zu einem ordnungsgemäßen Verhalten veranlassen soll.[1024] Das deutsche Recht lässt also wie selbstverständlich eine Eigenversicherung des möglichen Schädigers zu.[1025] Vor diesem Hintergrund scheint eine zukünftiges Verbot für die Versicherung des Selbstbehaltes mit der Privatautonomie nicht vereinbar.[1026]

Es wurde Kritik laut, ob die verpflichtende Einführung eines Selbstbehaltes sinnvoll ist.[1027] Zuvor hatte Ziff. 3.8 DCGK a.F. für börsennotierte Gesellschaften die Vereinbarung eines angemessenen Selbstbehalts lediglich empfohlen. Insbesondere aus dem Blickwinkel eines möglichen Verlustes der Steuerungswirkung der Organhaftung könnte eine solche Pflicht aber als notwendig erachtet werden. Ein gewisser Verlust der Präventivwirkung kann im Falle des Nichtbestehens eines

---

1015 *Thüsing/Traut,* NZA 2010, 140, 142; *Franz,* DB 2009, 2764, 2772.
1016 Dazu *Scholl,* Vorstandshaftung und Vorstandsermessen, S. 476.
1017 *Hopt/Roth,* in: GroßKommAktG, § 93 Rdnr. 456; *Spindler,* in: MünchKommAktG, § 93 AktG Rdnr. 205; *Fleischer,* in: Spindler/Stilz AktG, § 93 AktG Rdnr. 254; *Dauner-Lieb/Tettinger,* ZIP 2009, 1555, 1557; *Kerst,* WM 2010, 594, 692; *Kann,* NZG 2009, 1010, 1012.
1018 *Spindler,* AG 2013, 889, 897; *Dauner-Lieb/Tettinger,* ZIP 2009, 1555, 1556 f.; *Kann,* NZG 2009, 1010, 1012 f.; *Habersack,* ZHR 177 (2013), 782, 800.
1019 So z. B. *Wagner,* ZHR 178 (2014), 227, 272 f.; *Bayer/Scholz,* NZG 2014, 926, 933.
1020 Vgl. etwa *Kerst,* WM 2010, 594, 602; *Gädtke,* VersR 2009, 1565, 1569 f.
1021 *Hemeling,* ZHR 178 (2014), 221, 224.
1022 § 8 Abs 4 PartGG.
1023 *Habersack,* ZHR 177 (2013), 782, 800 f.
1024 *Habersack,* ZHR 177 (2013), 782, 800 f.
1025 *Spindler,* AG 2013, 889, 897.
1026 Siehe im Detail *Habersack,* ZHR 177 (2013), 782, 800 f.; *Spindler,* AG 2013, 889, 897.
1027 Dagegen etwa *Fleischer,* WM 2005, 909, 919; *Dreher,* AG 2008, 429, 432 ff.; *Peltzer,* in: FS Westermann, 2008, S. 1271.

Selbstbehaltes kaum von der Hand gewiesen werden. Allerdings haften die Mitglieder weiterhin persönlich für Schäden, die die Deckungssumme überschreiten. Die *D&O*-Versicherung ist auch ohne Selbstbehalt kein „Rundum-Sorglos-Paket“[1028] für Organmitglieder. Naturgemäß werden die Versicherungsverträge Klauseln enthalten, die einen Ausschluss der Schadensbegleichung bewirken und somit ein Restrisiko für das betroffene Mitglied darstellen, das es in seine Risikokalkulation einbeziehen wird.[1029] In der Praxis sind Selbstbehalte üblich, auch wenn diese nicht verpflichtend sind. Schließlich erhöht bereits das Bestehen einer *D&O*-Versicherung die Wahrscheinlichkeit der Durchsetzung von Schadensersatzansprüchen gegen die Organmitglieder. Erst das Vorhandensein einer solchen Versicherung verschafft eine realistische Aussicht, den geltend gemachten Schaden vollumfänglich ersetzt zu bekommen.[1030] Die Veröffentlichung eines Schadensersatzanspruches mit weitreichenden Konsequenzen für die Zukunft des Betroffenen wird trotz fehlenden Selbstbehaltes eine erhebliche psychologische Wirkung auf das Organmitglied ausüben, und zwar bereits vor der in Frage stehenden Handlungsentscheidung. Gegebenenfalls ist die Reputation danach derartig geschädigt, dass das Organmitglied befürchten muss, keine weitere Anstellung mehr zu erhalten. Wenn der Selbstbehalt keine, die verhaltenssteuernde auflösende, Wirkung entfaltet und in der Praxis mittels Zusatzversicherungen abgedeckt wird, dann könnte der Selbstbehalt auch (wieder) vollumfänglich in die Privatautonomie der Parteien gestellt werden.

c) Aufwendungsersatz

Vorstandsmitglieder können über den Aufwendungsersatzanspruch nach § 670 BGB Vorschüsse für und Begleichung von Verfahrenskosten verlangen, wobei hierzu prinzipiell auch die Kosten eines Rechtsstreits gehören.[1031] Die Gesellschaft ist zum Ersatz verpflichtetet, wenn das Organmitglieder zum Zwecke der Ausführung des Auftrages Aufwendungen macht, die er den Umständen nach für erforderlich halten darf. Ein Aufwendungsersatz betrifft in der Regel eine nachträgliche Schadloshaltung bei zivilrechtlicher Inanspruchnahme durch Dritte oder bei verhängten Geldstrafen. Erforderlich ist aber ein innerer Zusammenhang des Zivil- oder Strafverfahrens mit der Organtätigkeit sowie ein pflichtgemäßes Verhalten des Vorstandsmitglieds gegenüber seiner Gesellschaft.[1032] Im Falle einer Verurteilung sind somit anfallende Verfahrenskosten in der Regel nicht erstattungsfähig.[1033] Die Frage, ob dem Vorstand ein (allgemeiner) nachträglicher Erstattungsanspruch gegenüber seiner Gesellschaft

---

1028 *Ihlas,* D&O, S. 75.

1029 *Fleischer,* WM 2005, 909, 919.

1030 *Scholl,* Vorstandshaftung und Vorstandsermessen, S. 486.

1031 *Weber,* in: Hölters, AktG, § 84 Rdnr. 50; *Fleischer,* in: Spindler/Stilz AktG, § 84 AktG Rdnr. 64; *Spindler,* in: MünchKommAktG, § 84 AktG Rdnr. 103.

1032 *Mertens/Cahn,* in: KölnKommAktG, § 84 AktG Rdnr. 93; *Bastuck,* Enthaftung des Managements, S. 141 ff.; *Fleischer,* WM 2005, 909, 915.

1033 *Fleischer,* WM 2005, 909, 915 f.

zusteht, richtet sich ebenfalls nach § 670 BGB.[1034] Aber auch hier gilt grundsätzlich, dass ein Regressanspruch ausscheidet, wenn die Handlung zugleich eine Verletzung der gesellschaftsrechtlichen Sorgfaltspflicht nach § 93 Abs. 1 S. 1 AktG bedingt.[1035] Freiwillige Erstattungsleistungen der Gesellschaft bei zivilrechtlicher Haftung des Vorstandsmitglieds sind an § 93 Abs. 2 und 4 AktG zu messen. Den Vorschriften liegt die gesetzgeberische Wertentscheidung zugrunde, der Gesellschaft dürfe durch ein pflichtwidriges Verhalten ihres Leitungsorgans kein Schaden entstehen.[1036] Im Falle einer internen Pflichtverletzung scheidet also eine Zahlung durch die Gesellschaft aus.[1037]

Grundsätzlich stehen einer Anwendung dieser Grundsätze auf den Verwaltungsrat im Rahmen der allgemeinen Verweisung des Art. 9 Abs. 1 lit. c ii) SE-VO keine Gründe entgegen. Allerdings beruht der Aufwendungsersatzanspruch nach § 670 BGB gerade auf dem Anstellungsverhältnis mit der Gesellschaft.[1038] Ein derartiger Vertrag besteht bei dem einzelnen Verwaltungsratsmitglied in der Regel jedoch nicht.[1039] Hieraus die Konsequenz zu ziehen, einem Verwaltungsratsmitglied den Aufwendungsersatz zu verwehren, überzeugt nicht. Der Verwaltungsrat ist ebenso mit Leitungskompetenzen ausgestattet wie der Vorstand und tritt faktisch als Beauftragter für die Gesellschaft auf, indem er für sie im Außenverhältnis wirksam handeln kann. Somit hat er ebenfalls ein Interesse daran, bei der Gesellschaft Regress nehmen zu können. Dementsprechend muss den Mitgliedern des Verwaltungsrats der Aufwendungsersatzanspruch nach § 670 BGB analog zustehen.

II. D&O Versicherung und indemnification in den Vereinigten Staaten

a) D&O-Versicherung

aa) Ausgestaltung der Versicherung

Sämtliche Bundesstaaten in den USA ermöglichen den Gesellschaften für die Mitglieder des *board* Versicherungen zu erwerben. Dies gilt unabhängig davon, ob die Gesellschaft einen Ersatz der gesamten entstandenen Aufwendungen gewähren darf.[1040] *D&O*-Versicherungen sollen einerseits die Gesellschaft selbst gegenüber Zahlungen absichern, die sie rechtmäßig gegenüber den *directors* in Form von

1034 *Fleischer,* in: Spindler/Stilz AktG, § 84 AktG Rdnr. 64; *Mertens/Cahn,* in: KölnKomm-AktG, § 84 AktG Rdnr. 90.

1035 *Fleischer,* WM 2005, 909, 916 f.

1036 *Fleischer,* in: Spindler/Stilz AktG, § 84 AktG Rdnr. 68; *Weber,* in: Hölters, AktG, § 84 Rdnr. 51; *Bastuck,* Enthaftung des Managements, S. 137; *Fleischer,* WM 2005, 909, 917.

1037 *Fleischer,* WM 2005, 909, 917.

1038 *Fleischer,* WM 2005, 909, 915.

1039 Dazu bereits 1. Teil § 4 II. b).

1040 Vgl. § 317(i) Cal. Corp. Code; § 145(g) DGCL; § 726 N.Y. Bus Corp. Law.

Ersatzleistungen an die *directors* getätigt hat (sog. *side B coverage*). Andererseits sollen die *board*-Mitglieder unmittelbar durch die Versicherungen entschädigt werden, wenn die Gesellschaft keinen Ersatz leisten kann oder nicht leisten will (sog. *side A coverage*). Letztlich existieren Vertragsgestaltungen, die die Gesellschaft vor einer unmittelbaren Haftung, etwa nach Wertpapierrecht, absichern (sog. *side C coverage*). Nahezu jede *corporation* in den Vereinigten Staaten besitzt irgendeine Art von *D&O*-Versicherung.[1041]

bb) Besondere gesetzliche Einschränkungen

Eine besondere Einschränkung der versicherbaren Schadensfälle existiert im Bundesstaat New York. § 726(b) N.Y. Bus. Corp. L.[1042] verbietet für bestimmte Situationen – mit Ausnahme für die Kosten der Verteidigung – eine Versicherung:

"*if a judgment or other final adjudication adverse to the insured director or officer establishes that his acts of active and deliberate dishonesty were material to the cause of action so adjudicated, or that he personally gained in fact a financial profit or other advantage to which he was not legally entitled, or in relation to any risk the insurance of which is prohibited under the insurance law of New York. Also, retrospective rated contracts are prohibited*".

Unklar ist bislang, ob diese Formulierung eine Versicherung für Fälle der Verletzung der *duty of loyalty* vollkommen ausschließt.[1043]

cc) Selbstbehalt

Ein gesetzlicher Selbstbehalt besteht alleine im Recht des Staates New York.[1044] Nach § 726(a)(3) N.Y. Bus. Corp. L. muss ein absoluter Mindestselbstbehalt bzw. ein prozentualer Selbstbehalt in Bezug auf den Schaden vereinbart werden, der von den Vorschriften der Finanzaufsicht (*Superintendent of Financial Services*) abhängig ist. Der Mindestselbstbehalt liegt zwischen $ 100 und $ 5000, die Mindestobergrenze für ein Jahr zwischen $ 1000 und $ 50.000 bzw. einem prozentualen Mindestselbstbehalt zwischen 0,1 % und 0,5 % des Schadens.[1045] Die verlangten Summen im Rahmen des Selbstbehaltes sind somit außerordentlich gering. In der Praxis ist bei *side B* und *side C coverage* jedoch vielfach eine 5 %-ige Eigenbeteiligung verbreitet, bei *side A*

1041 *Kang,* Directors' and Officers' Insurance: Ordinary Corporate Expense or Valuable Signaling Device? (2011) p. 3.

1042 Ähnliche Einschränkungen bestehen in Kalifornien, vgl. § 317(i) Cal. Corp. Code.

1043 Dazu *Knepper/Bailey,* Liability of Corporate Officers and Directors (2002 updated 2014 (LexisNexis)) § 23:02.

1044 Dazu *Radin/Block/Barton,* The Business Judgment Rule (2009) p. 5575 f.

1045 Siehe Official Compilation of Codes, Rules and Regulations of the State of New York, Title 11, sec. 72.1–72.4; vgl. i. Ü. *Scholl,* Vorstandshaftung und Vorstandsermessen, S. 519.

coverage ist der Wert i. d. R. geringer.[1046] 95 % des tatsächlich entstandenen Verlustes trägt demnach der Versicherer. Um den auszuschöpfen, müsste der Verlust bei einem versicherten Höchstbetrag von $ 1 Mio. somit bei $ 1.052.631,58 liegen. In vielen Fällen sind Festsummen für den Selbstbehalt populärer. Die Versicherung greift dann nur bei der Überschreitung eines im Voraus festgesetzten Mindestbetrags. So kann der versicherte Höchstbetrag bei $ 1 Mio. liegen. Wird als Mindestbetrag $ 100.000 festgelegt, so greift die Versicherung erst bei einer Überschreitung der $ 100.000. Damit die Grenze von $ 1 Mio. überhaupt erreichen wird, muss der Verlust letztlich somit bei $ 41,1 Mio. liegen. Eine Verpflichtung zur Einrichtung derartiger Selbstbehalte des Versicherten besteht jedoch nicht. Wie auch in Deutschland kann der Selbstbehalt mittels einer gesonderten Versicherung abgedeckt werden.[1047]

dd) Kritik an der D&O-Versicherung

Auch in den USA ist anerkannt, dass *D&O*-Versicherungen (und *indemnification*) die verhaltenssteuernde Wirkung der Organhaftung reduzieren, da sie die Konsequenzen einer erfolgreichen Klage herabsetzen: Der *director* muss trotz eines Fehlverhaltens letztlich (wenn überhaupt) nur einen Teilbetrag des kausalen Schadens tragen.[1048] Dieser Verlust ist jedoch hinzunehmen und ein grundlegendes Problem jeder Versicherung: Eine Versicherung gegen Verluste verringert den Anreiz, sich angemessen zu verhalten.[1049] Allerdings ist die Steuerungsfunktion weiterhin auf einer anderen Ebene angesiedelt, denn die möglichen Vertragsbedingungen einer Versicherung werden in einem kompetitiven Umfeld Anreize schaffen, ein rechtmäßiges Verhalten zu fordern und zu fördern.[1050]

b) Indemnification

In den USA ist die Frage einer Versicherung für Organhaftungsfälle untrennbar mit der Frage nach einem die Gesellschaft treffenden Aufwendungsersatz (*indemnification*) für die *board*-Mitglieder verbunden.

1046 *Lockwood,* Law of Corporate Officers and Directors (2014–2015) § 4:6; ähnlich *Knepper/Bailey,* Liability of Corporate Officers and Directors (2002 updated 2014 (LexisNexis)) § 24.11.

1047 Zum allgemeinen Versicherungsrecht so etwa The Vons Companies, Inc. v. United States Fire Ins. Co., 78 Cal. App. 4th 52 (2000); i. Ü. *Lockwood,* Law of Corporate Officers and Directors (2014–2015) § 4:6 Fn. 6.

1048 *Ibrahim,* Individual or Collective Liability for Corporate Directors?, 93 Iowa L. Rev. 929, 952 (2008); *Baker/Griffith,* The Missing Monitor in Corporate Governance: The Directors' & Officers' Liability Insurer, 95 Geo. L.J. 1795, 1817 (2007).

1049 So bereits allgemein *Arrow,* Uncertainty and the Welfare Economics of Medical Care, 53 Am Econ. Rev. 941, 961 (1963). Zum Phänomen des *moral hazard* weiterhin *Baker,* On the Genealogy of Moral Hazard, 75 Tex. L. Rev. 237 (1996).

1050 *Shavell,* On Liability and Insurance, 13 Bell. J. Econ. 120, 121 (1982).

Im *agency law* besteht der Grundsatz, dass Kosten, die einem *agent* entstehen der sich gegen Ansprüche Dritter wehrt, durch den *principal* ersetzt werden (*indemnification*).[1051] Die Frage ist nunmehr, ob dies auch bei Ansprüchen der Gesellschaft gegen einen *director* zutrifft und insbesondere auch dann noch gegeben ist, wenn der *director* letztlich im Rechtsstreit, möglicherweise gegen die Gesellschaft, unterliegt. Mangels bestehender Vorschriften war es im reinen Richterrecht oftmals ungeklärt, ob ein solcher Anspruch auf Aufwendungsersatz überhaupt existiert.[1052] Mittlerweile ist in den Gesellschaftsrechten zumindest geregelt, dass die Gesellschaft einen solchen Ersatz leisten kann bzw. muss, wobei hieran bestimmte Voraussetzungen geknüpft werden, die im Einzelfall erheblich voneinander abweichen.[1053] Die Unsicherheiten entstehen, da abermals das schwierige Spannungsverhältnis zwischen einer effizienten Verhaltenssteuerung aufgrund eines drohenden Haftungsrisikos einerseits und der Verhinderung eines risikoaversen Verhaltens andererseits, ausgeglichen werden muss.[1054]

Zur Veranschaulichung soll das Recht Delawares als Beispiel für die *indemnification*-Regelungen herangezogen werden.[1055] § 145(a) DCGL gestattet der Gesellschaft einen umfassenden Ersatz für Aufwendung mit Drittbeteiligung, d. h. wenn es sich nicht um ein Verfahren durch oder im Namen der Gesellschaft handelt. Die Vorschrift umfasst sämtliche Aufwendungen des *directors*. Der *director* muss jedoch gutgläubig gewesen sein und geglaubt haben, im Gesellschaftsinteresse zu handeln. Die Entscheidung, ob diese Voraussetzungen gegeben sind, liegt bei den nicht betroffenen *independent directors*.[1056] Ein Anspruch auf Entschädigung ergibt sich im Falle des Obsiegens aus § 145(c) DGCL. Der *director* muss hierzu jedoch erfolgreich „*on the merits or otherwise*" sein, wobei zu diesem Erfolg auch zählt, dass haftungsbefreiende Vorschriften in den *certificates of incorporation* greifen.[1057]

Für Binnenhaftungsfälle relevant ist insbesondere § 145(b) DGCL, der den Aufwendungsersatz auch im Falle einer *derivative suit* durch die Aktionäre ermöglicht, hierbei jedoch bestimmte Einschränkungen vorsieht. Dazu gehört wiederum, dass der *director* gutgläubig und in dem Glauben gewesen sein muss, im Sinne des Gesellschaftsinteresses zu handeln. Die Vorschrift greift ebenso bei unmittelbaren Klagen

---

1051 Siehe die Nachweise bei *Cox/Hazen,* Corporation Law (2012) p. 387.

1052 Zu dieser Entwicklung etwa *Knepper/Bailey,* Liability of Corporate Officers and Directors (2002 updated 2014 (LexisNexis)) § 20.01.

1053 Überblick bei *Brodsky/Adamski,* Law of Corporate Officers and Directors (2014–2015) § 19:2.

1054 *Johnston,* Corporate Indemnification and Liability Insurance for Officers and Directors, 33 Bus. Law. 1993, 1994 (1978).

1055 In New York sind ähnliche Regelungen in § 721 ff N.Y. Bus.Corp.L. zu finden; für Kalifornien § 317 Cal.Gen.Corp.L.

1056 Vgl. § 145(d) DGCL.

1057 *Brodsky/Adamski,* Law of Corporate Officers and Directors (2014–2015) § 19:3; *Buxbaum,* in: Kreuzer, Die Haftung der Leitungsorgane von Kapitalgesellschaften, S. 89 f.

durch die Gesellschaft selbst. Von der Vorschrift erfasst werden auch Anwaltskosten. Im Falle des Obsiegens des Klägers greift § 145(b) DCGL nicht. Diese Beschränkungen erscheinen schlüssig, da die Gesellschaft ansonsten, trotz eines gewonnenen Rechtsstreits, im Falle der festgestellten Pflichtverletzung des *directors*, dessen Ausgaben vollständig decken würde. Bei einem Vergleich besteht wiederum die Aussicht auf eine vollständige Verfahrenskostenerstattung.

Im Übrigen ist gemäß § 145(a) und § 145(b) DGCL eine endgültige Übernahme der Prozesskosten möglich. Die Regelungen des DCGL sind allerdings nicht abschließend. Vielmehr kann die Gesellschaft zusätzliche Regelungen, etwa in den *bylaws* oder aufgrund einer Individualvereinbarung treffen.[1058]

III. Zwischenergebnis

Die Zusammensetzung der *D&O*-Versicherungen in Form von *side A, B, C* Bestandteilen ist in den Rechtsordnungen identisch. Ebenfalls wird die Versicherung zumeist durch die Gesellschaft für die Organmitglieder abgeschlossen. Dies beruht auf der weitgehenden Übernahme dieser Versicherungsart aus dem anglo-amerikanischen Rechtsraum in die deutsche Versicherungspraxis.[1059]

Ein grundsätzlicher Unterschied ist jedoch in dem verpflichtenden Selbstbehalt des § 93 Abs. 2 S. 3 AktG zu sehen. Ein solches Vorgehen findet sich im U.S.-amerikanischen Recht, mit Ausnahme des Bundessstaates New York, nicht. Ein dem deutschen Recht entsprechender Selbstbehalt von 10 % ist aber auch dort nicht geregelt. In der Praxis wird häufig individuell ein Selbstbehalt vereinbart. Die Frage nach der gesetzlichen Pflicht des Selbstbehaltes im Bereich der nicht-geschäftsführenden Direktoren kann das U.S.-Recht insofern nicht beantworten, als dort schon keine grundsätzliche Pflicht zur Einführung eines Selbstbehaltes für das *board* besteht. Allerdings ist darauf hinzuweisen, dass in der Praxis keine grundsätzlichen Unterschiede in der versicherungsrechtlichen Behandlung der einzelnen *board*-Mitglieder bestehen, d. h. *board*-Mitgliedern, die nicht zugleich *officer* der Gesellschaft sind, kommt keine allgemeine Privilegierung zu.[1060] Der Grund hierfür liegt darin verborgen, dass das *board* als Gesamtorgan verstanden wird und deswegen eine einheitliche Behandlung erfährt. Übertragen auf Deutschland kann dieser Grundgedanke auch für eine allgemeine Gleichbehandlung im Verwaltungsorgan herangezogen werden. Die *D&O*-Versicherung ist in den USA ein weiterer Bestandteil des Grundgedankens, der Unternehmensführung einen weitestgehend breiten Handlungsspielraum einzuräumen, um einem stark risikoaversen Verhalten vorzubeugen.

1058 Vgl. § 145 (f) DGCL. Die Reichweite solcher Regelungen ist jedoch unklar, dazu *Brodsky/Adamski*, Law of Corporate Officers and Directors (2014–2015) § 19:7; *Buxbaum*, in: Kreuzer, Die Haftung der Leitungsorgane von Kapitalgesellschaften, S. 91 der darauf hinweist, dass es sich wohl nur um prozessorientierte Modifikationen handeln kann.

1059 Dazu ausführlich *Ihlas*, D&O, S. 89 ff.

1060 *Black/Cheffins/Klausner*, Outside Director Liability, 58 Stan. L. Rev. 1055 (2006).

Vor diesem Hintergrund ist dort tendenziell kein verpflichtender erheblicher Selbstbehalt vorgesehen. Maßgeblich ist vielmehr die individuelle Vereinbarung der Vertragsparteien.

Hinsichtlich der Vorschriften zum Aufwendungsersatz ist folgendes festzustellen: Das bundesstaatliche Gesellschaftsrecht in den Vereinigten Staaten bedient sich umfangreicher und gesonderter Normgebung. Das deutsche Recht greift auf die allgemeinen Regelungen des Auftragsrechts in § 670 BGB zurück. Im Ergebnis weichen die Vorschriften in Bezug auf die Innenhaftung aber kaum voneinander ab. Wenn die Mitglieder der Leitungsorgane beider Systeme eine Pflichtverletzung gegenüber der Gesellschaft begehen, steht ihnen kein Ersatzanspruch zu.[1061]

§ 28 Fazit zum 5. Teil

Es wurde dargestellt, dass Haftungsbeschränkungen einen sinnvollen Beitrag zur Vermeidung einer unverhältnismäßigen Inanspruchnahme von Leitungsorganen leisten können, ohne dass die verhaltenssteuernde Wirkung der Organhaftung vollends ins Leere läuft. Die deutschen Regelungen sind jedoch sehr scharf gestaltet, wobei nur wenige Möglichkeiten einer umfangreichen Haftungsbeschränkung bestehen. Dies trägt dazu bei, risikoaverses Verhalten zu schüren, anstatt den Führungspersonen einen ausreichenden Handlungsspielraum zur Vermögensmehrung im Gesellschaftsinteresse zu verschaffen. Dies gilt insbesondere für die monistischen SE. Durch Wahl dieser Gesellschaftsverfassung wird von den Gründern ausdrücklich ein einzelnes und vollumfänglich verantwortliches Organ geschaffen. Dies steht im Gegensatz zur Wahl des dualistischen Systems. Mangels gesellschaftsinterner Kontrolle und Absicherung durch den Aufsichtsrat soll dem Verwaltungsrat ein möglichst großer Handlungsspielraum eingeräumt werden. Die Aktionäre übernehmen dabei zunehmend Kontrollfunktionen, z. B. im Rahmen der frühzeitigen Verzichtsmöglichkeit auf Ansprüche und deren Durchsetzung.[1062] Demzufolge muss den Aktionären auch spiegelbildlich die Möglichkeit eingeräumt werden, die Verantwortung des Leitungsorgans, z. B. qua Satzungsbestimmung, weitestgehend selbst im Vorfeld festzulegen. Für eine stärkere Beschränkung (-smöglichkeit) der Organhaftung in der monistischen SE spricht auch, dass durch derartige Maßnahmen den Unwägbarkeiten des monistischen Systems in Deutschland begegnet werden kann. Die deutsche Rechtsordnung ist bislang von der Trennung zwischen hauptamtlicher Leitung und nebenamtlicher Überwachung geprägt, sodass Vorbehalten gegenüber dem monistischen Leitungssystem und einer folgenden Haftung bestehen, die die Attraktivität des Systems mindern.[1063] Dem würde durch zusätzliche Beschränkungen entgegengetreten.

1061 Zu einem ähnlichen Ergebnis kommen *Bastuck*, Enthaftung des Managements, S. 149 und *Fleischer*, WM 2005, 909, 918.

1062 Dazu sogleich 6. Teil.

1063 *Bücker*, in: Bergmann/Kiem/Mülbert u.a., 10 Jahre SE, S. 214.

Das U.S.-amerikanische Recht greift auf umfassende Befreiungsmöglichkeiten zurück, die in ihrer Fülle allerdings nicht vollständig rezipiert werden sollten, damit ein hinreichendes Haftungsrisiko zu Präventionszwecken gewährleistet bleibt. In den Vereinigten Staaten haben die große Anzahl und der umfangreiche Schutz der Befreiungsmöglichkeiten dazu geführt, dass Organhaftungsansprüche kaum erfolgreich sind. Entsprechendes wird in Deutschland auch im monistischen System nicht gewünscht sein. Allerdings können die in den USA vorgenommen Maßnahmen als Regelungsanreize für das deutsche Recht dienen, der äußerst scharfen Haftung zu begegnen. So sollte der Anwendungsbereich der *business judgment rule*, insbesondere der Begriff der unternehmerischen Entscheidung erweitert, individuelle Haftungsbeschränkungen in der Satzung ermöglicht und die Sperrfrist für die Verzichtsmöglichkeit der Aktionäre eingeschränkt werden. Eine Einschränkung der persönlichen Inanspruchnahme mittels der entgegenstehenden Treuepflicht der Gesellschaft ist aufgrund dessen genereller Unbestimmtheit nicht weiterführend. Im Übrigen ist insbesondere die zehnjährige Verjährungsfrist für börsennotierte Gesellschaften zu kürzen. Der zwingende Selbstbehalt der *D&O*-Versicherung im deutschen Recht ist im Sinne einer verhaltenssteuernden Wirkung ebenfalls nicht unumstößlich. Individuelle Vereinbarungen und die Versicherungsbestimmungen können die gewünschte Wirkung ebenfalls tragen.

6. Teil Geltendmachung von Innenhaftungsansprüchen

Die materiell-rechtlichen Voraussetzungen liefern nur einen Ausschnitt aus dem Gesamtsystem der Organhaftung. Auf gleicher Ebene steht die Durchsetzung ebendieser Ansprüche. Im Rahmen einer rechtsvergleichenden Betrachtung darf daher die prozessuale Verfolgung der materiellen Haftungsregeln nicht außer Betracht bleiben. Der Gesetzgeber steht hierbei vor der Frage, wie ein austariertes und effektives Haftungsrecht geschaffen werden kann. Dabei ist eine Abstimmung, sowohl in materiell-rechtlicher Hinsicht als auch mit Blick auf die prozessuale Durchsetzung notwendig. Wenn auf Ebene der materiellen Bestimmungen Beschränkungen greifen, dann sollte spiegelbildlich eine scharfe und effiziente Durchsetzung der Ansprüche gewährleistet sein, damit der haftungsrechtlichen Steuerungswirkung Geltung verschafft wird.

§ 29 Geltendmachung von Innenhaftungsansprüchen in der SE

I. Durchsetzung durch den Verwaltungsrat

Die SE-VO beinhaltet keine Vorschriften, die die Durchsetzung von Organhaftungsansprüchen behandeln. Somit kommt diesbezüglich nationales Recht zur Anwendung.[1064] In der monistischen SE ist die Geltendmachung von Organhaftungsansprüchen von besonderer Relevanz, da die Defizite des Systems der dualistischen Verfassung weiter verschärft werden. Im dualistischen System ist der Aufsichtsrat zur Durchsetzung von Ansprüchen gegen den Vorstand verpflichtet. Er unterliegt insoweit der bekannten Beißhemmung,[1065] da er im Falle einer Inanspruchnahme des Vorstands Gefahr läuft, selbst seinen Überwachungspflichten nicht nachgekommen zu sein. Dies wiederum wäre durch die Pflichtverletzung des Vorstands indiziert.[1066] Dieses faktische Durchsetzungshindernis ist im monistischen System verstärkt. Es wurde bereits dargelegt, dass der Verwaltungsrat im Innenverhältnis Ansprüche gegen einzelne Verwaltungsratsmitglieder selbst verfolgen muss.[1067] Das Bedürfnis, Angehörige des eigenen Organs zu verfolgen, ist üblicherweise noch geringer ausgeprägt, als es im Verhältnis Vorstand/Aufsichtsrat der Fall ist. Nach § 41 Abs. 1 S. 1 SEAG vertreten die geschäftsführenden Direktoren die Gesellschaft

1064 *Siems,* in: KölnKommAktG, Anh. Art. 51 SE-VO § 39 SEAG Rdnr. 3; *Eberspächer,* in: Spindler/Stilz AktG, Art. 51 SE-VO Rdnr. 15.

1065 Zum Begriff schon Fn. 555.

1066 Siehe dazu bereits 3. Teil § 15 I. a).

1067 Siehe dazu bereits 3. Teil § 15 I. a) bb).

sowohl gerichtlich als auch außergerichtlich und somit auch in Prozessen gegen die Mitglieder des Verwaltungsrats. Aus dem Gesichtspunkt einer ordnungsgemäßen *corporate governance* ist zwar zu begrüßen, dass zumindest auf dieser Ebene der Vertretung im Rahmen der Verfolgung des Anspruchs, Verfolger und Betroffenen nicht personengleich sind. Allerdings wird dies durch die Entscheidungskompetenz, ob es überhaupt zu einer Geltendmachung des Anspruchs kommt, sowie aufgrund des umfassenden Weisungsrechts des Verwaltungsrats gegenüber den geschäftsführenden Direktoren, relativiert.[1068] Ohnehin würden auch die geschäftsführenden Direktoren kaum geneigt sein, die Mitglieder des Verwaltungsrats in Anspruch zu nehmen.[1069] Schon aufgrund der Überordnung des Verwaltungsrats besteht nämlich eine starke Bindung zwischen den geschäftsführenden Direktoren und dem Verwaltungsrat. Dies zeigt sich besonders deutlich, wenn sich das Amt eines geschäftsführenden Direktors mit dem eines Verwaltungsratsmitglieds überschneidet.

II. Aktionärsklage

Die Schwächen der Durchsetzung von Haftungsansprüchen der Gesellschaft durch den Verwaltungsrat in der monistischen SE haben zur Folge, dass die Geltendmachung durch die Hauptversammlung bzw. durch eine Aktionärsminderheit gem. §§ 147, 148 AktG besondere Bedeutung erlangt.[1070] Im Ergebnis ist unstreitig, dass auch in der monistischen SE eine Anspruchsverfolgung nach diesen nationalen Vorschriften erfolgen kann.[1071] Hierdurch wird der Hauptversammlung – oder sogar einzelnen Aktionären bei Vorliegen des hinreichenden Quorums – ermöglicht, die Verfolgung von Ersatzansprüchen gegen den Verwaltungsrat zu betreiben. Soweit die Gläubiger von der Gesellschaft keine Befriedigung erlangen können, sind auch sie nach Maßgabe des § 39 SEAG i. V. m. § 93 Abs. 5 AktG zur Verfolgung der

---

1068 Das Weisungsrecht des Verwaltungsrats findet auch im Rahmen der Inanspruchnahme von Verwaltungsratsmitgliedern Anwendung, betroffene Organmitglieder sind dann von der Abstimmung ausgeschlossen, vgl. *Teichmann,* in: HB Managerhaftung, § 5 Rdnr. 50.

1069 *Reichert/Brandes,* in: MünchKommAktG, Art. 51 SE-VO Rdnr. 33; *Ihrig,* in: Bachmann/Casper/Schäfer/Veil, Steuerungsfunktion Haftungsrechts, S. 18, 27; *Casper,* ZHR 173 (2009), 181, 217 f.

1070 *Eberspächer,* in: Spindler/Stilz AktG, Art. 51 SE-VO Rdnr. 16; *Casper,* ZHR 173 (2009), 181, 217 f.

1071 Die Begründung der Anwendung der §§ 147 f AktG weicht jedoch im Einzelnen ab. So wird teilweise Art. 9 Abs. 1 lit. c ii. SE-VO als Verweisungsvorschrift herangezogen, z. B. *Verse,* in: SE-Recht, § 39 SEAG Rdnr. 27; *Reichert/Brandes,* in: MünchKommAktG, Art. 51 SE-VO Rdnr. 37. Andere wenden die §§ 147, 148 AktG analog an, z.B: *Siems,* in: KölnKommAktG, Anh. Art. 51 SE-VO § 39 SEAG Rdnr. 4; wieder anders Schwarz, SE-VO, Art. 51 Rdnr. 23 („gilt daher Art. 52 Unterabschn. 1 Buchst. a iVm Art. 51 iVm §§ 147, 148 AktG").

Ansprüche berechtigt.[1072] Wegen der Regelung des § 93 Abs. 5 S. 4 AktG hat diese Variante dagegen nur geringe Bedeutung.[1073]

a) *Voraussetzungen an das Klagezulassungsverfahren nach § 148 Abs. 1 AktG*

§ 147 AktG ermöglicht der Hauptversammlung, d. h. einer Aktionärsmehrheit, eine Geltendmachung von Ersatzansprüchen zu erzwingen. In Anbetracht potenzieller Interessenkonflikte auf Seiten der Verwaltung wird der Hauptversammlung nach § 147 Abs. 2 S. 1 AktG die Kompetenz eingeräumt, Ersatzansprüche unabhängig und durch einen besonderen Vertreter durchzusetzen. § 148 AktG geht darüber noch hinaus. Danach hat auch die Minderheit der Aktionäre das Recht, unter bestimmten Voraussetzungen Ersatzansprüche der Gesellschaft im eigenen Namen geltend zu machen, wenn sie hierzu gerichtlich zugelassen wurde.

Die Klagezulassung durch das Gericht hängt dabei von verschiedenen Voraussetzungen ab. Zunächst bedarf es eines Quorums für die Einleitung des Klageerzwingungsverfahrens; konkret ist eine Beteiligung in Höhe von 1 % des Grundkapitals der Gesellschaft bzw. einem anteiligen Betrag am Grundkapital von EUR 100.000 notwendig. Die klagenden Aktionäre müssen ihre Aktien weiterhin bereits vor dem Zeitpunkt, zu dem sie von einem Pflichtverstoß oder einem Schaden Kenntnis erlangen mussten, erworben haben (§ 148 Abs. 1 S. 2 Nr. 1 AktG). Durch Ausschluss des Antragsrechts bei Kennen und Kennenmüssen eines Schadens vor Aktienerwerb, soll verhindert werden, dass Aktien in Missbrauchsabsicht mit der bloßen Aussicht auf das Vorliegen einer Pflichtverletzung gekauft werden.[1074] Maßgeblich ist hierbei, ob in einem für den durchschnittlichen privaten Aktionär erreichbaren Breitenmedium über den Pflichtverstoß oder Schaden hinreichend deutlich und wahrnehmbar berichtet wurde.[1075]

Für die Zulassung einer Klage müssen die Aktionäre nach § 148 Abs. 1 S. 2 Nr. 2 AktG darüber hinaus nachweisen, dass sie die Gesellschaft unter Setzung einer angemessenen Frist vergeblich aufgefordert haben, selbst Klage zu erheben. Die Klage

1072 *Teichmann*, in: Lutter/Hommelhoff/Teichmann, Anh. Art. 43 SE-VO § 39 SEAG Rdnr. 15; *Verse*, in: SE-Recht, § 39 SEAG Rdnr. 28.

1073 *Verse*, in: SE-Recht, § 39 SEAG Rdnr. 28.

1074 *Schröer*, in: MünchKommAktG, § 148 Rdnr. 9.

1075 Hüffer/Koch, AktG, § 148 Rdnr. 5; *Schröer*, in: MünchKommAktG, § 148 Rdnr. 10; *Mock*, in: Spindler/Stilz AktG, § 148 Rdnr. 57; *Happ*, in: FS Westermann, 2008, S. 982; *Spindler*, NZG 2005, 865, 866; a.A.: *Rieckers/Vetter*, in: KölnKommAktG, § 148 Rdnr. 221 („Aktionär mit unternehmerischen Interesse im Hinblick auf die Beteiligung an seinem Unternehmen typischerweise zu erwartenden Informationsquellen"); *Bezzenberger/Bezzenberger*, in: GroßKommAktG, § 148 Rdnr. 111 („An gewöhnliche Depotaktionäre muss man hiernach andere und geringere Anforderungen stellen als an mitunternehmerisch engagierte Großaktionäre und professionelle Finanzinvestoren.").

der Aktionäre ist also nur subsidiär gegenüber der Klage durch die Gesellschaft selbst.[1076] § 148 Abs. 1 S. 2 Nr. 3 AktG setzt weiterhin eine gerichtliche Prüfung voraus, ob die von den Aktionären dargelegten Tatsachen den Verdacht rechtfertigen, der Gesellschaft sei durch Unredlichkeit oder grobe Verletzung des Gesetzes oder der Satzung ein Schaden entstanden. Das Verfolgungsrecht wird somit auch im Hinblick auf die Qualität der zu verfolgenden Pflichtverstöße eingeschränkt und es wird eine gewisse Erfolgsaussicht der Klage verlangt.[1077] Ersatzansprüche gegen Organmitglieder sollen ausnahmsweise schließlich dann nicht geltend gemacht werden können, wenn überwiegende Gründe des Gesellschaftswohls entgegenstehen.[1078] Bei der darauffolgenden Interessenabwägung kann gegen die Geltendmachung z. B. die Geringfügigkeit des Anlasses sprechen, wenn sehr geringe Schadenssummen oder nur leichte Unredlichkeiten vorliegen.[1079] Zudem kann das Kosteninteresse der Gesellschaft dem Klagerecht entgegenstehen, etwa bei einer Mehrfachklage.[1080]

b) Kostentragung

§ 148 Abs. 6 AktG trifft hinsichtlich der Kostentragung für das Klagezulassungsverfahren und das Klageverfahren konkrete Regelungen.

Im Falle eines abgewiesenen Zulassungsantrages hat der Antragssteller gem. § 148 Abs. 6 S. 1, 2 AktG die Kosten des Zulassungsverfahrens zu tragen. Dies entspricht der allgemeinen Kostenregelung des § 91 Abs. 1 ZPO. Hierbei ist auch bereits im Zulassungsverfahren eine quotale Kostenteilung möglich.[1081] Eine derartige Situation kann beispielsweise entstehen, wenn die Klage bzgl. des geltend gemachten Haftungsanspruches nur teilweise zugelassen wird.[1082] Das Vorgenannte gilt auch dann, wenn der Antrag nach § 148 Abs. 1 S. 2 Nr. 4 AktG wegen entgegenstehender Gründe des Gesellschaftswohls abgewiesen wurde. Falls die Gesellschaft vor der Antragstellung die entgegenstehenden Gründe hätte mitteilen können, dies aber unterlassen hat, steht dem Antragsteller gegen die Gesellschaft ein materiellrechtlicher Kostenerstattungsanspruch[1083] nach § 148 Abs. 6 S. 2 AktG zu. Wenn

1076 BT-Drucks. 15/5092, S. 21 f.

1077 *Rieckers/Vetter,* in: KölnKommAktG, § 148 Rdnr. 289; *Rieckers/Vetter,* in: KölnKommAktG, § 148 Rdnr. 289.

1078 § 148 Abs. 1 S. 2 Nr. 4 AktG.

1079 *Schröer,* in: MünchKommAktG, § 148 Rdnr. 43; *Rieckers/Vetter,* in: KölnKommAktG, § 148 Rdnr. 347.

1080 *Schröer,* in: MünchKommAktG, § 148 Rdnr. 43; *Rieckers/Vetter,* in: KölnKommAktG, § 148 Rdnr. 350.

1081 *Rieckers/Vetter,* in: KölnKommAktG, § 148 Rdnr. 636.

1082 *Bezzenberger/Bezzenberger,* in: GroßKommAktG, § 148 Rdnr. 248; *Rieckers/Vetter,* in: KölnKommAktG, § 148 Rdnr. 636.

1083 *Bezzenberger/Bezzenberger,* in: GroßKommAktG, § 148 Rdnr. 249; *Schröer,* in: MünchKommAktG, § 148 Rdnr. 81; *Spindler,* in: K. Schmidt/Lutter, AktG, § 148 Rdnr. 54; *Rieckers/Vetter,* in: KölnKommAktG, § 148 Rdnr. 639.

die Gesellschaft selbst Klage erhoben hat, wird das Klagezulassungsverfahren nach § 148 Abs. 3 S. 1 AktG unzulässig. Auch in diesem Fall wären die Kosten vom Antragssteller zu tragen. Da dies als unbillig empfunden wird, steht dem Antragssteller abermals ein materiell-rechtlicher Kostenerstattungsanspruch[1084] nach § 148 Abs. 6 S. 4 AktG zu. Wird dem Zulassungsantrag stattgegeben, ist gem. § 148 Abs. 6 S. 3 AktG über die Kosten im Endurteil zu entscheiden. Die Prozesskostenregelungen der §§ 91 ff ZPO gelten auch hier.[1085]

Die Kosten des Klageverfahrens sind in § 148 Abs. 6 S. 4, 5 AktG geregelt. Hierunter fallen alle Gerichtskosten und außergerichtlichen Kosten, die in unmittelbarem Zusammenhang mit dem Prozess stehen.[1086] Die §§ 91 ff ZPO finden Anwendung.[1087] § 148 Abs. 6 S. 5 sieht einen materiell rechtlichen Kostenerstattungsanspruch[1088] vor, wonach die Gesellschaft den Klägern, die den Anspruch der Gesellschaft nach einem erfolgreichen Klagezulassungsverfahren gerichtlich für diese geltend gemacht haben, die Kosten erstattet, sofern nicht die Kläger die Zulassung durch vorsätzlich oder grob fahrlässig unrichtigen Vortrag verwirkt haben. § 148 Abs. 6 S. 4 AktG begründet schließlich einen materiell rechtlichen Erstattungsanspruch[1089] der klagenden Minderheitsaktionäre, für den Fall, dass die Gesellschaft während eines laufenden Verfahrens selbst die Initiative ergreift und entweder Klage erhebt oder ein bereits anhängiges Verfahren übernimmt.

c) Kritik an der Aktionärsklage

In der deutschen Literatur ist die Ausgestaltung und Effektivität der Aktionärsklage Gegenstand einer andauernden Diskussion.[1090] Von der Klage wird in der Praxis

---

1084 *Bezzenberger/Bezzenberger,* in: GroßKommAktG, § 148 Rdnr. 250; *Rieckers/Vetter,* in: KölnKommAktG, § 148 Rdnr. 640.

1085 Hüffer/Koch, AktG, § 148 Rdnr. 22; *Rieckers/Vetter,* in: KölnKommAktG, § 148 Rdnr. 859; *Mock,* in: Spindler/Stilz AktG, § 148 Rdnr. 104.

1086 *Rieckers/Vetter,* in: KölnKommAktG, § 148 Rdnr. 649.

1087 *Rieckers/Vetter,* in: KölnKommAktG, § 148 Rdnr. 649; *Spindler,* in: K. Schmidt/Lutter, AktG, § 148 Rdnr. 55.

1088 BT-Drucks. 15/5092, S. 23.

1089 *Bezzenberger/Bezzenberger,* in: GroßKommAktG, § 148 Rdnr. 260.

1090 Vgl. nur *Rieckers/Vetter,* in: KölnKommAktG, § 148 Rdnr. 90; *Mock,* in: Spindler/Stilz AktG, § 148 Rdnr. 25; *Gaschler,* Das Klagezulassungsverfahren gem. § 148 AktG, S. 71 ff.; *Habersack,* ZHR 177 (2013), 782, 789 ff.; *Habersack,* Staatliche und halbstaatliche Eingriffe in die Unternehmensführung – Gutachten E zum 69. Deutschen Juristentag, S. 91 ff.; *Vetter,* in: FS Hoffmann-Becking, 2013, S. 1328 ff. ; *Lutter,* in: FS U. H. Schneider, 2011, S. 763 ff.; *Peltzer,* in: FS U. H. Schneider, 2011, S. 953 ff.; *Wagner,* ZHR 178 (2014), 227, 267 ff.; *Bachmann,* Reform der Organhaftung? – Gutachten E zum 70. Deutschen Juristentag, S. 88 ff.; *Schmolke,* ZGR 2011, 398, 398 ff.; *Haar/Grechenig,* AG 2013, 653, 653 ff.; *Kahnert,* AG 2013, 663, 663 ff.; *Spindler,* AG 2013, 889, 899 ff.; *Brommer,* AG 2013, 121, 121 ff.; *Fehrenbach,* AG 2015, 761, 764; *Roth,* NZG 2012, 881, 886.

kaum Gebrauch gemacht.[1091] Dies ist auf zwei Gründe zurückzuführen: Erstens ist die Aktionärsklage als aktives Einflussmittel auf die Geschicke der Gesellschaft (noch) nicht im Bewusstsein der Aktionäre angekommen, da die persönliche Inanspruchnahme von Geschäftsleitern im dualistischen System überwiegend dem Aufsichtsrat überlassen wird. Zweitens werden die Anforderungen an das Verfahren hinterfragt. Kritisiert wird insbesondere die Klagezulassung in § 148 AktG. Es wird zunächst vorgebracht, die Anforderungen an das notwendige Quorum seien zu hoch und es bedürfe einer Herabsetzung[1092] oder einer Abschaffung[1093] desselben. Verfehlt seien in der derzeitigen Ausprägung das notwendige Vorliegen von Tatsachen, die den Verdacht unredlichen oder grob gesetzes- oder satzungswidrigen Verhaltens rechtfertigen[1094] und die Verneinung überwiegender Gründe des Gesellschaftswohls, die der Klage entgegenstehen.[1095] Ohnehin stünde das Recht der Gesellschaft, das eingeleitete Verfahren zu übernehmen, einer effektiven Durchsetzung häufig im Wege[1096] und die Kostenregelung nähme jeglichen Anreiz zur Verfolgung von Ansprüchen.[1097] Für das dualistische System wurde demnach festgestellt, dass trotz Reformen die Aktionärsklage kein „scharfes Schwert"[1098] darstelle. Im Hinblick auf empirische Daten, die belegen, dass diese Form der Klage in der Praxis kaum von Relevanz ist, kann einem allgemeinen Defizit nicht widersprochen werden.[1099]

Eine Anspruchsdurchsetzung, die außerhalb der Unternehmensverwaltung stattfindet, wäre in der monistischen SE begrüßenswert. Die Hemmung des Verwaltungsrats zur Durchsetzung von Ansprüchen gegen die eigenen Mitglieder wurde bereits mehrfach betont. Dieses Problem ist in der monistischen SE stärker

---

1091 *Mock,* in: Spindler/Stilz AktG, § 147 Rdnr. 5; *Rieckers/Vetter,* in: KölnKommAktG, § 147 Rdnr. 56; *Habersack,* Staatliche und halbstaatliche Eingriffe in die Unternehmensführung – Gutachten E zum 69. Deutschen Juristentag, S. 92 f.; *Lutter,* in: FS U. H. Schneider, 2011, S. 765; *Peltzer,* in: FS U. H. Schneider, 2011, S. 953 ff.; *Paefgen,* AG 2014, 554, 576; *Schmolke,* ZGR 2011, 398, 399; *Brommer,* AG 2013, 121, 121; *Falkenhausen,* NZG 2012, 644, 646.

1092 *Vetter,* in: FS Hoffmann-Becking, 2013, S. 1331.

1093 *Haar/Grechenig,* AG 2013, 653, 660; *Schmolke,* ZGR 2011, 398, 425; *Kahnert,* AG 2013, 663, 665 f.; *Lutter,* in: FS U. H. Schneider, 2011, S. 767 f.; *Habersack,* Staatliche und halbstaatliche Eingriffe in die Unternehmensführung – Gutachten E zum 69. Deutschen Juristentag, S. 94 f.

1094 *Rieckers/Vetter,* in: KölnKommAktG, § 148 Rdnr. 104; *Lutter,* in: FS U. H. Schneider, 2011, S. 765; *Kahnert,* AG 2013, 663, 667 f.

1095 *Peltzer,* in: FS U. H. Schneider, 2011, S. 957 f.; *Lutter,* in: FS U. H. Schneider, 2011, S. 765; *Brommer,* AG 2013, 121, 127; *Spindler,* AG 2013, 889, 900.

1096 *Peltzer,* in: FS U. H. Schneider, 2011, S. 959.

1097 *Lutter,* in: FS U. H. Schneider, 2011, S. 765; *Habersack,* Staatliche und halbstaatliche Eingriffe in die Unternehmensführung – Gutachten E zum 69. Deutschen Juristentag, S. 93; *Wagner,* ZHR 178 (2014), 227, 270; *Tröger,* ZHR 179 (2015), 453, 465.

1098 So aber *Baums,* FAZ v. 29.10.2009, S. 16.

1099 Vgl. etwa die Ergebnisse bei *Vetter,* in: FS Hoffmann-Becking, 2013, S. 1319 f.; *Gaschler,* Das Klagezulassungsverfahren gem. § 148 AktG, S. 30 f.

ausgeprägt als in der dualistischen AG, denn die geschäftsführenden Direktoren sind diesbezüglich allein zur prozessualen Vertretung berufen. Das Hemmnis, Personen des eigenen Organs zu verfolgen, wird bei den Verwaltungsratsmitgliedern dementsprechend hoch sein. Die Aktionärsklage könnte hier als Korrektiv dienen und eine angemessen Präventivwirkung der persönlichen Inanspruchnahme gewährleisten. Es besteht faktisch keine andere Instanz, die die Ansprüche effizient durchsetzen kann. Dazu muss die Aktionärsklage jedoch an Schärfe gewinnen und in ihrer Attraktivität gesteigert werden. An dieser Stelle sollen konkrete Vorschläge zunächst offenbleiben, da zunächst ein Blick auf das U.S.-amerikanische Pendant geworfen werden soll.

Eine erleichterte Anspruchsverfolgung wäre auch vor dem Hintergrund der Abstimmung von materiellem Haftungsrecht und prozessualer Durchsetzung im Allgemeinen sinnvoll. Es wurde bereits an anderer Stelle[1100] argumentiert, bestimmte Haftungsbegrenzungen anzuerkennen. Um ein angemessenes Gleichgewicht zu schaffen, muss im Falle einer Herabsetzung der materiellen Anforderungen zumindest die prozessuale Durchsetzbarkeit erhöht werden. Der Gleichklang von materiellem Recht und Rechtsverfolgung ist ein seit langer Zeit verfolgtes Ziel im Rahmen der Organhaftung und mitnichten an einem zufriedenstellenden Punkt angelangt.[1101]

Fraglich erscheint allerdings, ob ein Sonderweg in der monistischen SE eingeschlagen werden sollte,[1102] denn Grundgedanke der SE ist die Einfügung dieses Systems in das Gesamtgefüge des bestehenden Aktienrechts. Ein Sonderweg für die prozessuale Durchsetzung von Organhaftungsansprüchen steht dem insofern entgegen, als letztlich die Aktionäre in einer monistischen SE besser stünden, als die Anteilseigner im dualistischen System, obwohl lediglich unterschiedliche Verwaltungsstrukturen in den Gesellschaften bestehen. Dies kann nicht das Ziel einer einheitlichen Rechtsordnung sein. Reformüberlegungen müssten immer beide Systeme erfassen.

§ 30 Geltendmachung von Innenhaftungsansprüchen in der corporation

I. Differenzierung von direct action, class action und derivative action

Zur Verfolgung von Ersatzansprüchen bestehen im U.S.-amerikanischen Recht verschiedene Arten von Rechtsbehelfe. Namentlich gehören hierzu *direct action/direct suit, class action/class suit* und *derivative action/derivative suit.*

1100 Vgl. 5. Teil.

1101 Grundlegend *Ulmer,* ZHR 163 (1999), 290, 298 f.

1102 So *Ihrig,* in: Bachmann/Casper/Schäfer/Veil, Steuerungsfunktion Haftungsrechts, S. 27.

Eine *direct action* ist eine Klage aufgrund eines unmittelbaren und persönlichen Verlustes eines einzelnen Aktionärs.[1103] Der Aktionär klagt aus eigenem Recht auf Zahlung an sich selbst. Bei der *derivative suit* handelt es sich im Gegensatz hierzu um eine Klage aus abgeleitetem Recht. Die Unterscheidung zwischen einer *direct action* und einer *derivative suit* kann trotz dieser scheinbar eindeutigen Differenzierung schwierig sein. So kann sich die Verletzung eigener Rechte der Aktionäre auf den Wert ihres Aktienbesitzes beziehen. Ein eigenes Recht ist aber trotzdem nicht immer bereits dann verletzt, wenn der Wert der Beteiligung infolge einer Schädigung der Gesellschaft sinkt.[1104] Das Gericht wird im Einzelfall entscheiden, um welchen Behelf es sich handelt und hierbei die Rechtsnatur des Anspruchs, den vorgebrachten Schaden und die mögliche Abhilfe im Fall des Obsiegens in Betracht ziehen.[1105] Gerade in kleineren *corporations* wird vermehrt einer *direct action* gegenüber einer *derivative suit* der Vorrang eingeräumt.[1106] Denn die Zulässigkeit der *derivative suit* ist an deutlich strengere Voraussetzungen geknüpft, sodass das Geschick des Klägers hinsichtlich der Formulierung des Klageantrags Einfluss auf die Erfolgsaussichten der Klage haben kann.[1107]

Class actions[1108] kommen vielfach in Zusammenhang mit Wertpapierrechtsverletzungen zur Anwendung, wenn individuelle Klagen aufgrund ihres geringen Umfangs keine Aussicht auf Erfolg haben und sich aus diesem Grund mehrere Kläger zusammenschließen (sog. Sammelklagen).[1109] Eine Klage unter Beteiligung aller Kläger wäre unverhältnismäßig aufwendig. Von *derivative suits* werden *class actions* durch die Person des Geschädigten unterschieden: Sofern Aktionärsgruppen oder -klassen gleichartig in derselben Weise unmittelbar geschädigt wurden, so handelt

1103 Hierzu z. B. In re Rexene Corp. Shareholders Litigation, 1991 Del. Ch. LEXIS 81 (1991).

1104 *Merkt,* US-amerikanisches Gesellschaftsrecht, S. 591 f.

1105 Siehe zu dieser Unterscheidung etwa *Knepper/Bailey,* Liability of Corporate Officers and Directors (2002 updated 2014 (LexisNexis)) § 18.01; *Choper/Coffee/Gilson,* Cases and Materials on Corporations (2013) p. 899; *Cox/Hazen,* Business Organizations Law (2011) § 15.2; *Henn/Alexander,* Laws of Corporations and other Business Enterprises (1983) p. 1048 ff.; *Clark,* Corporate Law (1986) p. 662 ff; *American Law Institute,* Principles of Corporate Governance: Analysis and Recommendations (1994) § 7.01 Comment c.

1106 *Knepper/Bailey,* Liability of Corporate Officers and Directors (2002 updated 2014 (LexisNexis)) § 18.01.

1107 Vgl. dazu *Merkt,* US-amerikanisches Gesellschaftsrecht, S. 593 f.

1108 Ausführlich hierzu *Henn/Alexander,* Laws of Corporations and other Business Enterprises (1983) p. 1045 ff.

1109 *Knepper/Bailey,* Liability of Corporate Officers and Directors (2002 updated 2014 (LexisNexis)) § 18.01.

es sich um eine *class action.*[1110] Im Gegensatz zur *derivative suit* erfolgt die Klage der *class actions* aus eigenem Recht.[1111]

II. Derivative suit

Klagen gegen einen *director* aufgrund von *duty of care* und *duty of loyalty* Verletzungen werden zumeist im Rahmen einer *derivative suit/derivative action* angestrengt.[1112] Die *derivative suit* wurde dementsprechend als *„the CEO regulator of corporate management"*[1113] bezeichnet. Trotz Vordringens der *class action* und anderer Kontrollmechanismen[1114] i. S. einer ordnungsgemäßen *corporate governance,* wie z. B. die Listing Standards der Börsen, kann die *derivative suit* kaum als „tot"[1115] bezeichnet werden.[1116] Freilich ist die Gesamtzahl erfolgreicher *derivative suits* verhältnismäßig gering, was jedoch nicht von der Ausgestaltung des Prozessmittels herrührt, sondern vornehmlich in den zahlreichen materiellen Haftungsbefreiungen begründet liegt.

Bei der *derivative suit* handelt sich um einen Behelf des Aktionärs aus einem abgeleiteten Recht der Gesellschaft, wobei eine Leistung an die Gesellschaft verlangt wird. Der Gesellschaft steht grundsätzlich die Durchsetzung eines Anspruchs aufgrund einer *duty of care* oder *duty of loyalty* Verletzung zu, da die angegriffene Verletzungshandlung auf einer Pflicht des *director* gegenüber der Gesellschaft basiert.[1117] Auch wenn durch ein Fehlverhalten primär die Gesellschaft geschädigt wurde und sekundär damit auch die Beteiligung der Aktionäre in ihrem Wert reduziert wird, so ist letzteren in der Regel[1118] allein der Weg der *derivative suit* zugänglich.[1119] Die

---

1110 *Knepper/Bailey,* Liability of Corporate Officers and Directors (2002 updated 2014 (LexisNexis)) § 18.01.

1111 Green v. Wolf Corp., 406 F.2d 291 (1968).

1112 *Bainbridge,* Corporate Law (2009) p. 187; *Geis,* Shareholder Derivative Litigation and the Preclusion Problem, 100 Va. L. Rev. 261, 271 (2014); *Kraakman/Park/Shavall,* When Are Shareholder Suits in Shareholder Interests?, 82 Geo. L.J. 1733, 1733 (1994).

1113 So Cohen v. Beneficial Indus. Loan Corp, 337 U.S. 541 (1949).

1114 Ein rechtssvergleichender Überblick über sonstige Überwachungs- und Kontrollinstrumente etwa bei *Ulmer,* ZHR 163 (1999), 290, 321 ff.

1115 So aber *Veasey/Dooley,* The Role of Corporate Litigation in the Twenty-First Century, 25 Del. J. Crop. L. 131, 142 (2000).

1116 *Geis,* Shareholder Derivative Litigation and the Preclusion Problem, 100 Va. L. Rev. 261, 1752 (2014); *Thompson/Thomas,* The Public and Private Faces of Derivative Lawsuits, 56 Vand. L. Rev. 1747, 1749 (2004).

1117 *Cox/Hazen,* Corporation Law (2012) § 10.14.

1118 Es ist zu beobachten, dass vermehrt *class actions* auch im Falle von Pflichtverletzungen der Unternehmensführung angestrengt werden, vgl. hierzu *Thompson/Thomas,* The Public and Private Faces of Derivative Lawsuits, 56 Vand. L. Rev. 1747, 1748 (2004).

1119 *Cox/Hazen,* Business Organizations Law (2011) § 15:1.

directors sind diejenigen, die als Vertreter der Gesellschaft die Ansprüche in Namen der Gesellschaft gegen sich selbst bzw. zumindest gegen andere Organmitglieder durchsetzen müssten; dies ist in der Praxis eher unwahrscheinlich.[1120] Sofern die *directors* zusätzlich die Mehrheit der Aktienanteile halten, kann ein Fehlverhalten auch nicht mittels der Abberufung des *board* sanktioniert werden. Eine *derivative suit* bietet in diesem Fall die Chance, Minderheitsaktionäre zu schützen und einem Missmanagement entgegenzuwirken.[1121]

a) Voraussetzungen

Rule 23.1 Federal Rules of Civil Procedure (2007) (FRCP) stellt die Voraussetzungen einer *derivative suit* anschaulich dar.[1122] Die meisten Bundesstaaten haben vergleichbare Vorschriften. Rule 23.1 FRCP kommt bei der Anrufung eines Bundesgerichts zur Anwendung, einzelstaatliche Gerichte wenden ihr bundestaatliches Recht mit entsprechenden Regelungen an. Rule 23.1 ist in der täglichen Praxis bedeutsam, weil die Bundesgerichtsbarkeit schneller und zuverlässiger arbeitet als die einzelstaatliche Gerichtsbarkeit und deshalb im Zweifel vorgezogen wird.[1123] Eine *derivative suit* ist dabei an eine Vielzahl von Voraussetzungen gebunden.

aa) Verification und contemporaneous ownership

Zunächst bedarf es gem. 23.1(b) FRCP einer *verification*, also einer eidesstattlichen Versicherung des Klägers in Bezug auf den Wahrheitsgehalt des Tatsachenvortrags. Dies soll nicht allein eine prozessual-technische Voraussetzung darstellen, sondern bewirken, dass der Kläger die Ansprüche gegen die *directors* überprüft hat und diese tatsächlich für zutreffend erachtet.[1124] Einer Missbrauchsabsicht wird hiermit entgegengetreten. Andererseits wird dieses Erfordernis in der Praxis häufig unterlaufen, da die Gerichte eine *verification* für jederzeit nachreichbar halten oder diese nicht prüfen.[1125]

Der Kläger muss außerdem zum Zeitpunkt des schädigenden Verhaltens Aktionär gewesen sein.[1126] Obgleich es nicht explizit aus der Formulierung der Vorschrift

---

1120 *Choper/Coffee/Gilson,* Cases and Materials on Corporations (2013) p. 828.

1121 Dies birgt natürlich auch die Gefahr, dass Minderheitsaktionäre dieses Instrument missbrauchen, dazu etwa *Choper/Coffee/Gilson,* Cases and Materials on Corporations (2013) p. 828.

1122 Auch wenn es sich um eine bundesstaatliche Regelung handelt, so soll diese im Folgenden adressiert werden, da die meisten Staaten im Rahmen ihrer eigenen prozessualen Vorschriften diese Regelung zum Vorbild genommen haben.

1123 *Merkt,* US-amerikanisches Gesellschaftsrecht, S. 598.

1124 Smachlo v. Birkelo, 576 F.Supp. 1439 (1983).

1125 *Bainbridge,* Corporate Law (2009) p. 193.

1126 Hawes v. City of Oakland, 104 U.S. 450 (1881); zu den zahlreichen möglichen Ausnahmen in Bezug auf diesen dauerhaften Aktionärsstatus etwa *Bainbridge,* Corporate Law (2009) 194 ff.

hervorgeht, wird zudem verlangt, dass vom Moment der Klageerhebung bis zur Beendigung des Rechtsstreits der Aktionärsstatus ebenfalls noch bestehen muss (sog. *contemporaneous ownership*).[1127] Diskutiert wird, wer als Aktionär zu verstehen ist, da keine gesetzliche Definition existiert.[1128] Gewöhnliche Gläubiger fallen jedoch nicht unter den Begriff,[1129] ebenso wenig Wandelschuldverschreibungsinhaber,[1130] die als gläubigerähnlich betrachtet werden.[1131] Einige Bundesstaaten haben Vorschriften erlassen, die es der Gesellschaft erlauben, die Hinterlegung einer Sicherheit durch den Kläger zu verlangen.[1132] Hiermit sollen etwaigen Kostenerstattungsansprüche wie Anwalts- und Verfahrenskosten für den Fall des Obsiegens der Verteidigung abgesichert werden. Mittels dieser Maßnahme werden ebenfalls grundlose Klageerhebungen abgeschreckt.[1133]

bb) Demand

(1) Grundsatz

Wichtigste Voraussetzungen – und wohl größte Hürde – ist das sog. *demand requirement.* Nach dieser Regelung muss der Kläger nachweisen, das *board*[1134] aufgefordert zu haben, die entsprechenden Ansprüche gegen die *directors* selbst geltend zu machen. Das *board* muss über diese Aufforderung entscheiden und kann die Klage scheitern lassen. Der Grund für diese Voraussetzung liegt darin, die Verantwortung für die Durchsetzung grundsätzlich beim *board* als Vertreter der *corporation*

1127 *Brodsky/Adamski,* Law of Corporate Officers and Directors (2014–2015) § 9:5; *Bainbridge,* Corporate Law (2009) p. 194; zu dieser allgemeinen Regel im *common-law* bereits Werfel v. Kramarsky, 61 F.R.D. 674 (1974); ausführlich etwa *Robinson, Jr.,* A New Interpretation of the Contemporaneous Ownership Requirement in Shareholder Derivative Suits: In Re Bank of New York Derivative Litigation and the Elimination of the Continuing Wrong Doctrine, 2005 B.Y.U. L. Rev. 229 (2005).

1128 *Brodsky/Adamski,* Law of Corporate Officers and Directors (2014–2015) § 9:5.

1129 Darrow v. Southdow, Inc., 574 F.2d 1333 (1978); *Gevurtz,* Corporation Law (2010) p. 417; *Knepper/Bailey,* Liability of Corporate Officers and Directors (2002 updated 2014 (LexisNexis)) § 18.08.

1130 Harff v. Kerkorian, 324 A.2d 215 (1974).

1131 Eine umfassende Übersicht der Rechtsprechung zu der Einordnung als Aktionär im Einzelfall liefern etwa *Brodsky/Adamski,* Law of Corporate Officers and Directors (2014–2015) § 9:6; *Choper/Coffee/Gilson,* Cases and Materials on Corporations (2013) p. 872 ff.; *Cox/Hazen,* Business Organizations Law (2011) § 15.7.

1132 Z. B. § 627 N.Y. Bus. Corp. Law; §§ 800(c), (d), Cal. Corp. Code.

1133 *Brodsky/Adamski,* Law of Corporate Officers and Directors (2014–2015) § 9:8.

1134 Einige wenige Staaten sowie Rule 23.1 FRCP verlangen, dass ein solcher *demand* auch an die Aktionäre gestellt werden muss. Die meisten Gerichte verzichten hierauf in der Praxis jedoch, vgl. *American Law Institute,* Principles of Corporate Governance: Analysis and Recommendations (1994) Comment to § 7.03; *Cox/Hazen,* Business Organizations Law (2011) § 15.4.

zu belassen.[1135] Der Gesellschaft bzw. den *directors* soll also zunächst die Chance eröffnet werden, die Ansprüche selbst durchzusetzen.[1136] Das *board* muss daher darüber urteilen, ob die Durchsetzung eines Anspruches im besten Interesse der Gesellschaft liegt oder, ob auf eine Geltendmachung verzichtet werden soll.[1137] Wenn das *board* dies ablehnt, so ist diese Entscheidung selbst wiederum an den Erfordernissen der *duty of care* und der *duty of loyalty* zu messen. Bei dieser Entscheidung besteht grundsätzlich auch der Schutz der *business judgment rule.*[1138] Der Nachweis eines diesbezüglich pflichtwidrigen Verhaltens ist daher meist schwierig und häufig erfolglos.[1139] Die Gerichte sind ohnehin zurückhaltend, wenn über die Zulassung einer *derivative suit* entschieden wird, da der Einfluss der Gerichte auf die Entscheidungen des Managements im Allgemeinen möglichst gering ausfallen soll.[1140] Jüngste Gerichtsentscheidungen könnten vorsichtig darauf hindeuten, dass *derivative suits* wieder häufiger zugelassen werden.[1141]

(2) Ausnahme: Aronson-Test und Rales-Test

Aufgrund der hohen Hürden versuchen die Kläger meist, eine Befreiung vom *demand* zu erreichen. Allerdings ist dies nicht mehr möglich, wenn der *demand* bereits gestellt wurde.[1142] Befreit ist ein Kläger dann, wenn der *demand* von vornherein als vergeblich (*futile*) anzusehen ist, da ihm das *board* nicht stattgeben wird.[1143] Die Feststellung, ob der Kläger in diesem Fall vom *demand* befreit ist, richtet sich in Delaware nach dem sog. Aronson-Test[1144]. Demnach muss ein Gericht prüfen,

---

1135 White v. Panic, 783 A.2d 543 (2001); *Cox/Hazen,* Corporation Law (2012) § 15.4; *Lockwood,* Law of Corporate Officers and Directors (2014–2015) § 2:33.

1136 *Brodsky/Adamski,* Law of Corporate Officers and Directors (2014–2015) § 9:9; *Cox/Hazen,* Business Organizations Law (2011) § 15.5.

1137 *Lockwood,* Law of Corporate Officers and Directors (2014–2015) § 2:33.

1138 Gall v. Exxon Corp., 418 F.Supp. 508 (1976); i. Ü. bereits United Copper Securities Co. v. Amalgamated Copper Co., 244 U.S. 261 (1917); *Fletcher,* Cyclopedia of the Law of Corporations (revised 2011 updated 2015) § 5965; *Cox/Hazen,* Corporation Law (2012) § 15.5.

1139 *Cox/Hazen,* Business Organizations Law (2011) § 15.5; *Cox/Hazen,* Corporation Law (2012) § 15.5.

1140 *Choper/Coffee/Gilson,* Cases and Materials on Corporations (2013) p. 832.

1141 Vgl. etwa Friedman v. Dolan, 2015 WL 4040806 (2015) (In Bezug auf die Unabhängigkeit des *board* im Rahmen des *demand*: "*hard to look at the facts of this case without going away trouble*") und Del. Cnty. Emp. Ret. Fund, et al. v. Sanchez, et al, 2015 WL 5766264 (2015).

1142 Spiegel v. Buntrock, 571 A.2d 767 (1990).

1143 Siehe 23.1 FRCP: „*[...] the complaint must be verified and must: [...] state with particularity [...] the reasons for not obtaining the action or not making the effort.*" Entsprechende Regeln in den Bundesstaaten aufzählend Fletcher, Cyclopedia of the Law of Corporations (revised 2011 updated 2015) § 5965.

1144 Nach der maßgeblichen Entscheidung Aronson v. Lewis, 473 A.2d 805 (1984); bestätigt in Del. Cnty. Emp. Ret. Fund, et al. v. Sanchez, et al, 2015 WL 5766264 (2015).

ob vernünftige Zweifel an der Unabhängigkeit und Unbefangenheit der *board*-Mitglieder bestehen und, ob die Mitwirkung des *board* an der beanstandenden Transaktion auch im Übrigen den Anforderungen der *business judgment rule* entspricht.[1145] In Ergänzung hierzu steht der sog. Rales-Test, wenn das *board,* das über dem *demand* entscheiden würde, keine zugrundeliegende unternehmerische Entscheidung getroffen hat, die im Rahmen der *derivative suit* angegriffen wird. Ein *demand* ist demnach entschuldigt, sofern der Kläger spezifische Tatsachen darlegt, die daran zweifeln lassen, ob das *board* eine unabhängige und unbefangene unternehmerische Entscheidung in Erwiderung zum *demand* hätte treffen können.[1146] Die *American Law Institute's Principles of Corporate Governance* und der MBCA sehen keine Ausnahmen für das *demand*-Erfordernis vor, verlangen also stets ein *demand* gegenüber dem *board* (sog. *universal-demand-rule*).[1147] Legislatorische Maßnahmen, die diesen Ansatz zur Rechtstatsächlichkeit führen könnten sind jedoch bislang nicht ergangen.

b) Die Rolle des litigation committee

aa) Berufung des litigation committee

Im Falle einer möglichen Inanspruchnahme von *board*-Mitgliedern wird in der Regel ein sogenanntes *litigation committee* gebildet. Dort werden die Ansprüche geprüft und bewertet. Mit einer entsprechenden Kompetenzzuteilung ist es möglich, ein *committee* anstelle des gesamten *board* mit einer Entscheidung über die Fortführung einer *derivative suit* zu betrauen.[1148] Sofern ein *shareholder* einen *demand* an das *board* stellt bzw. eine *derivative suit* anstrengt, beruft das *board* dieses (unabhängige) *litigation committee.* Dessen Mitglieder gelten als unbefangen, wenn sie keinen finanziellen Nutzen aus der beanstandeten Transaktion ziehen. Es können auch neue *board*-Mitglieder bestellt werden, beispielsweise bei Mitwirkung sämtlicher anderer Mitglieder an der angegriffenen Maßnahme. Da das *board* weiterhin die grundlegende Kompetenz über Rechtsstreitigkeiten besitzt, kann das *committee* die Ablehnung des *demand* empfehlen und sogar ggf. über die Einstellung des Verfahrens befinden.[1149] Die formelle Entscheidung über den *demand* kann auch durch das Gesamtboard aufgrund einer Empfehlung des *litigation committee* getroffen werden. Dem *committee* können ebenfalls entsprechende Direktentscheidungskompetenzen

---

1145 Ausführlich zu diesem Test etwa *Gevurtz,* Corporation Law (2010) p. 427; *Choper/Coffee/Gilson,* Cases and Materials on Corporations (2013) p. 833 f.

1146 Rales v. Blasbend, 634 A.ed 927 (1963).

1147 Vgl. *American Law Institute,* Principles of Corporate Governance: Analysis and Recommendations (1994) § 7.03; § 7.42 MBCA.

1148 Zapata Corp. v. Maldonado, 430 A.2d 779 (1981).

1149 Zapata Corp. v. Maldonado, 430 A.2d 779 (1981); Aronson v. Lewis, 473 A.2d 805 (1984).

zustehen.[1150] Das *litigation committee* stellt folglich ein wichtiges Verteidigungsinstrument dar, mit dem einer *derivative suit* begegnet wird.[1151]

bb) Missbrauchspotential des litigation committee

Die Gerichte haben das Missbrauchspotential der *litigation committees* erkannt. Im Falle eines im Vorhinein vergeblichen *demand* hat der Kläger grundsätzlich das Recht zur Durchführung einer *derivative suit*. Die Gerichte Delawares gehen deswegen bei der Prüfung der Entscheidung des *litigation committee* nach dem sog. Zapata-Test[1152] vor. Hierfür wird zunächst analysiert, ob die Mitglieder des *litigation committee* unabhängig sind, anhand eines ordnungsgemäßen Verfahrens die Tatsachen ermittelt wurden und die Mitglieder in gutem Glauben entschieden haben. Trifft eines dieser Merkmale nicht zu, ist der Kläger vom *demand*-Erfordernis befreit. Wenn diese Voraussetzungen gegeben sind, prüft das Gericht in Delaware im Anschluss, ob die Entscheidung zur Abweisung der *derivative suit* inhaltlich mit dem eigenen unabhängigen *business judgment* des Gerichts übereinstimmt. Dies wiederum wird unter dem Blickwinkel des besten Interesses der Gesellschaft entschieden. Kommt das Gericht zu einem anderen Ergebnis als das *litigation committee*, so ist die *derivative suit* zuzulassen.[1153] Die letzte Stufe kommt lediglich dann zur Anwendung, wenn der Kläger vom *demand* Erfordernis befreit ist.[1154] Ist das *demand*-Erfordernis Zulässigkeitsvoraussetzung und weist das *board* den *demand* aufgrund der Empfehlung des *litigation committee* zurück, bleibt das *board* aufgrund der *business judgment rule* vor einer inhaltlichen Kontrolle der Entscheidung geschützt. Solange der Standard nach dem Zapata-Test eingehalten wird, behält die Gesellschaft die Kontrolle über das Fortschreiten der *derivative suit*.[1155]

Die Feststellung der Unabhängigkeit der Mitglieder des *litigation committee* hängt vom Einzelfall ab. Folgende Faktoren können hierbei eine Rolle spielen: die Stellung der Mitglieder des *litigation committee* als möglicher Anspruchsgegner, die Mitwirkung eines Mitglieds an dem behaupteten Fehlverhalten, die derzeitigen oder ehemaligen Geschäftsbeziehungen zwischen einem Mitglied und der Gesellschaft, die derzeitigen oder ehemaligen Geschäftsbeziehungen zwischen einem Mitglied

---

1150 *Fletcher*, Cyclopedia of the Law of Corporations (revised 2011 updated 2015) § 6019.50.

1151 *Fletcher*, Cyclopedia of the Law of Corporations (revised 2011 updated 2015) § 6019.50.

1152 Zapata Corp. v. Maldonado, 430 A.2d 779 (1981).

1153 Vgl. zu diesen zwei Stufen auch In Re Oracle Corp Derivative Litigation, 824 A.2d 917 (2003).

1154 Aronson v. Lewis, 473 A.2d 805 (1984).

1155 In Re Oracle Corp Derivative Litigation, 824 A.2d 917 (2003).

und dem Anspruchsgegner, die Anzahl und Zusammensetzung der *directors* im *litigation committee* sowie die allgemeine Struktur des *litigation committee*.[1156]

Die Kritik an *litigation committees* ist offensichtlich, da vermeintlich unabhängige *board*-Mitglieder durch den oder die Beklagten berufen werden und über eine Klage gegen diese Personen entscheiden. Ebenso gehören sowohl die Beklagten als auch die Mitglieder des *litigation committee* zu einem einzelnen Organ, wodurch eine strukturbedingte Voreingenommenheit besteht.[1157] Zumindest aus psychologischen Gesichtspunkten ist eine gewisse Befangenheit kaum von der Hand zu weisen. Sehr weit geht ebenfalls die Möglichkeit, neue *board*-Mitglieder zu bestellen, die über das *demand*-Erfordernis entscheiden können. Nach einer empirischen Untersuchung verfolgten jedoch immerhin noch 40 % der *litigation committees* eine Klage oder schlossen einen Vergleich.[1158]

c) Kostentragung

aa) American rule of costs und Anwaltsklagen

Die Kostenregelungen begründen maßgeblich die Popularität der *derivative suit*.[1159] Grundsätzlich geht man in den Vereinigten Staaten nach der sog. *american rule of costs* vor, wonach jede Partei ihre Kosten selbst trägt.[1160] Die uneingeschränkte Verfolgung dieses Grundsatzes ist im Falle der *derivative suit* jedoch nicht zielführend: Die Anwaltskosten werden selbst im Falle eines Obsiegens die Wertsteigerung eines Anteils in der Regel weit übersteigen. Der Aktionär wäre einem erheblichen Kostenrisiko ausgesetzt und würde keinen Anreiz verspüren, eine derartige Klage anzustrengen.[1161] Die Rechtsprechung weicht aus diesem Grund von der *american rule of costs* ab. In der Regel werden die Gerichte im Falle einer Klage der Aktionäre die Kosten der Gesellschaft auferlegen.[1162] Dies schließt auch die Anwaltskosten des

---

1156 Kaplan v. Wyatt, 499 A.2d 1184 (1985); ähnlich In Re Oracle Corp Derivative Litigation, 824 A.2d 917 (2003).

1157 *Steinberg*, The Use of Special Litigation Committees to Terminate Shareholder Derivative Suits, 35 U. Miami L. Rev 1, 24 (1980); *Davis, Jr.*, Structural Bias, Special Litigation Committees, and the Vagaries of Director Independence, 90 Iowa L. Rev., 1306 (2005).

1158 *Myers*, The Decisions of the Corporate Special Litigation Committees: An Empirical Investigation, 84 Ind. L. Rev. 1309, 1320 (2009).

1159 *Coffee*, Understanding the Plaintiff's Attorney: The Implications of Economic Theory for Private Enforcement of Law through Class and Derivative Actions, 86 Colum. L. Rev. 669, 670 (1986); zum Kostenrecht etwa auch *Macey/Miller*, The Plaintiffs' Attorney's Role in Class Action and Derivative Litigation: Economic Analysis and Recommendations for Reform, 58 U. Chi. L. Rev. 1, 3 (1991).

1160 Alyeska Pipeline Serv. C. v. Wilderness Soc'y, 421 U.S. 240 (1975).

1161 *Merkt*, US-amerikanisches Gesellschaftsrecht, S. 645.

1162 *Griffith*, Correcting Corporate Benefit: How to Fix Shareholder Litigation by Shifting the Doctrine on Fees, 56 B.C. L. Rev. 1, 2 (2015).

Klägers mit ein. Weil die Gesellschaft die Kosten für den Anwalt im Falle eines Vergleichs oder einer erfolgreichen Durchführung erstattet, werden Klagen meist von Anwälten angestrengt.[1163] Zudem ist es möglich und auch üblich, ein Erfolgshonorar zu vereinbaren.[1164] Trotz etlicher Klagen, z. B. im Rahmen einer Unternehmenskrise, beinhalten die vielfach geschlossenen Vergleiche im Rahmen der *derivative suit* aber häufig keine monetäre Entschädigung der Aktionäre.[1165] Sie wirken vielmehr „therapeutisch“[1166] auf Veränderungen und Verbesserungen der *corporate governance* hin. Eine monetäre Entschädigung ist für die Erstattungsmöglichkeit der Anwaltsgebühren desgleichen nicht zwingend notwendig. Der Anwalt verfolgt somit die Ansprüche zu seinem Vorteil, wobei er zugleich faktisch Einfluss auf die *corporate governance* des Unternehmens ausübt, weshalb auch vom *„private attorney general“*[1167] gesprochen wird. Im Übrigen wird ein weiterer Teil der Klagen von aktiven Investoren, die Einwirkung auf die Leitung der Gesellschaft nehmen wollen, wahrgenommen.[1168]

bb) Kostenregelungen in Gesellschaftsstatuten

Bewegung in das soeben beschriebene Verfahren kam durch die Entscheidung *ATP Tour, Inc. v. Deutscher Tennis Bund*[1169] aus dem Jahr 2014. Der *Delaware Supreme Court* gestattete die Kostentragungspflicht für Anwalts- und Verfahrenskosten bei gesellschaftsinternen Streitigkeiten mittels einer Bestimmung in den *bylaws* beim unterlegenen Kläger anzusiedeln.[1170] Ist dies der Fall, erscheint ein Klageversuch in vielen Fällen ökonomisch betrachtet nicht sinnvoll. Der Kläger hätte im Falle des Unterliegens die Kosten der Gegenseite vollständig zu tragen, wohingegen er im Falle eines Obsiegens nur einen anteiligen bzw. mittelbaren Vorteil erwarten kann.[1171] Eine legislative Antwort auf diese Entscheidung blieb nicht lange aus. Delaware verabschiedete eine Anpassung des DGCL, die es verbietet, dem klagenden

---

1163 So z. B. bei In re Caremark International Inc. Derivative Litigation, 698 A.2d 959 (1996).

1164 *Bainbridge,* Corporation Law and Economics (2002) p. 365 ff.

1165 Empirische Nachweise bei *Erickson,* Corporate Governance in the Courtroom: An Empirical Analysis, 51 Wm. & Mary L. Rev. 1749, 1802 (2010); ebenso im Bereich von *merger litigation Fisch/Griffith/Davidoff Solomon,* Confronting the Peppercorn Settlement in Merger Litigation: An Empirical Analysis and a Proposal for Reform, 94 Tex. L. Rev. 557 (2015).

1166 *Hornstein,* Legal Therapeutics: The “Salvage” Factor in Counsel Fee Awards, 69 Harv. L. Rev. 659, 663 (1956).

1167 Newman v. Piggie Park Enterprises, Inc., 390 U.S. 400 (1968).

1168 *Griffith,* Correcting Corporate Benefit: How to Fix Shareholder Litigation by Shifting the Doctrine on Fees, 56 B.C. L. Rev. 1, 6 (2015).

1169 ATP Tour, Inc. v. Deutscher Tennis Bund, 91 A.3d 554 (2014).

1170 ATP Tour, Inc. v. Deutscher Tennis Bund, 91 A.3d 554 (2014).

1171 *Griffith,* Correcting Corporate Benefit: How to Fix Shareholder Litigation by Shifting the Doctrine on Fees, 56 B.C. L. Rev. 1, 3 (2015).

Aktionär die Anwaltskosten mittels Regelungen in den *bylaws* bzw. *certificates of incorporation* aufzuerlegen.[1172] Indes bleibt fraglich, ob die gewünschten positiven Effekte auf die *derivative suit* überhaupt eingetreten wären. Die Regelungen[1173] in den *bylaws* waren derart weitgehend ausgestaltet, dass sie, durch die vollständige Verschiebung der Kostenlast auf die Aktionäre, *derivative suits* gänzlich unterbinden sollten, nicht nur die tatsächlich missbräuchlichen Fälle.[1174]

§ 31 Zwischenergebnis

Die materiellen Haftungsvoraussetzungen sind die Grundpfeiler eines jeden Haftungsrechts. Daneben tritt jedoch im gleichen Maße die effektive Geltendmachung der Ansprüche. Ansonsten laufen die materiellen Voraussetzungen ins Leere. Vor diesem Hintergrund stellt sich in jedem System neben der Ausgestaltung der prozessualen Voraussetzungen im Detail die Frage, welche Instanz die Ansprüche durchsetzen soll. Im dualistischen System kommt diese Aufgabe primär dem Überwachungsorgan, d. h. dem Aufsichtsrat, zu. Im monistischen System hingegen müsste das Leitungsorgan selbst, welches auch Überwachungsaufgaben wahrnimmt, gegen eigene Mitglieder etwaige Ansprüche durchsetzen. Faktisch bestehen hierbei jedoch Hindernisse, da das Organ – auch unabhängig von einer internen Teilung durch unabhängige Gremien – kaum gewillt sein wird, eigene Organmitglieder in Anspruch zu nehmen. Deswegen kommt der Durchsetzung von Ansprüchen durch die Aktionäre eine besondere Rolle zu. Diese sind die einzigen Akteure, die gelöst vom Leitungsorgan ebensolche Ansprüche effizient verfolgen könnten. Hierbei steht man vor der Herausforderung, einerseits attraktive Klagevoraussetzungen im Sinne des Präventionszweckes zu schaffen, andererseits aber zu verhindern, dass die Klage missbräuchlich und allein zum unmittelbar monetären Nutznießen der Aktionäre genutzt wird.

1172 Sec. 102(f), 109(b) DGCL.

1173 Eine typische Bestimmung lautete etwa: "*In the event that [...] any current or former security holder of the Company [...] initiates, asserts, maintains or continues against the Company any litigation [...] arising in whole or in part out of any Internal Matter [...]. and [...] does not obtain a judgment on the merits that substantially achieves, in substance and amount, the full remedy sought, then each Claiming Party shall be obligated jointly and severally to reimburse the Company [...] for all fees, costs, and expenses of every kind and description (including, but not limited to, all reasonable attorneys' fees and other litigation expenses) that the Company [...] incurred in connection with such Claim.*", Hemispherx Bylaws § 5.7(a) (2014), abrufbar unter https://perma.cc/F2FZ- DAAT?type=pdf. (zuletzt abgerufen am 17.02.2017).

1174 *Griffith*, Correcting Corporate Benefit: How to Fix Shareholder Litigation by Shifting the Doctrine on Fees, 56 B.C. L. Rev. 1, 27 (2015).

I. Missbrauchsgefahr

Sowohl in den USA als auch in Deutschland wird die Gefahr missbräuchlicher Klagen erkannt. In den Vereinigten Staaten weist man insbesondere auf klagewillige Anwälte hin, da diese einen Ausgleich ihrer Honorare durch die Gesellschaft im Blick haben und sich hierbei der Aktionäre bedienen. In Deutschland erkennt man das Problem unmittelbar beim klagenden Aktionär, der einen lukrativen Vergleich anstrebe. Trotz der bestehenden Unterschiede können die Mittel zur Begegnung der Missbrauchsgefahr ähnlich ausgestaltet sein, da das Risiko zumindest aus dem gleichen Lager, nämlich der Klägerseite, herrührt.

II. Vergleichbare Grundlagen, Defizite des U.S.-amerikanischen Ansatzes

Vor diesem Hintergrund verwundert es nicht, dass sich die Rechtsbehelfe in den beiden Rechtsordnungen in ihrem Aufbau ähneln. Die Aktionärsklage nach §§ 147, 148 AktG kann zumindest als Annäherung des deutschen Rechts an die U.S.-amerikanische *derivative suit* betrachtet werden.[1175] Übereinstimmend handelt es sich um Klagen aus abgeleiteten Rechten der Gesellschaft. Auch im Rahmen der Voraussetzungen des Verfahrens bestehen zwei wesentliche Gemeinsamkeiten zur Begegnung der Missbrauchsgefahr: So müssen die Aktionäre jeweils nachweisen, die Aktien vor dem Zeitpunkt erworben zu haben, zu dem sie von den behaupteten Pflichtverstößen oder dem Schaden aufgrund einer Veröffentlichung Kenntnis erlangen mussten. Mittels dieses Erfordernisses soll sichergestellt werden, dass diejenigen Aktionäre von der Klagemöglichkeit ausgeschlossen werden, die in Kenntnis eines möglichen Pflichtenverstoßes, Aktien nur erworben haben, um zu prozessieren. Das Fristsetzungserfordernis nach § 148 Abs. 1 S. 2 Nr. 2 AktG entspricht ebenfalls im Grundsatz dem *demand*-Erfordernis des U.S.-amerikanischen Rechts. Beide Rechtsordnungen bekennen sich hiermit zum Grundgedanken, dass zunächst die Gesellschaft die ihr zustehenden Ansprüche durchsetzen soll.

Diese grundsätzliche Wertung wird jedoch unterschiedlich umgesetzt. Das *demand*-Erfordernis ist der „zentrale Filter“[1176], der missbräuchlichen Klagen begegnen soll. Hierbei nehmen die *litigation committee*s eine außerordentlich starke Rolle ein. Diese *committees* können praktisch über die Zukunft der Klage gegen andere *board*-Mitglieder entscheiden. Aufgrund der offensichtlichen Missbrauchsgefahr hat sich die Frage in den USA dahingehend verschoben, ob und wann ein *committee* hinreichend unabhängig ist, um unbefangen eine Entscheidung treffen zu können. Ggf. kann die vorherige Anrufung des *board* entbehrlich sein. Das deutsche

1175 *Hein*, Die Rezeption US-amerikanischen Gesellschaftsrechts in Deutschland, S. 271; *Schmolke*, ZGR 2011, 398, 411; *Thümmel*, DB 2004, 471, 471. Zum begrenzten Einfluss des U.S.-amerikanischen Vorbilds aber etwa *Bezzenberger/Bezzenberger*, in: GroßKommAktG, § 148 Rdnr. 18.

1176 *Hein*, Die Rezeption US-amerikanischen Gesellschaftsrechts in Deutschland, S. 825.

Recht weicht hiervon ab. Die Aufforderung zur Klageerhebung ist grundsätzlich zwingende Zulässigkeitsvoraussetzung. Eine Ausnahme gilt nur dann, wenn es sich bei dieser Aufforderung um eine nutzlose Förmelei handeln würde. Hiermit entsprechen die deutschen Bedingungen beispielsweise § 7.44 MBCA, wobei gemäß dieser Vorschrift der Beschluss der Gesellschaft, von der Klageerhebung abzusehen, weiterhin Bindungswirkung gegenüber dem Gericht entfaltet.

Die Interessenkonflikte, in denen sich die Mitglieder des *board* bzw. des *committee* befinden, die über eine Klage gegen eigene Kollegen entscheiden müssen, sind jedoch derart offensichtlich, dass insofern eine, dem deutschen Leitbild entsprechende, gerichtliche Überprüfung als sinnvoll betrachtet werden kann. Dies sollte nicht überwiegend einem gesellschaftsinternen *committee* überlassen bleiben.[1177] Insofern ist das gerichtliche Klagezulassungsverfahren eine begrüßenswerte Besonderheit des deutschen Rechts. Das Verfahren ist auch nicht mit dem *discovery*-Verfahren in den Vereinigten Staaten vergleichbar. Ersteres stellt eine Hürde zur Verfolgung der Ansprüche dar, wohingegen letzteres dem Kläger ein Mittel einräumt, notwendige Informationen für das folgende Verfahren zu sammeln.[1178]

III. Klagezulassungsverfahren, strengere Anforderungen nach deutschem Recht

Das deutsche Recht verlangt in § 148 Abs. 1 S. 2 Nr. 3, 4 AktG für die Klagezulassung den Verdacht einer unredlichen oder groben Rechtsverletzung. Ferner dürfen überwiegende Gründe des Gesellschaftswohls einer Durchsetzung des Anspruchs nicht entgegenstehen. Ein Grundsatz, wonach der Ausschluss einer Klage aufgrund überwiegender Gründe des Gesellschaftswohls erfolgt, wurde im U.S.-amerikanischen Recht nicht unmittelbar festgehalten. Es kann jedoch davon ausgegangen werden, dass das Gesellschaftswohl im Rahmen des *demand*-Erfordernisses berücksichtigt wird.[1179] Nach § 148 Abs. 1 S. 2 Nr. 3 AktG liegt eine Beschränkung auf Tatsachen vor, die den Verdacht rechtfertigen, der Gesellschaft sei durch Unredlichkeit oder grobe Verletzung des Gesetzes oder der Satzung ein Schaden entstanden. Ein Ausschluss von lediglich bagatellartigen Rechtsverletzungen kann hierin jedoch *de lege lata* nicht gesehen werden.[1180] Vielmehr will der Gesetzgeber eine Klage nur dann zulassen, wenn sie hinreichend Aussicht auf Erfolg hat. Gleichzeitig soll sichergestellt werden, dass vor allem solche Fälle einer gerichtlichen Überprüfung zugeführt werden, in denen eine Nichtverfolgung unerträglich wäre.[1181] Die Verfolgung von Ersatzansprüchen durch die Aktionäre wird also auf schwerwiegende Fälle beschränkt, bei denen davon auszugehen ist, dass die Nichtverfolgung durch

1177 *Hein,* Die Rezeption US-amerikanischen Gesellschaftsrechts in Deutschland, S. 827.
1178 *Schmolke,* ZGR 2011, 398, 421 f.
1179 *Schmolke,* ZGR 2011, 398, 420 f.
1180 So aber *Schmolke,* ZGR 2011, 398, 430; *Siems,* ZVglRWiss 2005, 376, 386 („Plausibilitätskontrolle").
1181 BT-Drucks. 15/5092, S. 22.

die zuständigen Organe aus sachfremden Erwägungen erfolgt.[1182] Eine derartige Schmälerung des Verfügungsrechts ist rechtspolitisch durchaus kritisch zu betrachten, allerdings wohl ohne Verstoß gegen den Wortlaut kaum zu umgehen.[1183] Eine solch enge Begrenzung kann dem U.S.-amerikanischen Recht nicht unmittelbar entnommen werden. Dem *board* kommt zwar im Rahmen des *demand*-Erfordernisses ein unternehmerischer Beurteilungsspielraum zugute, der letztlich zu ähnlichen Ergebnisses führen kann;[1184] eine dem deutschen Recht entsprechende gesetzlich verankerte Grenze für einen Ausschluss der Klage existiert jedoch nicht. Ein wesentlicher Unterschied liegt ebenso im verlangten Quorum. Die Klage nach deutschem Recht ist als Minderheitsrecht ausgestaltet ist.[1185] Im Gegensatz dazu ist im U.S.-amerikanische Recht jeder Aktionär unabhängig von der Höhe seiner Beteiligung klagebefugt.

IV. Divergierende Kostenverteilung

Abweichungen zwischen den Rechtsordnungen bestehen ferner hinsichtlich der Kostenregelungen. Grundsätzlich trägt jede Partei nach der *american rule of costs* ihre Anwaltskosten selbst, wohingegen im deutschen Recht die unterliegende Partei auch der Gegenseite die Prozesskosten erstatten muss. Allerdings können die Gerichte in den Vereinigten Staaten im Falle einer Abweisung der Klage die Gesellschaft dazu verpflichten, die Anwaltskosten der Kläger zu übernehmen. Häufig trägt somit die Gesellschaft das Kostenrisiko. Hierdurch werden Klagen begünstigt, da der Kläger kein übermäßiges Kostenrisiko eingehen muss.

In Deutschland kommt es, in Abweichung von den grundsätzlichen Prozesskostenregelungen der §§ 91 ff ZPO, zu ähnlichen Ergebnissen. Nach der Sonderregelung des § 148 Abs. 6 S. 5 AktG hat die Gesellschaft bei Klageabweisung den Klägern die Kosten zu erstatten. Dies gilt nur dann nicht, wenn der Kläger die Zulassung der Klage durch einen vorsätzlichen oder grob fahrlässig unrichtigen Vortrag erwirkt hat.

Augenfällig gegensätzlich ist jedoch die Vereinbarung eines Erfolgshonorars: In den Vereinigten Staaten ist ein solches Vorgehen möglich[1186] und die absolute Regel; in Deutschland hingegen nicht.[1187] Aber auch in den Vereinigten Staaten ist eine Erfolgsvereinbarung mit Anwälten im Rahmen von *derivative suits* durchaus

---

1182 *Schröer,* in: MünchKommAktG, § 148 Rdnr. 30; ebenso Hüffer/Koch, AktG, § 148 Rdnr. 8; *Rieckers/Vetter,* in: KölnKommAktG, § 148 Rdnr. 289; *Thümmel,* DB 2004, 471, 473 f.; einen Wertungswiderspruch zu § 93 AktG erkennend: *Mock,* in: Spindler/Stilz AktG, § 148 Rdnr. 77.

1183 *Rieckers/Vetter,* in: KölnKommAktG, § 148 Rdnr. 295.

1184 Ähnlich *Hein,* Die Rezeption US-amerikanischen Gesellschaftsrechts in Deutschland, S. 827 f.

1185 BT-Drucks. 15/5092, S. 20.

1186 Siehe bereits 6. Teil § 30 II. c) aa).

1187 Vgl. § 49b Abs. 2 S. 1 BRAO.

umstritten, da der Anwalt die Klage nicht mit dem gleichen Interesse verfolgt wie der eigentliche Kläger.[1188] Dort stützen sich zahlreiche *derivative suits* auf die Initiative von Anwälten und ihrer Hoffnung auf Ersatz der Gebühren durch die Gesellschaft. In Delaware wurde versucht, eine Kostentragungspflicht der klagenden Aktionäre mithilfe von entsprechenden Bestimmungen in den *bylaws* zu etablieren. Allerdings wurde diese von der Rechtsprechung zunächst anerkannte Möglichkeit durch den Gesetzgeber sogleich unterbunden, nachdem sie Gegenstand umfassender Diskussionen geworden war.[1189] Die Entwicklung zeigt, dass gerade die Anpassung des Kostenrechts – d. h. wirtschaftliche Anreizstrukturen – maßgeblich auf den Erfolg einer Klage für Aktionäre einwirkt und zwar noch vor allen anderen rechtlichen Mechanismen.[1190] Dies trägt maßgeblich zu einer effektiven Kontrolle der Leitungsorgane bei.

§ 32 Reformüberlegungen, insbesondere für die monistische SE

Die notwendige Stärkung der Aktionärsklage wurde bereits mehrfach betont. In Ermangelung eines Aufsichtsrats rückt die Kontrolle des Managements durch die Aktionäre in den Fokus.[1191] In den Vereinigten Staaten ist zu beobachten, dass die *derivative suit* aufgrund des Haftungsrisikos maßgeblichen Einfluss auf eine ordnungsgemäße *corporate governance* ausübt. Dies ist freilich auf die Option einer Erstattung der Anwaltskosten zurückzuführen. Vor diesem Hintergrund rücken insbesondere die Mechanismen in den Vordergrund, die einem Missbrauch entgegentreten sollen. Es wurde bereits festgestellt, dass die Voraussetzungen an die Aktionärsklage und insbesondere an das Klagezulassungsverfahren in Deutschland höher sind als an das U.S.-amerikanische Pendant der *derivative suit*. Um die Attraktivität der Aktionärsklage – und somit deren Kontrollwirkung – zu stärken, sollten

---

1188 *Griffith,* Correcting Corporate Benefit: How to Fix Shareholder Litigation by Shifting the Doctrine on Fees, 56 B.C. L. Rev. 1, 6 (2015).

1189 Siehe die zahlreichen Nachweise bei *Bainbridge,* Fee Shifting: Delaware's Self-Inflicted Wound, U.C.L.A. Law & Economics Research Paper Series Research Paper No. 15–10, 1 ff. (2015) und bereits 6. Teil § 30 II. c) bb).

1190 *„There have been many efforts to reform shareholder litigation, but most have not been adopted and those that have made it into law often proved ineffectual or produced various unintended consequences. […] the Delaware Supreme Court introduced a potential game changer by upholding a so-called fee-shifting bylaw"* so *Bainbridge,* Fee Shifting: Delaware's Self-Inflicted Wound, U.C.L.A. Law & Economics Research Paper Series Research Paper No. 15–10, 2 (2015).

1191 *Tröger* betrachtet deswegen die Gesamtheit der Aktionäre als sinnvollen Anknüpfungspunkt für eine Durchsetzung von Organhaftungsansprüchen, vgl. *Tröger,* ZHR 179 (2015), 453, 455 ff. dagegen *Wagner,* ZHR 178 (2014), 227, 240 f, der insbesondere auf die Vielzahl an Kleinaktionären verweist, die nicht an einem Einfluss auf die Geschicke der Gesellschaft interessiert sind.

die rechtlichen Voraussetzungen des Klagezulassungsverfahrens auf gesetzlicher Ebene reformiert werden. Hierbei sollten selbstverständlich auch die negativen Erfahrungen in den USA Berücksichtigung finden, um auf eine ausgewogene Stärkung der Aktionärsklage hinzuwirken.

I. Aufgabe des Quorums als Zulassungsvoraussetzung

Das Quorum sollte entsprechend der Situation in den Vereinigten Staaten nicht länger Zulassungsvoraussetzung für eine Aktionärsklage sein.[1192] In Deutschland ist das Verfahren als Minderheitenrecht ausgestaltet und zwar insbesondere mit Verweis darauf, dass in börsennotierten Aktiengesellschaften der langfristig unternehmerisch beteiligte Aktionär zunehmend durch den Anlegeraktionär abgelöst wurde.[1193] Dies vermag mit Blick auf die Vereinigten Staaten nicht zu überzeugen, da dort Publikumsgesellschaften mit gestreutem Aktienbesitz weit verbreitet sind und trotzdem jeder einzelne Aktionär klagebefugt ist.[1194] Auch durch den möglichen Zusammenschluss von Aktionären wird die Gruppe nicht notwendig qualitativ zu einem unternehmerisch beteiligten Aktionär.[1195] Der Wille der Aktionäre, sich zusammenzuschließen, ist ohnehin nicht immer vorhanden.

Wenn die gesetzliche Zulassungsbeschränkung des Quorums aufgehoben würde, besteht die Wahrscheinlichkeit, dass einzelne Aktionäre doch selbstständig klagen würden und damit einen präventiven Einfluss auf die Unternehmensleitung hätten. Einem Anteilseigner sollte es ermöglicht werden, seine (abgeleiteten) Rechte durchzusetzen, wenn er ein etwaiges Fehlverhalten in der Unternehmensführung erkennt, das Einfluss auf seine Vermögensinteressen haben kann.[1196] Das Quorum des deutschen Rechts ist wohl auf den gegenüber Einzel- und Minderheitsbefugnissen grundsätzlich kritischen Gesetzgeber zurückzuführen, da befürchtet wird, allzu klagewillige Einzelaktionäre könnten die Tätigkeit der Führungsorgane lähmen.[1197]

1192 Ausführlich zu den Gründen für die Beibehaltung des Quorums *Gaschler*, Das Klagezulassungsverfahren gem. § 148 AktG, S. 243 ff.

1193 Vgl. BT-Drucks. 15/5092, S. 33.

1194 *Siems*, ZVglRWiss 2005, 376, 385.

1195 *Siems*, ZVglRWiss 2005, 376, 385.

1196 In diesem Sinne schon *Bekker*, ZHR 17 (1872), 379, 442: „[...] jeder einzelne Aktionär kann die ihm wider die Mitglieder des Vorstands oder die des Aufsichtsrats zuständigen Rechte für sich allein verfolgen, wenn eine gemeinsame Verfolgung der entsprechenden Rechte aller Aktionäre nie in Vorschlag oder zur Beratung gekommen oder [...] abgelehnt sein sollte [...]“ zum ADHGB.

1197 Vgl. bereits Allgemeine Begründung zum Entwurf eines Gesetzes, betreffend die Kommanditgesellschaft auf Aktien und die Aktiengesellschaften vom 7. März 1884 (Aktenstück Nr. 21), abgedruckt in *Schubert/Hommelhoff*, Hundert Jahre modernes Aktienrecht, dort S. 466 und in Bezug auf Schadenersatzansprüche gegen Gesellschaftsorgane *Wiener*, Der Aktiengesetz-Entwurf: Betrachtungen und Vorschlage, S. 110.

Zwar ist in den Vereinigten Staaten eine steigende Anzahl[1198] von Aktionärsprozessen festzustellen, allerdings sind diese auf die Initiative von Anwälten[1199] und die dort herrschende allgemeine Prozessfreudigkeit im Wirtschaftsrecht[1200] zurückzuführen. Das fehlende Quorum ist hierfür nicht der Auslöser, wenngleich es die Entwicklung begünstigt. Die Prozessfreudigkeit in den USA ist auch psychologisch bedingt und in Deutschland nicht vergleichbar anzutreffen. Weiterhin besteht in Deutschland kein Kostenrecht, das zu einer Welle von klagenden Anwälten führen könnte. Eine derartige Entwicklung ist somit nicht zu erwarten. Durch Abschaffung des Quorums würde dem einzelnen Aktionär vielmehr ermöglicht, seine Vermögensinteressen, die Ausprägung seines Eigentumsrechts sind, zu wahren. Um diesbezügliche Anreizwirkungen zu schaffen, bedarf es der Abschaffung des Quorums.

II. Fristsetzungserfordernis, Gesellschaftswohl

Das Fristsetzungserfordernis des § 148 Abs. 1 S. 2 Nr. 1, 2 AktG basiert auf der Intention, der Gesellschaft selbst die Möglichkeit zu geben, Pflichtverstöße ihrer Leitungsorgane zu verfolgen. Dies ist dem *demand*-Erfordernis ähnlich und sollte beibehalten werden. Hierbei ist zu beachten, dass die Entscheidung über die Verfolgung des Anspruchs zwar einem Ausschuss des Verwaltungsrats zur Vorbereitung übertragen werden kann. Dessen Auswirkungen sind jedoch nicht mit dem U.S.-amerikanischen Pendant vergleichbar. In Deutschland liegt im Vergleich zur Entscheidung über den *demand* keine entsprechende Bindungswirkung vor.

Auch die Voraussetzung der Berücksichtigung des Gesellschaftswohls als wertendes Element in § 148 Abs. 1 S. 2 Nr. 4 AktG bedarf keiner Veränderung, da eine Klage nur zugelassen werden sollte, wenn dies tatsächlich im Sinne einer ordnungsgemäßen *corporate governance* und somit in Hinblick auf das Gesellschaftswohl, sinnvoll erscheint. Der Ausschluss nach § 148 Abs. 1 S. 2 Nr. 3 AktG und die Beschränkung auf Unredlichkeit oder grobe Verletzung sind jedoch zu pauschal.[1201] Es kann durchaus als notwendig erachtet werden, auch geringere Verletzungen zu verfolgen, wenn dies zu einer ordnungsgemäßen Unternehmensführung beiträgt. Beschränkt man die Kontrolle der Aktionärsklage auf Ausnahmefälle, so wird zwar der grundsätzlich zu begrüßende Spielraum des Verwaltungsrats geöffnet, doch sind dann erhebliche Bereiche einer Kontrolle vollkommen entzogen. Die Präventionswirkung der Haftung würde damit unterlaufen.

1198 *Kelly/Rossi/Brown,* Recent Developments in Insurance Coverage Litigation, 46 Tort Trial & Ins. Prac. L.J. 435, 442.

1199 Dazu bereits 6. Teil § 30 II. c) aa).

1200 Dazu *Johnson/Osborne,* The Role of the Business Judgment Rule in a Litigious Society, 15 Val. U. L. Rev. 49, 50 (1980).

1201 Ähnlich *Ihrig,* in: Bachmann/Casper/Schäfer/Veil, Steuerungsfunktion Haftungsrechts, S. 27 der hierfür aber Ausnahmeregelungen in der monistischen SE schaffen möchte.

III. Verbesserung der Kostenregelungen

Ein schwieriger Befund ergibt sich in Hinblick auf die Kostenregelungen. Der Kostenregelung ist die Angst des Gesetzgebers vor Missbrauch immanent. Es sollen einerseits wirtschaftliche Fehlanreize vermieden werden, andererseits leidet die effektive Wahrnehmung von Minderheitsrechten hierunter erheblich. Ein grundsätzlich klagewilliger Aktionär wird das (finanzielle) Risiko einer Geltendmachung von potentiellen Schadensersatzansprüchen nur dann in Kauf nehmen, wenn er eine realistische Aussicht auf Erfolg sieht und damit einen entsprechenden Anreiz hat. Hierbei muss jedoch mit Blick auf U.S.-amerikanische Verhältnisse verhindert werden, dass Kostenstrukturen entstehen, die falsche Anreize schaffen und den Missbrauch von Aktionärsklagen fördern. So darf auch zukünftig keine, die klagenden Anwälte bevorzugende, Kostenregelung geschaffen werden.

In Bezug auf den klagenden Aktionär werden die positiven Anreize im Falle des Obsiegens durch drei Aspekte erreicht: Die Aussicht, die außergerichtlichen Kosten der Gegenseite nicht tragen zu müssen, die Erstattung von Gerichtskosten und eigener Anwaltskosten sowie der Erhalt der Urteilssumme.[1202] Die mögliche Erstattung der Kosten allein ist kein hinreichender Anreiz, weil damit allein nicht sämtliche Auslagen abgedeckt werden.[1203] Dies gilt beispielsweise für den Zeitaufwand, der für die Vorbereitung des Verfahrens aufgebracht werden muss. Im Falle einer Aktionärsklage erhält der Kläger allein die Kosten erstattet, der zugesprochene Betrag geht vollständig in das Vermögen der Gesellschaft über. Der Kläger erhält folglich keinen finanziellen Anreiz zur Klageerhebung.[1204]

Um die Attraktivität der Aktionärsklage zu erhöhen, wären insofern zusätzliche ökonomische Anreize notwendig.[1205] Die deutschen Vorschriften sehen dies jedoch nicht vor. Die Präventionsfunktion wird hierdurch geschwächt. Ein Blick in die Vereinigten Staaten hilft ebenfalls nicht weiter, da die dortigen Regelungsumstände und Praxiserfahrungen weitestgehend nicht vergleichbar bzw. nicht richtungweisend sind. Das Erfolgshonorar des Anwalts, die häufige Entscheidung der Gerichte, die Anwaltskosten grundsätzlich durch die Gesellschaft tragen zu lassen sowie die Möglichkeit einer *class action* tragen dort dazu bei, dass Klagen überwiegend auf der Initiative von Anwälten forciert werden. Eine derartige Änderung, insbesondere in Bezug auf das Kostenrecht für Anwälte ist in Deutschland nicht sinnvoll, möchte man nicht ähnliche Verhältnisse schaffen. In den USA wurde versucht, mittels Bestimmungen in den *bylaws* die Klagegeneigtheit der Anwälte einzudämmen. In Deutschland ist die Situation jedoch gerade umgekehrt. Hier soll durch eine Verbesserung der Klagemöglichkeiten die Überwachung der Leitungsorgane durch die Aktionäre erhöht werden. Keinesfalls sollte intendiert sein, diese noch weiter

---

1202 *Wagner*, ZHR 178 (2014), 227, 242.
1203 *Wagner*, ZHR 178 (2014), 227, 242.
1204 *Peltzer*, in: FS Hoffmann-Becking, 2013, S. 865.
1205 *Wagner*, ZHR 178 (2014), 227, 270; vgl. auch auführlich *Gaschler*, Das Klagezulassungsverfahren gem. § 148 AktG, S. 311 ff.

einzudämmen. Dies würde allerdings durch pauschale Kostentragungspflichten des Klägers ausgelöst. Im Übrigen erscheinen entsprechende Satzungsbestimmungen mit § 23 Abs. 5 AktG nur schwer in Einklang zu bringen.

Die Kostentragung ist jedoch im Rahmen eines Prozesses ein wichtiger – wenn nicht gar der wichtigste Faktor – für den potentiellen Kläger. Eine Anreizwirkung kann insofern nur eine Erfolgsbeteiligung des Klägers zur Kompensation des Prozessrisikos entfalten.[1206] Um missbräuchliche Klagen zur Erlangung eines unverhältnismäßig hohen Betrages zu unterbinden, ist eine Zuteilung eines Anteils der für die Gesellschaft erstrittenen Summe nicht zu empfehlen.[1207] Vielmehr erscheint eine Erfolgsbeteiligung, die in dem Vielfachen der Prozesskosten ausgedrückt wird, als vernünftiger Balanceakt zwischen einem Klageanreiz und der Gefahr einer missbräuchlichen Klageerhebung, weil das mit Klageerhebung eingegangene Prozessrisiko des Klägers ausgeglichen wird.[1208]

Die Konsequenz wäre freilich, dass die Zahl möglicher Klagen – insbesondere bei zusätzlicher Abschaffung des Quorums – ansteigen würde. Hiermit wäre keine Lähmung der Unternehmensleitung verbunden, weil, anders als z. B. im Fall von Beschlussmängelklagen, keinerlei Blockadewirkung entsteht.[1209] Die Befürchtung, der Verwaltungsaufwand könne stark ansteigen, wenn Aktionäre und Aufsichtsrat in der dualistischen Gesellschaft beiderseits Klagen anstreben, ist nicht von der Hand zu weisen. Allerdings ginge von der vereinfachten Aktionärsklagemöglichkeit eine Signalwirkung für Aufsichtsräte aus: Im Falle einer vereinfachten und vermehrten Durchsetzung von Ansprüchen der Gesellschaft würde bereits das Überwachungsorgan vielfach Klagen vorantreiben. Die Beißhemmung könnte insofern zugunsten vermehrter Rechtsverfolgung umschlagen, wenn andernfalls unmittelbar Klagen der Aktionäre zu befürchten wären, welche die Aufsichtsratsmitglieder letztlich selbst treffen. In der monistischen SE träte eine ähnliche Wirkung in Bezug auf die nicht-geschäftsführenden Direktoren ein. In den Vereinigten Staaten zeigt sich indes, dass der Zusammenhalt im Leitungsorgan einflussreicher ist, als der Druck, den die Aktionäre ausüben. Allerdings füllen die Aktionäre dieses Überwachungsvakuum selbst. Mangels anwaltsbegünstigender Kostenregelungen wären ausufernde Klagewellen entsprechend der Situation in den USA ohnehin nicht zu

---

1206 *Wagner,* ZHR 178 (2014), 227, 270 ff.; ablehnend *Tröger,* ZHR 179 (2015), 453, 467 m.w.N.; zu weiteren Möglichkeiten *Gaschler,* Das Klagezulassungsverfahren gem. § 148 AktG, S. 325 ff.

1207 *Wagner,* ZHR 178 (2014), 227, 271.

1208 *Wagner,* ZHR 178 (2014), 227, 270 ff.; Fangprämien ablehnend: *Peltzer,* in: FS U. H. Schneider, 2011, S. 964; *Vetter,* in: FS Hoffmann-Becking, 2013, S. 1337; *Spindler,* AG 2013, 889, 901; *Bachmann,* Reform der Organhaftung? – Gutachten E zum 70. Deutschen Juristentag, S. 101.

1209 *Ulmer,* ZHR 163 (1999), 290, 271; *Vetter,* in: FS Hoffmann-Becking, 2013, S. 1327; *Wagner,* ZHR 178 (2014), 227, 270 f.; so aber *Peltzer,* in: FS Hoffmann-Becking, 2013, S. 869.

befürchten. Zur Stärkung der Aktionärsklage sind somit umfassende Eingriffe in die *lex lata* erforderlich.

IV. Weitere Faktoren zur Stärkung der Aktionärsklage

Letztlich bleibt festzuhalten, dass vereinfachte Voraussetzungen für die Aktionärsklage nicht zwingend zu einer größeren Bedeutung der Klage führen müssen. Auch kulturelle Faktoren sind von Einfluss. Hierzu zählt beispielsweise die dominierende Bedeutung des Kapitalmarktes in den Vereinigten Staaten. Nicht selten wird gar davon ausgegangen, dass ein gerichtliches Vorgehen in *common-law*-Staaten allgemein effizienter sei als in Kontinentaleuropa und Asien.[1210] Im Hinblick auf die Einführung des monistischen Systems ist somit eine Anpassung der tatsächlichen Umstände durch Aufklärung und Anreizvermittlung geboten. Hierzu müssen die Aktionäre zunächst gewahr werden, dass ihnen gerade im monistischen SE eine gesteigerte Verantwortung für die Belange der Gesellschaft zukommt. Weiterhin müssen die Voraussetzungen der Klage eine hinreichende Anreizwirkung entfalten, ohne jedoch die Gefahr missbräuchlicher Klagen zu steigern. Als Regelungsziel der Aktionärsklage sollte entsprechend dem U.S.-amerikanischen Verständnis klar herausgestellt werden, dass zwar die Klage auch dem Gesellschaftsinteresse dient, jedoch eine hierüber deutlich hinausreichende nützliche Wirkung im öffentlichen Interesse zu finden ist.[1211]

§ 33 Fazit zum 6. Teil

Die vorgehenden Erläuterungen haben gezeigt, dass das derzeitige Umfeld der prozessualen Durchsetzung von Organhaftungsansprüchen gegen Verwaltungsratsmitglieder ungeeignet ist, um eine effiziente Verhaltenssteuerung der persönlichen Inanspruchnahme zu gewährleisten. Die Angst vor Missbrauch lähmt den Erfolg der Aktionärsklage. Möchte man materielle Haftungsbeschränkungen ermöglichen, so ist eine Stärkung der Klagemöglichkeiten anzuraten. Dies gilt insbesondere in einem monistischen System. Die Erfahrungen in den Vereinigten Staaten zeigen, dass in diesem System die Aktionärsklage von besonderer Relevanz ist. Nicht unmittelbar betroffene Mitglieder des obersten Leitungsorgans sind zur Durchsetzung von Haftungsansprüchen gegen andere Mitglieder ungeeignet. Vor diesem Hintergrund sind weitreichende Reformen der deutschen Regelungen notwendig, die die Rechte und die Verantwortung des Aktionärs in den Fokus stellen.

1210 Siehe dazu ausführlich *Siems,* ZVglRWiss 2005, 376, 391 ff.

1211 Vgl. dazu etwa Zapata Corp. v. Maldonado, 430 A.2d 779 (1981); *Coffee/Schwarz,* The Survival of the Derivative Suit: An Evaluation and a Proposal for Legislative Reform, 81 Colum. L. Rev. 261, 302 (1981); *Geis,* Shareholder Derivative Litigation and the Preclusion Problem, 100 Va. L. Rev. 261, 268 (2014).

Zusammenfassung in Thesen

Die Arbeit hat sich mit der Frage beschäftigt, welchen Ausgleich die Rechtssysteme in den USA und Deutschland in einem organverfassungsrechtlichen Organisationssystem, in welchem die Leitungsaufgabe nicht institutionell von der Überwachungsaufgabe getrennt ist, für aus einer Pflichtverletzung des Leitungsorgans gegenüber der Gesellschaft entstehende Schäden vorsehen. Im Einzelnen ergab die Untersuchung folgende Thesen:

1. Die monistischen Systeme sind in beiden Rechtsordnungen vergleichbar strukturiert und vielfach kongruent. Es bestehen allerdings Abweichungen im Detail. Dies betrifft z. B. die Stellung der geschäftsführenden Ebene im Unternehmensgefüge. Die *officer* sind faktisch die Entscheidungsträger im U.S.-amerikanischen System und dominierten lange Zeit auch das *board*. Dabei ist eine Veränderung dieser hergebrachten Situation festzustellen. Das *board* gewinnt wieder an Bedeutung. In der monistischen SE ist der Verwaltungsrat bereits von Gesetzes wegen das übergeordnete Organ und auch die Praxis folgt diesem Grundsatz.
2. Die Stellung des *board* äußert sich insbesondere in der Ausübung intensiver Überwachungstätigkeit. Mittels der Berufung unabhängiger Mitglieder wird eine Trennung zwischen Leitung und Kontrolle ebendieser gewährleistet. Im deutschen Recht besteht zuvorderst eine gesetzliche Pflicht zur Einrichtung geschäftsführender Direktoren, wobei die Verantwortung des Verwaltungsrats durch diese nicht überlagert wird. Durch die Maßnahme wird die Trennung zwischen Geschäftsführung und Überwachung vorweggenommen.
3. Primäre Funktion der Organhaftung ist Verhaltenssteuerung. In den Vereinigten Staaten ist dieser Präventionsgedanke anerkannt. In Deutschland stand im Rahmen des Schadensersatzrechtes seit jeher der Kompensationsgedanke im Vordergrund. Zumindest in Bezug auf die Situation der Organhaftung tritt die Kompensation hinter den Erwägungen der Verhaltenssteuerung zurück.
4. Die Mittel zur Determinierung des Handelns der Leitungsorgane sind in Deutschland und den Vereinigten Staaten weitestgehend vergleichbar ausgestaltet. Es bestehen jeweils Sorgfalts- und Treuepflichten, wobei diese nicht fest umschrieben werden, sondern einer individuellen Anpassung geöffnet sind.
5. Die Erfahrungen in den Vereinigten Staaten zeigen, dass in einem monistischen System Treuepflichtverletzungen von besonderer Relevanz sind. Die U.S.-amerikanischen Fallgruppen können hierbei für das deutsche Recht fruchtbar gemacht werden.
6. Inhalt und Intensität der Sorgfaltspflichten der Mitglieder des Verwaltungsrats und des *board* werden jeweils in Abhängigkeit von der konkreten Leitungsstruktur der Gesellschaft neu bestimmt. So kann u. a. die nebenberufliche Amtsausübung der Mitglieder berücksichtigt werden.

7. Als Bestandteil einer ordnungsgemäßen *corporate governance* gewinnt der Einfluss der Aktionäre in den Vereinigten Staaten zunehmend an Bedeutung. Die Aktionäre als eigentliche Träger des wirtschaftlichen Risikos haben mitunter erheblichen Einfluss auf die Unternehmensführung. Auch in Deutschland ist eine gesteigerte Verantwortung der Aktionäre zu begrüßen.
8. In der monistischen SE bestehen Kontrolldefizite, da kein Aufsichtsrat existiert, die gegenseitige Überwachung innerhalb des Verwaltungsrats unzureichend ist und kaum eine Marktkorrektur greift. Es steht jedoch in Aussicht, dass die U.S.-amerikanischen Verhältnisse insoweit einen Vorbildcharakter auf Deutschland ausüben und die Aktionäre die Kontrolllücke schließen können.
9. Haftungsbeschränkungen wie die *business judgment rule* und individuelle Haftungsvereinbarungen führen zu einer Reduzierung der verhaltenssteuernden Wirkung der Organhaftung. Auf materieller Ebene ist ein Schutz vor einer Überhaftung, die letztlich zu einem risikoaversen Verhalten führen würde, notwendig. Die Instrumente der Haftungsbegrenzung müssen einen Ausgleich zwischen einer Beschränkung der Haftung im Sinne der Vermeidung eines risikoaversen Verhaltens und dem notwendigen Erhalt der Präventionsfunktion finden.
10. Insbesondere der *business judgment rule* sollte ein weiter Anwendungsbereich eröffnet werden. Im monistischen System wird die Leitungsfreiheit durch Wahl dieses Systems hervorgehoben. Demzufolge muss ein umfassender Schutz für den Verwaltungsrat in der Ausübung seiner Tätigkeit gewährleistet sein.
11. Die Erfahrungen in den Vereinigten Staaten zeigen, dass eine Haftungsbefreiung differenzierter Grenzen bedarf. Dort haben weitreichende Möglichkeiten der Begrenzung der Haftung zu einer Lähmung der Inanspruchnahme geführt. Diese Erkenntnisse müssen in Deutschland im Rahmen der Rezeption der Haftungsbeschränkungen Berücksichtigung erfahren.
12. Um dem Gedanken der Verhaltenssteuerung Rechnung zu tragen, sollte einer materiell-rechtlichen Beschränkung der Haftung eine Stärkung der Durchsetzung einhergehen. Die Situation in Deutschland ist ambivalent: Einerseits sind die materiell-rechtlichen Vorschriften bislang äußerst scharf gefasst, andererseits mangelt es an der formellen Durchsetzung.
13. In jüngerer Zeit werden in Deutschland vermehrt Haftungsprozesse angestrengt. Initiiert werden diese Klagen überwiegend durch Aufsichtsräte, die Ansprüche der Gesellschaft gegen die Vorstandsmitglieder durchsetzen wollen. Es ist nicht davon auszugehen, dass die unabhängigen Verwaltungsratsmitglieder in einer monistischen SE ihre Verfolgungsverpflichtung gegenüber den Mitgliedern des eigenen Organs entsprechend ausüben werden. Ihre eigene Organmitgliedschaft verstärkt die aus dem dualistischen System bekannte Beißhemmung.
14. Als Korrektiv des Überwachungsdefizites kann eine gesteigerte Verantwortung und Kontrolle der Aktionäre wirken. Die derzeitige Ausgestaltung der Aktionärsklage ist jedoch ungenügend. Die U.S.-amerikanische *derivative suit* kann nur bedingt als Vorbild für eine Reform dienen. Die Popularität der *derivative suit* begründet sich maßgeblich auf Honoraransprüchen von Rechtsanwälten.

Eine ähnliche Entwicklung ist in Deutschland aufgrund des speziellen Kostenrechts für Rechtsanwälte nicht zu erwarten. Im Übrigen können sich die *board*-Mitglieder einer Anspruchsverfolgung entledigen, indem ein *litigation committee* berufen wird. Dies ist in Deutschland nicht gewünscht.

15. Die Aktionärsklage bedarf einer umfassenden Reform. Diese sollte insbesondere die Aufgabe des Quorums und die Verbesserung der Kostenregelung umfassen. Diese Neuerungen müssen nicht SE-spezifisch erfolgen, sondern könnten ebenfalls eine Stärkung der Aktionärsrechte in der klassischen Aktiengesellschaft einbeziehen.

Schlussbetrachtungen

Es wurde dargelegt, dass das U.S.-amerikanische Recht, obgleich des weitreichenden Forschungsstandes und der hohen Praxistauglichkeit, kein Patentrezept für die Ausgestaltung eines Innenhaftungsmodells liefert. Einerseits können die dortigen Erkenntnisse und Mechanismen jedoch als Vorbild für Regelungsmöglichkeiten dienen, die dem deutschen Recht bislang fremd sind. Andererseits müssen hierbei die in den Vereinigten Staaten identifizierten Defizite im Rahmen einer Rezeption berücksichtigt werden.

Die Betrachtung des U.S.-amerikanischen Rechts ist hilfreich, denn das derzeitige Haftungsmodell der monistischen SE ist nicht in der Lage, die ihm zugedachte Aufgabe der Verhaltenssteuerung der Unternehmensführung zu erfüllen. Es zeigt sich, dass diese Aufgabe zentrales Element der Ausgestaltung eines Organhaftungsregimes ist. Viele Schwierigkeiten wurden dabei bereits für das dualistische System herausgearbeitet. Im monistischen System treten diese besonders zutage, denn dem Modell ist immanent, dass der Führungsebene ein weitestgehend überwachungsfreier Raum zugebilligt wird. Dies steht in einem nur schwierig aufzulösenden Konflikt mit dem Prinzip der Verhaltenssteuerung.

Es bleibt offen, ob die notwendigen Reformen des Organhaftungsrecht – sei es im Rahmen des dualistischen, des monistischen oder beider Systeme – tatsächlich angestrebt und durchgesetzt werden. Wahrscheinlicher ist eine schleichende und kontinuierliche Fortentwicklung der bestehenden Regelungen durch die Praxis. Umfassende Reformen würden die Grundpfeiler des deutschen Haftungsrechts – nämlich die Frage nach dessen Funktion – betreffen. Weiterhin wurde dargelegt, dass die Aktionäre ins Zentrum der Entscheidungen in einer Aktiengesellschaft gerückt werden sollten. Als Fundament für diese Argumentation muss gelten, dass das Ziel einer Aktiengesellschaft ist, ein Ansteigen des Aktienkurses zu erreichen und hohe Dividenden zu erzielen. Denn nur so kann begründet werden, warum gerade die Aktionäre die Kontrollverantwortung tragen. Auch durch diese Überlegungen werden jedoch die Grundlagen des Rechts der Aktiengesellschaft tangiert, denn in Deutschland wird überwiegend ein pluralistischer *stakeholder*-Ansatz verfolgt, wonach die Interessen der Arbeitnehmer, Verbraucher und Gläubiger in Einklang zu bringen sind. Grundlegende Reformen könnten von europäischer Ebene erfolgen. Hierzu müssten die europäischen Institutionen einen Vorschlag zur Harmonisierung des Aktiengesellschaftsrechts in seinen wesentlichen Elementen (also etwa Zweck und Gegenstand, Organstruktur, Kompetenzverteilung und Organhaftung) vorlegen. Allein die Schaffung sekundärrechtlicher Regelungsbereiche, etwa das Recht der SE, genügt dem nicht.

Im Übrigen zeigte der hier vorgenommene Rechtsvergleich, dass jegliche Systeme Schwächen aufweisen und neue Unstimmigkeiten entstehen, denen im Einzelnen begegnet werden müsste. Die bestehenden Lücken und die verbleibenden Unsicherheiten des Rechts der Organhaftung werden der weiter zunehmenden

Popularität des monistischen Systems allerdings kaum entgegenstehen. Es besteht offensichtlich ein Interesse daran, dieses Organisationsmodell in die deutsche Praxis zu integrieren. Die monistische SE kann dabei gerade dem Mittelstand eine neue Strukturmöglichkeit eröffnen, die hergebrachte Anforderungen und neue Herausforderungen verbindet.

Literaturverzeichnis

Abeltshauser, Thomas E. Leitungshaftung im Kapitalgesellschaftsrecht, Zu den Sorgfalts- und Loyalitätspflichten von Unternehmensleitern im deutschen und im US-amerikanischen Gesellschaftsrecht, Köln 1998.

Allen, William T./Kraakman, Reinier H./Subramanian, Guhan Commentaries and Cases on the Law of Business Organization, 3rd ed, Austin, New York 2009.

Allen, William T./Strine, Leo E. Function over Form: A Reassessment of Standards of Review in Delaware Corporation Law, 26 Del. J. Corp. L. 859 (2001).

Altmeppen, Holger/Roth, Günter H. (Hrsg.) Gesetz betreffend die Gesellschaften mit beschränkter Haftung (GmbHG), Kommentar, 7. Aufl., München 2012.

American Law Institute Principles of Corporate Governance: Analysis and Recommendations, Vol. 1+2, St. Paul 1994.

Andreoni, James/Harbaugh, William/Vesterlund, Lise The Carrot or the Stick: Rewards, Punishment, and Cooperation, 93 Am. Econ. Rev. 893 (2003).

Annuß, Georg von/*Fischinger, Philip S./Oetker, Hartmut/Richardi, Reinhard* (Hrsg.), *Staudinger, Julius von* (Begr.) J. von Staudingers Kommentar zum Bürgerlichen Gesetzbuch mit Einführungsgesetz und Nebengesetzen, Buch 2 – Recht der Schuldverhältnisse §§ 613a-619a (Dienstvertragsrecht 2), Berlin 2016.

Arnold, Arnd Die Steuerung des Vorstandshandelns, Eine rechtsökonomische Untersuchung der Principal-Agent-Problematik in Publikumskapitalgesellschaften, München 2007.

Arrow, Kenneth J. Uncertainty and the Welfare Economics of Medical Care, 53 Am Econ. Rev. 941 (1963).

Aviram, Amitai Officers' Fiduciary Duties and the Nature of Corporate Organs, 2013 U. Ill. L. Rev. 763 (2013).

Bachmann, Gregor Der Verwaltungsrat der monistischen SE, ZGR (2008), 779.

Bachmann, Gregor Reformbedarf bei der Business Judgment Rule?, ZHR 177 (2013), 1.

Bachmann, Gregor Reform der Organhaftung? – Gutachten E zum 70. Deutschen Juristentag, Materielles Haftungsrecht und seine Durchsetzung in privaten und öffentlichen Unternehmen, München 2014.

Bachmann, Gregor Urteilsanmerkung zu LG München I, Urt. v. 10.12.2013 – 5 HK O 1387/10, ZIP (2014), 579.

Bachmann, Gregor Die Geschäftsleiterhaftung im Fokus von Rechtsprechung und Rechtspolitik, BB (2015), 771.

Bahrenfuss, Dirk Die Entstehung des Aktiengesetzes von 1965 unter besonderer Berücksichtigung der Bestimmungen über die Kapitalgrundlagen und die Unternehmensverfassung, Berlin 2001.

Bainbridge, Stephen M. Corporation Law and Economics, New York 2002.

Bainbridge, Stephen M. The Business Judgment Rule as Abstention Doctrine, 57 Vand. L. Rev. 57 (2004).

Bainbridge, Stephen M. Director Primacy and Shareholder Disempowerment, 119 Harv. L. Rev. 1735 (2006).

Bainbridge, Stephen M. Unocal at 20: Director Primacy in Corporate Takeovers, 31 Del. J. Corp. L. 769 (2006).

Bainbridge, Stephen M. Caremark and Enterprise Risk Management, 34 J. Corp. L. 967 (2009).

Bainbridge, Stephen M. Corporate Law, 2nd ed, New York, St. Paul 2009.

Bainbridge, Stephen M. Fee Shifting: Delaware's Self-Inflicted Wound, U.C.L.A. Law & Economics Research Paper Series Research Paper No. 15–10 (2015).

Baker, Tom On the Genealogy of Moral Hazard, 75 Tex. L. Rev. 237 (1996).

Baker, Tom/Griffith, Sean J. Predicting Corporate Governance Risk: Evidence from the Directors' & Officers' Liability Insurance Market, 74 U. Chi. L. Rev. 487 (2007).

Baker, Tom/Griffith, Sean J. The Missing Monitor in Corporate Governance: The Directors' & Officers' Liability Insurer, 95 Geo. L.J. 1795 (2007).

Balotti, R. Franklin/Finkelstein, Jesse A. The Delaware Law of Corporations & Business Organizations, 3rd ed, New York 1998 updated 2014.

Barclift, Z. Jill Corporate Governance and CEO Dominance, 50 Washburn L.J. 611 (2011).

Bastuck, Burkhard Enthaftung des Managements, Corporate Indemnification im amerikanischen und deutschen Recht, Köln 1986.

Bauer, Martin Organstellung und Organvergütung in der monistisch verfassten Europäischen Aktiengesellschaft (SE), Frankfurt am Main, New York 2008.

Baums, Theodor Managerhaftung und Verjährung, ZHR 174 (2010), 593.

Baums, Theodor Der Aufsichtsrat – Aufgaben und Reformfragen, in: Florstedt, Tim/ Redenius-Hövermann, Julia/Segna, Ulrich u. a. (Hrsg.), Corporate Governance und Anlegerschutz – Ausgewählte Beiträge, Tübingen 2013, S. 188.

Bayer, Walter Legalitätspflicht der Unternehmensleitung, „nützliche Gesetzesverstöße" und Regreß bei verhängten Sanktionen, in: Bitter, Georg/Lutter, Marcus/ Priester, Hans-Joachim (Hrsg.), Festschrift für Karsten Schmidt zum 70. Geburtstag, Köln 2009, S. 85.

Bayer, Walter Vorstandshaftung in der AG de lege lata und de lege ferenda, NJW (2014), 2546.

Bayer, Walter/Scholz, Philipp Haftungsbegrenzung und D&O-Versicherung im Recht der aktienrechtlichen Organhaftung Grundsatzüberlegungen zum 70. DJT 2014, NZG (2014), 926.

Baysinger, Barry/Hoskisson, Robert E. The Composition of Boards of Directors and Strategic Control, 15 Acad. Mgmt. Rev. 72 (1990).

Bebchuk, Lucian A. The Case for Increasing Shareholder Power, 118 Harv. L. Rev. 833 (2005).

Bebchuk, Lucian A./Brav, Alon/Jiang, Wei The Long-Term Effects of Hedge Fund Activism, 115 Colum. L. Rev. 1085 (2015).

Becht, Marco/Bolton, Patrick/Röell, Ailsa Corporate Law and Governance, in: Polinsky, A. Mitchell/Shavell, Steven (Hrsg.), Handbook of Law and Economics, Vol. 2, Amsterdam, Boston, Heidelberg 2007, S. 829.

Bekker, Ernst Immanuel Die inneren Rechtsverhältnisse der Aktiengesellschaft nach dem Handelsgesetzbuch und dem Gesetz vom 11. Juni 1870, ZHR 17 (1872), 379.

Berg, Cai Korruption in Unternehmen und Risikomanagement nach § 91 Abs 2 AktG, AG (2007), 271.

Berle, Adolph A./Means, Gardiner C. The Modern Corporation and Private Property, New York 1932.

Bieder, Marcus Grund und Grenzen der Verfolgungspflicht des Aufsichtsrats bei pflichtwidrigem Vorstandshandeln, NZG (2015), 1178.

Bishop, Carter G. Directorial Abdication and the Taxonomic Role of Good Faith in Delaware Corporate Law, 2007 Mich. St. L. Rev. 905 (2007).

Black, Bernhard S./Cheffins, Brian R./Klausner, Michael Outside Director Liability, 58 Stan. L. Rev. 1055 (2006).

Black, Bernhard S./Cheffins, Brian R./Klausner, Michael Outside Director Liability: A Policy Analysis, JITE 162 (2006), 1.

Blasche, Sebastian Die Anwendung der Business Judgment Rule bei Kollegialentscheidungen und Vorliegen eines Interessenkonflikts bei einem der Vorstandsmitglieder, AG (2010), 141.

Böckli, Peter „Verwaltungsrat ohne Aufsichtsrat?", in: Susanne, Rau-Reist (Hrsg.), Durchblick: 39 Persönlichkeiten zu Unternehmung und Gesellschaft; Festschrift zum 65. Geburtstag von Walter Reist, Zürich 1992, S. 337.

Böckli, Peter Konvergenz: Annäherung des monistischen und des dualistischen Führungs- und Aufsichtsratssystems, in: Hommelhoff, Peter/Hopt, Klaus J./Werder, Axel von (Hrsg.), Handbuch Corporate Governance, Leitung und Überwachung börsennotierter Unternehmen in der Rechts- und Wirtschaftspraxis, Stuttgart, Köln 2010, S. 255.

Boettcher, Friederike Die Kompetenzen von Verwaltungsrat und geschäftsführenden Direktoren in der monistischen SE in Deutschland, Baden-Baden 2009.

Böhmer, Jendrik 30. Münsterischer Versicherungstag, Solvency 1,5, Legal Judgment Rule sowie Informationspflichten in der Gruppenversicherung und im Internet, VersR (2013), 162.

Bonin, Gregor von Die Leitung der Aktiengesellschaft zwischen Shareholder Value und Stakeholder-Interessen, Baden-Baden 2003.

Bosch, Nikolaus/Lange, Knut Werner Unternehmerischer Handlungsspielraum des Vorstandes zwischen zivilrechtlicher Verantwortung und strafrechtlicher Sanktion, JZ (2009), 225.

Böttcher, Lars Bankvorstandshaftung im Rahmen der Sub-Prime Krise, NZG (2009), 1047.

Brandt, Ulrich Überlegungen zu einem SE-Ausführungsgesetz, NZG (2002), 991.

Brandt, Ulrich Die Hauptversammlung der Europäischen Aktiengesellschaft (SE), Eine Untersuchung der methodischen Grundlagen und der Unterschiede zu den nationalen Aktiengesellschaften, insbesondere zur deutschen Aktiengesellschaft, Frankfurt am Main 2004.

Brandt, Ulrich/Scheifele, Matthias Die Europäische Aktiengesellschaft und das anwendbare Recht, DStR (2002), 547.

Branson, Douglas M. The Rule That Isn't a Rule – the Business Judgment Rule, 36 Val. U. L. Rev. 631 (2002).

Bratton, William W./Wachter, Michael L. The Case Against Shareholder Empowerment, 158 U. Pa. L. Rev. 653 (2010).

Brickley, James A./Coles, Jeffrey L./Jarrell, Gregg Leadership Structure: Separating the CEO and Chairman of the Board?, 3 J. Corp. Fin. 189 (1996).

Brodsky, Edward/Adamski, M. Patricia Law of Corporate Officers and Directors, Rights, Duties and Liabilities, New York 2014–2015.

Brömmelmeyer, Christoph Neue Regeln für die Binnenhaftung des Vorstands – Ein Beitrag zur Konkretisierung der Business Judgment Rule, WM (2005), 2065.

Brommer, Andreas Folgen einer reformierten Aktionärsklage für die Vorstandsinnenhaftung, AG (2013), 121.

Broughman, Brian J./Ibrahim, Darian M. Delaware's Familiarity, 1790 Wm. & Mary Fac. Publi. 274 (2015).

Bücker, Thomas Bedeutung der monistischen SE in Deutschland und Verantwortlichkeit der Verwaltungsratsmitglieder, in: Bergmann, Alfred/Kiem, Roger/Mülbert, Peter O. u. a. (Hrsg.), 10 Jahre SE, Erreichter Stand – verbleibende Anwendungsfragen – Perspektiven, Frankfurt am Main 2015, S. 203.

Buck-Heeb, Petra Die Haftung von Mitgliedern des Leitungsorgans bei unklarer Rechtslage, Notwendigkeit einer Legal Judgment Rule?, BB (2013), 2247.

Bunz, Thomas Vorbereitungs- und Reaktionsmöglichkeiten börsennotierter Unternehmen auf Shareholder Activism, NZG (2014), 1049.

Bürgers, Tobias Compliance in Aktiengesellschaften, Arbeitsteilung zwischen Vorstand und Aufsichtsrat sowieo innerhalb der Organe, ZHR 179 (2015), 173.

Bürkle, Jürgen Corporate Compliance – Pflicht oder Kür für den Vorstand einer AG, BB (2005), 565.

Bürkle, Jürgen Compliance-Beauftragte, in: Hauschka, Christoph E. (Hrsg.), Corporate Compliance, Handbuch der Haftungsvermeidung im Unternehmen, 2. Aufl., München 2010, § 8.

Bürkle, Jürgen Aufsichtsrechtliches Legal Judgment: Sachlicher Anwendungsbereich und prozedurale Voraussetzungen, VersR (2013), 792.

Busekist, Konstantin von/*Hein, Oliver* Der IDW PS 980 und die allgemeinen rechtlichen Mindestanforderungen an ein wirksames Compliance Management System (1) – Grundlagen, Kultur und Ziele, CCZ (2012), 41.

Buxbaum, Richard M. Conflict-of-Interests Statutes and the Need for a Demand on Directors in Derivative Actions, 68 Cal. L. Rev. 1122 (1980).

Buxbaum, Richard M. The Internal Division of Powers in Corporate Governance, 72 Cal. L. Rev. 1671 (1985).

Buxbaum, Richard M. The Duty of Care and the Business Judgment Rule in American Law, Recent Developments and Current Problems, in: Kreuzer, Karl Friedrich (Hrsg.), Die Haftung der Leitungsorgane von Kapitalgesellschaften, Verhandlungen der Fachgruppe für vergleichendes Handels- und Wirtschaftsrecht anlässlich der Tagung der Gesellschaft für Rechtsvergleichung in Würzburg vom 13.-16.9.1989, Baden-Baden 1991, S. 79.

Buxbaum, Richard M. Die Leitung von Gesellschaften, Strukturelle Reformen im amerikanischen und deutschen Gesellschaftsrecht, in: Feddersen, Dieter/Hommelhoff, Peter/Schneider, Uwe-Helmut (Hrsg.), Corporate Governance, Optimierung der Unternehmensführung und der Unternehmenskontrolle im deutschen und amerikanischen Aktienrecht, Köln 1996, S. 65.

Bydlinksi, Franz Die Suche nach der Mitte als Daueraufgabe der Privatrechtswissenschaft, AcP 204 (2004), 310.

Cahn, Andreas Aufsichtsrat und Business Judgment Rule, WM (2013), 1293.

Casper, Matthias Der Lückenschluß im Statut der Europäischen Aktiengesellschaft, in: Habersack, Mathias/Hommelhoff, Peter/Hüffer, Uwe u. a. (Hrsg.), Festschrift für Peter Ulmer zum 70. Geburtstag am 2. Januar 2003, Berlin 2003, S. 51.

Casper, Matthias Erfahrungen und Reformbedarf bei der SE – Gesellschaftsrechltiche Reformvorschläge, ZHR 173 (2009), 181.

Casper, Matthias Whistleblowing zwischen Denunziantentum und integralem Baustein von Compliance-Systemen, in: Liber Amicorum für Martin Winter, Köln 2011, S. 77.

Casper, Matthias Hat die grundsätzliche Verfolgungspflicht des Aufsichtsrats im Sinne des ARAG/Garmenbeck-Urteils ausgedient?, ZHR 176 (2012), 617.

Cheffins, Brian R. The Past, Present and Future of Shareholder Activism by Hedge Funds, 37 J. Corp. L. 51 (2011).

Choper, Jesse H./Coffee, John C./Gilson, Ronald J. Cases and Materials on Corporations, 8th ed, New York 2013.

Clark, Robert Charles Corporate Law, Boston 1986.

Coase, R. H. The Nature of the Firm, 4 Economica 386 (1938).

Coffee, John C. Understanding the Plaintiff's Attorney: The Implications of Economic Theory for Private Enforcement of Law through Class and Derivative Actions, 86 Colum. L. Rev. 669 (1986).

Coffee, John C./Schwarz, Donald E. The Survival of the Derivative Suit: An Evaluation and a Proposal for Legislative Reform, 81 Colum. L. Rev. 261 (1981).

Cohen, Avery S. The Outside Director – Selection, Responsibilities, and Contributions to the Public Corporation, 34 Wash. & Lee L. Rev. 837 (1997).

Conrad, Alfred F. A Behavioral Analysis of Directors' Liability for Negligence, 21 Duke L.J. 895 (1972).

Corporate Laws Committee Corporate Director's Guidebook, 6th ed, Chicago 2011.

Cox, James D. Compensation, Deterrence, and the Market as Boundaries for Derivative Suit Procedures, 52 Geo. Wash. L. Rev. 745 (1984).

Cox, James D. Managing and Monitoring Conflicts of Interest: Empowering the Outside Directors with Independent Counsel, 48 Vill. L. Rev. 1077 (2003).

Cox, James D./Hazen, Thomas Lee Business Organizations Law, 3rd ed, St. Paul 2011.

Cox, James D./Hazen, Thomas Lee Corporation Law, Chicago 2012.

Crean, Renee L. Has New York Effectively Challenged Delaware's Market Dominance With Recent Amendments to the New York Business Corporation Law?, 72 St. John's L. Rev. 695 (2012).

Cromme, Gerhard Die Konvergenz der Corporate Governance in ein- und zweigliedrigen Board-Systemen, in: Krieger, Gerd/Lutter, Marcus/Schmidt, Karsten (Hrsg.), Festschrift für Michael Hoffmann-Becking zum 70. Geburtstag, München 2013, S. 283.

Daily, Catherine M./Schwenk, Charles Chief Executive Officers, Top Management Team, and Boards of Directors: Congruent or Countervailing Forces?, 2 J. Mgmt. 185 (1996).

Dauner-Lieb, Barbara Organhaftung – Bemerkungen im Vorfeld des 70. DJT, Board (2014), 182.

Dauner-Lieb, Barbara § 93 AktG, in: Henssler, Martin/Strohn, Lutz (Hrsg.), Gesellschaftsrecht, BGB, HGB, PartGG, GmbHG, AktG, GenG, UmwG, InsO, AnfG, IntGesR, 3. Aufl., München 2016.

Dauner-Lieb, Barbara/Tettinger, Peter W. Vorstandshaftung, D&O-Versicherung, Selbstbehalt, ZIP (2009), 1555.

DAV-Handelsrechtsausschuss Stellungnahme zu dem Regierungsentwurf eines Gesetzes zur Einführung der Europäischen Gesellschaft (SEEG), NZG (2004), 957.

DAV-Handelsrechtsausschuss Stellungnahme zur Verlängerung der Verjährungsfrist der aktienrechtlichen Organhaftung nach Art. 5 und 6 des Referentenentwurfs für ein Restrukturierungsgesetz, NZG (2010), 897.

DAV-Handelsrechtsausschuss Stellungnahme zum Referentenentwurf eines Gesetzes zur Änderung des Aktiengesetzes (Aktienrechtsnovelle 2011), NZG (2011), 217.

DAV-Handelsrechtsausschuss Stellungnahme zum Regierungsentwurf der Aktienrechtsnovelle 2012, NZG (2012), 380.

Davies, Paul Struktur der Unternehmensführung in Großbritannien und Deutschland: Konvergenz oder fortbestehende Divergenz?, ZGR (2001), 268.

Davis, Kenneth B. Jr. Once more, the Business Judgment Rule, Wis. L. Rev. 573 (2000).

Davis, Kenneth B., Jr. Structural Bias, Special Litigation Committees, and the Vagaries of Director Independence, 90 Iowa L. Rev. (2005), 1305.

Dent, George W. Academics in Wonderland: The Team Production and Director Primacy Models of Corporate Governance, 44 Hous. L. Rev. 1213 (2008).

Dickerson, A. Mechele The Many Faces of Chapter 11: A Reply to Professor Baird, 12 Abi. L. Rev. 109 (2004).

Dietz-Vellmer, Fabian Organhaftungsansprüche in der Aktiengesellschaft: Anforderungen an Verzicht oder Vergleich durch die Gesellschaft, NZG (2011), 248.

Dreher, Meinrad Die selbstbeteiligungslose D&O-Versicherung in der Aktiengesellschaft, AG (2008), 429.

Dreher, Meinrad Ausstrahlung des Aufsichtsrechts auf das Aktienrecht, ZGR (2010), 469.

Dreher, Meinrad Die Vorstandsverantwortung im Geflecht von Risikomanagement, Compliance und interner Revision, in: Kindler, Peter (Hrsg.), Festschrift für Uwe Hüffer zum 70. Geburtstag, München 2010, S. 161.

Drinhausen, Florian Innere Organisation, in: Drinhausen, Florian/Hulle, Karel van/Maul, Silja (Hrsg.), Handbuch zur Europäischen Gesellschaft (SE), München 2007, 5. Abschnitt § 3.

Druey, Jean Nicolas Standardisierung der Sorgfaltspflicht? Fragen zur Business Judgment Rule, in: Habersack, Mathias/Hommelhoff, Peter (Hrsg.), Festschrift für Wulf Goette zum 65. Geburtstag, München 2011, S. 57.

Duesenberg, Richard W. The Business Judgment Rule and Shareholders Derivative Suits: A View from the Inside, 60 Wash. U. L. Q. 311 (1982).

Easterbrook, Frank H./Fischel, Daniel R. Corporate Control Transactions, 91 Yale L.J. 698 (1982).

Eckert, Georg/Grechenig, Kristoffel/Stremitzer, Alexander Ökonomische Analyse der Organhaftung, in: Kalss, Susanne (Hrsg.), Vorstandshaftung in 15 europäischen Ländern, Wien 2005, S. 97.

Eder, Cajetan J. Die monistisch verfasste Societas Europaea – Überlegungen zur Umsetzung eines CEO-Modells, NZG (2004), 544.

Effross, Walter Corporate Governance, Principles and Practices, New York 2010.

Eidenmüller, Horst Kapitalgesellschaftsrecht im Spiegel der ökonomischen Theorie, JZ (2001), 1041.

Eisele, Dieter/Faust, Alexander Verhaltensregeln und Compliance, in: Schimansky, Herbert/Bunte, Hermann-Josef/Lwowski, Hans-Jürgen (Hrsg.), Bankrechts-Handbuch, 4. Aufl., München 2011, § 109.

Eisenberg, Melvin Aron The Structure of the Corporation: A Legal Analysis, Boston 1976.

Eisenberg, Melvin Aron The Divergence of Standards of Conduct and Standards of Review in Corporate Law, 62 Fordham L. Rev. 437 (1993).

Eisenberg, Melvin Aron The Board of Directors and Internal Control, 19 Cardozo L. Rev. 237 (1997).

Eisenberg, Melvin Aron Die Sorgfaltspflicht im amerikanischen Gesellschaftsrecht, Der Konzern (2004), 386.

Eisenberg, Melvin Aron Corporations and other Business Organizations, Cases and Materials, 9th ed, New York, St. Paul 2005.

Eisenberg, Melvin Aron The Duty of Good Faith in Corporate Law, 31 Del. J. Corp. L. 1 (2006).

Elson, Charles M/Ferrere, Craig K./Goossen, Nicholas J. The Bug at Volkswagen: Lessons in Co-Determination, Ownership, and Board Structure, 27 J. Appl. Corp. Finance 4 (2015).

Erickson, Jessica Corporate Governance in the Courtroom: An Empirical Analysis, 51 Wm. & Mary L. Rev. 1749 (2010).

Escher-Weingart, Christina Corporate Governance-Strukturen – Ein deutsch- U.S.-amerikanischer Rechtsvergleich, ZVglRWiss (2000), 387.

Esser, Josef/Schmidt, Eike Schuldrecht, Ein Lehrbuch, 8. Aufl., Heidelberg 2000.

Fairfax, Lisa M. Spare the Rod, Spoil the Director? Revitalizing Directors' Fiduciary Duty through Legal Liability, 42 Hou. L. Rev. 393 (2005).

Fairfax, Lisa M. The Exclusive Quest for Director Independence, in: Hill, Claire A./McDonnell, Brett H. (Hrsg.), Research Handbook on the Economics of Corporate Law, Cheltenham, Northampton 2012, S. 170.

Fairfax, Lisa M. Managing Expectations: Does the Director's Duty to Monitor Promise More Than it Can Deliver?, 10 U. St. Thomas L.J 416 (2014).

Falkenhausen, Joachim von Die Haftung außerhalb der Business Judgment Rule – Ist die Business Judgment Rule ein Haftungsprivileg für Vorstände?, NZG (2012), 644.

Fehrenbach, Markus Zur Frage, ob sich aus dem geltenden Recht Regeln zur Haftungsverschonung oder Haftungsbegrenzung zugunsten von Vorstandsmitgliedern ableiten lassen, AG (2015), 761.

Ferguson, Niall The Great Degeneration, How Institutions Decay and Economies Die, London, New York 2012.

Fest, Timo Darlegungs- und Beweislast bei Prognoseentscheidungen im Rahmen der Business Judgment Rule, NZG (2011), 540.

Fest, Timo Der Umgang mit Legal Transplants am Beispiel des Aktienrechts, in: Kreutz, Peter/Renftle, Norbert/Faber, Erasmus u. a. (Hrsg.), Jahrbuch Junger Zivilrechtswissenschaftler 2011 – Realitäten des Zivilrechts, Grenzen des Zivilrechts, Augsburger Tagung 7. – 10. September 2011, Stuttgart 2012, S. 119.

Fisch, Jill E./Griffith, Sean J./Davidoff Solomon, Steven Confronting the Peppercorn Settlement in Merger Litigation: An Empirical Analysis and a Proposal for Reform, 94 Tex. L. Rev. 557 (2015).

Fischel, Daniel R. The Business Judgment Rule and the Trans Union Case, 40 Bus. Law. 1437 (1985).

Fischer, Sebastian Monistische Unternehmensverfassung – Ökonomische Analyse und Plädoyer für ein Wahlrecht im deutschen Aktienrecht, Köln 2010.

Fleck, Hans-Joachim Das Organmitglied – Unternehmer oder Arbeitnehmer?, in: Dieterich, Thomas/Gamillscheg, Franz/Wiedemann, Herbert (Hrsg.), Festschrift für Marie Luise Hilger und Hermann Stumpf, München 1983, S. 197.

Fleischer, Holger Die „Business Judgment Rule" im Spiegel von Rechtsvergleich und Rechtsökonomie, in: Wank, Rolf/Hirte, Heribert/Frey, Kaspar u. a. (Hrsg.), Festschrift für Herbert Wiedemann zum 70. Geburtstag, München 2002, S. 827.

Fleischer, Holger Zum Grundsatz der Gesamtverantwortung im Aktienrecht, NZG (2003), 449.

Fleischer, Holger Zur Leitungsaufgabe des Vorstands im Aktienrecht, ZIP (2003), 1.

Fleischer, Holger Zur organschaftlichen Treuepflicht der Geschäftsleiter im Aktien- und GmbH-Recht, WM (2003), 1045.

Fleischer, Holger Der Einfluß der Societas Europaea auf die Dogmatik des deutschen Gesellschaftsrechts, AcP 204 (2004), 502.

Fleischer, Holger Aktienrechtliche Legalitätspflicht und „nützliche" Pflichtverletzungen von Vorstandsmitgliedern, ZIP (2005), 141.

Fleischer, Holger Haftungsfreistellung, Prozesskostenersatz und Versicherung für Vorstandsmitglieder – Eine rechtsvergleichende Bestandsaufnahme zur Enthaftung des Managements, WM (2005), 909.

Fleischer, Holger Aufgaben und Binnenorganisation des Vorstands, in: Fleischer, Holger (Hrsg.), Handbuch des Vorstandsrechts, München 2006, 1. Teil § 1.

Fleischer, Holger Corporate Compliance im aktienrechtlichen Unternehmensverbund, CCZ (2008), 1.

Fleischer, Holger Finanzmarktkrise und Überwachungsverantwortung von Verwaltungsratsmitgliedern im US-amerikanischen Gesellschaftsrecht, RIW (2010), 337.

Fleischer, Holger Aktienrechtliche Compliance-Pflichten im Praxistest: Das Siemens/ Neubürger-Urteil des LG München I, NZG (2014), 321.

Fleischer, Holger Ruinöse Managerhaftung: Reaktionsmöglichkeiten de lege lata und de lege ferenda, ZIP (2014), 1305.

Fletcher, William Maede Cyclopedia of the Law of Corporations, St. Paul revised 2011 updated 2015.

Fon, Vincy/Parisi, Francesco Codifications and the Optimal Specificity of Legal Rules, George Mason University School of Law Law and Economics Research Paper No. 04–32 1 (2007).

Forst, Gerrit Zu den Auswirkungen des Gesetzes zur Angemessenheit der Vorstandsvergütung auf die SE, ZIP (2010), 1786.

Franz, Einiko B. Der gesetzliche Selbstbehalt in der D&O-Versicherung nach dem VorstAG – Wie weit geht das Einschussloch in der Schutzweste der Manager?, DB (2009), 2764.

Freitag, Robert/Korch, Stefan Die Angemessenheit der Information im Rahmen der Business Judgment Rule (§ 93 Abs. 1 Satz 2 AktG), ZIP (2012), 2281.

Frodermann, Jürgen Leitungs- und Aufsichtsorgane, in: Jannott, Dirk/Frodermann, Jürgen (Hrsg.), Handbuch der Europäischen Aktiengesellschaft – Societas Europaea – Eine umfassende und detaillierte Darstellung für die Praxis unter Berücksichtigung sämtlicher EU-Mitgliedstaaten und des EWR, 2. Aufl., Heidelberg 2014, 5. Kapitel.

Funke, Susann Die Arbeitnehmerbeteiligung im Rahmen der Gründung einer SE, NZA (2009), 412.

Gädtke, Thomas Implizites Verbot der D&O-Selbstbehaltsversicherung?, VersR (2009), 1565.

Gaschler, Andreas Das Klagezulassungsverfahren gem. § 148 AktG 2017.

Geis, George S. Shareholder Derivative Litigation and the Preclusion Problem, 100 Va. L. Rev. 261 (2014).

Gelb, Harvey Director Due Care Liability: An Assessment of the New Statutes, 61 Temp. L. Rev. 13 (1988).

Gevurtz, Franklin The Historical and Political Origins of the Corporate Board of Directors, 33 Hofstra L. Rev. 89 (2004).

Gevurtz, Franklin Corporation Law, 2nd ed, St. Paul 2010.

Goette, Wulf Leitung, Aufsicht, Haftung – zur Rolle der Rechtsprechung bei der Sicherung einer modernen Unternehmensführung, in: Geiß, Karlmann/Nehm,

Kay/Brander, Hans Erich u. a. (Hrsg.), Festschrift aus Anlaß des fünfzigjährigen Bestehens von Bundesgerichtshof, Bundesanwaltschaft und Rechtsanwaltschaft beim Bundesgerichtshof, Köln u. a. 2000, S. 123.

Goette, Wulf Organisationspflichten in Kapitalgesellschaften zwischen Rechtspflicht und Opportunität, ZHR 175 (2011), 388.

Goette, Wulf Grundsätzliche Verfolgungspflicht des Aufsichtsrats bei sorgfaltswidrig schädigendem Verhalten im AG-Vorstand?, ZHR 176 (2012), 588.

Goette, Wulf/Habersack, Mathias (Hrsg.) Münchener Kommentar zum Aktiengesetz, Europäisches Aktienrecht, SE-VO, SEBG, Europäische Niederlassungsfreiheit, 3. Aufl., Bd. 7, München 2012.

Goette, Wulf/Habersack, Mathias (Hrsg.) Münchener Kommentar zum Aktiengesetz, §§ 118–178, 3. Aufl., Bd. 3, München 2013.

Goette, Wulf/Habersack, Mathias (Hrsg.) Münchener Kommentar zum Aktiengesetz, §§ 76–17, MitbestG, DrittelbG, 4. Aufl., Bd. 2, München 2014.

Gordon, Jeffrey N. The Rise of Independent Directors in the United States, 1950–2005: Of Shareholder Value and Stock Market Prices, 59 Stan. L. Rev. 1465 (2007).

Greenwood, Daniel J.H. Democracy and Delaware: The Mysterious Race to the Bottom/Top, 23 Yale L. & Pol'y Rev. 381 (2005).

Griffith, Sean J. Correcting Corporate Benefit: How to Fix Shareholder Litigation by Shifting the Doctrine on Fees, 56 B.C. L. Rev. 1 (2015).

Grigoleit, Hans Christoph Wettbewerbsverbot und Vorstandsdoppelmandat in der AG & Co. KG, Zugleich Besprechung der Entscheidung BGH ZIP 2009, 1162 (Vorstandsdoppelmandat), ZGR (2010), 662.

Grigoleit, Hans Christoph (Hrsg.) Aktiengesetz, Kommentar, München 2013.

Gruber, Johannes Die monistische Unternehmensführung in der Societas Europaea (SE) im Spannungsfeld von Mitbestimmung, Eigentumsgarantie und Corporate Governance, Frankfurt am Main 2011.

Gruber, Johannes/Weller, Marc Philippe Societas Europaea – Mitbestimmung ohne Aufsichtsrat?, NZG (2003), 297.

Grundmann, Stefan Welche Einheit des Privatrechts?, in: Grundmann, Stefan/Haar, Brigitte/Merkt, Hanno u. a. (Hrsg.), Festschrift für Klaus J. Hopt zum 70. Geburtstag am 24. August 2010: Unternehmen, Markt und Verantwortung, Bd. 1, Berlin, New York 2010, S. 61.

Grunewald, Barbara Haftungsvereinbarungen zwischen Aktiengesellschaft und Vorstandsmitgliedern, AG (2013), 813.

Haar, Brigitte/Grechenig, Kristoffel Minderheitenquorum und Mehrheitsmacht bei der Aktionärsklage – Bessere Corporate Governance durch Abschaffung der Beteiligungsschwelle gem. § 148 Abs. 1 Satz 1 AktG, AG (2013), 653.

Habersack, Mathias Schranken der Mitbestimmungsautonomie in der SE, AG (2006), 345.

Habersack, Mathias Mangerhaftung, in: Lorenz, Egon (Hrsg.), Karlsruher Forum 2009: Managerhaftung, Karlsruhe 2010, S. 5.

Habersack, Mathias Staatliche und halbstaatliche Eingriffe in die Unternehmensführung – Gutachten E zum 69. Deutschen Juristentag, München 2012.

Habersack, Mathias Perspektiven der aktienrechtlichen Organhaftung, ZHR 177 (2013), 782.

Habersack, Mathias/Drinhausen, Florian (Hrsg.) SE-Recht mit grenzüberschreitender Verschmelzung, Kommentar, 2. Aufl., München 2016.

Hahn, Arthur W./Manzoni, Carol B. The Monitoring Committee and Outside Directors' Evolving Duty of Care, 9 Loyola U. Chi. L.J. 587 (1978).

Haider-Giangreco, Bettina/Polte, Marcel Die SE als Rechtsform für den Mittelstand, BB (2014), 2947.

Happ, Wilhelm Das Klagezulassungsverfahren des § 148 AktG auf dem Prüfstand, in: Aderhold, Lutz/Grunewald, Barbara/Klingberg, Dietgard u. a. (Hrsg.), Festschrift für Hans Peter Westermann zum 70. Geburtstag, Köln 2008, S. 971.

Harbarth, Stephan Unternehmerisches Ermessen des Vorstands im Interessenkonflikt, in: Erle, Bernd/Goette, Wulf/Kleindiek, Detlef u. a. (Hrsg.), Festschrift für Peter Hommelhoff, 2012, S. 323.

Harbarth, Stephan Anforderungen an die Compliance-Organisation in börsennotierten Unternehmen, ZHR 179 (2015), 136.

Hazen, Thomas Lee/Markham, Jerry W. Corporations and other Business Enterprises, Cases and Materials, 3rd ed, St. Paul 2009.

Heckschen, Heribert Die SE als Option für den Mittelstand, in: Aderhold, Lutz/Grunewald, Barbara/Klingberg, Dietgard u. a. (Hrsg.), Festschrift für Hans Peter Westermann zum 70. Geburtstag, Köln 2008, S. 999.

Hein, Jan von Vom Vorstandsvorsitzenden zum CEO?, ZHR 166 (2002), 464.

Hein, Jan von Die Rezeption US-amerikanischen Gesellschaftsrechts in Deutschland, Tübingen 2008.

Hemeling, Peter Organisationspflichten des Vorstands zwischen Rechtspflicht und Opportunität, ZHR 175 (2011), 368.

Hemeling, Peter Neuere Entwicklungen in der D&O-Versicherung, in: Krieger, Gerd/Lutter, Marcus/Schmidt, Karsten (Hrsg.), Festschrift für Michael Hoffmann-Becking zum 70. Geburtstag, München 2013, S. 491.

Hemeling, Peter Reform der Organhaftung?, Erwartungen an den 70. Deutschen Juristentag, ZHR 178 (2014), 221.

Henn, Harry G./Alexander, John R. Laws of Corporations and other Business Enterprises, 3rd, St. Paul 1983.

Henssler, Martin Erfahrungen und Reformbedarf bei der SE – Mitbestimmungsrechtliche Reformvorschläge, ZHR 173 (2009), 222.

Henssler, Martin § 116 AktG, in: Henssler, Martin/Strohn, Lutz (Hrsg.), Gesellschaftsrecht, BGB, HGB, PartGG, GmbHG, AktG, GenG, UmwG, InsO, AnfG, IntGesR, 3. Aufl., München 2016.

Herzel, Leo/Katz, Leo The Business of Judging Business Judgment, 41 Bus. Law. 1187 (1986).

Hill, Claire A./McDonnell, Brett H. Stone v. Ritter and the Expanding Duty of Loyalty, 76 Fordham L. Rev. 1769 (2007).

Hill, Claire A./McDonnell, Brett H. Reconsidering Board Oversight Duties after the Financial Crisis, 2013 U. Ill. L. Rev. 859 (2013).

Hirte, Heribert Die Europäische Aktiengesellschaft, NZG (2002), 1.

Hirte, Heribert/Mülbert, Peter O./Roth, Markus (Hrsg.), *Grabow, Wilhelm* (Begr.) Aktiengesetz – Großkommentar, §§ 76–91, 5. Aufl., Bd. 4/1, Berlin, München, Boston 2015.

Hirte, Heribert/Mülbert, Peter O./Roth, Markus (Hrsg.), *Grabow, Wilhelm* (Begr.) Aktiengesetz – Großkommentar, §§ 92–94, 5. Aufl., Bd. 4/2, Berlin, München, Boston 2015.

Hoeppner, Sven/Lyhs, Laura Behavior Under Vague Standards: Evidence from the Laboratory, 10 Jena Economic Research Papers (2016), 1.

Hoffmann, Gunther M. Existenzvernichtende Haftung von Vorständen und Aufsichtsräten?, NJW (2012), 1393.

Hoffmann-Becking, Michael Unabhängigkeit im Aufsichtsrat, NZG 2014, 801.

Hoffmann-Becking, Michael Zur rechtlichen Organisation der Zusammenarbeit im Vorstand der AG, ZGR (1998), 497.

Hoffmann-Becking, Michael Vorstandsvorsitzender oder CEO?, NZG (2003), 745.

Hoffmann-Becking, Michael Vorstandsvergütung nach Mannesmann, NZG (2006), 127.

Holle, Philipp Maximilian Rechtsbindung und Business Judgment Rule, AG (2011), 778.

Holle, Philipp Maximilian Die Binnenhaftung des Vorstands bei unklarer Rechtslage, AG (2016), 270.

Hölters, Wolfgang (Hrsg.) Aktiengesetz, Kommentar, 2. Aufl., München 2014.

Hommelhoff, Peter Gesellschaftsrechtliche Fragen im Entwurf eines SE-Statuts, AG (1990), 422.

Hommelhoff, Peter Einige Bemerkungen zur Organisationsverfassung der Europäischen Aktiengesellschaft, AG (2001), 279.

Hommelhoff, Peter Zum Konzernrecht der Europäischen Aktiengesellschaft, AG (2003), 179.

Hopt, Klaus J. Die Haftung von Vorstand und Aufsichtsrat, Zugleich ein Beitrag zur Corporate Governance Debatte, in: Immenga, Ulrich/Möschel, Wernhard/Reuter, Dieter (Hrsg.), Festschrift für Ernst-Joachim Mestmäcker, Zum siebzigsten Geburtstag, Baden-Baden 1996, S. 909.

Hopt, Klaus J. Gestaltungsfreiheit im Gesellschaftsrecht in Europa, Generalbericht, in: Lutter, Marcus/Wiedemann, Herbert (Hrsg.), Gestaltungsfreiheit im Gesellschaftsrecht, Deutschland, Europa und USA – 11. ZGR-Symposion „25 Jahre ZGR", Berlin, New York 1998, S. 123.

Hopt, Klaus J. Gemeinsame Grundsätze der Corporate Governance in Europa?, – Überlegungen zum Einfluss der Wertpapiermärkte auf Unternehmen und ihre Regulierung und zum Zusammenwachsen von common law und civil law im Gesellschafts- und Kapitalmarktrecht, ZGR (2000), 779.

Hopt, Klaus J. Comparative Corporate Governance: The State of the Art and International Regulation, 59 Am. J. Comp. L. 1 (2011).

Hopt, Klaus J. Die Verantwortlichkeit von Vorstand und Aufsichtsrat: Grundsatz und Praxisprobleme unter besonderer Berücksichtigung der Banken, ZIP (2013), 1793.

Hopt, Klaus J. Die Reform der Organhaftung nach § 93 AktG, Bemerkungen zu den Beschlüssen des 70. Deutschen Juristentages, in: Ackermann, Thomas/Köndgen, Johannes (Hrsg.), Privat- und Wirtschaftsrecht in Europa, Festschrift für Wulf-Henning Roth zum 70. Geburtstag, München 2015, S. 225.

Hopt, Klaus J. Sitzungsberichte, in: Ständige Deputation des Deutschen Juristentages (Hrsg.), Verhandlungen des 70. Deutschen Juristentages, Hannover 2014, München 2015.

Hopt, Klaus J./Leyens, Patrick C. Board Models in Europe, Recent Developments of Internal Corporate Governance Structures in Germany, the United Kingdom, France and Italy, ECFR (2004), 135.

Hopt, Klaus J./Wiedemann, Herbert (Hrsg.), *Grabow, Wilhelm* (Begr.) Aktiengesetz – Großkommentar, §§ 118–149, 4. Aufl., Bd. 5, Berlin 2008 (29. Lief.).

Horn, Norbert Die Europa-AG im Kontext des deutschen und europäischen Gesellschaftsrechts, DB (2005), 147.

Hornstein, George D. Legal Therapeutics: The "Salvage" Factor in Counsel Fee Awards, 69 Harv. L. Rev. 659 (1956).

Horsey, Ridgely The Duty of Care Component of the Delaware Business Judgment Rule, 19 Del. J. Corp. L. 971 (1994).

Hüffer, Uwe Der Vorstand als Leitungsorgan, in: Bayer, Walter/Habersack, Mathias (Hrsg.), Aktienrecht im Wandel, Grundsatzfragen des Aktienrechts, Bd. 2, Tübingen 2007, 7. Kapitel.

Ibrahim, Darian M. Individual or Collective Liability for Corporate Directors?, 93 Iowa L. Rev. 929 (2008).

Ihlas, Horst Organhaftung und Haftpflichtversicherung, Berlin 1997.

Ihlas, Horst D&O, Directors & Officers Liability, 2. Aufl., Berlin 2009.

Ihrig, Hans-Christoph Reformbedarf beim Haftungstatbestand des § 93 AktG, WM (2004), 2098.

Ihrig, Hans-Christoph Organschaftliche Haftung und Haftungsdurchsetzung unter Berücksichtigung der monistisch verfassten SE, in: Bachmann, Gregor/Cahn, Andreas/Schäfer, Carsten u. a. (Hrsg.), Steuerungsfunktionen des Haftungsrechts im Gesellschafts- und Kapitalmarktrecht, Baden-Baden 2007, S. 17.

Ihrig, Hans-Christoph Die geschäftsführenden Direktoren in der monistischen SE: Stellung, Aufgaben und Haftung, ZGR (2008), 809.

Immenga, Ulrich Compliance als Rechtspflicht nach Aktienrecht und Sarbanes-Oxley-Act, in: Grundmann, Stefan/Kirchner, Christian/Raiser, Thomas u. a. (Hrsg.), Unternehmensrecht zu Beginn des 21. Jahrhunderts, Festschrift für Eberhard Schwark zum 70. Geburtstag, München 2009, S. 199.

Israel, David Michael The Business Judgment Rule and the Declaration of Corporate Dividends, 4 Hofstra L. Rev. 73 (1975).

Jackson, Thomas H. The Logic and Limits of Bankruptcy Law, Cambridge 1986.

Jacobs, Matthias Privatautonome Unternehmensmitbestimmung in der SE, in: Bitter, Georg/Lutter, Marcus/Priester, Hans-Joachim (Hrsg.), Festschrift für Karsten Schmidt zum 70. Geburtstag, Köln 2009, S. 795.

Jensen, Michael C./Meckling, William H. Theory of the Firm: Managerial Behaviour, Agency Costs and Ownership Structure, 3 J. Fin. Econ. 305 (1976).

Johnson, Elmer W./Osborne, Robert S. The Role of the Business Judgment Rule in a Litigious Society, 15 Val. U. L. Rev. 49 (1980).

Johnston, Joseph F. Corporate Indemnification and Liability Insurance for Officers and Directors, 33 Bus. Law. 1993 (1978).

Jones, Renee M. Law, Norms and the Breakdown of the Board: Promoting Accountability in Corporate Governance, 92 Iowa L. Rev. 105 (2006).

Joussen, Jacob Der persönliche Anwendungsbereich der Arbeitnehmerhaftung, RDA (2006), 129.

Jungmann, Carsten Die Business Judgment Rule – ein Institut des allgemeinen Verbandsrechts?, Zur Geltung von § 93 Abs. 1 Satz 2 AktG außerhalb des Aktienrechts, in: Bitter, Georg/Lutter, Marcus/Priester, Hans-Joachim (Hrsg.), Festschrift für Karsten Schmidt zum 70. Geburtstag, Köln 2009, S. 831.

Jungmann, Carsten Die Business Judgment Rule im Gesellschaftsinsolvenzrecht, Wider einer Haftungsprivilegierung im Regelinsolvenzverfahren und in der Eigenverwaltung, NZI (2009), 80.

Kahan, Marcel/Rock, Edward B. Hedge Funds in Corporate Governance and Corporate Control, 155 U. Pa. L. Rev. 1021 (2007).

Kahnert, Tobias Quo vadis § 148 AktG – Neukonzeption oder kontinuierliche Fortentwicklung?, AG (2013), 663.

Kallmeyer, Harald Das monistische System in der SE mit Sitz in Deutschland, ZIP (2003), 1531.

Kalss, Susanne/Greda, Claudia Die Europäische Gesellschaft (SE) österreichischer Prägung nach dem Ministerialentwurf, GesRZ (2004), 91.

Kalweit, Christian Fehlerhaftes Vorstands- und Aufsichtsratshandeln und dessen Sanktionierung durch Aktionärsklagen in Deutschland und Frankreich, Berlin 2005.

Kämmerer, Jörn Alex/Veil, Rüdiger Paritätische Arbeitnehmermitbestimmung in der monistischen Societas Europaea, ZIP (2005), 369.

Kang, Christine Directors' and Officers' Insurance: Ordinary Corporate Expense or Valuable Signaling Device? 2011.

Kann, Jürgen van Zwingender Selbstbehalt bei der D&O-Versicherung – Gut gemeint, aber auch gut gemacht? Änderungsbedarf an D&O-Versicherungen durch das VorstAG, NZG (2009), 1010.

Kelly, Robert/Rossi, Todd/Brown, David T. Recent Developments in Insurance Coverage Litigation, 46 Tort Trial & Ins. Prac. L.J. 435.

Kerst, Andreas Haftungsmanagement durch die D&O-Versicherung nach Einführung des aktienrechtlichen Selbstbehaltes in § 93 Abs. 2 Satz 3 AktG, WM (2010), 594.

Kienast, Rainer Mitbestimmung, in: Jannott, Dirk/Frodermann, Jürgen (Hrsg.), Handbuch der Europäischen Aktiengesellschaft – Societas Europaea – Eine umfassende und detaillierte Darstellung für die Praxis unter Berücksichtigung sämtlicher EU-Mitgliedstaaten und des EWR, 2. Aufl., Heidelberg 2014, 13. Kapitel.

Kießling, Erik Das preußische Aktiengesetz von 1843, in: Bayer, Walter/Habersack, Mathias (Hrsg.), Aktienrecht im Wandel, Entwicklung des Aktienrechts, Bd. 2, Tübingen 2007, 7. Kapitel.

Kirchhof, Hans-Peter/Eidenmüller, Horst/Stürner, Rolf (Hrsg.) Münchener Kommentar zur Insolvenzordnung, §§ 1–79, Insolvenzrechtliche Vergütungsverordnung (InsVV), 3. Aufl., Bd. 1. 2013.

Knepper, William E./Bailey, Dan A. Liability of Corporate Officers and Directors, 8th ed, Charlottesville 2002 updated 2014 (LexisNexis).

Koch, Jens Das Gesetz zur Unternehmensintegrität und Modernisierung des Anfechtungsrechts (UMAG), ZGR (2006), 769.

Koch, Jens Beschränkungen des gesellschaftrechtlichen Innenregresses bei Bußgeldzahlungen, in: Liber Amicorum für Martin Winter, Köln 2011, S. 327.

Koch, Jens Die Anwendung der Business Judgment Rule bei Interessenkonflikten innerhalb des Vorstands, in: Joost, Detlev/Oetker, Hartmut (Hrsg.), Festschrift für Jürgen Säcker zum 70. Geburtstag, München 2011, S. 403.

Koch, Jens Beschränkung der Regressfolgen im Kapitalgesellschaftsrecht, AG (2012), 429.

Koch, Jens Pflicht des Aufsichtsrats zur Geltendmachung von Schadensersatzansprüchen gegen Vorstandsmitglieder – ARAG/Garmenbeck, NZG (2014), 934.

Koch, Jens (Hrsg.), *Hüffer, Uwe* (Begr.) Aktiengesetz, 12. Aufl., München 2016.

Koch, Robert Die Einführung eines obligatorischen Selbstbehalts in der D&O-Versicherung durch das VorstAG, AG (2009), 637.

Kocher, Dirk Zur Reichweite der Business Judgment Rule, CCZ (2009), 215.

Körner, Marita Zur Aufgabe des Haftungsrechts, Bedeutungsgewinn präventiver und punitiver Elemente, NJW (2000), 241.

Kort, Michael Verhaltensstandardisierung durch Corporate Compliance, NZG (2008), 81.

Kötz, Hein/Schäfer, Hans-Bernd Schadensverhütung durch ökonomische Anreize, AcP 189 (1989), 501.

Kötz, Hein/Wagner, Gerhard Deliktsrecht, 12. Aufl., München 2013.

Kraakman, Reinier H./Park, Hyun/Shavall, Steven When Are Shareholder Suits in Shareholder Interests?, 82 Geo. L.J. 1733 (1994).

Kremer, Thomas/Klahold, Christoph Compliance-Programme in Industriekonzernen, ZGR (2010), 113.

Kremer, Thomas/Werder, Axel von Unabhängigkeit von Aufsichtsratsmitgliedern: Konzept, Kriterien und Kandidateninformationen, AG 2013, 340.

Kuntz, Thilo Gestaltung von Kapitalgesellschaften zwischen Freiheit und Zwang, Venture Capital in Deutschland und den USA, Tübingen 2016.

La Porta, Rafael/Lopez-de-Silanes, Florencio/Shleifer, Andrei The Economic Consequences of Legal Origins, 46 J. Econ. Lit. 285 (2008).

Lambert, William Grayson Focusing on Fulfilling the Goals: Rethinking How Choice-of-Law Regimes Approach Statutes of Limitation, 65 Syracuse L. Rev. 491 (2015).

Lange, Hermann/Schiemann, Gottfried Schadensersatz, 3. Aufl., Tübingen 2003.

Larenz, Karl Lehrbuch des Schuldrechts, 14. Aufl., München 1987.

Lattin, Norman D./Jennings, Richard W./Buxbaum, Richard M. Corporations – Cases and Materials, 4th ed, Mundelein 1968.

Leuering, Dieter/Dornhegge, Stefanie Geschäftsverteilung zwischen GmbH-Geschäftsführern, NZG (2010), 13.

Leyens, Patrick C. Deutscher Aufsichtsrat und U.S.-Board: ein- oder zweistufiges Verwaltungssystem?, Zum Stand der rechtsvergleichenden Corporate Governance-Debatte, RabelsZ (2003), 57.

Lin, Laura The Effectiveness of Outside Directors as a Corporate Governance Mechanism: Theories and Evidence, 90 Nw. U. L. Rev. 898 (1996).

Löbbe, Marc/Fischbach, Jonas Die Business Judgment Rule bei Kollegialentscheidungen des Vorstands, AG (2014), 717.

Lockwood, Gary Law of Corporate Officers and Directors, Indemnification and Insurance, 2nd ed, New York 2014–2015.

Lohse, Andrea Unternehmerisches Ermessen, Zu den Aufgaben und Pflichten von Vorstand und Aufsichtsrat, Tübingen 2005.

Lopatto, Mary A. Hasan v. Clevetrust Realty Investors: The Business Judgement Rule and Procedural Review of the Special Litigation Committee, 34 Cath. U. L. Rev. 791 (1985).

Lösler, Thomas Spannungen zwischen der Effizienz der internen Compliance und möglichen Reporting-Pflichten des Compliance Officers, WM (2007), 676.

Lücke, Oliver Organmitglieder – schützen statt ächten, NJW-aktuell (35/2010), 12.

Lutter, Marcus Europäische Aktiengesellschaft – Rechtsfigur mit Zukunft?, BB (2002), 1.

Lutter, Marcus Interessenskonflikte und Business Judgment Rule, in: Heldrich, Andreas/Prölss, Jürgen/Koller, Ingo u. a. (Hrsg.), Festschrift für Claus-Wilhelm Canaris zum 70. Geburtstag, Bd. 2, München 2007, S. 245.

Lutter, Marcus Zur Durchsetzung von Schadensersatzansprüchen gegen Organmitglieder, in: Burgard, Ulrich/Hadding, Walther/Mülbert, Peter O. u. a. (Hrsg.), Festschrift für Uwe H. Schneider zum 70. Geburtstag, Köln 2011, S. 763.

Lutter, Marcus Zum Beschluss des Aufsichtsrats über den Verzicht auf eine Haftungsklage gegen den Vorstand, in: Krieger, Gerd/Lutter, Marcus/Schmidt, Karsten (Hrsg.), Festschrift für Michael Hoffmann-Becking zum 70. Geburtstag, München 2013, S. 747.

Lutter, Marcus/Bayer, Walter/Hommelhoff, Peter/Kleindiek, Detlef (Hrsg.) GmbH-Gesetz, Kommentar, 18. Aufl., Köln 2012.

Lutter, Marcus/Hommelhoff, Peter/Teichmann, Christoph (Hrsg.) SE-Kommentar, SE-VO, SEAG, SEBG, Steuerrecht, Konzernrecht, 2. Aufl., Köln 2015.

Lutter, Marcus/Kollmorgen, Alexander/Feldhaus, Heiner Die europäische Aktiengesellschaft – Satzungsgestaltungen bei der „mittelständischen SE", BB (2005), 2473.

Mace, Myles L. The President and the Board of Directors, 50 Harv. Bus. Rev. 37 (1972).

Macey, Jonathan R./Miller, Geoffrey P. The Plaintiffs' Attorney's Role in Class Action and Derivative Litigation: Economic Analysis and Recommendations for Reform, 58 U. Chi. L. Rev. 1 (1991).

Maier-Reimer, Georg/Webering, Anabel Ad hoc-Publizität und Schadensersatzhaftung, Die neuen Haftungsvorschriften des Wertpapierhandelsgesetzes, WM (2002), 1857.

Manning, Bayless Reflections and Practical Tips on Life in the Boardroom After Van Gorkom, 41 Bus. Law. 1 (1985).

Manz, Gerhard/Mayer, Barbara/Schröder Albert (Hrsg.) Europäische Aktiengesellschaft SE, 2. Aufl., Baden-Baden 2010.

Marchesani, Daniele The Concept of Autonomy and the Independent Director of Public Corporations, 2 Berkeley Bus. L.J. 315 (2005).

Marsch-Barner, Reinhard Zur monistischen Führungsstruktur einer deutschen europäischen Gesellschaft (SE), in: Kohler, Klaus/Obermüller, Manfred/Wittig, Arne (Hrsg.), Kapitalmarkt – Recht und Praxis, Gedächtnisschrift für Ulrich Bosch, Recklinghausen 2006, S. 99.

Marsch-Barner, Reinhard Vorteilsausgleich bei der Schadensersatzhaftung nach § 93 AktG, ZHR 173 (2009), 723.

Martens, Klaus-Peter Der Grundsatz gemeinsamer Vorstandsverantwortung, in: Goerdeler, Reinhard/Hommelhoff, Peter/Lutter, Marcus u. a. (Hrsg.), Festschrift fur Hans-Joachim Fleck zum 70. Geburstag am 30. Januar, Berlin 1988, S. 191.

Mauch, Kathrin Das monistische Leitungssystem in der Europäischen Aktiengesellschaft, Tübingen 2008.

Mayer, Bernd R. Die aktienrechtliche Organhaftung – Reform durch juristische Methodik oder gesetzgeberisches Handeln?, NZG (2014), 1208.

McMillan, Lori The Business Judgment Rule as an Immunity Doctrine, 4 Wm. & Mary Bus. L. Rev. 521 (2013).

Meckbach, Anne Organhaftung und Beweisrisiken – Adäquate Risikoallokation durch Vertragsgestaltung, NZG (2015), 580.

Meinhövel, Harald Grundlagen der Principal-Agent-Theorie, WiSt (2004), 470.

Melot de Beauregard, Paul/Gleich, Christian Aktuelle Problemfelder bei der D&O-Versicherung, NJW (2013), 824.

Merkt, Hanno Unternehmensleitung und Interessenskollision, ZHR 159 (1995), 423.

Merkt, Hanno Die monistische Unternehmensverfassung für die Europäische Aktiengesellschaft aus deutscher Sicht, Mit vergleichendem Blick auf die Schweiz, das Vereinigte Königreich und Frankreich, ZGR (2003), 650.

Merkt, Hanno US-amerikanisches Gesellschaftsrecht, 3. Aufl., Frankfurt am Main 2013.

Merkt, Hanno Compliance und Risikofrüherkennung in kleinen und mittleren Unternehmen, ZIP (2014), 1705.

Merkt, Hanno Überprüfung des Compliance-Management-Systems zwischen Wirtschaftsrprüfern und Juristen (Teil 1), DB (2014), 2271.

Merkt, Hanno Überprüfung des Compliance-Mangement-Systems zwischen Wirtschaftsprüfern und Juristen (Teil 2), DB (2014), 2331.

Messow, Bastian Rolf Winfried Die Anwendbarkeit des Deutschen Corporate Governance Kodex auf die Societas Europaea (SE), Frankfurt am Main 2008.

Metz, Florian Die Organhaftung bei der monistisch strukturierten Europäischen Aktiengesellschaft mit Sitz in Deutschland, Baden-Baden 2009.

Milhaupt, Curtis J./Pistor, Katharina Law and Capitalism, What Corporate Crises Reveal about Legal Systems and Economic Development around the World, Chicago 2008.

Miller, Robert T. The Board's Duty to Monitor Risk after Citigroup, 12 U. Pa. J. Bus. L. 1153 (2010).

Montgomery, Cynthia A/Kaufman, Ronda The Board's Missing Link, 81 Harv. Bus. Rev. 86 (2003).

Müller-Glöge, Rudi/Preis, Ulrich/Schmidt, Ingrid (Hrsg.) Erfurter Kommentar zum Arbeitsrecht, 16. Aufl., München 2016.

Myers, Minor The Decisions of the Corporate Special Litigation Committees: An Empirical Investigation, 84 Ind. L. Rev. 1309 (2009).

Nansfield, Nancy R./Gabel, Joian T.A./McCullough, Kathleen A. The Shocking Impact of Corporate Scandal on Directors' and Officers' Liability, 20 U. Miami Bus. L. Rev. 211 (2012).

Nietsch, Michael Schadensersatzhaftung wegen Verstoßes gegen Ad-hoc-Publizitätspflichten nach dem Anlegerschutzverbesserungsgesetz, BB (2005), 785.

Nietsch, Michael Geschäftsleiterermessen und Unternehmensorganisation bei der AG, Zur haftungsbegrenzenden Wirkung des § 93 Abs. 1 Satz 2 AktG im Bereich gesetzlicher Pflichtaufgaben unter besonderer Berücksichtigung von Compliance, ZGR (2015), 631.

Nili, Jaron Missing the Forest for the Trees: A New Approach to Shareholder Activism, 4 Harv. Bus. L. Rev. 157 (2014).

Nowicki, Elizabeth A. Director Inattention and Director Protection under Delaware General Corporation Law Section 102(b)(7): A Proposal for Legislative Reform, 33 Del. J. Corp. L. 695 (2008).

Oechsler, Jürgen Kapitalerhaltung in der Europäischen Gesellschaft (SE), NZG (2005), 449.

Oetker, Hartmut Unternehmensmitbestimmung in der SE kraft Vereinbarung, ZIP (2006), 1113.

Oler, J. W. Statute of Limitations in Stockholder's Derivative Suit against Directors or Officers, 123 A.L.R. 346 (originally published in 1939).

Paal, Boris P. Die persönliche Haftung – ein wirksames Mittel zur Verbesserung der Kontrolltätigkeit des Aufsichtsrats bei kapitalmarktorientierten Unternehmen? (Teil I), DStR (2005), 382.

Paefgen, Walter G. Unternehmerische Entscheidungen und Rechtsbindung der Organe in der AG, Köln 2002.

Paefgen, Walter G. Die Inanspruchnahme pflichtvergessener Vorstandsmitglieder als unternehmerische Ermessensentscheidung des Aufsichtsrats, AG (2008), 761.

Paefgen, Walter G. Organhaftung: Bestandsaufnahme und Zukunftsperspektiven – Ein kritischer Werkstattbericht vor dem Hintergrund der Beratungen des 70. Deutschen Juristentages 2014, AG (2014), 554.

Palmiter, Alan R. Corporations, Examples and Explanations, 6th ed, New York 2009.

Pan, Eric J. A Board's Duty to Monitor, 54 N.Y. L. Sch. L. Rev. 717 (2010).

Passarge, Malte Risiken und Chancen mangelhafter Compliance in der Unternehmensinsolvenz, NZI (2009), 89.

Paul-Otto, Faßbender 18 Jahre ARAG Garmenbeck – und alle Fragen offen?, NZG (2015), 501.

Peltzer, Martin Die Haftung des Aufsichtsrats bei Verletzung der Überwachungspflicht, WM (1981), 346.

Peltzer, Martin Verschärfung der Haftung von Vorstand und Aufsichtsrat und dadurch entstehende Zielkonflikte, Eine Mahnung, die Nebenfolgen zu bedenken, in: Häuser, Franz von/Hammen, Horst/Hennrichs, Joachim u. a. (Hrsg.), Festschrift für Walther Hadding zum 70. Geburtstag am 8. Mai 2004, Berlin 2004, S. 593.

Peltzer, Martin Die deutsche D&O Versicherung und ihr (noch operabler) Geburtsfehler, in: Aderhold, Lutz/Grunewald, Barbara/Klingberg, Dietgard u. a. (Hrsg.), Festschrift für Hans Peter Westermann zum 70. Geburtstag, Köln 2008, S. 1257.

Peltzer, Martin Das Zulassungsverfahren nach § 148 AktG wird von der Praxis nicht angenommen! Warum? Was nun?, in: Burgard, Ulrich/Hadding, Walther/Mülbert, Peter O. u. a. (Hrsg.), Festschrift für Uwe H. Schneider zum 70. Geburtstag, Köln 2011, S. 953.

Peltzer, Martin Mehr Ausgewogenheit bei der Vorstandshaftung, in: Krieger, Gerd/Lutter, Marcus/Schmidt, Karsten (Hrsg.), Festschrift für Michael Hoffmann-Becking zum 70. Geburtstag, München 2013, S. 861.

Petrin, Martin Assessing Delaware's Oversight Jurisprudence: A Policy and Theory Perspective, 5 Va. L. & Bus. Rev. 433 (2011).

Phillips, David M. Principles of Corporate Governance: A Critique of Part IV, 52 Geo. Wash. L. Rev. 653 (1984).

Pinto, Arthur R./Branson, Douglas M. Understanding Corporate Law, 4th ed, New Providence 2013.

Plagemann, Nikolaus/Rahlmeyer, Niklas Vier Corporate Governance Trends für 2015, NZG (2015), 895.

Posner, Richard A. Economic Analysis of Law, 8th ed, Austin 2011.

Radin, Stephen A./Block, Dennis J./Barton, Nancy E. The Business Judgment Rule, Fiduciary Duties of Corporate Directors, 6th ed, Austin, New York 2009.

Raiser, Thomas/Veil, Rüdiger Recht der Kapitalgesellschaften, Ein Handbuch für Praxis und Wissenschaft, 6. Aufl., München 2015.

Reese, Jürgen Die Haftung von „Managern“ im Innenverhältnis, DStR (1995), 532.

Reichert, Jochem Existenzgefährdung bei der Durchsetzung von Organhaftungsansprüchen, ZHR 177 (2013), 756.

Reichert, Jochem Wettbewerb der Gesellschaftsformen – SE oder KGaA zur Organisation großer Familiengesellschaften, ZIP (2014), 1957.

Reichert, Jochem „ARAG/Garmenbeck“ im Praxistest, ZIP (2016), 1189.

Reichert, Jochem/Brandes, Stephan Mitbestimmung der Arbeitnehmer in der SE: Gestaltungsfreiheit und Bestandsschutz, ZGR (2003), 767.

Reimann, Mathias Einführung in das US-amerikanische Privatrecht, 2. Aufl, München 2004.

Rhee, Robert J. The Tort Foundation of Duty of Care and Business Judgment, 88 Notre Dame L. Rev. 1139 (2013).

Ribstein, Larry E./Letsou, Peter V. Business Associations, 4th ed, Danver 2003.

Rieder, Markus S./Falge, Stefan Grundlagen für Compliance, in: Bannenberg, Britta/Inderst, Cornelia/Poppe, Sina (Hrsg.), Compliance, Aufbau – Management – Risikobereiche, 2. Aufl., Heidelberg 2013, 2. Kapitel.

Ringe, Wolf-Georg Changing Law and Ownership Patterns in Germany: Corporate Governance and the Erosion of Deutschland AG, Oxford Legal Studies Research Paper 42 1 (2014).

Robinson, Terence L., Jr. A New Interpretation of the Contemporaneous Ownership Requirement in Shareholder Derivative Suits: In Re Bank of New York Derivative Litigation and the Elimination of the Continuing Wrong Doctrine, 2005 B.Y.U. L. Rev. 229 (2005).

Rock, Edward B. The Logic and (Uncertain) Signifigance of Institutional Shareholder Activism, 79 Geo. L.J. 445 (1991).

Rockstroh, Maria Verwaltungsrat und geschäftsführende Direktoren in der monistisch strukturierten Societas Europaea, BB (2012), 1620.

Roe, Mark J. Some Differences in in Corporate Structure in Germany, Japan and the United States, Yale L.J. 102 (1993), 1927.

Roe, Mark J. Political Determinants of Corporate Governance, Political Context, Corporate Impact, Oxford, New York 2003.

Rohrbacher, Blake/Zeberkiewwicz, John Mark/Uebler, Thomas A. Finding Safe Harbor: Clarifying the Limited Application of Section 144, 33 Del. J. Corp. L. 719 (2008).

Röller, Wolfgang Quo vadis Aufsichtsrat?, AG (1994), 333.

Romano, Roberta Corporate Governance in the Aftermath of the Insurance Crisis, 39 Emory L.J. 1025 (1990).

Romano, Roberta Competition for Corporate Charters and the Lesson of Takeover Statutes, 61 Fordham L. Rev. 843 (1993).

Romano, Roberta Less is more: Making Institutional Investor Activism a Valuable Mechanism of Corporate Governance, 8 Yale J. on Reg. 174 (2001).

Rose, Paul Common Agency and the Public Corporation, 63 Vand. L. Rev. 1355 (2010).

Roth, Markus Wirtschaftsrecht auf dem Deutschen Juristentag 2012 – Möglichkeiten und Grenzen für staatliche und nichtstaatliche Eingriffe in die Unternehmensführung, NZG (2012), 881.

Säcker, Franz Jürgen Gesellschaftsrechtliche Grenzen spekulativer Finanztermingeschäfte Überlegungen aus Anlass der Garantieerklärung der Bundesregierung für die Hypo Real Estate-Group, NJW (2008), 3313.

Säcker, Franz Jürgen Gesellschafts- und dienstvertragliche Fragen bei Inanspruchnahme der Kronzeugenregelung, WuW (2009), 362.

Säcker, Franz Jürgen/Rixecker, Roland (Hrsg.) Münchener Kommentar zum Bürgerlichen Gesetzbuch, Schuldrecht, Besonderer Teil II §§ 535–630, 6. Aufl., Bd. 4, München 2012.

Säcker, Franz Jürgen/Rixecker, Roland/Oetker, Hartmut (Hrsg.) Münchener Kommentar zum Bürgerlichen Gesetzbuch, Schuldrecht Besonderer Teil III §§ 705–853, Partnerschaftsgesellschaftsgesetz, Produkthaftungsgesetz, 6. Aufl., Bd. 5, München 2013.

Sale, Hillary A. Monitoring Caremark's Good Faith, 32 DJCL 719 (2007).

Schaefer, Hans Shareholder Activism und Corporate Governance, NZG (2007), 900.

Schäfer, Carsten Die Binnenhaftung von Vorstand und Aufsichtsrat nach der Renovierung durch das UMAG, ZIP (2005), 1253.

Schäfer, Hans-Bernd/Ott, Claus Lehrbuch der ökonomischen Analyse des Zivilrechts, 5. Aufl., Berlin, Heidelberg 2012.

Schaupensteiner, Wolfgang J. Rechtstreue im Unternehmen – Compliance und Krisenmanagement – Konzertiertes Vorgehen statt einzelbetriebliche Maßnahmen, NZA-Beil (2011), 8.

Scherer, Christoph Die Qual der Wahl: Dualistisches oder monistisches System?, Frankfurt a.M. 2006.

Schiessl, Maximilian Leitungs- und Kontrollstrukturen im internationalen Wettbewerb, Dualistisches System und Mitbestimmung auf dem Prüfstand, ZHR 167 (2003), 235.

Schlechtriem, Peter Die Schadensersatzhaftung der Leitungsorgane in Kapitalgesellschaften, in: Kreuzer, Karl Friedrich (Hrsg.), Die Haftung der Leitungsorgane von Kapitalgesellschaften, Verhandlungen der Fachgruppe für vergleichendes Handels- und Wirtschaftsrecht anlässlich der Tagung der Gesellschaft für Rechtsvergleichung in Würzburg vom 13.-16.9.1989, Baden-Baden 1991, S. 9.

Schmidt, Jessica „Deutsche“ vs. „britische“ Societas Europaea (SE), Gründung, Verfassung, Kapitalstrukur, Gottmadingen 2006.

Schmidt, Jessica Insolvenzantragspflicht, Insolvenzverschleppungshaftung und Zahlungsverbot bei der „deutschen" SE, NZI (2006), 627.

Schmidt, Karsten/Lutter, Marcus (Hrsg.) Aktiengesetz Kommentar, §§ 1–149, 3. Aufl., Bd. 1, Köln 2015.

Schmitt, Stefan Martin Organhaftung und D&O-Versicherung, Zu haftungs- und deckungsrechtlichen Problemen der Managerhaftung, München 2007.

Schmolke, Klaus Ulrich Die Aktionärsklage nach § 148 AktG, Anreizwirkungen de lege lata und Reformanregungen de lege ferenda, ZGR (2011), 398.

Schneider, Uwe H. Compliance als Aufgabe der Unternehmensleitung, ZIP (2003), 645.

Schockenhoff, Martin/Culmann, Johannes Shareholder Activism in Deutschland, ZIP (2015), 297.

Scholl, Bernd Vorstandshaftung und Vorstandsermessen, Rechtliche und ökonomische Grundlagen, ihre Anwendung in der Finanzkrise sowie der Selbstbehalt bei der D&O-Versicherung, München 2015.

Schönborn, Ansgar Die monistische Societas Europaea in Deutschland im Vergleich zum englischen Recht, Baden-Baden, München 2007.

Schöne, Torsten/Petersen, Sabrina Regressansprüche gegen (ehemalige) Vorstandsmitglieder – quo vadis?, AG (2012), 700.

Schubert, Werner/Hommelhoff, Peter Hundert Jahre modernes Aktienrecht, Eine Sammlung von Texten und Quellen zur Aktienrechtsreform 1884 mit zwei Einführungen, Berlin, New York 1985.

Schuberth, Ernst-Markus/von der Höh, Reimnund Marc Zehn Jahre „deutsche“ SE – Eine Bestandsaufnahme, AG (2014), 439.

Schürnbrand, Jan Organschaft im Recht der privaten Verbände, Tübingen 2007.

Schwarz, Günter Christian Zum Statut der Europäischen Aktiengesellschaft – Die wichtigsten Neuerungen und Änderungen der Verordnung, ZIP (2001), 1847.

Schwarz, Günter Christian (Hrsg.) Kommentar zur Verordnung (EG) Nr. 2157/2001 des Rates über das Statut der Europäischen Gesellschaft (SE) – (SE-VO), München 2006.

Schwintowski, Hans-Peter Gesellschaftsrechtliche Anforderungen an Vorstandshaftung und Corporate Governance durch das neue System der kartellrechtlichen Legalausnahme, NZG (2005), 200.

Seibt, Christoph H./Cziupka, Johannes 20 Thesen zur Compliance-Verantwortung im System der Organhaftung aus Anlass des Siemens/Neubürger-Urteils, DB (2014), 766.

Shaner, Megan W. The (Un)enforcement of Corporate Officers' Duties, 48 U.C. Davis L. Rev. 271 (2014).

Sharpe, Nicola Faith Process over Structure: An Organizational Behavior Approach to Improving Corporate Boards, 85 S. Cal. L. Rev. 261 (2012).

Shavell, Steven On Liability and Insurance, 13 Bell. J. Econ. 120 (1982).

Shavell, Steven Foundations of Economic Analysis of Law, Cambridge, London 2004.

Shilon, Nitzan CEO Stock Ownership Policies – Rhetoric and Reality, 90 Ind. L.J. 353 (2015).

Siems, Mathias M. Welche Auswirkungen hat das neue Verfolgungsrecht der Aktionärsminderheit?, ZVglRWiss (2005), 376.

Siems, Mathias M. Befangenheit bei Verwaltungsratsmitgliedern einer Europäischen Aktiengesellschaft, NZG (2007), 129.

Silberglied, Russell C. Litigating Fiduciary Duty Claims in Bankruptcy Court and Beyond: Theory and Practical Considerations in an Evolving Environment, 10 J. Bus. & Tech. L. 181 (2015).

Smith, Adam An Inquiry into the Nature and Causes of the Wealth of Nations, London 1776 (based on Edwin Cannan's 1904 compilation (Methuen and Co., Ltd) of Smith's fifth edition of the book (1789)).

Smith, D. Gordon The Modern Business Judgment Rule, BYU Law Research Paper Series No. 15–09 1 (2015).

SpencerStuart 2011 U.S. Board Index, Chicago 2011.

SpencerStuart 2015 U.S. Board Index, Chicago 2015.

Spindler, Gerhard Haftung und Aktionärsklage nach dem neuen UMAG, NZG (2005), 865.

Spindler, Gerhard Haftung von Vorstand und Aufsichtsrat für fehlerhafte Auslegung, in: Heldrich, Andreas/Prölss, Jürgen/Koller, Ingo u. a. (Hrsg.), Festschrift für Claus-Wilhelm Canaris zum 70. Geburtstag, Bd. 2, München 2007, S. 403.

Spindler, Gerhard Compliance in der multinationalen Bankengruppe, WM (2008), 905.

Spindler, Gerhard Organhaftung in der AG – Reformbedarf aus wissenschaftlicher Perspektive, AG (2013), 889.

Spindler, Gerhard/Stilz, Eberhard (Hrsg.) Kommentar zum Aktiengesetz, §§ 1–149, 3. Aufl., Bd. 1, München 2015.

Spindler, Gerhard/Stilz, Eberhard (Hrsg.) Kommentar zum Aktiengesetz, §§ 150–410, IntGesR, SpruchG, SE-VO, 3. Aufl., Bd. 2, München 2015.

Steffek, Felix Die Innenhaftung von Vorständen und Geschäftsführern – Ökonomoische Zusammenhänge und rechtliche Grundlagen, JuS (2010), 295.

Steinberg, Marc I. The Use of Special Litigation Committees to Terminate Shareholder Derivative Suits, 35 U. Miami L. Rev 1 (1980).

Strine, Leo E., Jr./Hamermesh, Larence A./Balotti, Franklin A. Loyalty's Core Demand: The Defining Role of Good Faith in Corporation Law, 98 Geo. L.J. 629 (2010).

Strohn, Lutz Beratung der Geschäftsleitung durch Spezialisten als Ausweg aus der Haftung?, ZHR 176 (2012), 137.

Strohn, Lutz Pflichtenmaßstab und Verschulden bei der Haftung von Organen einer Kapitalgesellschaft, CCZ (2013), 177.

Stuart, R. Cohn Demise of the Director's Duty of Care: Judicial Avoidance of Standards and Sanctions through the Business Judgment Rule, 62 Tex. L. Rev. 591 (1983).

Teichmann, Christoph Die Einführung der Europäischen Aktiengesellschaft, ZGR (2002), 383.

Teichmann, Christoph Gestaltungsfreiheit im monistischen Leitungssystem der Europäischen Aktiengesellschaft, BB (2004), 53.

Teichmann, Christoph Die monistische Verfassung der Euopäischen Gesellschaft, in: Lutter, Marcus/Hommelhoff, Peter (Hrsg.), Die europäische Gesellschaft, Prinzipien, Gestaltungsmöglichkeiten und Grundfragen aus der Praxis, Köln 2005, S. 195.

Teichmann, Christoph Organhaftung in der SE, in: Krieger, Gerd/Schneider, Uwe H. (Hrsg.), Handbuch Managerhaftung, Vorstand, Geschäftsführer, Aufsichtsrat, Pflichten und Haftungsfolgen, typische Risikobereiche, 2. Aufl., Köln 2010, § 5.

Teichmann, Christoph Das monistische Leitungsmodell, in: Leible, Stefan/Reichert, Jochem (Hrsg.), Münchener Handbuch des Gesellschaftsrechts., Internationales Gesellschaftsrecht, Grenzüberschreitende Umwandlungen, 4. Aufl., München 2013, 3. Kapitel § 49.

Telman, Jeremy D.A. The Business Judgment Rule, Disclosure, and Executive Compensation, 81 Tul. L. Rev. 829 (2007).

Thamm, Robert Die Organisationsautonomie der monistischen Societas Europaea bezüglich ihrer geschäftsführenden Direktoren, NZG (2008), 132.

Thole, Christoph Managerhaftung für Gesetzesverstöße, Die Legalitätspflicht des Vorstands gegenüber seiner Aktiengesellschaft, ZHR 173 (2009), 504.

Thompson, Robert B. Anti-Primacy: Sharing Power in American Corporations, 1 (2015), abrufbar unter http://ssrn.com/abstract=2687218 (zuletzt abgerufen am 17.02.2017).

Thompson, Robert B./Thomas, Randall S. The Public and Private Faces of Derivative Lawsuits, 56 Vand. L. Rev. 1747 (2004).

Thümmel, Roderich C. Organhaftung nach dem Referentenentwurf des Gesetzes zur Unternehmensintegrität und Modernisierung des Anfechtungsrechts (UMAG) – Neue Risiken für Manager?, DB (2004), 471.

Thüsing, Gregor/Traut, Johannes Angemessener Selbstbehalt bei D&O-Versicherungen – Ein Blick auf die Neuerungen nach dem VorstAG, NZA (2010), 140.

Tröger, Tobias Durchsetzung der Vorstandshaftung, ZHR 179 (2015), 453.

Ulmer, Eugen Aufsichtsratsmandat und Interessenkollision, NJW (1980), 1603.

Ulmer, Eugen Strikte aktienrechtliche Organhaftung und D&O-Versicherung – Zwei getrennte Welten?, in: Heldrich, Andreas/Prölss, Jürgen/Koller, Ingo u. a. (Hrsg.), Festschrift für Claus-Wilhelm Canaris zum 70. Geburtstag, Bd. 2, München 2007, S. 451.

Ulmer, Peter Die Aktionärsklage als Instrument zur Kontrolle des Vorstands- und Aufsichtsratshandelns, Vor dem Hintergrund der US-Erfahrungen mit der shareholders' derivative action, ZHR 163 (1999), 290.

Underberg, Mark A. Business Judgment Rule in Derivative Suits Against Directors, 65 Cornell L. Rev. 600 (1980).

Veasey, E. Norman/Dooley, Michael P. The Role of Corporate Litigation in the Twenty-First Century, 25 Del. J. Crop. L. 131 (2000).

Velte, Patrick Corporate Governance in der monistischen Societas Europaea, WM (2010), 1635.

Verse, Dirk A. Risikobereich und Haftung: Wettbewerbsverbote und Ansichziehen von Corporate Opportunities, in: Krieger, Gerd/Schneider, Uwe H. (Hrsg.), Handbuch Managerhaftung, Vorstand, Geschäftsführer, Aufsichtsrat, Pflichten und Haftungsfolgen, typische Risikobereiche, 2. Aufl., Köln 2010, § 22.

Verse, Dirk A. Compliance im Konzern – Zur Legalitätskontrollpflicht der Geschäftsleiter einer Konzernobergesellschaft, ZHR 175 (2011), 401.

Verse, Dirk A. Das Weisungsrecht des Verwaltungsrats der monistischen SE, in: Krieger, Gerd/Lutter, Marcus/Schmidt, Karsten (Hrsg.), Festschrift für Michael Hoffmann-Becking zum 70. Geburtstag, München 2013, S. 1277.

Vetter, Eberhard Risikobereich und Haftung: Organisation (Geschäftsverteilung und Delegation) und Überwachung, in: Krieger, Gerd/Schneider, Uwe H. (Hrsg.), Handbuch Managerhaftung, Vorstand, Geschäftsführer, Aufsichtsrat, Pflichten und Haftungsfolgen, typische Risikobereiche, 2. Aufl., Köln 2010, § 18.

Vetter, Eberhard Spagat zwischen Freiheit und Verantwortung: Reform der Organhaftung – Materielles Haftungsrecht und seine Durchsetzung im privaten und öffentlichen Unternehmen, AnwBl (2014), 582.

Vetter, Jochen Reformbedarf bei der Aktionärsklage nach § 148 AktG?, in: Krieger, Gerd/Lutter, Marcus/Schmidt, Karsten (Hrsg.), Festschrift für Michael Hoffmann-Becking zum 70. Geburtstag, München 2013, S. 1317.

Wagner, Gerhard Prävention und Verhaltenssteuerung durch Privatrecht – Anmaßung oder legitime Aufgabe?, AcP 206 (2006), 355.

Wagner, Gerhard Organhaftung im Interesse der Verhaltenssteuerung, Skizze eines Haftungsregimes Schriftliche und erweiterte Fassung eines Vortrags, den der

Verfasser am 11.11.2013 im Rahmen des Berliner Forschungsverbunds Recht im Kontext am Wissenschaftskolleg zu Berlin gehalten hat, ZHR 178 (2014), 227.

Werder, Axel von Ökonomische Grundfragen der Corporate Governance, in: Hommelhoff, Peter/Hopt, Klaus J./Werder, Axel von (Hrsg.), Handbuch Corporate Governance, Leitung und Überwachung börsennotierter Unternehmen in der Rechts- und Wirtschaftspraxis, Stuttgart, Köln 2010, S. 3.

Werder, Axel von/ *Wieczorek, Bernd J.* Anforderungen an Aufsichtsratsmitglieder und ihre Nominierung, DB (2007), 297.

Wicke, Hartmut Aktuelle Rechtsprechung zum Aktienrecht, DNotZ (2013), 812.

Wiedemann, Andreas/Wanzl, Laura Die monistische Leitungsstruktur der Europäischen Aktiengesellschaft – ein Corporate Governance Modell für deutsche Familienunternehmen?, FuS (2011), 51.

Wiedemann, Herbert Gesellschaftsrecht, Bd. 1, München 1980.

Wiedemann, Herbert Organverantwortung und Gesellschafterklagen in der Aktiengesellschaft, Opladen 1989.

Wiener, Heinrich Der Aktiengesetz-Entwurf: Betrachtungen und Vorschlage, Leipzig 1884 (Neudruck 2010).

Wiesner, Georg Haftung der Vorstandsmitglieder, in: Hoffmann-Becking, Michael (Hrsg.), Münchener Handbuch des Gesellschaftsrechts, Aktiengesellschaft, 4. Aufl., München 2015, 5. Kapitel § 26.

Witte, Jürgen/Hrubesch, Boris Die persönliche Haftung von Aufsichtsratsmitgliedern einer AG, Unter besonderer Berücksichtigung der Haftung von Kreditvergaben, BB (2004), 725.

Witte, Kenneth L./Grossmann, Eugene E. The Effects of Reward and Punishment upon Children's Attention, Motivation, and Discrimination Learning, 42 Child. Dev. 537 (1971).

Zöllner, Wolfgang Unternehmensinnenrecht: Gibt es das?, AG (2003), 2.

Zöllner, Wolfgang/Noack, Ulrich (Hrsg.) Kölner Kommentar zum Aktiengesetz, 3. Aufl., Bd. 8/2, Köln 2010.

Zöllner, Wolfgang/Noack, Ulrich (Hrsg.) Kölner Kommentar zum Aktiengesetz, §§ 76–94 AktG, 3. Aufl., Bd. 2/1, Köln 2010.

Zöllner, Wolfgang/Noack, Ulrich (Hrsg.) Kölner Kommentar zum Aktiengesetz, §§ 95–117 AktG, 3. Aufl., Bd. 2/2, Köln 2010.

Zöllner, Wolfgang/Noack, Ulrich (Hrsg.) Kölner Kommentar zum Aktiengesetz, §§ 142–178 AktG, 3. Aufl., Bd. 3/2, Köln 2015.

www.ingramcontent.com/pod-product-compliance
Ingram Content Group UK Ltd.
Pitfield, Milton Keynes, MK11 3LW, UK
UKHW021843290926
8980IPUK00005B/614

9 783631 728154